열매 가득, 풍성하구나

일러두기

이 책에서 인용된 베드로전서는 저자의 사역(私譯, KHKV)이며,
이외의 성경은 대한성서공회에서 펴낸 《성경전서 새번역》을 따랐습니다.
다른 판본일 경우 따로 표기하였습니다.

열매 가득, 하나님나라

김형국

지 금 이 곳 에 서 남 다 르 게 사 는 임 시 체 류 자 들

비아
토르

지금 이곳에서 남다르게 사는 임시체류자들

차

례

7. **제도와 권력 앞에서** 2:11-17 **10**
두 시체류자들의 두 원칙 **14**
세상의 제도와 권력 **26**

8. **일터에서** 2:18-25 **46**
두 가지 어려움 **51**
두 가지 원리 **56**
예수의 리더십 **72**

9. **가정에서, 아내들** 3:1-7 **84**
고대 사회의 여성 **87**
하나님나라의 아내들 **95**

10. **가정에서, 남편들** 3:1-7 **114**
하나님나라의 남편들 **116**
남성 / 여성으로, 또 하나로 **129**

11. 일상에서 3:8-12 **144**

추구하는 가치 **148**

살아가는 방식 **158**

12. 좁은 길 3:13-22 **178**

나쁜 소식 **183**

위기를 기회로 **187**

확실한 증거 **198**

13. 시장 제자도 4:1-11 **218**

기본 준비 — 네 가지 이해 **221**

실전 훈련 — 네 가지 연습 **242**

14. 고난, 고난, 고난, 영광 4:12-19 **262**

고난은 상수다 **264**

기쁘고 즐거운 고난 **277**

고난을 대하는 자세 **294**

15. 어른의 신앙 5:1-7 **308**

목자, 교회의 어른 **313**

목자의 자리 **334**

미래의 목자 **351**

16. 연합군 5:8-14 **366**

일촉즉발의 상황 **369**

지금은 전투 중 **381**

연대와 협력은 기본 **394**

에필로그   다른 세계의 열매를 맺으며 **407**

부록   **성경.** 베드로전서 KHKV **413**

        찬양. 하나님나라를 소망하는 노래 **420**

        묵상. 열 번의 만남 : 함께 읽고 삶으로 나누기 **421**

제토사 길리 엎에서 2:11-17

7.

제가 대학 입학할 무렵에 한국 사회는 격변했습니다. 입시 준비에 여념 없던 1979년 10월에 '박정희 대통령 서거' 소식이 갑자기 전해졌고, 곧이어 12·12 사태가 일어났습니다. 당시 저는 그 사건들에 대한 정보도 없이, 의미도 잘 모른 채 대학에 들어갔습니다. 입학한 그해 봄, 광주에서 들려온 소문들은 결국 사실로 밝혀졌습니다. 대학 캠퍼스는 연일 시위로 뒤숭숭했고 정상적인 수업이 불가능했습니다. 무슨 일이 벌어졌는지를 제대로 이해하기까지는 적지 않은 시간이 걸렸고, 한 그리스도인으로서 어떻게 반응해야 할지 질문이 그치지 않았습니다. 제가 속했던 보수적 교회에서는 '정교분리'를 내세워 정치 문제는 일절 언급하지 않았습니다. 교회 어른들에게 온 나라를 뒤흔드는 문제에 대해 여쭈어도 교회에서는 그런 이야기를 하지 않는다며, 기도만이 우리가 할 일이라는 답만 돌아왔습니다.

그 시절 이후 그리스도인이 세상에서 어떻게 살아야 하는지에 관한 질문이 계속 맴돌았습니다. 특히 정치가 세상에 미치는 영향력을 목격하면서, 또 정치와 경제가 사회와 문화를 좌우하는 현실을 알아 갈수록 이 질문은 더욱 절실해졌습니다. 고등학교 1학년 때 회심해서 '구원받은 사람'이라는 확신이 있었지만, 그렇다고 당시 유행하던 복음성가처럼 "죄 많은 이 세상은 내 집 아니네"라고 노래하며 세상사에 무관심한 채 사는 게 옳은지 의문이 들었습니다.

이런 의문은 2천 년 전 초대교회 성도들에게도 마찬가지였을 것입니다. 흥미롭게도, 그들을 이끌었던 베드로 사도는 하나님이 주신 거듭남과 그에 따른 놀라운 비전을 설명하고 나서, 죄많은 세상은 무시하고 교회 안에서만 신앙생활 하라고 말하지 않았습니다. 오히려 편지의 3분의 2를 할애해서 세상 속에서 어떻게 살아야 하는지 그 원리를 알려 주고, 구체적인 영역들을 하나씩 다룹니다. 30대 초반 유학 시절에 베드로전서를 깊이 공부하면서 이런 생각이 들었습니다. '혼란스러웠던 대학 시절에 이 말씀을 제대로 배웠더라면 얼마나 좋았을까?' 그만큼 베드로전서는 오늘날 한국 그리스도인에게 아주 중요한 가르침을 담고 있습니다.

각론으로 들어가기 전에

세상살이 각론을 다루는 후반부와 전반부를 잇는 2장 10-11절은 경첩 같은 역할을 합니다. 2장 11절부터 4장 11절까지는 '세상 속에서 어떻게 살 것인가'라는 주제를 영역별로 상세히 다루고, "사랑하는 자들이여"로 시작하는 4장 12절부터는 편지의 마지막 부분이 이어집니다. 이제 베드로전서 후반부를 시작하는 2장 11-12절을 함께 읽어 봅시다.

11 사랑하는 이들이여, 나는 임시거류자요 임시체류자[1] 같은 여러분에게 권하니, 여러분의 영혼을 거슬러 싸우는 어떠한 육체적 욕망이든지 멀리하고 **12** 여러분의 행실을 *세상 사람들*[2] 중에서 선하게 하십시오. 그리하면 이를 통해[3] 그들이 여러분을 악행을 하는 자라고 비방하다가 여러분의 선한 일을 보고서 *하나님의 방문*[4]의 날에 하나님께 영광을 돌리게 될 것입니다.

베드로 사도는 초대교회 성도들을 "사랑하는 이들이여"라고 부르며 11절을 시작합니다. 이 호칭에는 편지를 읽을 이들을 향한 깊은 애정과 감격이 담겨 있습니다. 베드로 사도는 자신처럼 거듭나서 새로운 삶의 원리로 살아가는 이들을 바라보며, 또 건축자들에게 버림받은 돌이었던 예수 그리스도를 통해 영적인 집으로 함께 지어져 가는 이들을 떠올리며 가슴 벅찼을 것입니

―――――

1 《뿌리 깊이, 하나님나라》 23쪽의 주 3 참조.

2 ἔθνος는 이방인, 사람, 민족으로 번역되는 단어다. 베드로 사도는 자신의 편지 수신자 중에 이방인이 있음을 알았고, 택함을 받은 자와 이방인을 구분하기 위해 이 단어를 사용한 것으로 보인다. 그래서 "세상 사람들"이라고 번역했다(베드로전서에 3회 등장, 2:9 "족속; 4:3 "세상 사람들").

3 ἐν ᾧ는 "in the thing in which"(NASB), "when"(NKJ), "though"(NRS, NIV) 등으로 다양하게 번역된다. 모두 가능한 번역이나, "그 안에서"라는 문자적 의미를 살려서 "이를 통해"라고 옮긴다.

4 문자적으로는 "방문의 날"이지만, 하나님이 방문하시는 날을 가리키므로 "하나님의"를 더했다.

다. 더구나 그들은 결코 호의적이지 않은 세상에 잠시 머물며 베드로 사도와 함께 하나님나라 백성으로 살아가고 있었습니다. 우리도 베드로 사도가 전하는 진리를 알아 가며 내면화하면, 주변 형제자매들을 향해 베드로 사도처럼 애정과 감격을 담아 "사랑하는 이들이여"라고 부를 것입니다.

임시체류자들의 두 원칙

베드로 사도는 "사랑하는 이들이여"라는 따뜻한 호칭으로 편지의 수신자들을 부르며, 세상 속에서 그들을 인도할 두 가지 중요한 원칙을 제시합니다(2:11하-12상). 그러면서 그는 "임시거류자요 임시체류자"라며 다시 한번 그들의 정체성을 일깨웁니다. 그는 앞서 그리스도로 말미암아 그들에게 일어난 놀라운 변화를 선포했습니다. 이제 그들은 "택하심을 받은 족속, 제사장 나라, 거룩한 족속, 하나님의 소유가 된 백성"(2:9)이며, "하나님의 백성이며…긍휼을 얻게 되었습니다"(2:10). 그런데 곧바로 이어서 세상 속에서의 정체성을 말합니다. 이는 서신 첫머리에 등장했던 "택하심을 입은 이들…임시체류자들"(1:1)라는 표현을 떠올리게 합니다.

잠시 머무는 이들이여

베드로가 사용한 헬라어 '파로이코스'와 '파레피데모스'는 각각 '임시거류자'와 '임시체류자' 정도로 번역할 수 있습니다. 파로이코스는 임시 거주권을 가진 사람, 파레피데모스는 잠시 머무는 사람을 뜻합니다. 파로이코스가 상대적으로 좀 더 장기 체류의 뉘앙스를 담고 있지만, 두 단어 모두 영구히 머물지 않고 지나가는 사람들을 가리킵니다. 이 두 단어의 조합은 베드로 사도의 독창적 표현이 아닙니다. 구약성경을 자주 인용하는 베드로 사도는 이 표현을 구약성경 칠십인역에서 가져왔습니다. 이두 단어는 칠십인역 여러 곳에서 개별적으로 사용되었고, 때로는 함께 등장합니다.[5]

나는 당신들 중에 <u>나그네요 거류하는 자이니</u> 당신들 중에서 내게 매장할 소유지를 주어 내가 나의 죽은 자를 내 앞에서 내어다가 장사하게 하시오(창세기 23:4, 개역개정).

나는 여러분 가운데서 <u>나그네로, 떠돌이로</u> 살고 있습니다. 죽은 나의 아내를 묻으려고 하는데, 무덤으로 쓸 땅을 여러분들에게서

---

5 파로이코스πάροικος는 창세기 15:13과 23:4 등에서 25회 사용되었고, 파레피데모스παρεπίδημος는 창세기 23:4과 시편 39:12(LXX: 38:13)에서만 2회 사용되었다.

7부
제도와 권력 앞에서

좀 살 수 있게 해 주시기를 바랍니다(창세기 23:4, 새번역).

아브라함이 헷 족속에게 죽은 아내 사라를 매장할 땅을 요청하는 장면입니다. 믿음의 조상인 아브라함이 자신을 "나그네요 거류하는 자"라고 칭합니다. 영어나 한국어 성경은 번역본에 따라 약간씩 다르게 번역했지만, 칠십인역으로 보면 단어 순서까지 똑같습니다. 그것이 아브라함의 정체성이었습니다. 겉으로는 단순히 떠도는 사람처럼 보여도, 하나님이 인도하시는 대로 움직이는 '장막 정체성'을 가진 사람이었습니다.

여호와여 나의 기도를 들으시며 나의 부르짖음에 귀를 기울이소서 내가 눈물 흘릴 때에 잠잠하지 마옵소서 나는 주와 함께 있는 나그네이며 나의 모든 조상들처럼 떠도나이다(시편 39:12, 개역개정).

주님, 내 기도를 들어 주십시오. 내 부르짖음에 귀를 기울여 주십시오. 내 눈물을 보시고, 잠잠히 계시지 말아 주십시오. 나 또한 나의 모든 조상처럼 떠돌면서 주님과 더불어 살아가는 길손과 나그네이기 때문입니다(시편 39:12, 새번역).

이처럼 시편에도 이 두 단어의 조합이 한 번 더 나옵니다. 칠십인역은 동일하게 '파로이코스'와 '파레피데모스'를 사용했고,

새번역은 이를 "길손과 나그네"로 옮겼습니다. 개역개정은 두 번째 단어를 "떠도나이다"로 옮겼습니다. 두 단어는 하나님의 택함을 받은 백성이 어떤 정체성을 갖고 있는지를 잘 보여 줍니다. 창세기 23장 4절에서는 세상 사람들에게 밝히는 자기 정체성으로, 시편 39편에서는 하나님께 부르짖을 때의 자기 정체성으로 등장합니다. 이는 이 세상이 영원한 거처가 아니며 우리는 잠시 머물다 떠나는 존재라는 깊은 영적 인식을 담고 있습니다. 아브라함과 시편 시인의 영성은 바로 이 정체성에 뿌리를 두고 있었습니다. 그들은 거대한 힘과 화려한 외양을 자랑하는 세상 건축가들의 집에 살면서도, 하나님이 지으시는 신령한 집에 속해 있다는 사실을 잊지 않았습니다. 베드로 사도가 "사랑하는 이들이여"(아가페토이)라고 부른 것은 단순한 수사가 아닙니다. 새로운 세계에 눈을 뜬 사람들, 그래서 이 세상에 잠시 머무는 줄 알게 된 이들을 향한 깊은 동질감과 애정의 표현이었습니다.

육체적 욕망을 멀리하고

베드로 사도는 이중 정체성을 가진 동지들을 사랑과 애정을 가득 담아 부른 다음에, 두 가지 삶의 원칙을 제시합니다. 하나는 내적 영역에, 다른 하나는 외적 영역에 관한 것입니다. 먼저 11절에서는 내면세계의 원칙을 다룹니다. "여러분의 영혼을 거슬러 싸우는 어떠한 육체적 욕망이든지 멀리하"라고 합니다. 여

7부
제도와 권력 앞에서

기서 "영혼"은 베드로 사도가 자주 사용하는 단어입니다.[6] 우리 영혼은 지금도 구원을 받고 있고(1:9), 진리에 순종하여 정결해졌으며(1:22), 육체적 욕망과 싸우며(2:11), 목자이자 감독자이신 분께 돌아왔고(2:25), 고난 중에 하나님께 자신을 맡깁니다(4:19). 특히 3장 20절에서 "구원받은 사람"(새번역)이나 "구원을 얻은 자"(개역개정)로 번역된 데서 알 수 있듯이, 이 "영혼"은 몸과 대비되는 영역이나 부분이 아닙니다. 오히려 몸을 포함한 우리의 전 존재를 가리킵니다.

베드로 사도는 우리의 전 존재를 위협하는 것이 외부 조건보다 우리 내면의 "욕망"이라고 지적합니다. 여기서 "욕망"이라는 단어의 원어는 부정적이거나 긍정적 의미가 아니라 중립적 의미가 있습니다. 인간이라면 누구나 가지고 있는 자연스러운 '간절한 바람' 정도의 뜻입니다. 베드로전서의 다른 곳에서는 부정적으로도 사용되지만(1:14; 4:3), 그 자체로 나쁜 것은 아닙니다. 그러나 욕망 앞에 붙은 "육체적"이라는 표현이 중요합니다. 이는 인간의 당연한 욕구가 아니라, 하나님의 뜻에 대적하는 욕망을 의미합니다. 4장 2절에서도 비슷한 방식으로 "인간의"라는 단어가 "욕망"을 꾸미면서 "하나님의 뜻"과 대조되고 있습니다.

---

6 ψυχή는 베드로전서에서 앞서 언급된 경우를 포함해 6회, 베드로후서에서 2회(2:8, 14) 사용된다.

열매 가득
하나님나라

결국 베드로 사도는 사랑 깊은 경고를 하고 있습니다. 세상을 살아갈 때 우리의 존재를 위협하는 것은 외부의 다른 것이 아니라, 하나님의 뜻에 반하는 우리 안의 육체적·인간적 욕구라고 경고합니다.

한 가지 더 주목할 점은 베드로 사도가 사용한 "욕망"이 단수형이 아닌 복수형이며, "어떠한"이라는 수식어가 붙어 있다는 것입니다. 이처럼 우리를 공격하는 육체적 욕망은 아주 다양합니다. 그 욕망들이 우리의 영혼, 즉 전 존재를 "거슬러 싸운다"라는 표현은 '전쟁을 일으키거나 전투를 수행한다'라는 강력한 의미를 담고 있습니다. 우리 안의 세속적 욕망이 외부의 적보다더 위험합니다. 하나님의 자녀로 성숙해 가는 과정에서 만나는 가장 큰 적은 바로 우리 안에 있습니다. 하나님을 알기 전에 습관처럼 반복했던 다양한 욕망이 우리를 끊임없이 공격합니다. 그 욕망을 흔히 '정욕'으로 번역하여 성적 영역에 국한된 것으로 파악하기도 하는데, 육체적 욕망은 그보다 훨씬 범위가 넓고 다양합니다. 하나님에게서 우리를 떨어뜨려서 구원을 이루지 못하게 막는 모든 자기중심적 욕망이 여기에 다 포함됩니다.

사람들은 흔히 어떤 외부 여건 때문에 하나님을 따르며 사는 게 어렵다고 말합니다. 하지만 자세히 들여다보면 실상은 다릅니다. 어떤 외부 조건이 내 안의 욕망을 자극하고, 그 욕망이 우리 존재를 위험에 빠뜨립니다. 사람들은 자주 '어쩔 수 없는 외부 조건' 때문이라고 말하지만, 실제로 중요한 것은 그 조건에 반응하는 내면의 자세와 마음가짐입니다. 외부 조건이나 환경이 직접 우리 존재에 영향을 미치는 것이 아니라, 그 조건이나 환경을 어떤 마음으로 받아들이는지가 관건입니다.

외부 여건/환경 노출 ⇨ 내적 욕망 자극 ⇨ 존재의 위협

예를 하나 들어봅시다. 개인적이든 사회적이든 재난이 닥치면 외부 조건에 큰 변화가 생깁니다. 그런데 흥미롭게도 어떤 사람은 재난을 통해 신앙이 더욱 성숙하고, 어떤 사람은 넘어지고 좌절합니다. 그 차이는 어디서 비롯할까요? 전자는 그 상황에서 하나님의 뜻을 찾고 따르지만, 후자는 세상 방식이나 자신에게 익숙한 방식을 고수하기 때문입니다. 이는 재난이나 고난뿐 아니라 가정환경, 어린 시절 경험, 주변 사람들, 사회 상황 등 모든 외부 조건에 해당합니다. 결정적 차이는 그 같은 외부 조건을 어떻게 해석하고 반응하는지에 따라 발생합니다. 어떤 환경에 처하든 하나님이 허락하신 것으로 받아들이고. 그 속에서 하나님의 뜻을 찾아 가는 사람은 어떻게든 열매를 맺습니다. 열악한 상황에서 아름다운 꽃을 피워 냅니다. 반면 좋은 여건이 주어져도 감사하지 않고 게으른 욕망을 좇아 살면 아무런 열매도 맺지 못합니다.

베드로 사도 역시 그 사실을 잘 알았습니다. 우리가 세상 건축가들이 짓는 집에 살면서 하나님의 집을 지으며 살고자 할 때, 진정한 위협은 눈에 보이는 외부 세계가 아니라 내면의 세속적 욕망들입니다. 그래서 베드로 사도는 그 욕망들을 "멀리하라"라고 권면합니다. 외부 조건에 반응해 일어나는 육체적 욕망에 빠져들거나 사로잡히지 말라는 경고입니다. 그렇다면 당신의 영적 성장을 가로막는 것은 무엇인가요? 여러 외부 여건이나 환경에 변화가 생기면 어떤 마음이 일어납니까? 육체적 욕망은 비교, 질투, 열등의식, 게으름, 자기합리화, 탐심과 탐욕 등 수많은 모습으로 나타납니다. 우리가 그런 욕망들을 자연스럽게, 심지어 당연하게 여기는 이유가 있습니다. 옛사람의 습관이었기 때문입니다. 비록 우리가 새로운 신분을 얻었으나, 과거 습관은 여전히 남아 있습니다. 그래서 베드로 사도는 앞서 2장 1절에서 "벗어 버려야" 하는 것들을 구체적으로 열거했습니다. 이처럼 멀리하라거나 벗어 버리라는 명령은 베드로 사도와 바울 사도를 비롯한 신약성경 저자들이 새 신분을 얻는 이들에게 공통으로 권면하는 내용입니다.[7]

우리는 내면을 꾸준히 성찰해야 합니다. 성찰이 없으면 외부

---

7 《뿌리 깊이, 하나님나라》 196쪽의 주 10 참조. 우리가 부인해야 할 옛사람은 《풍성한 삶의 기초》 228-237쪽에서 자세히 다루고 있다.

여건을 당연한 것으로 받아들이고 그에 종속된 채 살아갑니다. 하지만 내면을 들여다보면 외부 여건에 따라 움직이는 우리의 욕망이 보입니다. 현대인의 대표적인 병폐 중 하나가 무기력입니다. 많은 사람이 삶이 재미없다고 하고, 무언가를 하고 싶은 의욕이 없다고 합니다. 재미있는 일이 없다고, 의욕이 생기는 환경이 아니라고 말합니다. 하지만 실상은 그 사람이 세상이 주는 의미와 의욕이 있어야 움직이는 사람이라는 것입니다. 그만큼 세상이 주는 의미와 의욕에 의존하고 있다는 방증입니다. 이는 다름 아니라 베드로 사도가 말했던 '주어진 정체성'에 머물러 있기 때문입니다. 만약 자신을 하나님의 택하심을 받은 자요, 거듭남이라는 종합선물세트를 받은 자요, 그리스도를 모퉁잇돌로 삼고 새로운 집으로 지어지고 있는 자요, 새로운 신분을 가진 자라고 여긴다면, 그래서 '확립된 정체성'이 있다면, 의미와 의욕은 세상이 아니라 하나님에게서 올 것입니다.

우리는 '확립된 정체성'이 단단히 자리 잡을 때까지 내면의 싸움을 지속해야 합니다. 세상에 속한 육체적 욕망이 우리를 끊임없이 하나님 없이 살던 과거의 습관으로 끌고 가려 하기 때문입니다. 그 욕망을 따라 살면, 우리 삶은 점점 더 공허와 무기력으로 채워지고, 결국 '나'라는 감옥에 갇혀서 여생을 보내게 됩니다. 자신에게 함몰되지 않고 세상에서 선을 행하며 의미 있게 살아가는 것, 이것이 베드로전서가 처음부터 끝까지 강조하는 핵심 주제입니다.

열매 가득
하나님나라

사람들 속에서 선을 행하라

베드로 사도는 내면세계를 먼저 다룬 다음, 12절에서 "행실"을 언급하며 외부 세계로 눈을 돌립니다. 행실이라는 단어는 신약성경에 열세 번 정도 등장하는데, 그중 여덟 번이 베드로전후서에 나옵니다. 그만큼 베드로 사도가 좋아하고 강조한 개념이었습니다.[8] 그는 내면세계가 반드시 외부 세계, 즉 삶의 현장에서 드러난다는 사실을 잘 알았습니다. 우리 신앙은 "사람들 중에서" 드러나며, 그곳이 바로 신앙생활의 실제 현장입니다. 여기서 "사람들"이라는 단어에 주목할 필요가 있습니다. 일부 번역본은 "이방인"이라고 옮기기도 합니다(개역개정, 새번역, NRSV). 베드로 사도는 유대인과 비유대인이 섞여 있는 회중에게 편지를 쓰면서 "택함을 받은 자"와 대조하려고 "이방인"이라는 표현을 사용했습니다. 그런데 이방인이라고 하면 비유대인 그리스도인을 가리키는 것으로 오해할 수도 있어서 "사람들"이라고 이해하는 편이 더 낫습니다. 결국 우리의 신앙생활은 하나님을 믿지 않는 사람들 가운데서 구체적으로 나타나야 합니다.

문제는 그 사람들이 그리스도인들을 "악행하는 자"라고 부른다는 것입니다. 초대교회 성도들은 성찬식 때문에 '인육을 먹는

───
8 명사인 ἀναστροφή은 베드로전서 1:15, 18; 2:12; 3:1, 2, 16과 베드로후서 2:7; 3:11에서 8회 사용되었으며, 동사형인 ἀναστρέφω은 베드로전서 1:17과 베드로후서 2:18에서 2회 사용되었다.

자들'로, 서로를 형제자매라고 부르는 친근한 관계 때문에 '근친상간하는 자들'로 오해받았습니다. 놀랍게도 '무신론자'라는 비난도 받았습니다. 당시는 다신교 사회였고, 이는 단순히 개인 신앙을 넘어 사회 전체를 묶어 주는 시스템이었습니다. 오늘날과 달리 당시 종교는 정치, 상업, 교육 등 모든 영역을 하나로 통합하는 역할을 했습니다. 'Religion'이라는 단어 자체가 '다시 re'와 '묶다 lig'를 합친 말이듯이 종교는 세상 모든 것을 하나로 묶는 기능을 했습니다. 이런 사회에서 그리스도인들은 매우 이질적인 존재였습니다. 각 지역과 영역마다 다른 신이 있다고 믿는 당시의 지배적 이데올로기를 거부하고, 유일하고 전지전능한 한 분 하나님을 믿었기 때문입니다. 이런 그들의 믿음은 역설적으로 '무신론자'라는 오해를 낳았고, 그들은 사회 질서를 따르지 않는 위험한 존재로 여겨졌습니다. 그리스도인들은 세상 속 나그네로서 세상의 건축가들이 정한 방식대로 살지 않기로 결단했기에, 사람들 눈에는 비정상적이고 이상하게 보였습니다. 세상 사람들이 중요하게 여기는 삶의 방식이나 원리를 따르지 않을 때 우리는 "악행하는 자"로 낙인찍히기도 합니다. 실제로 바울 일행은 에베소에서 "우리 도시를 소란하게" 한다는 비난을(사도행전 16:20), 데살로니가에서는 "세상을 소란하게 한 그 사람들"이라는 공격을(사도행전 17:6) 받았습니다. 베드로 사도는 두 극단을 모두 경계했습니다. 세상에 동화되지도 말고, 세상에서 도망치지도 말라고 강조합니다. 대신 세상 속으로 들어가 선을 행하라고 권면합니다. 신앙은 교회 안에서 기도를 얼마나 오래 하는지, 성경을 얼마나 열심히 공부하는지에 달린 문제가 아닙니다. 핵심은 우리의 삶터와 일터인 가정과 학교와 직장, 그리고 사회에서 어떻게 하나님 뜻을 따르며 선을 행할 것인가 하는 것입니다. 베드로 사도는 이어지는 본문에서 구체적으로 선을 행하는 방법을 다양한 영역에서 가르칩니다. 사회의 일원으로서(2:13-17), 하인으로서(2:18-21), 가정에서 아내와 남편으로서(3:1-7), 이웃으로서(3:8-22), 그리고 세속 사회의 일원으로서(4:1-11) 어떻게 살아야 할지 상세히 설명합니다.

세상 사람들은 세상을 거스르는 우리를 "악행하는 자"라고 비방하기도 하지만, 동시에 우리를 '관찰'합니다. 12절의 "여러분의 선한 일을 보고서"에서 "보고서"라는 단어는 신약성경에 단 두 번(이곳과 베드로전서 3:2)만 등장하며, '자세히 살피다'라는 뜻이 있습니다. 사람들은 우리를 유심히 살피고 관찰합니다. 이어서 그들은 "영광을 돌리게 될 것입니다." 관찰하고 영광을 돌린다는 말 앞에 등장하는 '거슬러 싸우다'라는 표현까지 함께 고려하면 자연스럽게 한 장면이 떠오릅니다. 로마 시대 검투사들이 원형 경기장에서 싸우면, 관중이 그들을 '뚫어지게 바라보다'가 마침내 승리자에게 '영광을 돌리고'는 했습니다. 베드로 사도는 우리 삶이 세상 사람들의 구경거리가 될 수 있지만, 이는 영적 싸움이며, 그 결과로 하나님에게 "영광을 돌리게 될 것"이라고 이야기합니다.

7부
제도와 권력 앞에서

베드로 사도는 세상 사람들이 하나님께 영광을 돌리는 그때를 "방문의 날"이라고 합니다. 일부 초기 사본에는 "하나님의"라는 단어를 붙여서 주님이 다시 오시는 날임을 더 분명히 했습니다. 이는 매우 중요한 가르침입니다. 지금 당장은 우리가 선을 행해도 사람들이 악행하는 자라고 비방할지 모르나, 주님이 다시 오시는 그날에는 우리가 선을 행했던 이유와 결과를 모두가 알게 되어 하나님께 영광을 돌리게 된다는 것입니다. 많은 이들이 선을 행하면 세상으로부터 인정과 칭찬을 받을 것으로 기대합니다. 하지만 베드로 사도는 진실을 알려 줍니다. 하나님 없는 세상에서 하나님을 의식하며 행하는 선은 오히려 배척당하고 비방받을 수 있으나, 결국에는 하나님 앞에서 인정받고 하나님께 영광이 될 것이라고 말합니다. 이는 앞서 1장 7절에서 "예수 그리스도가 나타나실 때에 찬양과 영광과 존귀로 드러날 것"이라는 말씀과 같은 맥락입니다. 바울 사도 역시 "선한 일을 하다가, 낙심하지 맙시다"(갈라디아서 6:9)라고 격려합니다. 이 세상의 임시체류자들이 선을 행할 때는 당장의 인정이나 사람들의 칭찬을 넘어 영원한 하나님의 인정을 바라보며 추구합니다.

세상의 제도와 권력

베드로 사도는 2장 11-12절에서 새 정체성을 가진 우리가 세상에서 어떻게 살아야 하는지에 관한 두 가지 핵심 원리를 제시했습니다. 하나는 내면세계의 성찰이었고, 다른 하나는 외부 세계에서 취해야 할 자세였습니다. 이제 베드로 사도는 이 원리를 구체적인 삶의 영역에 적용합니다. 첫 번째는 사회의 일원으로서 세상의 제도와 권력에 어떻게 응대하며 살 것인가입니다.

13 여러분은 인간이 만든 모든 것[9]에 주님을 위해 순복하되,[10] 최고 권위[11]인 황제[12]나, **14** 악을 행하는 사람에게 벌을 주고 선을 행하는 사람에게는 상을 주려고 그에 의해 파견된 총독들에게 하십

---

9 κτίσις는 신약성경에 19회 등장한다. 만물의 시작(마가복음 10:6; 13:19)에서부터 나오며, 바울은 로마서 8장에서만 "피조물"로 5회 사용했다. 베드로는 베드로후서 3:4에서 "피조물"이라는 뜻으로 사용했다. 이를 institution(NASB, NRS), 제도(개역개정, 새번역), ordiance(NKJ), authority(NIV, NLT) 등으로 번역했다. 그러나 헬라어 문헌에서 이 단어가 제도로 쓰인 경우가 없고, 제도라는 개념 자체가 현대적이라는 비평(Elliot, 489)이 있다. 그래서 "피조물"이라는 원래 뜻을 살려서 "만든 것"으로 번역했다.

10 ὑποτάσσω는 이어지는 내용의 주제어(2:13, 18; 3:1, 5, 22; 5:5)다. '복종' 대신에 '순복'이라는 단어를 쓴 이유는 문맥상 절대적 복종이 아니라 의지적이고 조건적인 복종이기 때문에 그 의미를 살려서 "순복"으로 번역했다.

11 개역개정은 "위에 있는"으로, 새번역은 "주권자인"으로 번역했으나, 문자적 의미인 "최고 권위"가 베드로 사도의 의도에 더 적절하다.

12 βασιλεˊ는 당시 정치 구조를 반영해 왕 대신에 "황제"로, 14절의 ἡγεμόσιν는 "총독"으로 번역했다.

7부
제도와 권력 앞에서

시오. **15** 왜냐하면 선을 행함으로 어리석은 사람들의 무지를 잠재우는 것이 하나님의 뜻[13]이기 때문입니다. **16** 자유인으로 그 자유를 악을 가리기 위해서가 아니라 하나님의 노예[14]로서 사용하십시오. **17** 모든 사람을 존중하며, 형제자매들을 사랑하며, 하나님을 두려워하며, 황제를 존중하십시오.

제도와 권력의 순기능

세상 건축가들이 짓고 있는 집 중에서 우리 삶에 가장 큰 영향을 미치는 것은 무엇일까요? 아마도 우리 삶을 제한하고 통제하는 사회적 제도가 아닐까 합니다. 정치, 경제, 교육 등 수많은 제도가 우리 삶을 규정합니다. 베드로 사도가 언급한 "인간이 만든 모든 것"에 사용된 '크티시스κτίσις'는 본래 만물과 피조물을 뜻하는 단어입니다. 이를 여러 번역본이 제도institution(NASB, NRS, 개역개정, 새번역), 법령ordiance(NKJ), 권위authority(NIV, NLT) 등으로 옮기지만, 헬라어 문헌에 이 단어가 '제도'라는 의미로 쓰인 예는 없으며, 제도라는 개념 자체가 현대적이라는 지적도 있습니

---

13 개역개정은 "하나님이 뜻"이라는 단어를 명시적으로 번역하지 않았다.

14 δοῦλος는 "종"으로 번역하나, 원래 의미는 "노예"에 가깝다. 다소 혐오적 표현이라서 bondservants(NKJ), servants(NRS) 등으로 번역하는 경향이 있다. bondslaves(NASB)나 slaves(NIV)로 번역하기도 한다. 특히 종이나 하인이라는 단어가 18절에 등장하므로 이와 구별하고 원래 뜻을 살려서 "노예"로 번역했다.

다. 따라서 이 단어의 본래 의미인 "만든 것"으로 번역하는 것이 베드로 사도의 의도에 더 부합한다고 봅니다. 특히 주목할 점은 황제와 총독을 언급하면서 이들을 "인간이 만든 모든 것"에 포함했다는 것입니다. 당시에는 감히 입에 올리기도 어려웠고 신으로 추앙받았던 최고 권력자들을 '인간이 만든 것'이라고 표현함으로써, 이들 역시 인간이 만든 것에 불과하다고 암시합니다.

　개역개정과 새번역에서 "왕"으로 번역된 단어는 '황제the emperor' (NIV, NRS)를 뜻합니다. 베드로 사도는 이를 "최고 권위"라고 칭하며, 14절에서는 그 황제가 파견한 총독도 언급합니다. 이는 당시 로마제국의 황제와 총독으로 대표되는 지배층과 권력 구조가 세상 건축가들이 지은 집 중에 중요한 부분으로 분명히 존재했음을 보여 줍니다. 베드로 사도는 당시를 지배하던 권력 구조를 무시하거나 배척하지 않고, 이를 "인간이 만든 모든 것"으로 이해하며, 권력과 제도가 지닌 순기능에 주목합니다. 그는 이러한 권력과 제도가 "악을 행하는 사람에게 벌을 주고 선을 행하는 사람에게는 상을 주려"(14절)는 것임을 분명히 합니다. 동서고금을 막론하고 권력과 제도는 권선징악을 도모하기 위한 수단으로 존재해 왔습니다. 만약 인간의 이기적 본능을 아무런 제약 없이 방치한다면, 인간 사회는 약육강식과 승자독식의 야수 같은 세상으로 전락할 것입니다. 흥미로운 점은, 2천여 년 전에, 현대처럼 제도가 정교하게 발전하기도 전에, 베드로 사도는 권력과 이를 담는 "인간이 만든 모든 것"의 본질적 목적을 선명하

7부
제도와 권력 앞에서

게 인식하고 있었다는 사실입니다. 비록 권력과 제도를 악용하고 왜곡하는 역사가 반복되지만, 성경은 무정부주의적 사고를 지지하지 않습니다. 오히려 성경은 세상의 제도와 권력이 본래의 순기능을 다하리라 기대하고, 그 책무를 이행하는 한 그 권위를 인정합니다.

자유인이 복종하는 이유

예수님의 제자들도 질문했듯이 하나님의 다스림을 받는 사람들이 세상 속에서 의무를 다해야 하는지는 늘 고민입니다. 대표적인 예가 납세와 군 복무 같은 의무입니다. 아마도 초대교회 성도 중에는 하나님을 알지 못하는 세상의 건축가들이 세운 제도와 권력은 굳이 따를 필요가 없다고 주장하는 이가 있었을지 모릅니다. 이 같은 논란은 납세나 군 복무만이 아니라, 세상의 다양한 법 제도를 두고 일어날 수 있습니다. 그에 대해 베드로 사도가 내놓은 해결책은 다소 뜻밖입니다. 하나님나라를 받아들인 자들다운 패기 넘치는 대응이 아니라, 맥 빠지게도 '복종하라'라는 것입니다. 로마제국의 권력과 제도에 이런저런 피해를 보고 있던 초대교회 그리스도인들에게는 어쩌면 선뜻 이해하기 어려운 답이었을지 모릅니다.

제도와 권력에 복종하라는 권면에 많은 이들이 본능적 거부감을 느낍니다. 적지 않은 이들이 크고 작은 권력에 피해를 본 경험이 있어서 더욱 그렇습니다. 특히 베드로 사도가 하나님이 주신 '위대한 정체성'을 강조한(2:9) 직후에 복종하라고 하니 더욱 이상합니다. 복종하라는 권면은 13절 이후에 하인들(2:18), 아내들(3:1, 5), 젊은이들(5:5)에게도 주어집니다. 이러한 권면을 맥락 없이 문자적으로 받아들이면, 기독교 신앙이 기득권 세력을 옹호하고 합리화할 위험이 있습니다. 특히 약자에게 굴종을 요구하는 사회 윤리로 오해될 수 있습니다. 실제로 복종하라는 말을 들으면 본능적으로 거부감이 듭니다. 이는 우리의 자기중심성과 관련이 깊습니다. 우리는 누구에게도 복종하고 싶지 않고, 주도적으로 살기를 바랍니다. 현대 사회에서는 특히 개인을 억압하는 다양한 기제들이 폭로되었고, 그에 따라 많은 사람이 더 이상 누구의 지배도 받지 않는 자유로운 삶을 갈망합니다. 그러나 그리스도인은 자기 삶의 주도권을 스스로 내려놓고, 하나님께 복종하는 삶으로 옮겨 간 사람들입니다. 그럼에도 하나님께 복종하는 것과 세상 권력과 제도에 복종하는 것은 별개의 문제이고, 오히려 두 복종이 충돌하거나 후자의 복종으로 인해 전자의 복종이 훼손될 수도 있어서 여전히 불편한 것도 사실입니다.

'복종'이 내비치는 부정적 이미지를 줄이고, 베드로 사도의 의도에 더 가까운 표현을 찾는다면, 아마도 '순복'일 것입니다. 앞으로 살펴보겠지만 베드로전서에서 순복은 무조건적이고 비인간적인 복종이 아니라, 의지적이고 조건적인 복종이기 때문입니다. 그래서 대다수 번역본이 베드로전서의 이 중요한 단어를 "복종하라"라고 번역했지만, NRS는 "accept the authority of~"(~의 권위를 받아들이라)로 번역했습니다.[15] 따라서 순복은 '단순히 상대의 권위에 굴복하는 것이 아니라, 상대를 존경하고 존중하면서 그와의 관계에서 내가 있어야 할 자리에 있는 것'입니다. 베드로전서의 맥락에 비추어 표현하면 '인간이 만든 제도와 권력을 존중하고 그 안에서 내가 있어야 할 자리를 지키는 것'입니다.

베드로 사도가 순복하라고 명령한 이유는 15절에 분명히 나옵니다. "선을 행함으로 어리석은 사람들의 무지를 잠재우는 것이 하나님의 뜻이기 때문입니다." 여기서 말하는 "어리석은 사람들의 무지"는 아마도 12절에서 언급했던, 선을 행하는 그리스도인을 악행하는 자라고 비방하는 사람들의 무지일 것입니다. 즉, 그리스도인들은 사회 제도를 무시하고 자기들 방식만 고집하는 자들이라는 평가를 받을 때, 오히려 제도와 권력을 존중하며 자신의 사회적 역할을 충실히 하여 그 비난을 잠재우라는 것입니다. 이러한 순복은 단지 개인적 윤리를 넘어 하나님 뜻에 따르는 것입니다. "하나님의 방문의 날"이 이르기 전에라도 그리스도인의 선한 행실을 보고 세상 사람들이 "하나님께 영광을 돌리"는 것이 하나님의 뜻이기 때문입니다(2:12). 이때 순복은 단

---

15 ὑποτασσόμεναι를 대다수 번역본이 "submit yourselves to"(NAU, NKJ, NIV)로 옮겼으나, NRS는 "accept the authority of"로, NLT는 좀 더 풀어서 "respect all authority"로 번역했다.

순히 세상 권력과 제도에 복종하는 체념적 태도가 아니라, 하나님나라의 가치를 세상 속에서 실천하며 믿지 않는 이들조차 하나님을 인정하게 하는 능동적이고 의지적인 행위가 됩니다.

베드로 사도는 "순복하라"라는 권면에 불편함을 느낄지 모르는 이들을 위해, 16절에서 우리가 "황제"와 "총독"의 지배를 받는 종이 아니라, "자유인"이라는 사실을 상기시킵니다. 비록 우리가 세상 건축가들이 짓고 있는 집에 살고 있고, 그들이 만든 제도와 권력에 순복하며 공공의 유익을 위해 협력하지만, 그 순복은 억압받는 노예로서가 아니라 자유인으로서 주도적으로 이루어지는 행위입니다. 베드로 사도는 우리가 누리는 자유가 얼마나 위대한지를 사도 바울처럼 길게 논증하지는 않습니다(로마서 5-6장). 그러나 간결하고 분명하게, 우리는 그리스도 안에서 변화된 신분을 이미 얻었고, 세상 그 어떤 것도 막을 수 없는 자유를 누리고 있다고 선언합니다. 베드로 사도는 그 자유를 "악을 가리기 위해" 사용하지 말고, "하나님의 노예로서 사용"하라고 권면합니다. "노예"라는 단어가 오늘날에는 부정적으로 들릴지 모르나, 누구의 노예인지가 중요합니다. 천지를 지으시고 만물을 주재하시는 하나님의 노예가 된다는 것은 세상의 종노릇과는 차원이 다른, 실로 영광스러운 신분을 얻는 것입니다.

그토록 영광스러운 신분을 얻은 자답게 우리가 받은 자유를 "악을 가리기 위해" 사용하지 말라고 베드로 사도는 경고합니다. 이 표현을 직역하면 '악의 덮개로 쓰지 말라'라는 뜻입니다.

베드로 사도는 우리가 자유를 악용할 수 있음을 알았습니다. '나는 자유인이니 무엇이든지 할 수 있고, 그 누구도 나를 막을 수 없다'라는 자세는 앞서 이야기했듯이 내면세계의 자기중심적 동기를 합리화하는 것에 불과합니다. 이런 태도는 결국 자신을 "육체적 욕망"의 노예로 전락하게 만듭니다. 베드로 사도는 그렇게 자유를 사용하지 말고, 선을 행하는 일에 사용하여 "하나님의 노예"로 살자고 합니다(2:16). 앞서 1장 2절에서 베드로 사도는 하나님이 우리를 택하신 궁극적 목적을 분명히 밝혔습니다. 혹시 기억나시나요? 우리를 택하신 목적은 "그리스도의 순종"에 이르게 하려는 것이었습니다. 이 순종은 단순히 수동적으로 복종하여 사회의 안정을 도모한다는 정도가 아닙니다. 다시한번 강조하지만, "선을 행함으로 어리석은 사람들의 무지를 잠재우는 것"입니다(2:15). 즉, 그리스도인들이 세상의 제도와 권력을 무시하고 독단적으로 행동한다는 비난을 잠재우고, 하나님 백성으로서 하나님을 세상에 드러내려는 것입니다.

선을 넘지 않는 순복

그렇다면 순복은 언제 어디서나 해야 하는 절대적인 것일까요? 묵묵히 선을 행하며 순복해야 할 때가 있지만, 선을 위해 복종을 거절해야 할 때도 있습니다. 둘을 어떻게 구분할 수 있을까요? 베드로 사도는 앞서 두 가지 핵심 원리를 제시하면서(2:11-12) 그 기준을 언급했습니다. 무엇보다 먼저, 인간이 만든 것들에 순복하려는 우리의 노력을 방해하는 것이 혹시 "영혼을 거슬러 싸우는 어떠한 육체적 욕망"이 아닌지 성찰해야 합니다. 이는 1장 17절에서 언급한 내용이기도 합니다. 우리는 "각 사람의 행위에 따라 차별 없이 심판하시는 분을 아버지라 부르고 있으니…임시거류자 시절을 경외심을 가지고" 살아가고 있습니다. 이처럼 하나님 백성은 내면세계를 성찰하여 무엇이 하나님을 경외하는 삶에 부합하는지를 늘 살핍니다. 따라서 우리는 세상의 권력과 제도에 절대적으로 순복하지 않고, 무엇이 하나님께서 원하는 일인지를 먼저 분별합니다. 당연히 "인간이 만든 모든 것"에 아무런 조건 없이 절대적으로 복종하지도 않습니다. 오히려 세상 권력과 제도가 하나님 뜻에 반하거나 불의를 조장할 때는 마땅히 거부합니다. 우리의 순복은 하나님께 영광을 돌리고 그분의 뜻을 이루는 데 기여할 때만 정당성을 갖습니다.

베드로전서 2장 17절에 제시된 순복의 대상은 얼핏 보면 각각의 대상을 향한 행동 강령처럼 보입니다. 하지만, 놀랍게도 이 짧은 구절이 우리가 사회생활에서 분별해야 하는 우선순위를 간명하게 잘 보여 줍니다.

> **17** 모든 사람을 존중하며, 형제자매들을 사랑하며, 하나님을 두려워하며, 황제를 존중하십시오.

이 구절은 순복의 대상을 나열하면서도 다소 복잡한 구조를 가지고 있어 오해를 불러일으킬 소지가 있습니다. 먼저, 나열된 대상이 모든 사람, 형제자매들, 하나님, 황제 순이어서, 얼핏 보면 하나님보다 황제를 우위에 두는 듯한 인상을 줍니다. 또한, 명령어의 배열도 존중하라, 사랑하라, 두려워하라, 존중하라로 다소 뒤죽박죽된 듯이 보입니다. 이 구절은 "복종하라"라는 표현과 함께 오랫동안 오용돼 왔습니다. 유럽 각국의 제국주의 시절에는 노예 제도를 합리화하는 데 이용되었고, 우리나라 군사 정권 시절에는 종교 지도자들이 정치권력에 기생하며 이 구절을 왜곡해 사용했습니다. 이처럼 이 구절에는 슬프고 부끄러운 역사가 얽혀 있습니다.[16] 특히 우리말 성경은 두 번 반복된 "존중하라"라는 단어를 다르게 번역하여 오해를 일으킵니다. 새번역은 "모든 사람을 존중하며…왕을 공경하십시오"로, 개역개정은 "뭇사람을 공경하며…왕을 존대하라"로 번역하여, 황제를 보통 사람과는 구별하여 더 높이는 듯한 인상을 줍니다. 더군다나 하나님 다음에 황제가 위치하고, 13절에서 "최고 권위인 황제"라고 했으니 세상 권력에 무조건 복종해야 한다는 해석을 낳았습니다. 심지어 불의한 권력이라도 하나님이 세우신 것이므로 순종해야 한다는 잘못된 논리로까지 나아갑니다.

---

16 더 자세한 논의는 《위조된 각인―우리가 교회라고 오인하는 12가지 모습》184-214쪽, "정교분리: 현실 문제는 비겁하게 외면하거나 왜곡한다" 참조.

열매 가득
하나님나라

하지만 이 구절은 당시의 문학 기법인 교차대구법(카이즘)에 따라 섬세하게 이해해야 합니다. 당시 이 편지를 읽은 사람들은 특정 부분을 강조하기 위해 사용된 이러한 문학적 구조에 익숙했으며, 이 같은 구조는 시편을 비롯해 구약성경 여러 곳에서 흔히 발견됩니다. 카이즘이라는 용어는 헬라어 '카이'(X, 영어 알파벳으로는 엑스)에서 유래했으며, 나열된 부분들이 서로 대칭을 이룹니다. 여기서는 A-B-B′-A′의 구조인데, 카이즘은 가운데 부분(B-B′)을 강조하는 기법입니다.

A 모든 사람을 존중하며
　B 형제자매들을 사랑하며
　B′ 하나님을 두려워하며
A′ 황제를 존중하십시오

베드로전서 2장 17절을 카이즘으로 분석하면, 이 구절의 강조점과 혁신적인 메시지가 더욱 분명히 드러납니다. "하나님을 두려워하고 형제자매들을 사랑하는 것"(B-B′)이 중심에 자리하며, "모든 사람을 존중하고 황제를 존중하는 것"(A-A′)이 그다음으로 중요하게 제시됩니다. 여기서 핵심은 '하나님 경외'와 '형제자매 사랑'이며, 그다음 명령은 이 핵심 명령에서 파생하는 것으로 이해해야 합니다. 여기서 충격적인 점은 베드로 사도가 "모든 사람"과 "황제"를 동일한 위치에 두고 존중하라고 명령했다

7부
제도와 권력 앞에서

는 사실입니다. 당시 상황을 고려할 때, 이는 매우 혁명적인 권면입니다. 황제를 모든 사람과 동등하게 취급하라니요! 당시 로마 황제는 절대적 권위를 가진 존재로 여겨졌으나, 베드로 사도는 그를 모든 사람과 동등한 위치에 두고 존중하라고 말합니다. 이는 단순히 권력에 굴복하라는 뜻이 아니라, 모든 사람을 하나님의 창조물로서 동등하게 존중하라는 새로운 관점입니다. 더 놀라운 점은, 편지의 전체 내용을 종합해 보면 베드로 사도가 말한 "모든 사람"에 일반 시민뿐 아니라 당시 기본권조차 없었던 여성과 노예와 이방인까지 포함된 것을 알 수 있습니다. 철저히 계급사회였던 로마제국에서 황제와 노예를 동일한 수준에서 존중하라는 권면은 불온하기 그지없는, 급진적 사상이 아닐 수 없습니다.

"형제자매들을 사랑하라"라는 베드로 사도의 명령은 예수님께서 주신 새 계명을 떠올리게 합니다. 이 사랑은 앞서 1장 21절에서 "피차 뜨겁게 사랑하라"라는 명령에서도 똑같은 단어로 등장한 적 있습니다. 이어서 베드로 사도는 구약성경 전통에서 이어져 내려온 하나님 경외를 강조하며, "하나님을 두려워하라"라고 합니다. 조건 없이 사랑하시는 하나님처럼 형제자매를 사랑하고, 최고 권위자인 하나님을 두려워하라는 것이 베드로 사도의 가르침입니다. 베드로 사도의 명령을 종합하면 다음과 같습니다. 지금도 지어지고 있는 신령한 집의 주인이신 하나님을 경외하라. 형제자매들을 조건 없이 뜨겁게 사랑하라. 그리고 세상 모든 사람을 존중하며, 인간이 만들어 낸 최고 권위도 존중하라. 17절을 현대 사회에 적용하면, 지금은 사라진 황제나 총독은 오늘날 "인간이 만든 모든 것" 중에서 정부나 국가 같은 권력으로 생각할 수 있습니다. 우리는 동료 시민을 포함하여, 기본권조차 보장받지 못하는 사람들까지 존중하며, 그와 같은 자세로 국가와 사회의 권력 기관도 존중해야 합니다.

그렇기 때문에 13절의 "순복하되" "주님을 위해" 하라는 권면의 의미가 더욱 분명해집니다. 베드로 사도가 권하는 "순복"은 무조건적 복종이 아니라, 경계가 분명한, 제한적인 순복입니다. 성경은 절대적 복종을 요구하지 않으며, 하나님이 기뻐하시는 조건에 따라 순복하라고 가르칩니다. 특히, 다음과 같은 때는 그 어떤 대상에게도 순복하지 않습니다.

1) 선을 권하지 않고 악을 벌하지 않을 때

제도와 권력이 존재하는 이유는 선을 권하고 악을 벌하는 것입니다. 이는 베드로 사도가 앞서 강조한 기본 전제이기도 합니다. 그런데 제도와 권력이 본래 역할을 상실한 채 선을 억압하고 악을 번성하게 하는 도구로 전락한다면, 우리는 이에 순복할 수 없습니다.

2) 사람들을 존중하는 일이 아닐 때

모든 사람을 존중하라는 명령은 모든 인간이 동등한 권리를 가진

7부
제도와 권력 앞에서

다는 성경적 가르침과 일치합니다. 각 사람은 하나님이 창조하신 존재로서 존엄하며, 그로 인해 사상과 표현의 자유를 누릴 권리가 있습니다. 또한, 인종, 종교, 성, 나이, 경제적 지위, 학력 등에 따라 차별받지 않는 평등권이 보장되어야 하며, 참정권과 행복을 추구할 권리 역시 모든 사람에게 주어져야 합니다. 그러나 어떤 제도나 권력이 이러한 기본적인 권리를 부인하거나 침해한다면, 이는 하나님이 창조하신 질서에 반하는 것이므로 우리는 이에 순복할 수 없습니다.

3) 형제자매들을 사랑하지 못하게 막을 때

일반적으로 문명화한 사회에서는 교회 공동체가 성도들을 사랑하고 돌본다는데 이를 못 하게 막는 일은 드뭅니다. 하지만 정치권력화한 타 종교에서, 또는 특정 이데올로기에 영향을 받은 권력기관이 형제자매 간의 교제와 공동체 형성을 금지하거나 제한한다면, 우리는 이에 순복할 수 없습니다.

4) 하나님을 두려워하는 일이 아닐 때

하나님의 존재를 부인하거나 그분의 주권을 인정하지 않는 무신론적 세상에서는 그리스도인의 여러 신앙 행위가 도전받을 수 있습니다. 특히 자유로운 예배를 금지하거나 제한하는 제도나 권력기관이 등장한다면, 우리는 이에 순복할 수 없으며, 필요하다면 생명을 걸고 저항해야 합니다.

5) 권력 기관이 제자리를 지키지 않고 제 역할을 하지 않을 때 국가 권력, 회사 권력, 교회 권력을 포함해 모든 권력은 하나님에게 위임받은 것입니다. 권력의 본질적 목적은 선을 행하고 악을 벌하기 위해 맡은 바 역할과 책임을 다하는 데 있습니다. 그러나 권력이 이러한 역할을 방기하거나 위임받은 한계를 넘어 남용할 때, 우리는 이에 순복할 수 없습니다.

현대 사회는 정치, 경제, 사회, 문화 등 다양한 영역에 걸쳐 복잡한 문제들로 가득 차 있습니다. 이러한 상황에서 교회와 그리스도인들이 제도와 권력에 어떻게 대응해야 할지에 대해 구체적으로 일일이 답을 제시하기는 어렵습니다. 그러나 성경은 우리가 나아가야 할 방향을 가리키는 가이드라인 역할을 합니다. 그동안 교회는 사회의 여러 영역에 무관심하거나 소극적인 태도를 보여 온 것이 사실입니다. 그러나 베드로 사도는 2천 년 전에, 당시의 최고 권력을 어떻게 대응해야 하는지를 분명히 가르쳤습니다. 물론 오늘날 사회는 베드로 사도 시대보다 훨씬 더 복잡한 양상을 보입니다. 그러므로 교회는 세상을 배우고 이해하는 태도를 가져야 합니다. 우리가 살아가고 있는 세상의 구조와 문제를 정확히 알고 이해할 때, 그리스도인은 하나님의 뜻에 따라 사회에서 올바른 영향을 미칠 수 있습니다. 교회는 중요한 사회적 이슈들에 대해 함께 연구하고 토론해야 합니다. 이러한 과정을 통해 하나님의 뜻이 무엇인지를 공동체가 함께 분별할 수 있습니다. 이때 베드로 사도가 가르친 자세를 기준으로 삼아야 합니다. 그는 당시 제도와 권력을 무조건 따르거나 무시하지 않고, 제한적으로 순복하며 하나님의 선한 뜻을 이루는 데 초점을 맞췄습니다. 현대의 그리스도인도 이러한 시각을 유지하며 위임된 권력을 적절히 인정하면서 선을 행하는 방법이 무엇인지를 분별해야 합니다. 여기서 무엇보다 중요한 것은 기도와 행동이 균형을 이루는 것입니다. 충분히 분별하고 연구한 후에는 하나님의 인도하심을 구하며 이를 행동으로 옮기는 실천이 필요합니다. 그리스도인 공동체는 세상에서 소금과 빛의 역할을 감당하며, 하나님의 정의와 사랑을 구체적인 모습으로 드러내야 합니다.

사회적 이슈를 교회 안에서 논의하는 일은 종종 분란을 일으키므로 많은 교회가 이를 피합니다. 그 결과, 기독교 신앙은 예배당 울타리를 넘지 못하거나 신자들의 가정 안에 머뭅니다. 하지만 세상에 대한 이해 없이 살다 보면, 오히려 세상의 가치가 예배당과 가정의 경계를 넘어 스며들어서 우리 삶을 뒤흔들게 됩니다. 그렇게 되면 "모든 사람을 존중하는" 삶에서 멀어질 뿐 아니라, "형제자매를 사랑하고" "하나님을 두려워하는" 삶에 대해서도 점차 무지해지고 무력해질 위험이 있습니다. 교회에서 사회적 이슈를 다룰 때는 무엇보다 먼저 우리 내면세계를 점검하는 일이 중요합니다. 우리 영혼을 거슬러 싸우는 자기중심적 욕망을 다스리지 않는다면, 어떠한 논의도 결국 다툼과 분열로 이어질 수밖에 없습니다. 내적 성찰과 성숙한 태도가 결여된 상태에서는 건설적이고 신앙적인 토론이 이루어질 수 없습니다. 그러나 하나님이 지으시는 집에 속한 사람들답게 세상 건축가들이 짓고 있는 집을 이해하고 분별하며 대안을 찾는 것은 우리의 책임이자 특권입니다. 우리는 이 세상에서 '파로이코스'(임시거류자)이자 '페레피데모스'(임시체류자)로 살아가는 사람들입니다. 이는 세상과 분리된 채 잠시 스치듯 살아가는 사람들이라는 말이 아닙니다. 오히려 하나님나라의 가치를 분명히 알고 세상 속에서 그 가치를 실현하는 역할을 감당하는 존재들이라는 말입니다.

하나님에게만 무릎 꿇는 자유인으로

우리가 사는 세상은 여전히 온갖 문제로 가득합니다. 제가 대학에 다니던 1980년대에 마주했던 수많은 사회 문제는 일부만 해결되었을 뿐, 다른 형태와 증상으로 지금도 나타나고 있습니다. 지난 몇십 년간 인간의 기술은 놀라운 혁신을 이루어 냈습니다. 그 덕분에 세상이 유토피아처럼 달라지려나 하는 낙관적 기대가 여전히 있지만, 이제는 지구가 과연 몇 년이나 더 버틸 수 있을지를 걱정해야 하는 상황에 이르렀습니다. 문제는 더 복잡해졌고, 해결책 또한 손에 쥐기가 더욱 어려워졌습니다. 여기에

7부
제도와 권력 앞에서

엎친 데 덮친 격으로 점점 더 자기 자신에게만 집중하는 문화가 편만해졌습니다. 개인의 성공과 안락함을 추구하는 삶이 당연해지면서 우리가 사는 세상의 문제들에 질문하거나, 그 안의 부조리와 불의에 대해 분노하는 일은 점점 찾아보기 어려워지고 있습니다.

오늘날 베드로 사도가 이 편지를 다시 쓴다면, 황제와 총독에 대해 적지는 않았겠지만, "인간이 만든 모든 것"에 대해서는 말했을 것입니다. 우리는 하나님이 짓고 계신 집에 속했으나, 여전히 세상 건축가들이 짓고 있는 집에서도 살아야 하기 때문입니다. 현대 사회의 문제들이 아무리 복잡하게 얽혀 있다고 해도 우리는 그 세상에서 살아야만 합니다. 우리는 하나님이 주신 영광스러운 신분을 가진 자들이지만, 동시에 세상에 임시로 체류하는 사람들입니다. 따라서 우리는 무엇보다 하나님을 경외하고, 형제자매들을 사랑하며, 세상에서 선을 행하기 위해 최선을 다합니다. 제일 중요한 의무인 선을 행하는 데 부족함이 없도록 우리 시대의 황제와 총독, 즉 오늘날의 권력과 제도에 관해 연구합니다. 그들이 왜 존재하는지, 그리고 그들의 역할과 중요성을 분명히 알고 있습니다. 하지만 베드로 사도의 가르침에 따르면, 그 권력을 쥐고 있는 이들은 우리 사회에서 가장 약하고 인정받지 못하는 사람들과 동일 선상에서 존중받아야 하는 대상일 뿐입니다. 이 원칙을 분명히 할 때, 우리는 세상 권력에 순복하는 자로 살아가되, 그 순복의 경계를 확실히 아는 자로 살 수 있습니다.

열매 가득
하나님나라

이렇게 사는 것이 바로 세상에서 '소금과 빛'으로 사는 삶입니다. 예수께서는 우리에게 소금과 빛이 '되어라'라고 명령하지 않으셨습니다. 그분을 진정으로 따른다면, 우리는 자연스럽게 소금과 빛이 '됩니다.' 이는 우리 행위로 이루어지는 것이 아니라, 예수님을 따르는 삶에서 저절로 드러나는 정체성입니다. 여기서 잊지 말아야 할 것이 있습니다. 예수께서 소금과 빛에 대해 말씀하실 때, 세상과 세상 사람들을 언급하셨습니다. 세상을 잘 모르는 사람은 소금과 빛의 의미를 초등학교 윤리 수준으로 축소할 수밖에 없습니다. 하지만 세상이 복잡해지고 혼란스러울수록 세상에 꼭 필요한 사람이 있습니다. 세상에 무릎 꿇지 않고, 오직 하나님께만 무릎 꿇는 사람이 바로 "하나님의 노예들"입니다. 이들은 영광스러운 신분을 가진 임시체류자들로, 세상을 진지하게 이해하려고 애쓰며, 그 과정에서 세상의 본질을 꿰뚫어 보고 자신들의 역할을 선명하게 이해합니다. 이런 사람들이 하나님의 택하심을 받아서, 세상 속에서 잠시 체류하는 그리스도인들입니다.

7부
제도와 권력 앞에서

요한계시 2:18-25

대한민국은 스트레스 공화국이라고 불립니다. 학생은 학생대로, 부모는 부모대로 스트레스를 받습니다. 우리 사회를 지탱하는 다양한 영역의 직장인들 역시 스트레스가 만만치 않습니다. 직장인 1,225명에게 물었더니, 86.7퍼센트가 '직장생활을 하면서 스트레스를 받은 적 있다'라고 답했습니다. 스트레스의 가장 큰 원인은 '상사·동료와의 인간관계'(25.2%)였고, 그다음이 '과도한 업무량'(23.7%)이었습니다. 이는 OECD 주요 국가 중에서 노동시간이 가장 많은 우리의 현실을 잘 보여 줍니다.[1] 과도한 업무량에 인간관계의 어려움까지 더해지면서, 직장인의 극심한 육체적·정서적 스트레스는 다양한 질병의 원인이 되기도 합니다.

세상 건축가들이 자신들의 권력과 자본으로 건설한 세상에서, 노동의 성과를 정의롭게 분배하고, 노동하는 과정에서 존중받는 제도와 문화를 만드는 일은 난제 중의 난제입니다. 일부 회사가 꿈같은 복지 제도를 만들어도 회사 내 스트레스는 여전하고, 거대 자본 시장의 먹이사슬에서 상위 집단이 가하는 갑질은 피할 수 없습니다. 앞 장에서 우리는 세상 건축가들이 짓고 있는 집에 살면서도 하나님의 신령한 집에 속하는 사람들이 제도와

---

1 https://www.newswire.co.kr/newsRead.php?no=907209. 한국 노동자의 연평균 노동시간은 1,874시간으로, 경제협력개발기구OECD 회원국 평균(연 1,717시간)보다 157시간이 많으며, 주 40시간으로 환산하면 4주 정도 더 일하는 셈이다(2023년 기준).

8부
일터에서

권력에 어떤 원칙과 자세로 대응해야 하는지를 다루었습니다. 이번 장에서는 우리가 하루 대부분을 보내는 직장생활에 대해 생각해 보겠습니다.

지금도 비슷한 우리

우리가 잘 알고 있듯이 베드로전서는 2천 년 전 고대 사회를 배경으로 쓰였습니다. 당시에는 지금 같은 직장이나 근로 환경은 존재하지 않았습니다. 그러나 세상에 잠시 머무는 이들이 일터에서 어떻게 살아야 하는지에 관해 베드로 사도가 남긴 권면은 오늘날에도 적용할 수 있는 소중한 원리를 담고 있습니다. 2장 18-20절을 살펴봅시다.

18 하인 여러분, 모든 두려워함으로 주인들, 즉 선하고 신사적인 자들뿐 아니라 가혹한 자들에게도 순복하십시오. **19** 누군가 부당하게 고난을 당하더라도 하나님을 향한 양심[2]으로 슬픔을 참으

---

2 διὰ συνείδησιν θεοῦ는 직역하면 "하나님의 양심으로"이지만, "하나님을 생각함으로"(개역개정), "하나님을 생각하면서"(새번역), "because he is conscious of God"(NIV), "for the sake of conscience toward God"(NAU), "because of conscience toward God"(NKJ), "for the sake of your conscience"(NLT), "in awareness of God"(NJB), "being aware of God"(NRS) 등으로 번역한다.

면, 그것이 은혜[3]입니다. **20** 죄를 짓고 매를 맞으면서 참으면, 그
것에 무슨 칭찬이 있겠습니까? 그러나 선을 행하고 고난을 받으
면서 참는다면, 그것은 하나님 앞에서 은혜입니다.

베드로 사도는 세상의 제도와 권력을 대하는 그리스도인의
태도와 삶의 원리를 이야기한 직후에 가장 먼저 하인들을 언급
합니다. 하인으로 번역된 '오이케테스οἰκέτης'는 노예가 아니라
주로 집 안에서 일하는 하인을 가리킵니다. NIV는 "노예slaves"라
고 번역했는데, 당시 하인의 대부분이 노예 신분이어서 가능한
번역이지만, 더 정확한 범위의 단어를 사용하는 것이 적절해 보
입니다. 당시의 하인은 지금처럼 시간제 근로자가 아니라 주인
의 집에 거주하며 모든 집안일을 맡아서 하는 몸종이었습니다.
사생활이 거의 없고, 노동 강도도 매우 높았겠죠. 당시에는 로마
전체 인구의 30-40퍼센트 정도가 하인이나 노예 신분이었던
것으로 추정됩니다.[4]

───────

3 χάρις는 "은혜"를 뜻하나 그대로 옮기면 문장이 모호해져서 "아름답
다"(개역개정, 새번역), "favor"(NASB), "commendable"(NKJ, NIV),
"credit"(NRS) 등으로 번역한다. 하지만 여기서는 원래의 풍성한 의미를
살리기 위해 그대로 두었다. 거의 비슷한 표현이 20절에도 등장한다.

4 로마제국 내의 시민, 비시민, 노예의 인구 구성에 관해서는 여러 연구
가 지속되고 있다. 서부 속주와 동부 속주에서는 시민이 10퍼센트밖에 되
지 않지만, 로마와 이탈리아 반도에서는 시민의 비율이 55-70퍼센트에 달

베드로 사도는 2장 16절에서 모든 그리스도인이 자유인이며, 오직 하나님의 노예만 될 수 있다고 선언했습니다. 당시 하인 중에는 그리스도인도 있었는데, 자신들이 그리스도 안에서 자유인이라는 사실을 깨달았을 때 무척 혼란스러웠을 것입니다. 그들의 현실적인 신분과 처지는 여전히 주인의 손 아래 있었기 때문입니다. 주인들도 낯설고 혼란스럽기는 마찬가지였습니다. 당시 로마 사회에서 노예는 주인의 재산으로 여겨졌으며, 주인은 노예의 생사여탈을 포함해서 절대적인 권한을 가지고 있었습니다. 노예가 자유를 얻으려면 죽음을 무릅써야 했고, 하인들도 별반 다르지 않은 처지였습니다. 그들에게는 직장과 개인 생활의 경계가 거의 없었고, 주인집이나 그 주변에 살면서 끊임없는 노동에 시달려야 했습니다. 이런 배경에서 쓰인 베드로의 편지라서 현대 사회에 그대로 적용하기는 어렵습니다.

고대의 하인과 현대의 직장인은 분명 다르나 비슷한 점도 있습니다. 현대 직장인은 직장을 선택하고 그만둘 자유가 있으나, 생계유지를 위해 그만두기가 쉽지 않고 퇴직 후 새로운 직장을 구하는 것도 어렵습니다. 겉보기에는 자율적으로 선택한 듯 보이나 실제로는 다른 선택지가 없어서 어쩔 수 없이 현재 직장에

------ 한 것으로 추정된다. 로마제국 전체로 볼 때, 시민 45퍼센트, 비시민 15퍼센트, 노예가 35퍼센트 전후라는 연구가 있다(Welch & Hall, *Estimated Distribution of Citizenship in the Roman Empire*, 2002).

머무는 경우도 적지 않습니다. 그리고 정부가 노동시간을 일정 기준 이하로 제한하고 있지만, 우리는 여전히 일터에서 많은 시간을 보냅니다. 과거에 만연했던 과도한 노동은 개선되었으나, 전문직 종사자나 회사의 임원들은 지금도 법정 노동시간을 훌쩍 초과해 일하는 경우가 많습니다. 이처럼 일이 우리 삶에서 차지하는 비중은 막대하고, 때로는 자율적 선택의 결과라고만 할 수 없는 조건에 얽매여 살아갑니다. 이런 현실은 고대의 하인들과 비슷합니다. 특히 많은 직장이 여전히 불평등한 권력관계 안에 있으며, 직장 상사에게서 다양한 압박과 괴롭힘을 경험합니다.

두 가지 어려움

직장생활을 하다 보면 "신사적인"(18절상) 상사도 만나고 "가혹한"(18절하) 상사도 만납니다. 때로는 "부당하게 고난을 당하기도"(19절) 하면서 깊은 고민과 좌절에 빠집니다. 이를 어떻게 극복할지 논하기에 앞서 살펴볼 것이 있습니다. 어려움을 당할 때 공공의 선을 위해 그 어려움을 견딜지, 아니면 자신을 먼저 돌아볼지를 구분해야 합니다. 어떤 어려움은 우리가 자초한 것이기에 견디기보다는 자신을 먼저 성찰해야 합니다.

견뎌야 하는 어려움

"가혹한" 상사 밑에서 일하는 것은 견뎌야 하는 세상살이의 한 부분입니다. "가혹하다"라는 단어는 비뚤어지고 정직하지 못하며 비합리적이라는 뜻을 담고 있습니다. 어떤 상사는 사람은 좋은데 지나치게 세세한 것까지 간섭합니다. 직원을 신뢰하지 않고 모든 것을 통제하려는 '마이크로 매니지먼트micromanagement'를 하는 상사 밑에서는 자율성 없이 시키는 대로만 해야 하니 힘이 듭니다. 세세하게 통제하더라도 일 지시가 명확하면 그나마 낫습니다. 하지만 무엇을 원하는지 분명하게 말하지 않고 자신이 만족할 때까지 "더 잘할 수 있잖아요", "다시 해 오세요"라고만 하는 상사는 답이 없어 보입니다. 여기서 더 나아가 감정을 조절하지 못하고 말과 행동이 비인격적인 경우도 있습니다. 또한 원칙이 불분명해서 예측할 수 없거나 약속을 잘 지키지 않는 상사와 일하기란 더욱 어렵습니다. 더 심각한 것은 공과 사를 구분하지 못하거나, 게으르고 무능하면서 자신의 윗사람에게만 깍듯한 상사입니다. 이런 상사는 직원들의 공은 가로채고 책임은 떠넘기며 자신의 이익을 위해 직원들을 이용하기도 합니다. 물론 직장에는 "선하고 신사적인" 상사도 있지만, 안타깝게도 모든 상사가 그렇지는 않습니다.

직장에서 겪는 어려움은 상사만이 아닙니다. 올바르게 일하려 할 때 "부당하게 고난받기도" 합니다. 정직하게 일하다가 오히려 피해를 보기도 합니다. 예를 들어, 출장을 가지 않고도 출장 수당을 받는 것이 관행인 회사에서 신입 사원이 실제로 출장을 가지 않았다고 수당을 신청하지 않는다면 어떻게 될까요? 칭찬받기는커녕 오히려 오랫동안 관행을 유지해 온 선임들에게 압박을 받을 것입니다. 회사의 잘못된 관행에 동참하지 않으면서 동료들의 따돌림을 피하기란 매우 어렵습니다. 최근 상황이 개선되고는 있지만, 남성 중심의 회사에서 여성이라는 이유로 부당한 대우를 받는 일은 여전히 계속되고 있습니다. 학력이나 출신 지역에 따른 차별도 심심찮게 발생합니다. 특히 외국인 노동자가 늘고 있는 한국 사회에서 이들이 겪는 부당한 대우는 글로 옮기기조차 부끄러운 수준입니다.

회사의 잘못된 제도나 문화에 순응하며 살면 마음은 불편해도 당장의 고난은 피할 수 있습니다. 그러나 회사 전체와 동료들, 고객을 위해 잘못된 관행을 바로잡으려 할 때는 상당한 어려움을 겪게 됩니다. 더 나아가 모두에게 선이 되는 일(20절)을 하려고 하면, 그리스도인이든 아니든 비난받거나 무시당하는 경우가 많습니다. 현대 사회의 조직들이 합리적 운영을 추구한다고 하지만, 어떤 조직이든 그 안에 불완전함과 불합리성이 존재합니다. 그런 문제들을 개선하려고 할 때, 특히 그것이 상사의 심기나 개인적 이익을 건드리거나 회사의 고질적 병폐와 관련 있으면, 좋은 평가는커녕 오히려 불이익을 당하기 쉽습니다. 그래서 사람들은 '모난 돌이 정 맞는다'라며 서로를 위로하고, 개선하려는 시도를 '오지랖'이라 폄하하며, 더 나아가 '복지부동'하는 태도를 보입니다. 이처럼 올바른 일을 하려다 겪는 어려움은 직장생활에서 피하기 힘든 현실입니다.

깨진 세상을 살아가는 우리에게 '가혹한 상사', '부당한 고난', '선을 행하다 겪는 고난'은 피하기 어려운 현실입니다. 그리스도인들은 이런 상황에서 하나님께 도움을 구하지만, 베드로 사도가 암시하듯 우리가 기도한다고 해서 가혹한 상사가 없어지고, 부당함이 사라지고, 선한 행위가 인정받는 일이 반드시 일어나지는 않습니다. 그래서 어떤 이들은 우스갯소리로 "하나님은 대학 입시 때도 약하시더니, 회사 생활과 승진에도 약하시다"라고 말하기도 합니다. 하지만 하나님은 우리가 이러한 어려움을 겪으면서 깨진 세상의 불완전함을 직면하기를 바라십니다. 또한 그 속에서 의연하게 선을 행하며 살기 바라셔서, 때로는 장밋빛 길을 열어 주시는 대신에 가시밭길을 통과하게 하십니다. 이처럼 직장에서 겪는 어려움은 우리가 이 땅을 잠시 지나가는 임시 체류자라는 표지이기도 합니다. 우리가 이 세상에 속하지 않고 이 세상을 통과하는 존재임을 잊지 않도록 각성시킵니다.

자신을 돌아보아야 하는 어려움

직장에서 겪는 어려움 중에는 견뎌 내야 할 것이 있는가 하면, 자신을 돌아보아야 하는 것도 있습니다. 20절의 "죄를 짓고 매를 맞는" 경우입니다. 오늘날 직장에서 매를 맞을 일은 없으므로, '자기 잘못으로 불이익을 당하는 경우' 정도로 이해할 수 있습니다. 무슨 이유에서든 자신의 부족함 때문에 불이익을 받는다면, 베드로 사도는 칭찬받을 일이 아니라고 간결하게 결론을 내립니다.

직장생활에서 겪는 어려움이 피할 수 없는 것인지, 아니면 내 잘못이나 부족함 때문인지를 분별하는 것은 중요합니다. 우리는 자기중심적 존재여서 어려움을 겪으면 대부분 자신을 피해자로 여기고 부당한 대우를 받는다고 생각하기 쉽습니다. 그러나 그 부당함이 정말 직장 상사와 조직의 탓인지, 아니면 자신의 부족함과 게으름 때문인지는 신중하게 분별해야 합니다. 앞 장에서 다룬 임시체류자의 두 가지 삶의 원리를 여기에도 적용할 수 있는데, 관련한 성경 구절을 다시 한번 보겠습니다.

11 …여러분의 영혼을 거슬러 싸우는 어떠한 육체적 욕망이든지 멀리하고 **12** 여러분의 행실을 사람들 중에서 선하게 가지십시오.…

'내면세계를 정돈하고 외부 세계에서는 선을 행하라'라는 두 가지 원리는 직장생활에서 겪는 어려움을 분별하는 데 매우 중요합니다. 그리스도인 직장인에게 가장 필요한 것은 내면세계를 정돈하는 일, 즉 자기 성찰입니다. 우리가 겪는 어려움이, 깨진 세상에서 정직하고 성실하게 일하다가, 창의적이고 정의로운 하나님을 닮으려 애쓰다가, 삶의 현장에서 구원이 완성되어 가는 과정 중에 생긴 것이라면, 그것은 피할 수 없는 것입니다. 그러나 그 어려움이 우리 영혼을 거스르는 세속적 욕망 때문에 생긴 것이라면, 그 어려움을 통해 자신을 돌아보아야 합니다. 일하는 방식을 잘 모르거나 역량이 부족해서, 더 나아가 일하는 자세와 상사, 동료, 후배들을 대하는 태도가 부적절해서 생기는 어려움은 우리가 성장해야 할 부분이 무엇인지를 잘 보여 줍니다.

직장은 단순히 노동을 팔아 재화를 얻는 곳이 아닙니다. 비록 불완전할지라도, 하나님은 우리가 일하는 직장이 그분의 부르심을 받은 자로 성숙해 가는 현장이 되기를 원하십니다. 무엇보다 먼저 우리 자신의 부족함과 악함을 성찰하고 성장하기를 바라십니다. 더 나아가 "가혹한" 상사와 "부당하게" 어려움을 겪으면서 우리가 살아가는 세상이 얼마나 깨져 있는지를 깨닫기를 원하십니다. 그런 세상에서도 우리가 이웃과 직장과 더 나아가 우리 사회에서 '고난을 겪더라도 선을 행하기'를 바라십니다. 직장은 우리가 하나님을 닮아 가는 현장입니다. 그곳에서 우리는 그분의 성품을 배우고 그분이 자신의 뜻을 이루어 가는 법을 익힙니다.

두 가지 원리

이번 장의 성경 본문은 이천 년 전 사회 상황을 다루고 있습니다. 특히 베드로전서에서 반복되는 "순복하라"라는 명령은 오늘날 우리 상황과 맞지 않아 보여서 정서적 거부감을 일으킬 수 있습니다. 하지만 앞 장에서 살폈듯이, 여기서 말하는 "순복"은 절대적 복종이 아닌 제한적이고 조건적인 복종을 의미합니다. 본문을 더 깊이 살펴보면, 오늘날 우리의 직장생활에 적용할 수 있는 두 가지 원리를 발견할 수 있습니다. 이 원리들은 현대 사회에서도 여전히 유효하며, 그리스도인의 직장생활에 중요한 지침이 됩니다.

권위 구조를 인정한다

베드로 사도는 "모든 두려워함으로 주인들에게 순복하십시오"(18절)라고 말합니다. 이 구절은 2장 13-14절이 악용되듯이, 상사 위치에 있는 그리스도인들에 의해 악용될 위험이 있습니다. 특히 "모든 두려워함으로"라는 표현이 덧붙어서 부정적 인상을 더욱 강화합니다. "두려워함으로"라는 표현은 베드로 사도가 이 편지에서 여러 번 사용하지만,[5] 유독 여기서만 "모든"이

---

5 명사형으로는 베드로전서 1:17; 2:18; 3:2, 14, 16에서 사용되었고, 동사형으로는 베드로전서 2:17; 3:6,14에서 나타난다. ἐν φόβῳ는 신약성경에 6회 사용되었다(고린도전서 2:3; 고린도후서 7:1; 에베소서 5:21: 베드로전서 1:17; 3:2; 유다서 1:23).

라고 강조합니다.[6] '두려워하다'라는 단어는 동사형으로 세 번, 명사형으로 다섯 번 사용되었는데, 주목할 점은 이 단어를 대부분 하나님과 연관 지어 언급한다는 것입니다. 2장 17절에서 살펴보았듯이 하나님을 향한 경외심을 나타냅니다. 다음 구절들을 이어서 살펴봅시다.

사라가 아브라함을 주인이라고 부르며 순종하였던 것과 같이 여러분도 선을 행하고 무서운 어떤 것도 두려워하지 않으니, 그녀의 딸이 된 것입니다(베드로전서 3:6, 동사).

그러나 만약 정의를 위해서 고난을 받는다면, 여러분은 복이 있습니다. 그들이 두렵게 하는 것을 두려워 말며, 흔들리지 말며(베드로전서 3:14, 동사와 명사).

베드로 사도는 사라의 경우를 언급하며(3:6), 또 일상생활에서도(3:14) 하나님 외에는 그 무엇도 두려워하지 말라고 합니다. 그에게 세상에서 유일하게 두려워해야 하는 대상은 하나님뿐이

———
6 ἐν παντὶ φόβῳ을 개역개정은 "범사에 두려워함으로"로, 새번역은 "극히 두려운 마음으로"라고 번역했고, 영어 성경은 문자 그대로 "with all repect"(NAU), "fear"(NKJ), "deference"(NRS)로 번역하거나 좀 더 풀어서 "in reverent fear of God"(NIV)라고 번역한다.

었습니다. 더군다나 바로 앞 절인 2장 16-17절에서도 "하나님의 노예"이자 "자유인"으로 "하나님을 두려워하십시오"라고 강조했습니다. 따라서 2장 18절의 "두려워함으로 주인들에게 순복하십시오"라는 말은 '하나님을 두려워함으로 순복하라', 즉 '하나님의 종이자 자유인이라는 정체성을 가지고 하나님을 진정으로 경외하는 마음으로 순복하라'라는 의미로 해석할 수 있습니다. NIV가 원문에 없는 "of God"를 추가한 것도 이런 의미를 더 분명히 하기 위해서입니다. 7장에서도 살폈듯이, 그리스도인의 순복은 맹목적이거나 절대적인 것이 아니라, 최종적 권위이신 하나님을 의식하는 것을 전제로 합니다. "하나님을 두려워함으로 순복하라"라는 것은 세상의 권위 구조를 인정하되, 그 권위가 하나님 아래에 있음을 인식하며 자신의 위치를 지키라는 명령으로 이해할 수 있습니다.

그러므로 "주인들에게…순복하십시오"라는 명령을 현대 사회에 적용하면 "권위 구조를 인정하라"라는 가르침으로 이해할 수 있습니다. 앞 장에서 살펴보았듯이, 제도와 권력은 하나님에게서 부여받은 것이며 선을 권장하고 악을 억제하는 역할을 합니다. 그런 면에서 성경은 하나님을 인정하지 않는 세속 사회에서도 일정한 권위 구조를 인정하며, 무정부 상태가 되는 것을 원하지 않습니다. 세상의 건축자들은 인간이 권력의 정점에 있다고 착각하지만, 실제로는 하나님이 모든 권위의 최고 정점에 계시며, 그 아래에 인간의 권위 구조가 존재합니다. 우리가 살아가

8부
일터에서

는 사회는 분명 한계가 있지만, 어떤 형태로든 권위 구조가 있고 그를 통해 사회 질서를 유지합니다. 민주사회에서 모든 시민은 동등하지만, 투표로 선출한 정치인과 사회적 합의로 여러 권한을 위임받은 정부, 그리고 헌법이 보장하는 여러 권위 구조를 인정합니다. 직장에서는 이러한 권위 구조가 더욱 명확하게 나타납니다.

직장에는 자신보다 더 큰 책임과 권위를 가진 이들이 있습니다. 베드로 사도가 현대 사회에 살면서 이 편지를 쓴다면, "여러분이 속한 권위 구조 안에서 자신의 위치를 지키며 자기 역할을 주도적이고 창조적으로 감당하라"라고 적었을 것입니다. 이는 현대 사회를 살아가는 그리스도인 직장인들에게 매우 중요한 원리입니다. 정당한 권위를 인정하되, 단순히 수동적으로 따르는 것이 아니라 그 구조 안에서 자기 역할을 능동적으로 감당하며 선을 이루어 가야 합니다. 때로는 조직의 관행이나 결정이 올바르지 않을 수도 있습니다. 이럴 때 그리스도인은 지혜롭게 대안을 찾아 가야 합니다. 결국 직장생활을 하는 그리스도인의 삶이란, 정당한 권위를 인정하고 그 구조 안에서 자기 역할을 충실히 감당하되, 동시에 하나님의 뜻에 따라 선을 행하기 위한 길을 끊임없이 모색하는 것입니다.

그러므로 직장에서 상사의 권위를 인정하는 것이 매우 중요합니다. 일하는 방식이나 제일 나은 선택이 무엇인지에 대해서는 각자 생각이 다를 수 있습니다. 자신과 취향이나 방식이 다른 상사와는 합리적인 대화와 토론을 할 수 있습니다. 하지만 옳고 그름의 문제가 아니라면, 상사의 요구 사항을 존중하고 그 방식을 따르는 것이 필요합니다. 이는 회사가 가진 권위 구조와 그에 따른 업무 방식에 대한 존중이기도 하며, 궁극적으로는 세상을 움직이시는 하나님을 진심으로 경외하는 마음에서 비롯합니다. 이러한 태도는 단순히 외적인 복종을 넘어 권위와 질서를 향한 내적인 존중을 포함합니다. 이런 맥락에서 보면, 동료나 상사에 대한 뒷담화가 겉보기에는 사소해 보여도 실상은 가벼운 문제가 아닙니다. 많은 사람이 뒷담화를 직장생활의 활력소나 스트레스 해소 수단으로 여깁니다. 그러나 하나님을 진심으로 두려워하는 사람은 권위자 앞에서는 굽실대면서 뒤에서는 험담하는 이중적 태도를 보이지 않습니다. 건강하지 못한 조직일수록 뒷담화가 무성한데, 그런 문화에 가담하는 것 자체가 하나님을 두려워하기는커녕 그의 질서를 무시하는 행위일 수 있습니다. 그리스도인이라면 뒷담화에 동조하거나 참여하기보다는, 상사나 회사에 개선할 사항이 있다면, 존중하는 자세로 건설적 제안을 하는 것이 바람직합니다.

하지만 상사가 부도덕하고 불의한 의도로 업무를 진행할 때는 동조하지 말고 이의를 제기해야 합니다. 물론 현실적으로 쉽지 않은 선택입니다. 상사가 누군가에게 피해를 주는 업무를 지시할 때, 이를 거부할 경우 불이익과 차별이 분명할 때는 깊은 고민에 빠지게 됩니다. 특히 여성, 장애인, 외국인 차별에 눈감

8부
일터에서

거나 동참하라는 요구나, 고객에게 피해를 주거나 사회의 공공성을 해치는 일을 하라는 지시를 받을 수도 있습니다. 이러한 상황은 개인이 저지르는 악과는 다르게, 조직 내의 권위 구조 안에서 발생합니다. 조직의 일원으로서 이를 거부하거나 다른 대안을 제시하기란 매우 어렵습니다. 그저 못 본 척하고 시키는 대로 하는 것이 편할 수 있습니다. 하지만 성경은 이런 맹목적이고 절대적인 순복을 가르치지 않습니다. 우리의 순복이 제한적이고 조건적이라는 사실을 기억해야 합니다. 2장 17절에서 다루었듯이, 우리의 순복은 모든 사람을 존중하고 하나님을 경외하는 원리 안에서만 유효합니다. 따라서 그 기준에 반하는 지시나 요구는 따를 수 없습니다.

선을 행하되 대가를 감수한다

깨진 세상에서 권위 구조를 인정하면서도 선을 추구하며 살기란 절대 쉽지 않습니다. 박수를 받기는커녕 오히려 어려움에 부닥칠 때가 많습니다. 이런 상황을 마주하는 이들에게 베드로 사도는 매우 도전적인 삶의 원리를 제시합니다. "부당하게 고난을 당하더라도…슬픔을 참으면"서(19절) "선을 행하고 고난을 받으면서"(20절) 살라고 합니다. 1장 17절에서 살펴보았듯이, 하나님을 경외하는 마음으로 살다 보면 깨진 세상의 권위 구조와 충돌하게 됩니다. 하나님과 사람을 진정으로 존중하지 않는 권위 구조와 부딪히는 일을 피할 수 없습니다. 베드로 사도는 부당한 일로 인해 슬픔에 빠지고 선을 행하다가 고난을 겪는 일은 피할 수 없다고 말합니다. 우리는 악한 세상에서도 통할 만한 지혜로운 해결책을 기대하지만, 베드로 사도는 단호하게 "고난을 받으면서 참으라"라고 합니다. 그러면서 놀라운 말씀을 덧붙입니다. "하나님을 향한 양심으로 슬픔을 참으면, 그것이 은혜입니다"(19절). 간단한 표현이지만 깊은 의미를 담고 있어 온전히 우리말로 옮기기가 참 어렵습니다.

먼저 "하나님을 향한 양심으로"는 직역하면 "하나님의 양심으로"입니다. 한국어 성경과 영어 성경 대다수는 이를 "하나님을 생각함으로" 또는 "하나님을 의식함으로"라고 번역했습니다. 하지만 NAU, NKJ, NLT 같은 영어 성경은 "양심conscience"이라는 단어를 그대로 유지했습니다. "양심"이라는 단어는 신약성경에서 30회가량 사용되었는데, 베드로 사도는 이 단어를 특히 중요하게 여겨 자신의 서신에 세 번이나 사용했습니다. 2장 19절 말고도 3장 16절과 21절에 등장하는데, 21절을 번역할 때도 어려움을 주는 구절입니다.

온유함과 두려운 마음으로 하고, 선한 양심을 가지십시오. 그리하면 그리스도 안에서 행하는 여러분의 선한 행실을 욕하는 사람들이 비방하는 그 일로 부끄러움을 당하게 될 것입니다(베드로전서 3:16).

이는 지금 여러분을 구원하는 모형으로 곧 세례이니, 육체적인 더러움의 제거가 아니라, 하나님을 향한 선한 양심의 간구인데 이는 예수 그리스도의 부활로 말미암습니다(베드로전서 3:21).

2장 19절의 "하나님의 양심으로"라는 표현은 단순히 하나님을 의식하는 데서 그치지 않고, 하나님께 속한, 또는 하나님께서 주시는 인간 내면의 도덕성과 연결됩니다. 그리스도를 받아들일 때 우리 안에 새롭게 주어지는 각성된 양심 정도로 이해할 수 있습니다. 일반적인 사람들은 양심이 무뎌지면서 세상의 부당함과 악함에 점점 둔감해지지만, 하나님이 주신 양심을 가진 사람들은 부당함과 악함을 예리하게 알아챕니다. 그러므로 "하나님의 양심으로"라는 말은 세상의 깨진 상태를 볼 때, 그리스도 안에서 새로워진 존재로서 직면하라는 뜻입니다. 우리는 예전에 마음이 심히 부패했었으나 "진리에 순종함으로 영혼이 정결하게"(1:22) 된 사람들입니다. 그리스도인이 세상살이할 때 가장 중요한 것은 깨어 있는 것입니다. 부당한 것은 부당한 것으로, 악한 것은 악한 것으로 보는 것입니다.

많은 그리스도인이 사랑과 온유 같은 그리스도인의 품성에 대해서만 많이 듣고 묵상도 자주 해서인지, 세상의 부당함과 악함에 대해 지나치게 관대한 태도를 보입니다. 하지만 하나님의 사랑은 반드시 정의라는 기초 위에 서 있습니다. 정의가 없다면 그리스도의 십자가 죽음은 과도한 신적 드라마에 불과합니다.

하나님도 죄인을 사랑하시지만, 그 죄는 반드시 정의로운 심판을 받아야 하므로 자기 아들을 내어주는 길을 택하셨습니다. 그러므로 그리스도인들은 세상에서 부당함과 악함을 볼 때, 하나님의 마음으로 보는 훈련을 해야 합니다. 하나님은 결코 '좋은 것이 좋은 것이다'라는 식의 흐릿한 태도를 취하지 않으십니다. 그래서 우리도 세상의 불의와 악을 분별하고 직시하는 훈련을 합니다.

베드로 사도는 "하나님의 양심으로 슬픔을 참으면" 그것이 "은혜"라고 합니다(19절). '은혜'라는 단어는 헬라어 원어로 '카리스χάρις'입니다. 많은 번역본이 문맥상 "은혜"로 옮기기가 애매해서 "아름답다"라고 번역합니다. 하지만 베드로 사도는 이 단어를 '아름답다'라는 뜻으로 거의 사용하지 않으므로, '은혜'라는 본래 의미로 번역하는 편이 더 적절해 보입니다. 그런데 어떻게 부당함을 당하고 불의를 겪으면서 참는 것이 "은혜"가 될 수 있을까요? 2장 19절의 "슬픔"은 1장 6절의 "지금 잠깐 여러 가지 시련으로 슬픔을 당할 수밖에 없지만"에서 언급한 슬픔과 같은 단어입니다. 이는 단순히 마음의 아픔만이 아니라 육체적 고통, 금전적 손해, 사회적 불이익까지를 포함하는 총체적 슬픔입니다. 베드로 사도는 이런 전방위적 고난을 겪을 때 참으라고 합니다. 그리고 그것을 "은혜"라고 합니다. 참 이해하기가 쉽지 않은 말입니다.

그 답은 20-21절에서 발견할 수 있습니다. 20절에서 베드로

8부
일터에서

는 "은혜"라는 단어 앞에 "하나님 앞에서παρὰ θεῷ"라는 표현을 덧붙입니다. 하나님 다음에 오는 전치사에는 '~에at', '~의 옆에 by the side of beside, near', '~의 임재에in the presence of, with'라는 뜻이 있습니다. 따라서 이 은혜는 '하나님 앞에서의 은혜', '하나님의 임재 가운데 있는 은혜'로 이해할 수 있습니다. 이 의미는 21절에서 더욱 분명해집니다. 베드로 사도는 우리가 "이를 위하여 부르심을 받았습니다"라고 하는데, '선을 행하다가 고난을 당하는 삶'으로 부르심을 받았다는 뜻입니다. 여기서 중요한 점은 고난을 받거나 견디는 것 자체가 목적이 아니라는 것입니다. 우리의 진정한 목적은 선을 행하는 것이며, 그 과정에서 고난이 따를 때 이를 견디는 것이 우리의 부르심입니다.

세속 사회에서 선을 행하는 것은 매우 기이한 일입니다. 대개는 자신에게 이익이 되는 범위 안에서만 선을 행합니다. 그러나 베드로 사도가 우리에게 권면하는 선은 다릅니다. 부당함을 참으면서, 고난을 감내하면서 하는 것입니다. 그런데 그렇게 선을 행할 때 사람들은 박수 대신 의심의 눈길을 보냅니다. 세속 사회에서는 선행의 동기와 진정성을 인정받기까지 오랜 시간이 걸리며, 때로는 끝내 인정받지 못합니다. 하지만 우리가 부당하게 고난을 받으며 슬픔에 잠겨 있을 때, 하나님이 우리를 부르신 이유가 그 때문이라는 사실을 기억하며 퍼뜩 정신을 차립니다. 더욱이 21절은 우리 시선을 예수께로 돌립니다. "그리스도 역시 여러분을 위해 고난을 당하"셨다는 베드로 사도의 말씀은 깊은

— 66

열매 가득
하나님나라

위로가 됩니다. 우리가 선을 행하다가 고난을 당할 때, 예수님 "역시" 우리를 살리는 최고의 선을 행하기 위해 고난을 피하지 않으셨음을 기억하게 됩니다.

선을 행하다가 대가를 치르는 일은 천지의 주재이신 예수님도 피할 수 없었습니다. 우리가 사는 이 땅은 정의가 정상적으로 인정받지 못하는 깨진 세상이기 때문입니다. 베드로 사도는 여기에 덧붙여 예수께서 우리에게 "본을 남기셔서, 그의 발자취를 따르게 하셨습니다"라고 말합니다. 참으로 놀라운 선언입니다. 우리가 선을 행하다가 고난을 겪을 때, 그것은 단순한 불운이나 시련이 아니라 주님을 본받으며 따르는 것입니다. 이는 예수님의 말씀, "누구든지 나를 따라오려거든, 자기를 부인하고, 제 십자가를 지고, 나를 따라오너라"(마태복음 16:24)와 정확히 일치합니다. 예수님의 발자취를 따르는 사람, 그가 바로 참된 제자입니다.

그리스도인들은 직장에서 여러 어려움에 직면합니다. 아무도 알아주지 않는데도 성실하게 선을 행하다가 낙심하기도 합니다. 선한 의도가 오히려 오해를 사거나, 선을 행하려다가 따돌림을 당하기도 합니다. 때로는 함께 일하던 팀원들이 다 떠나고 홀로 남기도 하고, 창의적 노력이 상사에게 부당하게 가로채지는 경험도 합니다. 회사의 잘못된 관행을 바로잡으려다가 도리어 피해를 보고, 때로는 퇴사까지 당합니다. 베드로 사도는 이런 어려움 속에서 그리스도의 발자취를 따르고 있다고 말합니다. 한국 사회는 물론이고 어느 사회든 시스템과 관행이라는 이름으로

8부
일터에서

수많은 불의가 벌어지고 있습니다. 안타깝게도 그리스도인들조차 "하나님의 양심"을 따르지 않고, 이러한 불의에 타협하고 눈을 감는 경우가 적지 않습니다. 그저 하나님을 모르는 사람들만큼만 참고 견딥니다. 그리스도인은 세상을 건축하는 자들이 지배하는 세상에 살지만, 하나님이 건축하시는 신령한 집에 속해서 살아갑니다. 그렇기에 우리는 깨진 세상에 순응하지 않습니다. 대신 우리는 순복합니다. 하지만 정당한 권위 구조 안에서 순복하며, 악하고 불합리하고 부조리한 상황에 눈감지 않고 대가를 치르더라도 선을 행할 길을 찾습니다.

그리스도인이 직장생활을 시작하면 많은 직장에서 으레 만나게 되는 부조리와 병폐 때문에 힘들어합니다. 더러는 '로마에서는 로마법을 따른다'라며 타협하고, 더러는 퇴사를 심각하게 고민합니다. 하지만 때로는 견디고 버텨야 합니다. 신입 사원이나 사회 초년생이 선한 영향을 끼치려 해도 제한적일 수밖에 없습니다. 제도, 문화, 구조를 바꾸는 일은 경력이 쌓이고 직장에서 인정받는 위치에 올라갔을 때 비로소 가능해집니다. 세상에 문제가 있다고 그리스도인들이 모두 물러선다면 세상은 어떻게 될까요? 그리스도인은 때가 이를 때까지 견디고 참아야 합니다. 그러나 오랜 시간을 참고 견뎌도 영향력을 끼칠 수 있는 위치에 이를 수 없다면, 그 직장에 계속 남을지 진지하게 고민해 봐야 합니다. 우리는 선을 행하도록 부름을 받았으므로, 우리 일과의 대부분을 차지하는 직장에서 아무리 참고 견뎌도 선을 행할 수 없다면, 그것은 주님의 발자취를 따르지 않는 것이며, 그리스도인 됨을 포기하는 것이기 때문입니다.

한국 사회에서 그리스도인의 수가 줄고 있으나, 여전히 사회 곳곳에 많은 그리스도인이 있습니다. 정부와 국회, 경제계는 물론이고, 교육계, 문화계, 노동계 어디든 그리스도인들이 있습니다. 하지만 한국 사회의 부패지수는 180개국 중에서 30위 정도입니다. 국내총생산GDP 기준으로 세계 13위의 부국이면서도 사회 전반의 도덕성은 그에 미치지 못합니다. 경제적으로는 풍요로우나 도덕성은 따라가지 못하는 현실에 그리스도인의 책임은 없을까요? 한국 사회에서 그리스도인이 소수라면 또 모르겠으나 상당수를 차지하고, 특히 장년층과 노년층에서 그 비율이 더 높습니다. 그럼에도 우리 사회에는 부정과 비리가 끊이지 않습니다. 상황을 단순화하면, 이는 결국 그리스도인들이 세속 사회에서 자신의 피해를 감수하면서까지 선을 행하지 않기 때문입니다. 권력과 이익 앞에서 타협하고, 불의를 보고도 침묵하며, 때로는 동참하기까지 합니다. 직장에서 예수의 참 제자로 살아가는 그리스도인들이 간절히 필요합니다.

거대한 악에 맞서기 전에, 일터에서 작은 선한 일부터 해 봅시다. 그렇게 역량을 키워 나가다가 영향력이 조금씩 커지면 창의적이고 지혜롭게 조금 더 중요한 일을 도모해도 좋습니다. 그리스도인들이 동료와 회사와 고객을 위해 어떤 선한 일을 할 수 있을지 진지하게 고민하고, 그에 따르는 대가를 기꺼이 치른다

8부
일터에서

면, 비록 우리 사회가 당장 크게 변하지는 않더라도 중요한 열매가 맺힐 것입니다. 그 열매는 바로 그리스도인이란 그리스도의 발자취를 따르는 사람들이라는 인식이 사람들 사이에서 생기는 것입니다. 그렇게 되면 "선을 행함으로 어리석은 사람들의 무지를 잠재우는…하나님의 뜻"(2:15)이 이루어져, 하나님께서 영광을 받으실 것입니다.

슬기로운 직장생활

지금까지 살펴본 내용을 중심으로 그리스도인다운 직장생활을 정리해 보면 다음과 같습니다.

첫째, 노동의 의미를 새롭게 돌아보아야 합니다. 직장생활이 단순히 돈을 벌기 위한 수단이라면, 우리는 말 그대로 돈 버는 기계가 되어 그 부르심에만 충실하게 됩니다. 노동의 의미를 선한 일을 하기 위한 부르심이 아니라 돈을 버는 것으로만 국한하면, 결국 생존을 위해 일하는 노예의 삶을 자처하는 것과 다름없습니다. 그리스도인에게 가장 중요한 것은 자신의 노동을 하나님의 관점에서 해석하고, 그 속에서 선한 일을 도모하는 것입니다. 이때 우리의 부르심을 발견할 수 있고, 그리스도인다운 직장생활의 첫걸음을 떼게 됩니다.

둘째, 함께 일하는 선후배와 동료들을 돌아보아야 합니다. 그들을 어떻게 도울 수 있을지 구체적으로 고민하고 실행에 옮겨야 합니다. 어려운 상황에 놓인 이들을 위해서는 시간과 에너지를 들이는 희생이 필요합니다. 특히 리더 위치에 있는 사람은 조직이 더 건강한 문화 안에서 성장하는 방법을 진지하게 고민해야 합니다. 이때 중요한 것은 멀리 보되, 눈앞에 있는 작은 선한 일부터 실천하는 것입니다. 큰 그림을 그리되, 당장 할 수 있는 작은 일부터 시작하는 지혜가 필요합니다.

셋째, 오래 참기를 훈련해야 합니다. 점점 더 빠르게 변하고 발전하는 현대 사회에서는 오래 참는 것이 별 가치도 없고 효과도 없어 보입니다. 대개는 오래 참기보다 즉각적으로 반응하며, 특히 자기 권리가 침해당할 때는 더욱 그렇습니다. 하지만 참지 않고 기다리지 않으면 하나님의 부르심을 따를 수가 없습니다. 선한 일을 할 때는 두 가지 차원의 인내가 필요합니다. 하나는 선한 일을 하면서 그 열매가 맺힐 때까지 오래 참는 것이고, 다른 하나는 좀 더 큰 영향력을 가지고 선한 일을 할 수 있는 위치에 이를 때까지 오래 참는 것입니다. 오래 참음은 하나님의 뜻과 그분의 시간을 신뢰하는 신앙의 표현입니다. 성급하게 반응하는 대신에, 하나님의 이끄심에 따라 그분의 뜻이 실현될 때까지 참고 기다리는 사람이 되어 가는 과정이기도 합니다.

그리고 베드로전서 2장 18-20절은 하인들에게 전하는 메시지 같아도 거꾸로 읽으면 그 주인들, 현대 사회의 직장 상사들을 향한 메시지입니다. 이에 관해 자세히 다루지는 않겠지만, 베드로 사도는 상사들에게 까다롭게 굴지 말고 선하고 신사적인 상사가 되라고 합니다. 이는 권한이 많은 위치에 있을수록 선한 일을 더 많이 할 수 있기 때문입니다. 상사는 직원들이 부당한 일을 겪지 않도록 늘 살필 수 있습니다. 선한 일을 할 수 있는 영향력을 가진 자리에 이르렀다면, 단순히 자기 자리를 지키거나 승진하기 위해서가 아니라, 자기 영향력이 미치는 한도 내에서 선이 확장되도록 힘써야 합니다. 그래서 이 구절을 찬찬히 되짚어 보면 상사들에게 더 무거운 책임을 요구하고 있음을 알 수 있습니다. 권한이 많아지고 권력이 커질수록 그에 따르는 책임도 당연히 무거워지기 마련입니다.

예수의 리더십

21 이를 위하여 여러분은 부르심을 받았습니다. 왜냐하면 그리스도 역시 여러분을 위해 고난을 당하시고, 여러분에게 본을 남기셔서, 여러분이 그의 발자취를 따르게 하셨습니다. **22** 그는 죄를 짓지 않으셨고 그의 입에서는 거짓도 찾아볼 수 없었습니다. **23** 그는 모욕을 당하셨으나 모욕으로 갚지 않으시고, 고난을 받으셨으나 위협하지 않으시고, 정의롭게 심판하시는 분에게 지속적으로 의탁[7]하셨습니다. **24** 그는 나무 위에서 우리의 죄를 자신의 몸

---

7 παρεδίδου는 παραδίδωμι(베드로전서 2:23, BGT)의 미완료로 과거에

으로 친히 감당하셔서 우리가 죄에 대해서는 죽고, 의에 대해서는 살게 하셨습니다. 그의 상처로 여러분이 나음을 얻었습니다. **25** 여러분은 길을 잃어버리는[8] 양과 같았었는데, 그러나 이제는 여러분의 영혼의 목자이며 감독에게 돌아왔습니다.

본을 보이시고

과연 그렇다면 베드로 사도가 제시하는 그리스도인다운 직장 생활이 가능할까요? 자기 이익을 위해 살아도 다 '찾아 먹기' 힘든 세상인데, 손해를 보면서까지 선한 일을 하라고요? 실제 직장에서 앞서 살펴본 선한 직원이나 상사가 될 수 있을까요? 베드로 사도는 이런 의문을 가진 이들에게 우리가 받은 두 가지 복을 근거로 충분히 가능하다고 이야기합니다. 먼저 21-24절에서 우리의 본보기인 예수 그리스도가 계심을 강조합니다. 베드로 사도는 다시 한번 우리의 시선을 그리스도께로 향하게 합니다. 예수께서 선을 행하기 위해 부당하게 고난을 받으시는 본을 보이셨고, 그 발자취를 따르라고 하셨습니다.

리더십을 강의할 기회가 생기면, 참가자들에게 좋은 리더를

------ 반복된 행위를 가리킨다. 그래서 "지속적으로"라는 단어를 더했다.

8 ἤτε는 미완료로 길을 한 번 잃어버린 것이 아니라 잃어버리는 속성이 있다는 뜻이므로, "잃어버리는"이라고 번역했다. NASB는 "you were continually straying"이라고 해서 본래 의미를 살렸다.

8부
일터에서

경험한 적 있는지 물어봅니다. 대략 10-20퍼센트만 그렇다고 답합니다. 누구든지 나이가 들면 좋든 싫든 리더의 자리에 오르는데, 좋은 리더를 보고 배운 사람이 많지 않다는 사실에 참 안타까웠습니다. 많은 사람이 리더십 교육은 회사의 임원급에게 필요하다고 생각합니다. 하지만 1년 차 신입사원을 제외하고는 거의 모든 사람이 누군가를 이끄는 리더, 상사가 됩니다. 최근에는 경영학, 심리학, 뇌과학 등 다양한 학문을 동원해 리더십이 무엇인지를 연구하지만, 근본 원리는 성경에서 발견할 수 있습니다. 예수 그리스도야말로 인류를 이끄는 위대한 리더이시기 때문입니다.

복되게도 그 예수께서 그리스도인들에게 리더의 본보기를 몸소 보여 주셨습니다. 예수께서 보여 준 리더십의 첫 번째 특징이 22절에 나옵니다. 먼저 "그는 죄를 짓지 않으셨고 그의 입에서는 거짓도 찾아볼 수 없었습니다." 리더의 가장 중요한 자질이 **진실성**입니다. 진실성은 언어생활에서 드러납니다. "입에서… 거짓을 찾을 수 없었습니다"라는 표현은 진실하게 소통하는 사람이었다는 뜻입니다. 오늘날 효과적인 소통 방법에 관해 여러 논의를 하지만, 그 으뜸은 단연 진실함입니다. 사람이 진실한 척할 수 있습니다. 그러나 예수님의 진실함은 존재에서 나오는 것이었습니다. 그리스도인은 거듭난 자요, 택하심을 입은 자요, 거룩한 제사장이요, 자유인으로 신분이 바뀐 사람들입니다. 그러므로 그리스도인들은 바뀐 신분에 걸맞은 진실함을 추구할 수 있습니다.

예수께서 보여 준 리더십의 두 번째 특징은 23절에 나옵니다. "그는 모욕당하셨고 고난을 받으셨습니다." 부정적 반응을 두려워하지 않는 **담대함**입니다. 만유의 주재이신 예수님조차도 선한 일을 할 때 박수갈채를 받지 않으셨음을 꼭 기억해야 합니다. 성경은 선을 행할 때 모욕과 고난이 필수조건처럼 따라온다고 이야기합니다. 그런데 우리는 선을 행할 때 모욕과 고난 대신에 칭찬과 격려가 돌아오는 사회와 직장을 꿈꿉니다. 하지만 인간의 제도와 문화가 아무리 발전해도 사람의 자기중심성은 자기 이익에 반하는 선을 부정하고, 더 나아가 동의하지 않는 정도가 아니라 비난하고 공격합니다. 그러므로 선한 일을 하다가 부정적 반응을 만나면, 그런 대응에 움츠러들지 않고 담대히 앞서 나가신 우리의 리더를 기억해야 합니다.

예수님의 리더십 세 번째 특징 역시 23절에 나옵니다. "모욕으로 갚지 않으시고, 위협하지 않으시고." **선으로 악을 이기는** 모습입니다. 이것이 예수 그리스도의 탁월성입니다. 그분은 똑같이 되돌려 줄 능력이 있으셨으나 그 힘을 사용하지 않으셨습니다. "누가 네 오른쪽 뺨을 치거든, 왼쪽 뺨마저 돌려 대어라"라고 하신 산상수훈 말씀을 따라, 초대교회 성도들은 "악에게 지지 말고, 선으로 악을 이기십시오"라는 가르침을 실천했습니다(로마서 12:21; 데살로니가전서 5:15; 베드로전서 3:9). 세상의 방식은 받은 대로 돌려주는 것이지만, 그리스도인들은 선을 행하다가 겪는 모욕과 고난을 되갚지 않고 참고 견딥니다. 폭력이 늘 또 다른 폭력을 불러일으키듯이, 악을 악으로 갚으면 더 큰 악이 튀어나옵니다. 세상은 폭력이 폭력을, 악이 또 다른 악을 부르는 구조 속에 갇혀 있습니다. 이런 폭력과 악의 순환을 끊기란 지극히 어렵습니다. 그래서 악을 참으며 선으로 갚는 일은 절대 쉽지 않습니다.

이때 예수께서 보여 주신 리더십의 네 번째 특징은 **지속적 의탁**입니다. 예수님은 "정의롭게 심판하시는 분에게 지속적으로 의탁하셨습니다"(23절). 정의로운 심판자가 계신다는 사실은, 누군가 우리에게 악을 행할 때나 악으로 되갚고 싶을 때 우리를 지켜 주는 진리입니다. 악이 사라지지 않고 계속 반복되는 이유는 "정의롭게 심판하시는 분"이 계시지 않다는 강한 믿음 때문입니다. 하지만 모든 것은 빛 아래 드러나며, 저지른 악의 대가는 반드시 치러야 합니다. 일부는 살아서 현재의 심판으로 받겠지만, 궁극적으로는 마지막 날 심판으로 임합니다. 이러한 믿음은 우리가 불의에 물들지 않도록 돕고, 악을 멀리하게 만듭니다. 예수님은 정의롭게 심판하시는 분께 자신을 "지속적으로" 의탁하셨습니다. '의탁하셨다'의 시제는 지속성과 반복성을 내포하는데, NAU만 "kept entrusting"이라고 번역하여 그 의미를 잘 전달하고 있습니다. 우리가 하나님께 우리 자신을 의탁하는 것도 마찬가지입니다. 어려움을 당할 때마다 지속적으로, 반복해서 의탁해야 합니다. 우리의 본이신 예수 그리스도께서도 그렇게 하셨습니다.

예수님이 보여 주신 리더십의 마지막 다섯 번째 특징은 24절에 나오는데, 바로 선을 위한 **대가 지불**입니다. 그분은 "자신의 몸으로 친히" 고통을 당하셨는데, 우리를 살리시려고 그렇게 하셨습니다. 다시 강조하지만, 우리가 당하는 고통과 고난에도 분명한 목적이 있으며, 고통과 고난 그 자체가 목적은 아닙니다. 물론 선한 의도가 고통과 고난 없이 달성되면 가장 좋습니다. 이일은 세상의 모든 악이 제거되고 하나님나라가 온전히 임할 때 이루어질 것입니다. 하지만 그 나라가 온전히 임하기 전까지는, 대가를 치르겠다는 마음의 준비를 늘 해야 합니다. 베드로 사도는 예수님이 "자신의 몸으로" "친히" 고통을 당하셨다고 강조함으로써, 몸으로 오셔서 몸으로 살다가 몸으로 죽으신 예수님의 인성을 분명하게 보여 줍니다. 그렇기에 예수님은 우리가 몸으로 겪는 정서적·정신적·경제적·육체적 어려움을 잘 아십니다. 사람을 살리는 일, 즉 사람을 낫게 하고 상처를 치료하는 일은 대개 몸의 고통을 수반합니다. 리더의 역량이 자란다는 것은 선을 위해 감내하는 힘이 강해진다는 것입니다. 안 좋은 리더는 자기 고통을 따르는 자들에게 전가하지만, 진정한 리더는 예수님이 그러하셨듯이 자신이 져야 할 고통을 기꺼이 껴안습니다.

선을 행하다가 고난받도록 부름받은 우리에게 그리스도는 더할 나위 없는 본보기입니다. 예수께서 보여 주신 리더십의 핵심은 진실성, 담대함, 선으로 이김, 지속적 의탁, 대가 지불입니다.

8부
일터에서

하지만 이런 자질을 갖춘 리더는 드뭅니다. 저도 좋은 리더를 많이 만나지 못했습니다. 그래서 우리의 본이 되시는 예수 그리스도가 계셔서 정말 좋습니다. 그분을 얼마나 온전히 따르며 닮아 갈 수 있을지 알 수 없지만, 그분이 보여 주신 본보기가 있어서 부족하더라도 저의 부르심에 따르는 대가를 치르며 살아갈 수 있습니다. 힘들고 어렵고 억울해도 불평하지 않고, 우리 각자의 길을 의연하고 자랑스럽게 걸어가게 하는, 앞서 걸으시며 발자취를 남겨 주신 리더가 있다는 사실이 얼마나 큰 위로와 격려와 영감이 되는지 모릅니다. 그분으로 말미암아 악을 선으로 이기며 끝까지 달릴 힘을 얻습니다.

동행하며 이끄시니

예수님은 본보기만이 아닙니다. 우리는 본보기가 있더라도 따르지 않는 사람들입니다. 예수님은 단지 본을 보여 주실 뿐만 아니라 "목자"이자 "감독"이 되십니다(25절). 이것이 우리가 받은 두 번째 복입니다. 우리는 원래 "길을 잃어버리는 양" 같았습니다. 많은 성경 번역본이 "길을 잃은 양"이라고 번역하지만, 앞서 나온 "지속적으로 의탁하셨습니다"와 같은 시제라서 과거에 지속되었고 계속 반복했던 어떤 상태를 가리킵니다. 그래서 영어 성경들은 "were continually straying"(NAU), "were going astray"(NRS, NIV)라고 옮깁니다. 인간은 각자 자기 길로 가다가 길을 잃어버리는 속성을 가지고 있습니다. 우리는 하나님 없는

— 78

열매 가득
하나님나라

개인, 가정, 사회, 문화가 어떻게 고통을 자초하고 그 안에서 헤어 나오지 못하는지를 매일 지켜보며 살아갑니다.

이렇게 길을 잃어버리는 속성을 가진 우리가 직장생활을 바르게 하기란 참 어렵습니다. 예수님이라는 본이 있더라도, 일종의 원칙 같은 것에 불과해서 따르기 어렵다고 말할 수 있습니다. 하지만 베드로 사도는 우리에게 길을 잃어버리는 속성이 있었으나 이제는 변했다고 말합니다. 25절의 "돌아왔습니다"는 회심을 가리키는 대표적 표현입니다.[9] 과거에 한 번 일어난 사건을 나타내는 시제이며 수동태로 쓰였습니다. 따라서 우리 인생의 과거 어느 시점에 하나님이 우리를 돌아오게 하셨다는 뜻입니다. 이는 앞서 살펴본 "거듭나게 하셔서"(1:3)와 "영혼을 정결하게 하여"(1:22)라는 표현과 같은 맥락입니다. 이제 우리는 더 이상 길을 잃는 속성에 매이지 않게끔 변화된 사람입니다.

그래서 베드로 사도는 한 걸음 더 나아가 예수님은 우리의 본이실 뿐 아니라, 우리의 목자이자 감독이라고 합니다. 목자는 돌보는 자로서 양들이 잘 성장하고 바른길로 가도록 이끕니다. 감독은 그 길을 제대로 가는지 살피고, 잘할 때는 격려하고 그렇지 못할 때는 교정하고 때로는 책임을 묻습니다. 그리스도인의 신

---

9 요한복음 12:40; 사도행전 3:19; 9:35; 11:21; 14:15; 15:19; 26:18, 20, 27; 데살로니가전서 1:9; 야고보서 5:20.

8부
일터에서

앙생활은 바른 교리를 이해하고 믿고 고백하는 데서 끝나지 않습니다. 예수 그리스도께서 지금도 살아 계셔서 우리를 목양하시며 감독하고 계시기 때문입니다. 베드로 사도 역시 평생 목자이자 감독이신 예수님이 계셨기에 적지 않은 시행착오를 했으나 맡은 사역과 제자의 삶을 감당할 수 있었습니다. 우리도 일생 주님과 동행하며 언젠가는 베드로 사도와 같은 고백을 할 수 있으면 좋겠습니다.

여기서 잊지 말고 기억해야 합니다. 이 이야기는 하인들을 향한 메시지였습니다. 베드로 사도는 하인들에게 선을 행하면서 고난을 견디라고 권면하면서, 예수 그리스도가 그들의 본이 되시며, 더 나아가 그들의 목자이자 감독이라고 선언합니다. 당시 사회 구조에서는 실로 놀라운 선언이었습니다. 그때 기득권층은 하인들에게 어떤 가능성이나 잠재력이 있다고 보지 않았고, 단지 허드렛일, 시키는 일, 무가치한 일이나 하는 사람 정도로 여겼습니다. 그런데 베드로 사도는 예수께서 이들을 목양하여 그리스도를 닮은 사람으로 만들어 가시며, 메시아 족속으로 살아가도록 감독하신다고 적습니다. 예수 그리스도는 세상에서 가장 낮고 하찮게 여겨지는 이들의 목자이자 감독이 되십니다. 기독교의 혁명성은 바로 여기서 드러납니다. 세상의 기준이나 가치와는 완전히 다르게, 성경은 하찮은 사람이 단 한 명도 없다고 선언합니다. 하나님은 그 누구도 차별하지 않으시며, 모든 이를 목양하며 감독하십니다.

열매 가득
하나님나라

좋은 리더를 만나기는 쉽지 않습니다. 하지만 부활하신 예수 그리스도를 따르면, 그분이 우리를 그리스도의 장성한 분량까지 자라게 하십니다. 또한 우리가 자기 몫을 제대로 감당하며 하늘의 뜻을 이 땅에서 이룰 때까지 우리를 지도하십니다. 직장 상사는 우리의 진정한 상사가 아닙니다. 그리스도인의 진짜 상사는 목자이자 감독이신 예수 그리스도입니다. 많은 그리스도인이 일터와 삶터에서 제대로 성장하지 못하는 이유는 무엇일까요? 우리를 성장시키고 지도하시는 예수 그리스도를 잘 모르거나, 알아도 지식으로만 알 뿐 실제로 따르지 않기 때문입니다. 그분은 세상 끝 날까지 우리와 함께하겠다고 약속하셨고, 실제로 성령님을 보내서 우리와 동행하고 계십니다. 우리가 선을 행하고 어려움을 마다하지 않을 수 있는 까닭은 그분이 실제 삶의 현장에서 지금 이 순간에도 친히 우리의 목자이자 감독이 되시기 때문입니다.

일터에서 제자로

예전에는 "출근하기 위해 퇴근한다"라는 말이 있었습니다. 노동의 가치와 의미는 분명하지 않았어도 가족을 부양한다는 자부심이 있던 시절이었습니다. 하지만 요즘 직장은 자신이 일한 시간을 재화로 바꾸는 수단이 되었습니다. 그래서 일은 적게 할

8부
일터에서

수록 좋고, 일하지 않거나 적게 해도 많은 돈을 벌 수 있는 직업, 가령 건물주나 거의 투기꾼에 가까운 투자자를 꿈꾸는 사람이 많아졌습니다. 이제 사람들은 퇴근하기 위해 출근하고, 퇴근 후에 진짜 삶이 시작된다고 말합니다. '워라밸Work and Life Balance'(일과 삶의 균형)이라는 말이 두루 쓰입니다. 노동이 삶의 자연스러운 일부였던 시절에서, 이제 노동은 필요악이며 삶과 분리되었습니다. 노동과 삶은 분리된 상태에서 균형을 맞추는 것이라는 사고방식은 성경적 노동관과는 매우 다릅니다. 성경의 가르침은 워라밸이 아니라 '워레밸Work and Rest Balance'(일과 쉼의 균형)입니다. 노동과 쉼이 조화롭게 우리 삶을 구성합니다. 그런데 얄팍한 노동관이 범람하는 자본주의 사회에서 노동의 가치는 축소되고 직장은 점점 가치를 잃어 가고 있습니다.

　노동은 사회가 제대로 돌아가는 데 없어서는 안 될 요소이며, 여전히 많은 사람이 직장에서 일하며 살아갑니다. 많은 사람에게 직장생활이 선택이 아닌 필수처럼 여겨지는데도, 그리스도인의 제자도는 교회 생활이나 내면세계에 칩거해 버렸습니다. 예수를 따르는 이들이 직장에서 어떻게 살아야 하는지에 관한 가르침이나 설교는 찾아보기가 어렵습니다. 일부 설교자는 이원론적 영성에 빠져 성직과 속직을 구분하며 직장생활을 필요악이라고 전제하기도 합니다. 요즘은 일하는 목회자도 생기고 있고 직장생활을 경험한 목회자도 더러 있지만, 대부분은 직장생활을 해 본 적이 없습니다. 우리 삶의 상당 부분을 차지하는 직장생활

— 82

열매 가득
하나님나라

과 노동이 우리의 정체성 형성에 매우 중요하다는 사실은 차치하더라도, 하나님의 부르심을 따르는 그리스도인이 직장에서 어떻게 선을 행할지, 이를 위해 어떤 대가를 지혜롭게 치를지를 고민해야 합니다. 직장에서 주님을 따르지 않는다면, 그가 따르는 주님은 교회 예배당에 갇혀 있는 '만유의 주재'에 불과합니다.

주말을 쉬고 월요일을 맞을 때 직장인들은 월요병을 앓습니다. 출근할 때 즐거움과 기대감을 안고 집을 나서는 사람이 많지 않습니다. 하지만 그리스도인에게는 따라야 할 발자취가 있습니다. 이 세상에 오셔서 모든 사람을 살리기 위해 대가를 치르면서 최고의 선을 행하신 주님이 계시기 때문입니다. 그래서 이런 주님을 매일 따르기 원하는 그리스도인의 출근하는 발걸음은 다릅니다. 직장생활 중에 여러 어려움을 만나도 선을 행하겠다고 다짐합니다. 이런 사람에게 직장은 그리스도의 발자취를 따라가는 현장입니다. 때로는 역량이 부족해서, 또는 역량이 있어도 힘들고 지칠 때가 있습니다. 그러나 이때 하나님나라 백성은 목자이신 예수께 나아갑니다. 그분의 목양을 받으며 역량을 키워 나가며 새 힘과 위로를 얻습니다. 때때로 타협하고 싶고 방향을 잃을 때도 있습니다. 하지만 그들은 그때마다 감독이신 예수께 나아갑니다. 그분의 지도를 받으면서 정신을 차리고 방향을 조정해 다시 나아갑니다. 일상에서 "나무 위에서 우리의 죄를 자신의 몸으로 친히 감당하셔서 우리가 죄에 대해서는 죽고, 의에 대해서는 살게 하신"그분을 바라보고 따라가는 사람은 복됩니다.

8부
일터에서

가정예배, 아내들 3:1-7

9.

성경을 읽다 보면 불편한 부분을 만납니다. 성경이 가부장 문화에서 쓰였구나 하는 인상을 받거나, 심지어 어떤 구절은 남성 우위를 지지하는 듯 보입니다. 인류는 오랫동안 남성을 여성보다 우월하게 여겼고, 여성은 남성을 위해 존재한다고 믿었습니다. 특히 한국 사회에는 유교의 영향으로 남존여비 사상이 뿌리 깊이 자리하고 있습니다. 이런 경향이 남성 우위로 읽히는 성경 구절들과 결합하면서, 교회는 가부장적 특징을 강하게 보이는 집단으로 한국 사회에 널리 알려졌습니다.

이 문제는 생각보다 매우 심각합니다. 2000년대 초반에 베드로전서를 연구하고 설교할 때, 교회의 가부장 문화 때문에 많은 여성이 교회를 떠날 것이라고 예상했습니다. 그런데 그보다 훨씬 빠르게 기독교 페미니즘이 부상했고, 이에 공감한 여성 성도는 물론이고 남성들까지 전통적 성역할을 고수하는 교회를 납득하지 못하고 대거 교회에서 이탈했습니다. '믿는 페미'라는 신조어가 생길 정도로 이 주제는 한국 교회에 심각한 물음을 던졌습니다.

2000년대 초반에 주기도를 현대어로 새롭게 번역하려는 시도가 있었습니다. 당시 주기도는 "하늘에 계신 우리 아버지, 이름이 거룩히 여김을 받으시고 나라가 임하옵시며 뜻이 하늘에서 이루어진 것같이…"였습니다. 새로운 번역은 "하늘에 계신 우리 아버지"는 그대로 두고, 이후 구절을 "아버지의 이름이 거룩히 여김을 받으시고 아버지의 나라가 임하옵시며 아버지의 뜻이

9부
가정에서, 아내들

하늘에서 이루어진 것같이…"로 바꾸었습니다. "이름", "나라", "뜻" 앞에 "아버지의"라는 단어를 추가했습니다. 원어에는 아버지라는 단어가 없고, 2인칭 단수 대명사만 있습니다. 이를 한국어로 번역할 때 '너의'라고 낮추어 부를 수도 없고, '당신의'는 3인칭이기도 해서 맞지 않았습니다. 그래서 "아버지의"가 붙었습니다. 당시 여성 신학자들이 이 번역에 강하게 문제를 제기했습니다. "하늘에 계신 아버지"는 원문 그대로라서 받아들일 수 있으나, 2인칭 단수 대명사를 "아버지의"로 바꾸는 것은 하나님을 남성으로 인식하게 만들고 가부장 문화를 강화할 수 있다고 지적했습니다. '너의' 또는 '당신의' 대신에 '주님의'라는 대안이 있었음에도 결국 '아버지의'를 선택한 결정은 아쉬웠습니다. 이러한 일들이 하나둘 쌓이자 교회에 실망하는 이들이 늘어났고, 교회를 떠나는 이들까지 생겨났습니다.

초기 기독교의 혁명적 가르침

이번 장에서 살펴볼 성경 구절을 보면, 베드로 사도도 남성주의자처럼 보입니다. "순복하라"라는 가르침은 차치하더라도, 일곱 절 중에 아내를 향한 메시지가 여섯 절인 반면 남편을 향한 메시지는 고작 한 절뿐입니다. 이러한 불균형은 분명 불편하게 다가옵니다. 더욱이 현대 사회와는 거리가 있어 보입니다. 남편과 아내의 관계만 다루다 보니, 비혼, 미혼, 이혼 상황에 있는 사람에게는 별 상관없는 구절로 다가옵니다. 베드로 사도가 이 편지를 쓸 당시에는 결혼은 필수였고 스무 살 전에 거의 다 결혼했습니다. 하지만 오늘날은 결혼 연령이 계속 높아져서 서른 살 전에 결혼하는 사람이 드물 정도입니다. 아예 결혼하지 않거나 헤어진 후에 혼자 사는 사람도 급증해서, 이제는 결혼해서 사는 사람보다 혼자 사는 사람이 점점 더 많아지고 있습니다.

그렇다면 이번 장에서 살펴볼 구절들은 시대에 뒤떨어진 이야기일까요? 아닙니다. 이 구절들을 자세히 들여다보면, 아내와 남편에 대한 초기 기독교의 혁명적 가르침을 발견할 수 있습니다. 더 나아가 현대의 가정생활을 넘어 기독교적 여성관과 남성관을 배울 수 있는 귀중한 통찰을 담고 있습니다.

고대 사회의 여성

이번 장의 성경 구절을 제대로 이해하려면 당시 사회상을 알아야 합니다. 어떤 글이든 글이 쓰인 시대의 맥락을 알아야 아전인수식으로 해석하지 않습니다. 더군다나 성경은 2천 년 전에 쓰인 고대 문서이므로, 그 시대의 역사적·사회적·문화적 배경을 이해할수록 성경의 본래 메시지를 더 정확하게 파악할 수 있습니다. 그러고 나서야 우리는 '그 메시지'를 우리 삶의 맥락에서 '우리 메시지'로 읽어 낼 수 있습니다. 따라서 이번 장의 성경 구절을 이해하려면 2천 년 전 고대 근동에서 여성의 지위와 처우가 어떠했는지를 먼저 살펴봐야 합니다. 현대의 문제를 다루기 전에 고대 사회의 여성과 가정에 대해 이해하는 시간이 필요합니다.

여성은 남성의 부속물

고대 그리스 철학자 아리스토텔레스는 "남성과 여성의 관계에서 남성이 본성적으로 우월하고 여성은 열등하다. 따라서 남성이 지배하는 자이며, 여성은 지배받는 자가 된다"라고 했습니다. 남성의 태생적 우월성과 지배를 당연시하는 이런 사상은 아리스토텔레스만이 아니라 거의 모든 고대 그리스 철학자가 공유했던 관점입니다. 아리스토텔레스는 노예 제도 역시 사회의 자연스러운 경제 구조로 받아들였습니다.

예수님 당시의 유대인 철학자 필로의 주장도 살펴봅시다. 그는 아담과 하와를 논하면서 "뱀이 남자가 아니라 여자에게 먼저 접근한 이유는 여자가 남자보다 잘 속기 때문이다…여자는 그 부드러움 때문에 진리를 닮은, 그럴듯한 유사 진리에 쉽게 속아 넘어간다"라고 했습니다. 그는 여성이 쉽게 속아 넘어가는 열등한 자질을 타고났다고 보았습니다. 인류에 죄가 들어온 책임을 여성에게 돌릴 뿐 아니라, 여성이 태생적으로 열등하다는 주장입니다. 안타깝게도 오늘날 일부 교회에서도 은연중에 이와 비슷한 주장을 하는 설교가 이어지고 있는데, 이런 부끄러운 전통은 뿌리가 꽤나 깊습니다.

오늘날에도 많이 읽히는 고전인 《플루타르코스 영웅전》의 저자인 플루타르코스는 여성의 사회생활과 종교 생활 모두 남편에게 종속돼야 한다고 주장했습니다. 아내는 자신의 친구를 만들어서는 안 되며, 남편의 친구들과만 교제하고 남편의 신만을 섬겨야 한다고 했습니다. 여성을 단지 남성의 부속물로 보았습니다. 아리스토텔레스, 필로, 플루타르코스 같은 사상가들의 이런 주장은 특별한 견해가 아니었습니다. 당시 사회에서 일반적으로 받아들여지던 남성우월주의가 있는 그대로 드러났을 뿐입니다.

인간의 문제를 깊이 성찰했던 당시 지식인들이 여성을 이처럼 바라보았다면, 그리스-로마 사회의 일반인들은 어땠을까요? 놀랍게도 현실은 훨씬 더 참혹했습니다. 어느 시대든 어느 나라든 남녀 성비는 거의 비슷했습니다. 그런데 로마를 비롯한 고대 사회의 남녀 성비는 차이가 컸습니다. 학자들의 연구에 따르면, 1-2세기 로마에서는 여성 100명 당 남성이 135명이었습니다. 이탈리아, 소아시아, 북아프리카에서는 여성 100명 당 남성이 140명에 가까웠습니다.[1] 10명 정도가 아니라 30-40명씩 차이가 납니다. 그때만 신기하게도 남성이 더 많이 태어났을까요? 오히려 남성이 전쟁 중에 많이 죽었으므로 더 적어야 하는데 실

---

1 로드니 스타크, 《기독교의 발흥》(좋은씨앗, 2016), 151쪽.

제는 정반대였습니다. 왜 이렇게 성비 차가 컸을까요? 남아와 여아가 비슷한 비율로 태어났으나 여아의 상당수가 사라졌음을 보여 줍니다. 이것이 고대 사회, 특히 문명화한 로마 사회의 민낯입니다. 당시에는 장애가 있는 남아와 여아를 유기하는 것이 합법이었고 도덕적으로도 용인되었습니다. 그리고 여아는 태어나자마자 버려지거나 노예로 팔려 갔습니다. 여성은 남성보다 노동력이 낮고 출산 기능만 수행하면 되므로 남성만큼 많이 필요하지 않다고 보았습니다. 고대 마을의 인구조사 문서를 연구하던 한 학자가 충격적인 사실을 발견했습니다. 놀랍게도 한 마을 600가구 중에서 딸이 한 명이라도 있는 가정은 단 여섯 집뿐이었습니다.[2] 고대 그리스-로마 사회에서는 딸을 한 명 이상 키우는 경우가 거의 없었습니다. 첫째 딸 다음에 태어난 딸들의 운명을 생각하면 모골이 송연해집니다.

결혼과 출산이라는 비극

그리스-로마 사회의 여성들이 짊어져야 했던 비참한 운명을 서술한 글을 읽어 봅시다.

전 계층을 망라하여 자행되던 여아 살해와 낙태로 인한 추가 사

──── **2** 위의 책, 151쪽.

망으로 아테네에서는 여성이 상대적으로 공급 부족 상태였다. 아테네에서 여성의 지위는 매우 낮았다. 여아는 거의 또는 아예 교육을 받지 못했다. 아테네의 여성은 대개 사춘기나 그 이전에 결혼하는 일이 많았다. 아테네법에 따르면 여성은 나이와 무관하게 아동으로 분류되었으며 그러므로 생애의 모든 단계에서 남성의 법정 소유물로 간주되었다. 남성은 여성에게 그저 집에서 나가라고 명령하는 것으로 이혼을 달성할 수 있었다. 더군다나 여성이 유혹을 받거나 강간을 당하면 남편이 아내와 이혼할 것을 강제하는 법도 있었다. 여성이 이혼을 원할 경우에는 아버지나 다른 남성이 재판장 앞에서 변론을 해 주어야 했다. 마지막으로 아테네의 여성은 재산 소유권은 허락되었으나 재산 통제권은 항상 그녀가 '속한' 남성에게 귀속되었다.[3]

여성은 태어나서 살아남은 것 자체가 행운이고 큰 복이었던 시대였습니다. 그나마 사춘기가 되기도 전에 결혼해야 했고, 평생 아이 취급을 받으며 남성의 소유물로 살아야 했습니다. 여성은 자기 권리를 지킬 수도, 아니 가질 수도 없었습니다. 재산을 소유할 수는 있었으나 사용할 권한은 남편에게 있었으므로 사실상 경제권도 빼앗긴 상태였습니다. 반면 남성은 여성을 소유

---

3 위의 책, 158쪽.

했으며 성적으로 방종해도 괜찮았고 심지어 권장되었습니다. 이
혼한 여성은 벌금을 물거나 법적으로 불리해져서 서둘러 재혼
해야만 했습니다.

당시 여성의 비참한 처지는 결혼 제도에서 여실히 드러납니
다. 로마법상 여성은 12세부터 결혼이 가능해서 조혼이 일반적
이었고, 여아인 신부와의 성관계 역시 당연시했습니다. 역사학
자들의 연구에 따르면, 당시에는 여성의 약 44퍼센트가 14세 전
에 결혼했습니다. 지금은 발육 상태가 좋아서 이때 2차 성징이
나타나지만, 고대 사회에서는 그냥 아이였습니다. 그런데 전체
여성의 절반에 육박하는 숫자가 14세 전에 결혼했습니다. 놀랍
게도 그중 13세 이하 여성이 20퍼센트였습니다. 그리스도인들
은 조금 달랐는데, 여성의 20퍼센트 정도가 14세 전에 결혼했습
니다. 15-17세에 결혼하는 비율은 32퍼센트였습니다.[4] 같은 나
이대 일반 여성의 혼인율이 19퍼센트 정도였으므로 차이가 납
니다. 결혼을 대하는 자세가 조금 달랐음을 알 수 있습니다. 그
렇지만 일반 여성의 44퍼센트, 그리스도인 여성의 20퍼센트 정
도가 아직 여성의 몸이 되기도 전에 남성들에 의해 합법적으로
성적 착취를 당했습니다. 지금으로서는 상상도 하기 어려운 상
황이었습니다.

───── **4** 위의 책, 162-165쪽.

열매 가득
하나님나라

그뿐만 아니라 영아 유기 역시 흔하게 일어났습니다. 한 고고학 팀이 아슈켈론Ashkelon이라는 항구 도시의 로마 시대 공중목욕탕을 발굴했는데, 막혀 있는 하수도에서 100구 이상의 유해를 발견했습니다. 발굴 당시에는 뼈가 매우 작고 섬세해서 동물 뼈인 줄 알았는데, 정밀 분석 결과 신생아 뼈로 밝혀졌습니다.[5] 대부분 생후 몇 주 내에 사망한 아이들이었고, 그중에는 일주일도 안 된 아기도 있었습니다. 당시 아슈켈론이 항구 도시로서 매춘 산업이 발달했던 곳이라서, 영아 유기가 더 많이 발생했을 가능성이 제기되었습니다. 아이들은 물론이고, 이들을 갓 낳았을 엄마들 역시 전혀 고려 대상이 아니었을 것입니다. 아이들도, 엄마들도 별 가치가 없는, 미미한 존재에 불과했습니다.

지금 우리가 읽으려는 베드로전서 3장 1-7절은 이런 참혹한 현실 속에서 쓰였습니다. 비참하다는 말로는 부족한, 여성이 생존 자체를 위협받던 시대의 글입니다. 당시 사회 맥락을 이해한 상태에서 이제 성경 구절을 읽어 보겠습니다. 3장 1절부터 7절까지입니다.

1 아내들이여, 이와 같이 자기 남편에게 순복하십시오. 그리하면

---

5 위의 책, 191쪽.

9부
가정에서, 아내들

어떤 이들은 그 말을 믿지 않는 자일지라도, 말 없는 아내의 행실[6]로 말미암아 구원을 얻게 될 것이니,[7] 2 그들이 여러분의 경외함으로 말미암는 순결한 행실을 보기 때문입니다. 3 여러분의 단장은 외적인 것으로, 즉 머리 꾸밈과 금 치장이나 아름다운 옷으로 하지 말고 4 대신 마음에 숨어 있는 사람[8]을 온유하며 고요한 심령의 썩지 않는 것으로 하십시오. 이것이 하나님 앞에서 값진 것입니다. 5 이와 같이 전에 하나님께 소망을 두었던 거룩한 여자들도 스스로를 단장하고, 자신의 남편에게 순복하였습니다. 6 사라가 아브라함을 주인이라고 부르며 순복하였던 것과 같이 여러분도 선을 행하고 어떤 위협도 두려워하지 않으니, 그녀의 딸이 된 것입니다. 7 남편들이여, 이와 같이 더 연약한 그릇인 아내와[9] 지

───

6 διὰ τῆς τῶν γυναικῶν ἀναστροφῆς ἄνευ λόγου를 직역하여 실었다. "말로 말미암지 않고, 그 아내의 행실로 말미암아"(개역개정)나 "말을 하지 않고도 아내 여러분의 행실로 말미암아"(새번역)라고 풀어서 번역할 수도 있다.

7 κερδηθήσονται는 미래 수동태로 "그들이 얻어진다"라는 뜻이다. "구원을 얻게 될 것"이라는 뜻이지만, '아내가 남편을 얻는다'라는 의미, 즉 '남편과의 관계나 사랑이 깊어진다'라는 의미로도 볼 수 있다.

8 ὁ κρυπτὸς τῆς καρδίας ἄνθρωπος는 직역하면 "마음의 숨은 사람"이다. 개역개정은 "마음에 숨은 사람"이라고 직역했고, 새번역은 "마음으로 속사람을"이라고 풀어서 번역했다.

9 τῷ γυναικείῳ는 번역하기가 쉽지 않다. 지금까지 γυνή를 쓰다가 여기에서 γυναικεῖος여성적인(feminie, female)를 쓰는 것이 문학적 스타일 때문인지, 다른 의미가 있는지 학자들 간에도 의견이 분분하다. 또한 χν

식을 따라 함께 살며, 생명의 은혜를 공동 상속할 사람으로 보배
롭게 여기십시오.[10] 이는 여러분의 기도가 막히지 않기 위해서입
니다.

하나님나라의 아내들

고대 사회의 현실을 이해하고 보면, 베드로 사도의 이 편지는
더욱 놀랍습니다. 하나님의 집에 속한 사람들이 차별과 비찬함
이 가득한 세상을 살아가는 방식에 대해, 당시로서는 가히 혁명
에 가까운 가르침을 전하기 때문입니다. 특히 아내와 남편, 여성
과 남성의 관계에 대해 전혀 새로운 시각을 제시합니다. 먼저 아
내들을 향한 베드로 사도의 권면을 살펴봅시다.

------ ὧσιν은 "to the wife"(NKJ), "for your wife"(NRS), "with your wife"(NIV)
등으로 다양하게 번역되었으며, NASB는 "since she is a woman"이라고
번역했다.

10 번역본마다 약간 차이가 있지만, 대체로 두 가지 명령어로 해석하는
편이 문법적으로 자연스럽다. (συνοικοῦντες…ὡς…, ἀπονέμοντες…ὡς
καὶ συγκληρονόμοις…)

아내들의 순복

똑같이 적용되는 원리

아내들을 향한 권면은 "이와 같이"라는 말로 시작하는데, 매우 신중하게 살펴볼 필요가 있습니다. 이 표현은 앞선 내용을 함축하고 있으며, 남편들을 향한 권면인 7절에서도 반복됩니다. 이 책의 8장에서 살펴보았듯이 우리는 하인이든 주인이든, 아내든 남편이든 누구나 영혼의 목자이자 감독이신 분께로 돌아온 존재들입니다. 여기서 중요한 점은 여성들도 남성과 동등하게, 아무런 차별 없이 영혼의 목자이신 주님께 돌아왔다는 사실입니다. 그래서 "이와 같이"는 "이와 같이 동일한 원리로"라는 뜻입니다. 앞서 하인들에게 했던 권면, 즉 권위 구조를 인정하고 선을 행하면서 고난을 견디라는 원리가 아내들에게도 같은 맥락에서 적용됩니다. 더 넓게 보면, 베드로 사도는 이미 "모든 사람을 존중하며, 형제자매들을 사랑하며, 하나님을 두려워하며, 황제를 존중하십시오"라고 가르쳤습니다. 황제에 대한 순복이 제한적이었듯이, 이번 장의 성경 구절도 아내들에게 단순한 복종을 요구하는 것이 아닙니다. 오히려 우리가 모두 특별한 존재가 되었으므로 그 부르심에 합당하게 선을 행하며 살라고 권면합니다.

믿지 않는 남편의 구원을 기다리며

아내들의 부르심은 1절에서 분명하게 드러납니다. '아내의 순복으로 말미암아 남편도 구원을 얻는 것'입니다. 베드로 사도는 남편이 "그 말을 믿지 않는 자일지라도, 말 없는 아내의 행실로"라고 적으면서, "그 말을τῷ λόγῳ"과 "말 없는ἄνευ λόγου"을 대비시킵니다. "말"에 해당하는 단어가 로고스λόγος인데, 중의적으로 쓰입니다. "말 없는"이라는 표현은 분명히 아내의 말을 가리키지만, "그 말을"에는 관사가 붙어서 '아내의 말'일 수도 있고 '하나님의 말씀'일 수도 있습니다. 아마도 하나님을 증거하는 아내의 말이라는 이중적 의미를 의도적으로 담아서 표현한 것으로 보입니다.

베드로 사도는 남편이 구원받는 이유를 2절에서 설명하면서 '보다'라는 표현을 씁니다. '보다'라는 단어는 신약성경에서 베드로전서에만 두 번 등장하는데, 2장 12절에서 그리스도인들을 비난하던 사람들이 "선한 일을 보고서"라고 할 때 처음 나옵니다. 베드로 사도는 신약성경에 자주 나오지 않는 이 단어를 통해 우리 행위를 사람들이 자세히 관찰하고 있다는 점을 강조합니다. 더구나 이 단어의 시제는 지속적이고 반복적인 관찰을 의미합니다. 사람은 말을 듣고 설득되기도 하지만, 더 깊고 강한 설득은 삶으로 보일 때 일어납니다. 베드로 사도는 현대 행동심리학을 몰랐음에도, 듣는 것보다 보는 것에 사람을 설득하는 힘이 있음을 이미 알고 있었습니다.

9부
가정에서, 아내들

베드로 사도는 하나님을 믿지 않는 남편이 아내의 말로는 설득되지 않더라도, 아내가 일상에서 보이는 전혀 다른 행실을 계속 지켜보면서 구원을 얻게 된다고 이야기합니다. '얻게 되다'라는 표현을 가정법이 아니라 단순 미래형으로 표현한 것은,[11] 그 일이 실제로 일어날 것으로 베드로 사도가 확신했기 때문입니다. 이는 무척 놀라운 선언입니다. "아내들이여, 당신들로 인해 믿지 않는 남편이 주님께 돌아올 것입니다. 이것이 하나님의 뜻입니다." 실제로 초대교회에서는 여성들이 먼저 회심했을 가능성이 높습니다. 종교 사회학자들이 여러 종교를 연구한 결과, 1차 회심과 2차 회심이 있음을 발견했습니다. 1차 회심은 본인이 적극적으로 진리를 받아들여서 변화한 경우이고, 2차 회심은 그렇게 변화한 사람의 영향으로 주변 사람들이 회심하는 경우입니다. 1차 회심이 아내와 남편 중에 누구에게서 더 많이 일어났을까요? 당연히 아내들에게서 더 많이 나타났습니다. 대다수 종교에서 일어나는 일반적 현상입니다. 특히 여성을 존귀하게 여기는 기독교에서는 많은 여성이 먼저 회심했고, 이를 통해 남편, 아들, 아버지의 2차 회심이 일어났습니다. 결국 아내가 남편에게 순복해야 하는 궁극적인 이유는 믿지 않는 남편의 구원 때문입니다.

---

11 대다수 영어 성경은 "may be won (over)"라고 번역했고, NLT만이 "will be won over"라고 옮겼다. 후자가 베드로 사도의 마음을 더 잘 반영하고 있다고 본다.

**열매 가득
하나님나라**

예수께서 인류를 구원하신 선이 우리가 베풀 수 있는 가장 큰 선인데, 그 선을 행하기 위해 남편에게 순복하라고 베드로 사도는 가르치고 있습니다.

하나님을 두려워하며 순수한 행실로

그렇다면 아내들은 어떤 "말 없는…행실"을 해야 할까요? 무슨 행위를 염두에 두고 베드로 사도는 이런 이야기를 한 것일까요? 2절에서 "여러분의 경외함으로 말미암는 순결한 행실"이라고 밝힙니다. 이 표현을 개역개정은 "너희의 두려워하며 정결한 행실", 새번역은 "여러분의 경건하고 순결한 행실"이라고 번역했습니다.[12] 이 구절의 '두려워하다'라는 단어는 앞서 8장에서 자세히 다루었듯이[13] 남편이 아니라 하나님을 두려워하는 것, 경외하는 것입니다. 많은 성경 번역본이 아쉽게도 '두려워하다'와 '순결한 행실'을 연관해서 번역하지 않지만, 원문은 순결한 행실이 하나님을 경외하는 데서 비롯되었음을 분명히 보여 주고 있습니다. 참고로 최근에 나온 새한글성경은 "두려움 가운데

---

12 ἐν φόβῳ ἁγνὴν ἀναστροφὴν ὑμῶν을 많은 영어 성경이 대동소이하게 "the purity and reverence of your lives"(NRS, NIV, NLT), 또는 "your chaste and respectful behavior"(NAU)라고 번역했다. NKJ만이 문자적 의미를 살려 "your chaste conduct accompanied by fear"라고 옮겼다.

13 이 책의 57-59쪽 참고.

순수하게 살아가는 여러분의 행실"이라고 옮기고 있습니다.

순복하는 아내들이 보여 주는 순결한 행실이 남편을 두려워해서가 아니라 하나님을 경외하는 데서 나온다는 가르침은 매우 중요합니다. 이는 베드로전후서 전체를 관통하는 핵심 사상입니다. 베드로 사도가 하인들에게 "모든 두려워함으로…순복하십시오"(베드로전서 2:18)라고 권면한 데서 살펴보았듯이, 자유인이 된 우리는 하나님 외에는 아무도 두려워하지 않습니다. 그래서 "너희의 두려워하며 정결한 행실"(개역개정)과 "여러분의 경건하고 순결한 행실"(새번역)이라는 번역은 "복종하라submit"나 "복종적으로 되어라be submissive"라는 표현과 함께 오해를 불러일으킬 수 있습니다. 다음 구절들에서도 나타나듯이, 그리스도의 자취를 따르는 아내들은 하나님만 두려워하므로 그 경외함에서 자연스럽게 순결한 행실이 나옵니다. 앞서서 그리스도께서 고난을 당하며 본을 보이신 이유는 선을 행하기 위해서였습니다. 그처럼 예수님을 따르는 아내들도 가정에서, 남편과의 관계에서 선을 이루기 위해 대가를 치르며 살아갑니다.

아내들의 단장

썩는 것과 썩지 않는 것

남편이 아내의 말 없는 순결한 행실을 보고 주님께 돌아오려면 아내들은 어떻게 해야 할까요? 순결한 행실이란 구체적으로 무엇일까요? 베드로 사도는 3-4절에서 그 내용을 풀어서 알려 줍니다. 3절의 "외적인"과 4절의 "숨어 있는"이라는 표현은 단순한 대조를 넘어, 인간에게는 눈에 보이는 외면과 보이지 않는 내면이 있음을 보여 줍니다. 시대를 불문하고 아름다워 보이려고 단장하는 데는 세 가지 요소가 필요해 보입니다. 헤어스타일, 보석, 옷입니다. 이번 장의 성경 구절에서는 "머리 꾸밈과 금 치장이나 아름다운 옷"이라고 했습니다. 자신을 단장하라는 말이 5절에 나오지만, 3-4절에서는 이런 외적인 것으로는 하지 말라고 합니다.

우리 사회가 겨우 생존하는 시대를 지나 경제적으로 풍요로워지면서, 사람들은 자신을 꾸미는 데 많은 에너지와 돈을 쓰고 있습니다. 요즘은 젊은 남성들도 화장하고 꾸미는 데 공을 들입니다. 헤어스타일 제품, 화장품, 장신구, 패션은 물론이고 피부 관리와 미용 성형까지, 이토록 외모에 신경을 쓰고 지출을 많이 하는 대한민국은 역사상 처음이지 싶습니다. 아름다워 보이려는 노력 자체가 나쁜 것은 아닙니다. 하지만 베드로 사도는 외면을 치장한다고 우리 존재가 달라지거나 가치가 높아지지는 않는다고 말합니다.

베드로 사도는 "마음에 숨어 있는 사람"이 있다고 하면서 우리에게 내면세계가 있음을 상기시킵니다. 베드로 사도는 이 표현을 여기서 딱 한 번 사용하나, 비슷한 개념이 바울 사도의 편

지에 종종 나옵니다.[14]

그러므로 우리는 낙심하지 않습니다. 우리의 겉사람은 낡아 가나, 우리의 속사람은 날로 새로워집니다(고린도후서 4:16).

아버지께서 그분의 영광의 풍성하심을 따라 그분의 성령을 통하여 여러분의 속 사람을 능력으로 강건하게 하여 주시고(에베소서 3:16).

바울 사도는 베드로 사도가 쓴 "숨어 있는"이라는 단어를 쓰지 않았지만, 3절의 "외적ἔξω"과 짝을 이루는 "속"이나 "내적ἔσω"이라는 표현을 사용하면서 우리에게 내면세계와 외부 세계가 있음을 알려 줍니다. 바울 사도와 마찬가지로 베드로 사도도 후패하는 겉사람보다 나날이 새로워지는 속사람을 더 중시했습니다. 두 사도 모두 우리 속에 숨겨진 부분이 있음을 알고 있었습니다. 그래서 베드로 사도는 아내들에게 겉을 꾸미기보다 보이지 않는 내면을 가꾸라고 권면합니다. 그렇다면 내면은 무엇으로 가꾸어야 할까요? "온유하고 안정한 심령의 썩지 아니할

———— **14** 내적인 마음의 사람: ὁ ἔξω ἡμῶν ἄνθρωπος διαφθείρεται, ἀλλ᾽ ὁ ἔσω ἡμῶν ἀνακαινοῦται ἡμέρᾳ καὶ ἡμέρᾳ(고린도후서 4:16, BGT; 겉사람은 후패하나 속사람은 날로 새롭다), τὸν ἔσω ἄνθρωπον(에베소서 3:16, BGT; 그리스도로 속사람을 강건하게 하시고).

것으로"(개역개정)라는 번역이 문자적이면서도 원문에 가깝습니다. 우리의 내면은 반드시 썩지 않는 것으로 가꾸어야 합니다.

우리가 외부를 치장하는 것은 시간이 지나면 모두 사라지는 것들입니다. 헤어스타일은 하루만 지나도 흐트러지고, 장신구는 또 얼마나 자주 잃어버리며, 옷은 1년만 지나도 촌스럽다며 입을 것이 없다고 합니다. 피부 관리나 성형도 마찬가지입니다. 아무리 노력해도 노화를 막을 수는 없습니다. 이런 외적인 것들은 모두 썩는 것, 즉 영원히 존속하지 않는 것들입니다. 역설적으로 그래서 아름다운 것들은 계속 바꾸어 주어야 합니다.

베드로 사도는 자꾸 바뀌어야 하는 것들 말고 "썩지 않는 것"으로 자신을 단장하라고 합니다. 그런데 그는 이미 우리가 받을 유산이 "썩지 않고…사라지지 않는"다고 했으며(1:4), 우리가 "썩지 않는 씨"로 거듭났다고 했습니다. 썩지 않는 것은 하나님의 속성입니다. 썩지 않는 것이 무엇인지는 구체적으로 풀어서 "온유하고 고요한 심령"이라고 했습니다. 온유는 자신과 타인과 세상을 향해 너그러운 마음을 갖는 것입니다. 온유는 "땅을 차지할" 이들의 특성이며(마태복음 5:5), 우리가 배워야 할 예수님의 마음이며(마태복음 11:29), 스가랴서에 예언되었듯이 나귀를 타신 예수님의 가장 도드라진 특징이었습니다(마태복음 21:5).[15] 고요

─────────────────
15 πραΰς는 신약성경에 4회 등장하는데, 마태복음에서 하나님나라를 누

9부
가정에서, 아내들

함은 단순히 조용한 상태가 아니라 평정을 찾은 모습입니다.[16]
다시 한번 베드로 사도는 임시체류자가 지녀야 할 삶의 원리로
우리를 이끕니다. "여러분의 영혼을 거슬러 싸우는 어떠한 육체
적 욕망이든지 멀리하고"(베드로전서 2:11).

가장 값진 치장

베드로 사도는 외부가 아니라 내면을 가꾸는 일이 "하나님 앞
에서 값진 것"이라고 합니다. 겉모습을 치장하려면 머리도 꾸미
고 장신구도 하고 옷도 갖추어 입어야 해서 비용이 많이 들어갑
니다. 그런데 베드로 사도는 정작 값진 일은 내면을 가꾸는 것이
라고 합니다. 그것도 하나님 앞에서 말입니다. 다시 고대 사회로
돌아가 봅시다. 당시 여성들은 태어날 때부터 생존을 위협받았
고, 살아남아도 어린 나이에 결혼해서 남편의 소유물로 살아야
했습니다. 그래서 남편에게 잘 보이기 위해 외모를 치장할 수밖
에 없었습니다. 이런 피할 수 없는 운명을 가진 여성들에게 베드
로 사도는 세상에서 가장 값진 치장 방법을 알려 줍니다. 내면을
온유하고 고요한 심령으로, 즉 썩지 않는 것으로 가꾸면, 하나님

------ 리는 자들의 성품을 가리킬 때, 그리고 예수님에 관해 서술할 때 나온다.
이곳 베드로전서에서는 하나님나라를 받아들인 아내들이 내면을 단장할
때 꼭 들어가야 하는 자질로 등장한다.

16 ἡσύχιος는 신약성경에서 이곳과 디모데전서 2:2에서만 등장한다.　　— 104

을 경외하는 데서 나오는 순결한 행위가 남편을 감동시킬 것이라고 합니다. 이것이야말로 하나님이 인정하시는 가장 값진 치장 방법입니다. 오늘날 사회에서는 외모가 중요할 수 있으나, 그 누구도 나이 듦을 피할 수 없습니다. 여성이든 남성이든 내면이 깊어지지 않으면 나이가 들수록 외적 매력은 희미해질 수밖에 없습니다.

내면을 단장한다는 것은 단순히 종교 활동으로 성경을 읽고 기도하고 교회 봉사에 참여하는 것이 아닙니다. "썩지 않는 것", "온유하며 고요한 심령"은 하나님의 성품, 예수님의 모습을 닮는 것입니다. 예수님을 닮는 가장 좋은 길은 그분과 함께하는 시간을 갖는 것입니다. 사람이 자기 수양을 통해 인격적이고 예의 바른 사람이 될 수는 있지만, 하나님을 닮을 수는 없습니다. 이는 오직 그분을 알아 가고, 알아 간 만큼 갈망하며, 그분과 시간을 배타적으로 가질 때만 가능합니다. 골방에서 생기는 이런 개인적이고 은밀한 영성은 일상에서 그분과 동행할 때 더욱 온전해집니다. 사람은 사랑하는 대상을 닮아 가는 특성이 있기 때문입니다. 이런 내적 변화는 1절의 "아내의 행실"과 2절의 "순결한 행실"처럼 반드시 외적으로 드러납니다. 하나님을 두려워하는 자세와 하나님에게서 온 온유하고 고요한 심령은 삶의 현장에서 자연스럽게 드러납니다. 그러면 사람들이, 특히 남편이 그 모습을 "보기" 마련입니다. 그런데 이 일이 정말 가능할까요? 베드로 사도는 과거의 실례를 들어 가며 아내들을 격려합니다.

믿음의 조상, 사라

베드로 사도는 5절에서 내면의 변화가 선한 행실로 나타난 예가 많았다고 말합니다. 그들은 "하나님께 소망을 두었던 거룩한 여자들"이었습니다. 당시 가부장제 사회에서 여성은 가장의 눈치를 살피며 그의 사랑을 받아야만 했고, 인권은커녕 생명권조차 보장받지 못한 채 남성에게 귀속돼 있었습니다. 하지만 그런 와중에도 "하나님께 소망을 두었던 여자들"이 있었습니다. 그들은 "스스로를 단장하고, 자신의 남편에게 순복하였습니다." 여기서 말하는 단장은 3절의 외적 치장이 아니라, 4절의 "하나님 앞에서 값진 것"으로 하는 내적 단장입니다. 그렇게 단장하고 하나님이 주신 권위 구조 안에서 자기 위치를 지켰습니다.

베드로 사도는 특별히 사라를 언급합니다. 우리는 보통 아브라함을 믿음의 조상으로 자주 언급하지만, 베드로 사도는 사라를 여성들의 고귀한 본보기로 제시합니다. 많은 사람이 사라를 오해합니다. 사라가 아브라함을 주인이라고 불렀으므로 주체성을 포기한 여성인 양 생각합니다. 그래서 일부 남편들은 이 구절을 들어 가며, 자신을 주인처럼 대접하라고 은근히 바라거나 강요하기도 합니다. 하지만 여기서 중요한 것은 "주인이라고 부르며 순복하였던 것"보다는 "선을 행하고 어떤 위협도 두려워하지 않았다"라는 것입니다. 선을 행하며 살아가라는 부르심을 여성들에게도 똑같이 부여했다는 점은, 당시 사회상을 고려하면 혁명적입니다. 베드로 사도는 여기에 "어떤 위협도 두려워하지 않으니"라는 말을 덧붙입니다. 이는 당시 여성들이 겪었던 각종 불이익을 넘어서는 위험을 가리킵니다. 불완전한 세상에서는 불공정하고 불의한 일이 항상 일어나며, 사회적 약자는 그로 인한 피해와 고통을 감수해야 하기 때문입니다.

여성 차별이 만연했던 당시 사회에 여성들을 두렵게 하는 일이 얼마나 많았을까요? 임신도 기쁨이 아닌 두려움으로 먼저 다가왔을지 모릅니다. 임신하지 못하는 것도 두려웠겠지만, 임신해도 두려웠겠죠. 많은 산모가 해산 전후로 목숨을 잃었고, 아이를 무사히 낳아도 여자아이라면 유기될 위험이 컸습니다. 원치 않는 임신을 했을 때는 강제로 낙태해야 했는데, 이 또한 여성의 생명을 심각하게 위협했습니다. 이처럼 여성들을 둘러싼 위협과 두려움이 만연한 가운데, 그 어떤 것도 두려워하지 않고 선을 행한 이들이 있었습니다. 하나님에게만 소망을 두고, 하나님만 신뢰했던 "거룩한 여자들"이었습니다.

아브라함과 사라 이야기를 좀 더 살펴봅시다. 저는 남자로서 아브라함의 행적에 부끄러움을 느낍니다. 기근을 피해 이집트로 갔을 때, 자기 목숨이 위험해지자 아내를 바로에게 넘깁니다(창세기 12:11-20). "당신은 나의 누이라고 하시오. 그렇게 하여야, 내가 당신 덕분에 대접을 잘 받고, 또 당신 덕분에 이 목숨도 부지할 수 있을 거요"라고 말하는 남편을 보며 사라가 느꼈을 실망감과 치욕은 이루 말할 수 없었을 것입니다. 그뿐만이 아닙니다. 자녀가 없어 괴로워하던 사라가 여종 하갈을 통해 아이를 얻자고 제안했을 때도(창세기 16:1-3) 믿음의 조상이라고 불리는 아브라함이 어떻게 했습니까? "하나님이 주실 거예요. 하나님의 약속은 변하지 않으니 조금만 더 기다려 봅시다"라고 말해야 믿음의 조상답지 않나요. 하지만 그는 못 이기는 척 하갈과 동침합니다. 당시 시대 상황을 감안하더라도 참으로 치사한 행동이었습니다. 그런데도 사라가 이런 아브라함에게 순복한 이유는 오직 하나님께 소망을 두었기 때문입니다. 그토록 부족한 남편을 주인이라고 부르며 그의 권위를 인정한 것은 사라가 하나님을 경외했기 때문입니다. 누가 이런 여성들을 이길 수 있을까요.

베드로 사도는 사라의 본을 따르는 이들에게 "그녀의 딸"이 되었다고 선언합니다. 여러 성경 저자들이 아브라함을 믿음의 표상으로 내세운 것과 달리, 베드로 사도는 사라를 믿음의 조상으로 제시합니다. "하나님께 소망을 두고, 스스로를 단장하고, 자신의 남편에게 순복하며", "선을 행하고 어떤 위협도 두려워하지 않았던" 사라의 모습이야말로 믿음의 본보기이며, 그같이 행동하는 여성들이 바로 사라의 계보를 잇는 딸들이라는 것입니다. 네 복음서에 나타난 베드로 사도의 모습을 보면 다혈질에다가 뼛속까지 가부장일 것 같습니다. 그런 그가 어떻게 여성에 대해 이렇게나 깊은 사유에 이를 수 있었을까요? 하나님이 오순절 이후 "남종과 여종" 모두에게 동일하게 성령을 부어 주셔서 (사도행전 2:18; 요엘 2:29) 예수 그리스도로 말미암아 거듭나게 하시고, 구원 안에서 성장하게 하시며, 다시 오실 주님을 기다리게   — 108

열매 가득
하나님나라

하신다는 사실을 깨달았기 때문입니다. 그 일이 남녀 구별 없이 모두에게 똑같이 일어났기 때문입니다. 인류 역사만큼이나 오래되었고, 오늘날에도 여전히 만연한 여성 차별의 한계를 2천 년 전에 베드로 사도는 이미 뛰어넘고 있었습니다.

이번 장에서 살펴본 성경 구절을 현대 여성의 눈으로 읽으면 여성을 열등한 존재로 보는 듯한 인상을 받을 수 있습니다. 하지만 여성 비하와 차별을 당연시했던 당시 문화를 고려하면 혁명에 가까운 가르침입니다. 세상의 권위 구조는 인정하되 그것에 굴복하지 말고, 최고의 권위이신 하나님을 두려워하며 그분께 소망을 두고 살아가라고 가르치기 때문입니다. 불완전한 권위를 받아들이면서도 선을 행하며 살도록 당시 여성들을 격려합니다. 세계 문명사나 기독교가 전해진 후의 한국 역사를 보면, 기독교의 가르침을 받아들인 사회에서는 남녀 차별이 현저히 줄어들었습니다. 이는 예수께서 시작하신 하나님나라에서는, 즉 그리스도 안에 있는 사람들에게는 어떤 차별도 없다는 성경의 가르침 때문입니다(갈라디아서 3:28). 2천 년 전, 여성을 천대하는 문화가 세계 어디서나 당연했던 때에, 여성을 존귀하게 여기고 영적 존재로 인정하며 하나님과 함께 깨진 세상을 회복해 가는 중요한 일꾼이라고 선언합니다! 그래서 베드로 사도의 이 편지는 참으로 혁명적이고 그만큼 놀랍습니다.

9부
가정에서, 아내들

지금도 혁명적인 가르침

1세기 당시 여성들은 태어나는 것 자체가 위험했고, 태어나서도 쉽게 유기되었고, 어린 나이에 결혼해서 남성의 소유물 취급을 받았습니다. 이런 시대에 쓰인 베드로전서의 이 여섯 구절은 혁명에 가까운 선언입니다. 아내와 남편의 관계를 넘어, 여성의 본질적 가치와 존엄성을 일깨웁니다. 지금 읽어도 놀라운 가르침인데, 2천 년 전 남성 중심 사회에서는 얼마나 충격적이었을지 상상하기 어렵습니다.

기독교 초기에는 많은 여성이 남성보다 먼저 회심했습니다. 네 복음서가 남성 중심 문화에서 쓰였음에도, 예수님의 고난과 죽음의 자리에 여성 제자들이 함께했다고 기록합니다. 더욱 놀라운 점은, 당시에 증인으로 인정받지 못했던 여성들을 부활의 첫 증인으로 내세웁니다. 초대교회 역사를 기록한 누가는 사도행전과 전작인 누가복음에서 여성을 향해 다양한 관심을 표현합니다.[17] 바울 사도는 편지에 안부를 전하면서 동역자 이름을 나열하는데(로마서 16:1-23), 흥미롭게도 사회적 신분에 따른 분류가 아니라, 가장 가까운 동역자, 개인적 친분이 있는 사람, 교

――――― **17** 더 자세한 논의는 《누가복음과 하나님나라》 5장 "여성 없이 불가능한, 모든 사람의 하나님나라 운동" 참조.

회 성도 순으로 적었습니다. 하르낙이라는 학자에 따르면, 이 명단에는 여성 15명과 남성 18명이 포함되어 있습니다.[18] 특히 주목할 인물은 바울이 가장 공들여서 쓴 편지인 로마서를 로마 교회에 가지고 간 '뵈뵈'라는 여성입니다.

젠그레아 교회의 일꾼이요 우리의 자매인 뵈뵈를 여러분에게 추천합니다(로마서 16:1, 새번역).

뵈뵈가 맡은 역할은 매우 중요했습니다. 바울의 편지를 단순히 전달하는 심부름꾼이 아니라, 로마에 있는 4-5개 가정교회를 방문해서 편지를 읽어 주고 설명하는 역할을 했을 것으로 보입니다. 뵈뵈에 이어 바울 사도는 브리스가, 마리아, 유니아, 드루배나, 드루보사, 버시, 루포의 어머니, 율리아, 네레오의 누이 등 많은 여성 동역자를 편지에서 언급합니다. 바울 사도의 중요한 동역자 중에 여성이 대거 포진해 있었고, 이를 편지에서도 공개적으로 드러냈습니다. 이는 남성 중심 사회였던 당시에는 매우 이례적이었습니다. 초대교회는 메시아가 새로 시작한 나라를 받아들이고 모두가 "거룩한 제사장"(베드로전서 2:5)이 되는 공동체였습니다. 하지만 안타깝게도 이런 놀라운 변화는 오래가지

---

18 로드니 스타크, 앞의 책, 152쪽.

9부
가정에서, 아내들

못했고 다시 남성 중심 공동체로 회귀한 것으로 보입니다. 논란이 되는 성경 구절을 보십시오. 로마서 16장 7절입니다.

나의 친척이며 한 때 나와 함께 갇혔던 안드로니고와 유니아에게 문안하여 주십시오. 그들은 사도들에게 좋은 평을 받고 있고, 나보다 먼저 그리스도를 믿은 사람들입니다(새번역).

내 친척이요 나와 함께 갇혔던 안드로니고와 유니아에게 문안하라 그들은 사도들에게 존중히 여겨지고 또한 나보다 먼저 그리스도 안에 있는 자라(개역개정).

"사도들에게 좋은 평을 받고 있고"와 "사도들에게 존중히 여겨지고"라고 번역한 부분을 문자 그대로 옮기면 "사도들 가운데 탁월하고"(NIV)입니다. 그런데 탁월한 제자 중 한 명이 여성인 유니아라서 여러 성경이 문자 그대로 옮기기보다는 다소 풀어서 번역했고 결과적으로 그 제자의 탁월성을 약화했습니다. 더 나아가 일부 고대 사본은 "유니아"라는 여성 이름을 '유니아스'라는 남성 이름으로 바꾸기까지 했습니다. 성경 필사 과정 중에도 남성 중심적 사고가 개입했음을 보여 주는 예입니다.

기독교 역사에는 두 가지 이야기가 공존합니다. 하나님 뜻을 받아들이고 세상과는 다르게 살려고 애썼던, 대안적 삶의 이야기가 있고, 세상의 영향을 받아 때로는 세상보다 못한 모습으로

열매 가득
하나님나라

살았던 이야기가 있습니다. 오늘날 한국 교회와 그리스도인 가정을 돌아보면, 어떤 쪽일까요? 아니 더 정확히 묻겠습니다. 당신의 교회와 가정은 어떤가요? 성경의 가르침을 있는 그대로 받아들인 이들은 여성을 해방하고 교육하여, 여성들이 교회와 사회에서 하나님나라를 함께 상속받은 귀한 존재로 살아가는 문화를 만들어 왔습니다. 이 놀라운 가르침이 전해진 지 2천여 년이 지난 오늘날에도 교회와 그리스도인들이 이 주제로 씨름해야 한다는 것이 부끄럽습니다. 하지만 이제라도 늦지 않았습니다. 서로를 소중히 여기고 서로에게 순복하는 하나님나라 방식이 가정에서 더 자주 드러나고, 그리스도를 닮아 가는 여성과 남성의 모습이 우리 사회 곳곳에서 더 많이 보이기를 기대합니다.

9부
가정에서, 아내들

10.

_____

가정에서, 빌립보 3:1-7

오늘날 젊은 남성들에게 '남편'이라는 역할은 매력적이지 않습니다. 이전 세대에는 뚜렷한 기준이 있었습니다. 경제적 책임을 다하면 존중받았고, 과묵하고 무뚝뚝한 모습도 '남편다움'으로 인정받았습니다. 하지만 지금은 다릅니다. 돈만 벌어서는 충분하지 않고, 가족의 감정도 읽어야 하고, 가정의 '감정적 리더'가 되어야 합니다. 젊은 남성들 역시 가족의 모든 결정권을 쥐고, 감정 표현 없이 경제적 책임만을 다하는 전통적 남성상을 거부합니다. 문제는 결혼을 앞두고 가정을 꾸리려 할 때 생깁니다. 그들에게는 새로운 남성상을 보여 주는 모델이 없습니다. 과거는 부정했지만, 미래는 공백인 셈입니다. "아버지처럼 살지 않겠다고 다짐했지만 어떤 아버지가 될지는 모르겠어요"라는 이야기가 심심찮게 들려옵니다. 이러한 세대 간 단절은 양방향으로 상처를 남깁니다. 아들뻘 되는 젊은 세대의 혼란을 지켜보는 나이 든 남성들 또한 외로움과 허무감을 느낍니다. 평생 성실하게 살아온 삶이 부정당하는 듯한 기분이 듭니다.

오늘날 남성들이 겪는 또 다른 중요한 문제가 있습니다. 페미니즘 담론의 확산으로 젠더 감수성에 대한 사회적 기대치가 높아졌습니다. 여성의 사회적 역할과 정체성이 오랫동안 제한되고 차별받아 왔다는 사실에 동의하더라도, 적지 않은 20-30대 남성이 젠더 담론에서 일방적인 '타자'로 내몰리고 있다고 이야기합니다. 군 복무, 취업 불평등, 경제적 부담, 잠재적 가해자로 보는 시선 등에서 느끼는 상대적 박탈감이 심해지고 있는데, 이런

10부
가정에서, 남편들

현실을 많은 사람이 이해하지 못한다면서 사회적 고립감 또한 호소합니다. 이들이 모인 곳에서는 "우리는 과거에도, 지금도, 앞으로도 계속해서 사과해야 하는 사람들이다" 같은 자조 섞인 불만을 어렵지 않게 만날 수 있습니다. 아버지 세대는 이런 담론 자체를 이해하지 못하거나, 알더라도 딱히 부인도 못하고 불편하기만 합니다.

'너는 남자니까'라는 말은 이제 혜택이 아니라 이해받지 못하는 프레임이 되었습니다. 젊은 남성들은 과거와 단절되었고, 사회와도 멀어졌습니다. 나이 든 남성들은 과거에 당연시했던 성역할과 개념들을 현대적으로 바꾸려 하다가 사회 부적응자가 된 것 같다고 합니다. 남성이라는 정체성은 혼란스러워졌고, 남편이라는 자리는 부담스러워졌습니다. "권위는 약해졌지만 책임은 가벼워지지 않는 구조에서, 나는 누구이며 어떻게 남편 노릇을 해야 하는가?"라는 질문이 자연스레 떠오릅니다. 그렇다면 우리가 이제는 벗어 버리고 싶어 하는 '남편'이라는 자리가 성경에서는 본래 어떤 의미였을까요?

하나님나라의 남편들

베드로 사도가 남성들에게 주는 권면을 살펴보기 전에, 먼저 기억해야 할 것이 있습니다. 하나님이 우리를 위해 이루신 것들입니다. 베드로 사도는 1장 1절부터 2장 10절까지 여성과 남성이 동일하게 하나님의 택하심을 받고 거듭난 존재라고 했습니다. 또한 그들은 하나님이 짓고 계신 영적인 집의 제사장이며, 하나님이 세우시는 공동체의 일원이라고 선언했습니다. 이처럼 여성과 남성 모두 존재론적으로 변화한 사람이라는 진리를 기반으로, 베드로 사도가 남편들에게 구체적인 권면을 하고 있습니다. 그의 권면에서, 우리 시대 남편은 물론이고 남성에 대한, 더 나아가 가정과 교회 공동체에 대한 지혜를 엿볼 수 있습니다. 7절을 살펴봅시다.

베드로 사도는 아내들을 격려한 다음 바로 이어서 7절에서 남편들에게 권면합니다. 그런데 딱 한 절에 불과합니다. 하지만 "남편들이여"로 시작하는 권면이 한 절처럼 보이나 실제로는 그렇지 않습니다. 여기서도 "이와 같이"라는 표현이 다시 등장하기 때문입니다. 이 말은 앞서 살폈듯이, 그리스도인이 세상에서 살아가는 삶의 원리 전체를 담고 있으며, 특히 바로 앞에 나왔던 '아내들에게 권면한 원리를 따라서'라는 뜻입니다. 따라서 실제로는 아내들에게 여섯 절, 남편들에게는 여섯 절과 한 절을 더한 총 일곱 절을 할애하고 있는 셈입니다.

하나님을 두려워하고 책임지는

하인이든 아내든 "순복하라"라는 권면에 따라 순복했다고 합시다. 그런데 그 순복을 받는 사람은 자신에게 순복하는 하인이나 아내를 자기 마음대로 대해도 될까요? 당연히 그들의 순복은 제한적 순복이며, 따라서 주어진 권위 구조 안에서 각자 자리를 지키며 맡은 몫을 감당해야 합니다. 황제와 총독이 위임받은 권위로 권선징악해야 하듯이, 주인이 하인을 인격적으로 대해야 하듯이, 남편도 아내에게 올바른 리더십을 발휘해야 합니다. "이와 같이"라는 표현은 남편들도 이러한 권위 구조 안에 있다고 전제합니다. 남편이 자신에게 권위가 있다고 해서 아내에게 무조건 복종하라고 요구하고 자기 마음대로 하라는 취지가 아닙니다. 오히려 가정의 최종 권위가 남편에게 있다는 것은 동시에 최종 책임도 남편에게 있다는 뜻입니다. 영적·도덕적 부분만이 아니라 모든 면에서 최종 권위가 있다는 것은 그만큼 책임이 막중하다는 뜻입니다.

성경은 이런 권위 구조를 매우 중시합니다. 예를 하나 들어 봅시다. 수백 명이 탑승한 여객선에는 정말 다양한 승무원이 있지만, 그중에서 선장의 역할은 아주 중요합니다. 승무원들이 선장에게 순복하는 것은 선장이 훌륭해서가 아니라 선장이라는 자리의 중요성 때문입니다. 선장의 권위를 인정하지 않으면 배는 방향을 잃고, 위기 상황에서 좌초하거나 전복될 수 있습니다. 성경의 근본 가르침은 "인간이 만든 모든 것"에는 권위 구조가 있으며, "주님을 위해 순복"하는 것입니다(베드로전서 2:13). 권위는 깨진 세상에서 질서를 지키고 악을 제어하며 선을 장려하기 위해 주어진 것입니다. 자기 마음대로 쓸 수 있는 것이 아니라,

자신에게 맡겨진 이들을 돌보기 위한 것이며, 그만큼 막중한 책임이 따릅니다.

"이와 같이" 아내들이 하나님을 두려워함으로 남편에게 순복하듯이(베드로전서 3:1), 하인들이 "모든 두려워함으로" 주인에게 순복하듯이(베드로전서 2:18), 모든 사람이 하나님을 두려워함으로(2:15) 황제와 총독에게 순복하듯이(2:13-14), 반대로 권위를 가진 자들도, 곧 황제와 총독과 주인과 남편도, 하나님을 두려워함으로 그 권위를 행사해야 합니다. 하나님을 경외하며 리더십을 발휘한다는 것은 그 리더십에 대한 최종 책임을 하나님 앞에서 진다는 의미입니다. 하지만 세상은 물론이고 교회에서도 하나님 앞에서 책임을 지고, 맡은 이들에게 바르고 균형 잡힌 영향력을 끼치는 리더를 찾기 어렵습니다. 예수님은 "너희가 아는 대로, 이방 민족들의 통치자들은 백성을 마구 내리누르고, 고관들은 백성에게 세도를 부린다"라고 말씀하시면서, "너희끼리는 그렇게 해서는 안 된다"라고 하셨습니다(마태복음 20:25). 여기서 "너희"는 예수를 따르는 자들, 곧 하나님을 경외하는 사람들입니다. 그들에게 원했던 리더십은 '섬기는 리더십'이었습니다. 주님은 "너희 가운데서 위대하게 되고자 하는 사람은 누구든지 너희를 섬기는 사람이 되어야 하고, 너희 가운데서 으뜸이 되고자 하는 사람은 너희의 종이 되어야 한다"라고 가르치셨습니다(마태복음 20:26-27).

가정에서 남성이 리더십을 갖는 경우가 일반적이지만, 상황

10부
가정에서, 남편들

에 따라서 또는 부부의 합의에 따라 아내가 리더십을 발휘할 수도 있습니다. 이에 대해서는 이후에 조금 더 논의하겠지만, 남성이든 여성이든 가장 역할을 하는 사람은 '섬기는 리더십'을 가정에서 어떻게 발휘할지를 놓고 고민해야 합니다. 하나님 아버지가 세상을 어떻게 섬기시는지, 성자 하나님이 어떻게 자신을 내어주셨는지, 성령 하나님이 어떻게 인내하시며 백성들과 동행하시는지를 배워야 합니다. 그리고 그 리더십을 자신의 삶에 녹여 넣으려고 애써야 합니다. 하나님은 가정과 교회와 사회 곳곳에서 이처럼 하나님을 경외하며 섬기는 리더십을 발휘하는 사람들이 많아지기를 바라십니다.

자기 내면과 씨름하며

남성도 여성과 마찬가지로 외부가 아니라 내면세계에 힘을 쏟아야 합니다. 매력적으로 보이려는 마음은 인간의 본성이라서, 여성이 머리를 꾸미고 보석으로 치장하고 아름다운 옷을 입듯이 남성도 건강한 몸과 좋은 옷으로 자신을 꾸밉니다. 성역할이 뚜렷하던 때에는 여기에 더해 돈과 권력과 명예로 자신의 가치를 드러내려고 했습니다. 과거에 여성은 화장하고 남성은 권력을 쥐려고 했지만, 이제는 남성도 화장하고 여성도 권력을 추구합니다. 세상이 양성평등을 향해 나아가고 있지만, 남녀 모두 외적인 것에만 마음을 쏟을 뿐 내면을 가꾸는 일에는 큰 진보가 없어 보입니다.

열매 가득
하나님나라

여성들과 달리 남성들 내면에는 덜어 내고 회복해야 할 것들이 있습니다. 남자다움에 대한 강박이 있기도 하고 경쟁 사회에서 억압받으며 분노를 쌓기도 합니다. 또한 끊임없는 비교 의식으로 열등감에 시달리기도 합니다. 물론 이런 분노와 열등감은 여성들에게도 다른 양상으로 나타나는 내면의 문제입니다. 여기에 더해 남성들은, 사회에서 학습한 것이든 날 때부터 가지고 있는 것이든, 지배하려는 욕망, 사람과 상황을 자기 뜻대로 통제하려는 욕구를 지닌 경우가 많습니다. 이런 남성들은 먼저 통제 욕구가 자기 안에 숨어 있음을 발견하고 인정해야 합니다. 그리고 이런 내면의 문제들이 좋은 리더가 되지 못하게 방해한다는 것을 알아차리고, 덜어 내거나 회복해야 할 부분으로 여기면서 성찰하고 씨름하며 하나님의 도움을 구해야 합니다.

이런 내면의 성찰이 자기 비하나 낙심으로 이어지지 않는 이유는, 그 부분이 우리가 벗어 버려야 하는 '옛사람'인 줄 알기 때문입니다. 5장 "새로운 삶"에서 다루었듯이 그 부분은 우리가 거듭나기 전, 영혼이 정결해지기 전 모습입니다. 그런데 우리에게는 본받고 따라가야 할 분이 계십니다. 바로 우리의 본이 되시고 몸소 발자취를 남기신 예수 그리스도입니다. 예수님이 보여 준 놀라운 능력과 가르침 이면에서 우리는 흔들리지 않는 겸손과 온유를 발견합니다. 그분은 아무리 바쁘고 힘들어도 시간을 따로 내서 하나님 아버지를 홀로 만났습니다. 그 비결은 내면세계를 얼마나 중요하게 여기는지에 있습니다. 많은 그리스도인이

10부
가정에서, 남편들

"바빠서 더 기도합니다"라는 말은 알고 있지만, 실제로 그렇게 하는 사람은 많지 않습니다. 우리가 외면을 치장하는 데 쓰는 시간과 그리스도를 닮으려고 내면을 가꾸는 데 쓰는 시간을 비교해 보세요. 앞서 말했듯이 그분을 사랑하고 그분과 함께 있고 그분과 동행하는 사람만이 그분을 닮아 갑니다. 오늘 하루가 세상이 요구하는 외적인 것들로만 가득했다면, 우리 내면은 그만큼 초라해질 수밖에 없습니다. 돈과 권력을 두려워하며 하나님을 두려워하지 않는 사람은 결코 좋은 리더가 될 수 없습니다.

아내를 알고 지혜롭게 사랑하는

이어서 베드로 사도가 남편들에게만 당부한 독특한 권면을 살펴봅시다. 첫 번째 권면은 아내와 같이 살 때 "지식을 따라 함께 살"라고 합니다. 신약성경에서 '지식'이라는 단어는 대부분 하나님, 예수 그리스도, 구원과 관련 있는데, 이 구절에서만 유일하게 아내를 알아 가는 것과 연관됩니다.[1] 그만큼 남성이 여성을 이해하는 것이 얼마나 고귀한 지식인지를 보여 줍니다. 남

---

1 신약성경에서 '그노시스'는 29회 나오는데, 바울 서신에서 23회, 베드로전후서에서 4회 사용되었다. 이 단어는 죄사함(누가복음 1:77), 구원(누가복음 11:52), 하나님(고린도후서 4:6; 로마서 11:33), 그리스도를 구주로 아는 것(빌립보서 3:8; 에베소서 3:19; 베드로후서 3:18), 기독교에 대한 일반적인 지식(로마서 15:14; 고린도전서 1:5; 12:8; 13:2, 8; 14:6; 고린도후서 6:6)과 연관되어 대부분 사용된다.

성과 여성은 여러 면에서 차이가 있고, 그 차이를 이해하려면 공부가 필요합니다. 육체나 기타 생리적·정서적 차이가 분명하며 이에 대한 서로의 이해가 필요합니다. 또한 시대와 문화에 따라 남녀 차이나 성역할에 대한 인식도 변화합니다. 20년 전과 지금이 다르고, 20년 후에는 또 달라질 것입니다. 따라서 자신의 고정된 생각을 넘어 상대의 생각, 시간이 지나면서 변화하는 상대의 관점에 대한 이해가 필요합니다.

그런데 이런 지식이 때로는 다른 사람을 판단하고 정죄하는 데만 쓰이기도 합니다. 우리가 하나라도 더 알고 지식을 쌓으려는 근본적 목적은 사랑하기 위해서입니다. 여성에 대한 일반적인 지식을 기초로 상대를 진심으로 이해하려고 노력할 때 지혜가 생깁니다. 지혜는 '검증된 지식' 또는 '사람을 살리는 지식'이라고 할 수 있습니다. 지식이 단순히 정보 분석과 종합이라면, 지혜는 사람의 삶을 윤택하게 하는 살아 있는 지식입니다. 아내와 함께 살 때 남편에게 필요한 것은 지식을 넘어선 지혜입니다. 저도 결혼 후에 아내를 이해하기까지 오랜 시간이 걸렸습니다. 일반적인 차이는 물론이고, 우리 시대 여성들의 고민을 이해해 나가면서 아내의 독특성을 알게 되니, 아내를 더 깊이 이해하게 되었고, 그래서 더 깊이 사랑하게 되었습니다. 이해는 애쓴 시간만큼 깊어집니다.

베드로 사도가 아내를 "더 연약한 그릇"이라고 칭한 것은 주목할 만합니다. "그릇"이라는 단어는 신약성경에서 대부분 실제로 사용하는 기구나 도구를 가리킵니다. 그런데 여기서 그릇은 여성과 남성의 육체를 논하는 것 같습니다.[2] 남녀 모두 연약한 그릇, 육체를 가지고 있다는 말입니다. 그런데 "더"라는 수식어를 붙여서 여성이 남성보다 육체적으로 더 연약하다고 표현합니다. 남성이 전반적으로 우월하다고 말하는 것이 아니라, 단지 육체적인 면에서 상대적으로 더 강하고 힘이 세다는 뜻입니다. 이 구절을 근거로 남성이 여성보다 모든 면에서 우월하다고 해석하는 것은 본문을 잘못 읽은 것입니다. 9장에서 유대인 철학자 필로가 여성이 남성보다 취약해서 타락에 앞장섰다고 한 것은 당시의 가부장적이고 남성 중심의 세계관을 반영했기 때문입니다. 성경은 남녀 모두 육체적으로 연약하며, 여성의 육체가 상대적으로 더 약하다고 말할 뿐입니다.

베드로 사도가 사랑이라는 표현을 직접 언급하지는 않지만, 아내를 더 연약한 그릇으로 여기고 지식을 따라 함께 살라는 것은 아내를 지혜롭게 사랑하라는 의미입니다. 제 경험이나 수많은 목회 상담을 통해 저는 남녀 모두 연약하다는 사실을 알았습니다. 육체도 그렇고, 마음도 상처를 잘 받습니다. 결혼 생활에서 갈등은 피할 수 없지만, 서로를 이해하고 더 연약한 자로 여

------

2 남녀의 생식기를 우회적으로 가리키는 완곡어법이라는 주장도 있다. 특히 데살로니가전서 4장 4절의 해석에서 이 같은 주장이 자주 등장한다. 《도시의 하나님나라》 6장 참조.

기며 사랑하려는 의지가 있을 때만 갈등이 해결되고 관계가 깊어집니다. 많은 부부가 서로에 대한 '죽은 지식'으로 살아갑니다. 상대에 대한 나만의 체념적 지식으로 상대를 판단하고 정죄하면서, 사랑에 이르지 못합니다. 그 지식은 생명력이 없는 지식, 죽은 지식입니다. 베드로 사도는 남편들에게 아내를 진정으로 사랑하는 방법을 가르쳐 줍니다. 여성에 대한 일반적 지식과 아내에 대한 특별한 지식을 갖추고, 아내를 자신보다 더 연약한 그릇으로 여기는 것, 이것이 베드로 사도가 알려 주는, 아내와 남편이 모두 살아나는 지혜입니다.

아내를 공동상속자로 여기고

남편들을 향한 베드로 사도의 두 번째 권면은 아내를 "보배롭게 여기십시오"입니다. 문자 그대로 옮기면 "보배로 보라"입니다. 베드로 사도는 '보배'라는 단어를 명사(베드로전서 1:7; 2:7; 3:7; 베드로후서 1:17)와 동사(베드로전서 2:17, 2회)로 자주 사용합니다. 2장 17절에서 모든 사람과 황제를 똑같이 존중하라고 했던 그가 여기서는 여성을 보배롭게 여기라고 합니다. 베드로 사도는 앞서 성도 모두가 장래에 하나님에게 "사라지는 금보다 더 귀한 보배로운 것"(베드로전서 1:7)이 될 것이며, 건축자의 버린 돌인 예수 그리스도가 우리에게는 "보배"(베드로전서 2:7)라고 말합니다. 베드로 사도가 보기에 남편에게 아내는 그리스도만큼이나 보배로운 존재인 듯합니다. 이는 고대 사회의 현실을 고려하면

10부
가정에서, 남편들

실로 놀라운 사상입니다. 당시 여성은 앞서 살펴보았듯이 "모든 사람"에 포함되지 않는 열등한 존재였습니다. 그런데 여성이 "모든 사람"에 포함될 뿐 아니라, 황제와 동등한 대우를 받아야 한다고 말하고 있습니다. 지금은 당연하게 여겨지지만, 여성의 교육권과 참정권은 근대에 이르러서야 주어졌고, 아직도 여성 차별이 완전히 사라지지 않고 있는 현실을 고려하면, 놀라운 가르침이 아닐 수 없습니다.

아내를 보배로 여겨야 하는 이유는 "생명의 은혜를 공동 상속할 사람"이기 때문입니다. 아내가 남편과 함께 생명의 은혜에 똑같이 참여한다는 뜻입니다. 생명의 은혜는 하나님나라에서 우리가 누리는 유산 중 하나입니다. 1장 4절에서 우리가 받을 유산은 썩지 않는다고 했는데, 그 생명력 가득한 유산, 그 생명을 누리는 은혜를 우리가 다 같이 받을 것입니다. "공동 상속할 사람"이라는 말은 원어로 "공동상속자"[3]라는 한 단어입니다. 아내가 그토록 "보배"인 이유는, 그가 "보배"이신 그리스도를 주님으로 고백하고, 장래에 하나님 앞에서 "금보다 더 귀한" 보배로 드러날 것이기 때문입니다. 또한, 그 어떤 것도 두려워하지

---

3 공동상속자 συγκληρονόμοις는 "그리스도와 더불어 공동상속자"(로마서 8:17), "이방 사람들이…그리스도 예수 안에서…공동상속자"(에베소서 3:6), "그(아브라함)는…같은 약속을 함께 물려받을 이삭과 야곱과 함께 장막에서 살았습니다"(히브리서 11:9)와 여기서 등장한다. 상속자 κληρονόμος는 신약성경에 15회 나온다.

않는 영적 수준에 이를 사람이고, 궁극적으로는 하나님이 주시는 생명을 누리는 은혜에 남편과 똑같이 참여할 것이기 때문입니다. 남녀평등사상이 인류 사회에 자리 잡기까지 수많은 이들이 수고했지만, 그 사상의 뿌리는 성경의 여성관에 이미 자리하고 있습니다.

그리스도인 부부라 할지라도 배우자와 영원히 함께한다고 생각하면 천국에 대한 소망이 사라진다고 말하는 이들이 있습니다. 그만큼 부부 사이에 쌓이는 애증은 깊고도 넓습니다. '애'보다 '증'이 많이 쌓이는 이유는 단순히 말해 서로를 보배로 여기지 않기 때문입니다. 서로를 보배로 여기는 부부를 본 적이 없어서 본보기가 없기 때문입니다. 하지만 주변을 잘 살펴보세요. 건강한 부부는 서로 존중하고 사랑하고 보배로 여깁니다. 저도 아내와 함께 사는 일이 쉽지 않습니다. 서로 다른 점이 많고 둘 다 의견을 잘 굽히지 않습니다. 하지만 우리 부부가 한 가지 잊지 않는 것은 상대방 안에 하나님이 계시고, 그 하나님이 목숨을 아끼지 않고 그를 사랑하신다는 사실입니다. 때로는 죽기보다 싫을 때도 먼저 손을 내밀며 사랑하려고 노력했습니다. 그렇게 오랫동안 분투하며 사랑하다 보니, 자연스럽게 서로를 보배로 여기는 '경지'에 이르렀습니다. 자연스러워질 때까지 억지로라도 보배로 여겨야 합니다. 관계가 어려울 때마다 배우자와 함께 하나님나라에서 주님을 만나 놀라운 유산을 같이 받는 장면을 상상하는 것이 큰 도움이 되었습니다. 나들목교회를 분교하고 교회 사역을 마무리한 어느 날, 아내에게 "내가 하늘나라에서 받을 상이 있다면, 그 반은 당신 몫일 거야"라고 했더니, 아내가 "반만?"이라고 답해서 서로 보며 웃었습니다. 하나님나라를 유산으로 함께 받을 사람이라는 의식이 깊어지면, 어찌 보배로 보이지 않겠습니까?

가정불화로 기도가 막히지 않도록

베드로 사도는 "함께 살며"와 "공동 상속할 사람"이라는 표현으로 부부가 '함께'하는 존재임을 강조합니다. 부부는 단순히 몸만 아니라 마음으로 함께하는 이들입니다. 아내를 더 연약한 그릇으로 여기지 않고, 지식을 따라 살지 않고, 공동상속자로 귀하게 여기지 않으면 부부관계는 틀어질 수밖에 없습니다. 부부관계가 평안하지 않으면, 자녀에게도 본이 되지 못하고 마음의 평안마저 잃게 됩니다. 하지만 베드로 사도는 자녀 교육이나 심리적 안정보다 더 본질적이고 심각한 문제가 생길 수 있다고 경고합니다. 기도가 막힐 수 있습니다! 인간이 누릴 수 있는 가장 큰 복은 기도할 때 하나님이 들으신다는 것입니다. 우리 아버지 하나님은 우리가 구하기 전에 필요한 것을 아시며, 골방에서 드리는 기도를 은밀히 들으시는 분입니다. 그런데 그 기도가 막힌다는 것은 우리가 최악의 상태에 처했다는 뜻입니다.

예수님은 제단에 제물을 드리러 가다가 형제와의 불화가 생각나면, 먼저 화해하고 돌아와 제물을 드리라고 하셨습니다(마태복음 5:23-24). 주기도에서도 "우리에게 죄지은 사람을 용서하"는 것이 하나님이 우리 죄를 용서하시는 것에 선행된다고 말씀하셨습니다(마태복음 6:12). 주기도를 가르치신 후에 다시 한번 용서받는 것의 중요성을 강조하셨습니다(마태복음 6:14-15). 베드로 사도는 놀랍고도 중요한 그 말씀을 기억하고 있었던 것 같습니다. 아무리 세게 믿고 필사적으로 기도해도 기도가 막혀서 하나님이 들으실 수 없다면, 재앙 중의 재앙이 아닐까요? 모든 사람과 가능한 한 평화롭게 지내야 하는데(로마서 12:18), 함께 사는 사람과의 평화는 얼마나 중요할까요? 특히 한 가정의 리더 역할을 해야 하는 남편의 기도가 막힌다는 것은 그 가정에 매우 심각한 문제를 일으킬 수 있습니다.

남성/여성으로, 또 하나로

오늘날 '여성과 남성'이라는 주제는 평등 사회로 나아가는 인류 문명의 진보에서 매우 중요한 화두입니다. 더 나아가 성 정체성은 평등이라는 문제와 함께 중요한 쟁점으로 떠올랐습니다. 성소수자LGBT(레즈비언·게이·바이섹슈얼·트랜스젠더)를 어떻게 볼지는 앞으로도 계속 격렬한 논쟁과 사회적 혼란을 일으킬 것입니다. 최근에는 성 지향성이나 성 정체성을 정하지 못한 이들 Questioning과 퀴어Queer를 포함해 LGBTQ라는 용어가 통용되고 있습니다.[4] 베드로 사도의 편지가 이런 현대의 주제를 다루지는 않습니다. 그렇지만 베드로 사도가 아내와 남편의 관계만 이야기한다고 해서 그의 가르침이 부부관계에만 적용될까요? 아닙니다. 당시 대다수 사람이 어린 나이에 결혼했으므로 결혼에 대해서는 물론이고, 여성과 남성에 대한 깊은 통찰을 얻을 수 있습니다.

서로에게 최고의 선물

가장 먼저 결혼에 대해 생각해 봅시다. 오늘날 많은 사람이 결혼을 미루거나 꺼립니다. 주로 경제적 이유 때문이라고 설명

―――― 4 지금 다루고 있는 베드로전서 본문에서는 성적 소수자에 대한 성경적 견해를 얻을 수 없으므로 여기서 자세한 논의를 할 수는 없다. 다만, 성경에서 가르치는 중요한 원리는 언급하고 넘어가면 좋겠다. 첫째, 하나님이 완전한 창조를 하실 때, 사람을 남성과 여성으로 창조하셨다. 둘째, 그러나 하나님과의 관계를 파괴한 죄로 인간은 온전성을 잃었고, 신체적·정신적·사회적 영역에서 그 영향을 받고 있다. 그 결과, 성적인 활동이 결혼이라는 책임성 있는 관계 밖에서도 이루어지고 있으며, 어떤 성적 존재에 끌리는지(성적 지향)와, 자신을 어떤 성별로 인식하는지(성적 정체성)에도 혼돈이 찾아왔다. 셋째, 그리스도는 인간의 죄 문제를 해결하기 위해 오셨고, 예수를 그리스도라 고백하는 사람은 하나님의 새로운 공동체에 속하게 된다. 따라서 성적 지향이나 성적 정체성이 어떤지와 상관없이 모두가 하나님의 공동체에 속할 수 있다. 넷째, 공동체 안에서 과거의 몸과 마음에 새겨져 있던 불완전한 부분이 회복되고 성숙하는 과정을 밟는다. 성적인 순결은 성적 지향이나 성적 정체성과 상관없이 모든 그리스도인이 추구하는 가치. 하지만 어떤 부분은 완전한 하나님나라가 임할 때까지 완전하게 회복되지 않는다. 여기에서 LGBTQ가 회복될 대상인지 받아들여야 할 대상인지는 복음주의자 안에서도 의견이 다를 수 있다. ― 130

하나 그것만으로는 부족합니다. 과거에 경제 상황이 지금보다 훨씬 더 불안정할 때도 사람들은 결혼했습니다. 더 근본적인 변화는 결혼하고 자녀를 키우는 것이 삶의 기본이라는 인식이 급격히 바뀌고 있다는 것입니다. 이제는 개인의 행복이 가장 중요하고, 결혼은 그 행복을 이루기 위한 여러 선택지 중 하나가 되었습니다. 과거에는 결혼하면 당연히 따라오는 것으로 여겼던 출산과 육아 역시 선택의 문제가 되었습니다. 자기 성 정체성을 선택할 수 있다는 관점 또한 어떤 면에서는 맥을 같이합니다. 이제는 많은 사람이 결혼과 출산과 육아를 경쟁력이 떨어지는 삶의 방식으로 여기는 것 같습니다.

결혼을 둘러싼 사회적·문화적 환경 변화에 대한 논의도 필요하지만, 더 근본적인 문제는 아내와 남편으로 사는 것이 과연 시대에 맞지 않고, 경쟁력이 떨어지는 삶의 방식인가 하는 것입니다. 많은 사람이 자라면서 좋은 가정을 경험하지 못합니다. 전통적 가치에 얽매여 결혼을 굴레처럼 여겼던 과거의 억압적 가부장제 아래서 자란 이들은 행복한 부모의 모습을 보기 어려웠습니다. 자기 정체성이 뚜렷하고 경제력까지 갖춘 남녀가 조화롭게 살아가는 모습은 더더욱 보기 힘들었습니다. 그래서 많은 사람이 결혼과 출산과 육아가 자신의 성장과 행복을 방해하는 요소라고 생각하기에 이르렀습니다. 전 세계적으로 출산율이 낮아지고, 특히 한국 사회가 그중에서도 가장 낮은 출산율을 기록하는 이유 중에는 이 같은 인식이 도사리고 있습니다. 물론 사회적 · 경제적 요인도 크겠지만, 건강하고 행복한 가정을 경험하지 못한 것도 중요한 원인 중 하나라고 할 수 있습니다. 결혼해서 가정을 이루고 아이를 낳아 키우는 것이 행복한 일이라면 누가 결혼과 출산을 마다하겠습니까?

안타깝게도 바람직한 부부 관계와 부모의 모습을 경험하지 못한 이들은, 그렇게 살아갈 자신과 확신이 서지 않아서 결혼하지 않거나 미루게 됩니다. 이런 태도가 자연스럽지 않다는 것을 인간은 본능적으로 알고 있습니다. 그럼에도 한국 사회는 인류 역사상 스스로 번식을 차단하기로 한 첫 종족이 되어 가고 있습니다. 스스로 번식을 포기한 첫 종족! 결혼을 포기하거나 미루는 슬픈 현상의 원인을 제대로 이해하기 위해서는 여러 각도에서 분석하고 따져 봐야겠지만, 어쩌면 아주 단순한 곳에 답이 있을지 모릅니다. 여성과 남성은 서로 보완하는 존재이며, 가정을 이룬 아내와 남편은 평생의 동반자이자 자신들의 가치를 다음 세대로 이어 주는 소명을 받았다는 생각이 퇴색해 버렸습니다. 만약 베드로 사도가 현대 사회의 여성과 남성에게 편지를 쓴다면, 이렇게 권면하지 않을까요. "서로를 더 연약한 자로 여기고, 상대에 대한 지혜를 가지고 함께 살며, 하나님이 주실 유산을 함께 누릴 공동상속자로서 서로를 보배롭게 여기세요. 그리고 서로를 세상에서 얻을 수 있는 최고의 선물이라고 여기세요." 우정이 깊어지는 아내와 남편의 관계와 그 기초 위에 세워지는 가정은 불가능한 것이 아니라, 하나님이 인간을 위해 준비하신 특별한 선물입니다.

교회는 확대가족

남녀가 만나 결혼하고 가정을 이루는 것을 어렵게 만드는 또 다른 이유는 핵가족 시스템입니다. 인류는 대부분의 역사를 확대가족으로 살아오다가 현대에 들어와서야 핵가족으로 살기 시작했습니다. 그리고 이제 한국 사회에서는 초핵가족인 1인 가구 비율이 전체 가구의 3분의 1을 넘어서고 있습니다. 확대가족을 지탱했던 가부장제 문화에서는 결혼과 육아가 삶의 중요한 요소였습니다. 하지만 가부장제의 한계와 부당함을 깨달은 현대 여성과 남성들은 확대가족을 포기하고 핵가족으로 빠져나왔습니다. 가부장제도 약해졌지만 동시에 확대가족도 해체되었습니다. 그러자 핵가족 내에서 스스로 갈등을 풀어낼 방도를 잘 찾지 못하고 실패하는 가정이 숱하게 생겨났고, 결혼은 선택하기 어려운 조건이 되었습니다. 부부가 어떻게 하면 잘 살 수 있는지를 보여 주는 모델은 거의 없고, 각 가정이 각자도생하며 그 안에서 서로 상처를 주고받습니다. 많은 경우 체념하며 살고, 적지 않은 가정이 깨지기도 합니다. 현실이 이러하니 똑똑한 현대인들은 무덤처럼 보이는 결혼으로 웬만해서는 걸어 들어가지 않습니다.

이런 상황에서 교회 공동체는 확대가족으로서 매우 중요한 의미가 있습니다. 남녀가 어떻게 만나서 교제하고, 어떻게 준비해서 결혼하며, 결혼 후에는 배우자를 어떻게 대하고, 자녀를 어떻게 키우며, 인생의 위기를 어떻게 함께 극복해 가는지를 이론이 아닌 실제로 볼 수 있기 때문입니다. 교회가 일주일에 한 번 모여서 예배만 드리고 흩어지면 당연히 만남이 피상적일 수밖에 없습니다. 그러나 교회가 공동체로 형성되어 일주일에 한 번 이상 만나서 깊이 교제하며 삶의 동반자로 살아간다면, 이성 교제, 결혼, 자녀 양육, 위기 극복, 더 나아가 나이 들어 가는 과정까지 삶의 본보기를 경험할 수 있습니다. 비록 완전하지는 않더라도 그리스도를 주로 삼고 살아가는 또 다른 인생을 볼 수 있다는 것은 큰 복입니다. 갈등을 겪더라도 풀어내며 성숙해 가는 아내와 남편의 모습은 자신은 물론이고 함께 걷는 선배들에게 보람이 되고, 뒤따르는 후배들에게는 본보기가 됩니다.

나들목교회는 작은 가정교회 하나에서 시작해서 80여 가정교회의 연합으로 성장했습니다. 이혼하는 부부가 소수이고, 자녀를 두세 명 이상 둔 가정이 많은 이유는 가족 공동체가 하나님이 주신 복이라는 사실을 실제로 직접 볼 수 있었기 때문입니다. 하나님은 모든 사람이 그리스도를 닮기 바라십니다. 그래서 아내와 남편이라는 배타적인 사랑의 관계를 통해, 새로운 생명을 잉태하고 양육하는 과정을 통해 그리스도를 닮도록 하셨습니다. 성경은 특별한 이유가 있으면 홀로 사는 것도 가능하고 때로는 독신을 권하기도 하지만(고린도전서 7:7-9), 하나님이 인류에게 주신 보배로운 선물이 가정이라는 사실은 분명합니다.

열매 가득
하나님나라

남성성과 여성성

9장과 10장 본문은 아내와 남편에게 권면하는 내용입니다. 당시에는 성인이 되면 대부분 결혼했기 때문에, 이 본문을 통해 여성과 남성의 평등 문제에 대한 지혜를 얻을 수 있습니다. 복음주의 기독교에서는 남성과 여성의 역할에 대해 크게 두 가지 입장이 있습니다. 첫 번째는 상호보완주의complementarianism입니다. 이 입장은 남성과 여성이 서로 역할이 다르다고 봅니다. 남성성은 리더십, 보호, 공급 역할을, 여성성은 돌봄, 양육, 보조 역할을 담당한다고 강조합니다.[5] 두 번째는 평등주의egalitarianism입니다. 남성과 여성은 본질적으로 동등하며, 가정과 교회에서도 역할 제한이 없어야 한다고 주장합니다.[6] 두 입장의 핵심적 차이는 다음과 같습니다. 상호보완주의는 남성다움과 여성다움을 창조 질서에 속한 본질적 속성으로 봅니다. 반면 평등주의는 성 역할을 문화적 산물로 보며, 성경 본문도 당시 사회의 맥락에서 이해해야 한다고 봅니다. 최근에는 생물학적 성sex과 사회적으로 구성

---

5 존 파이퍼John Piper와 웨인 그루뎀Wayne Grudem이 이를 대표하는 학자이며, 이들의 신학 사상을 집대성한 책이 *Recovering Biblical Manhood and Womanhood*(1991)이다. 이 같은 주장을 지지하는 학자와 목회자들은 "Council on Biblical Manhood and WomanhoodCBMW"를 설립해 활동 중이다.

6 고든 피Gordon Fee와 크레이그 키너Graig Keener가 대표적 학자이며, "Christians for Biblical EqualityCBE"를 설립해 활동하고 있다.

된 정체성인 젠더gender를 구분하는 논의가 활발해졌습니다. 이에 따라 남성과 여성의 본질적 차이보다는 다양성과 평등한 권리를 강조하는 경향이 커지고 있습니다.

"순복하십시오"라는 표현만 보면 상호보완주의를 지지하는 것처럼 보입니다. 하지만 본문이 남성중심적 사회에서 쓰인 점을 고려하면, 앞서 살펴본 대로 오히려 남성과 여성의 평등을 강조하고 있음을 알 수 있습니다. 가장 주목할 표현은 "공동상속자"입니다. 남편과 아내가, 즉 남성과 여성이 함께 하나님의 은혜를 상속받는다는 표현은 당시로서는 혁명에 가깝습니다. 이는 우리 모두가 예수 그리스도와 함께 공동상속자가 되었다는 바울 사도의 가르침(로마서 8:17)과 맥을 같이합니다. 또한 바울 사도의 다음 같은 급진적 말씀을 떠올리게 합니다.

> 유대 사람도 그리스 사람도 없으며, 종도 자유인도 없으며, 남자와 여자가 없습니다. 여러분 모두가 그리스도 예수 안에서 하나이기 때문입니다(갈라디아서 3:28).

그리스도 안에서는 인종적·사회적·성적 차별이 없습니다. 이것이 성경의 가르침입니다. 현대 문명사회도 해결하지 못한 이런 차별이 그리스도 안에서는 사라진다는 사상은 실로 파격적이고 혁명적입니다. 따라서 우리가 흔히 말하는 "남자는 이래야 한다"라거나 "여자답게 행동하라"라는 표현은 성경의 가르침이라기보다는 사회적·문화적 산물로 보는 것이 옳습니다. 근본적으로 여성과 남성은 하나님의 형상을 함께 반영하는 존귀한 존재입니다(창세기 1:26).

그렇다면 남성과 여성의 차이는 없는 것일까요? 베드로 사도는 아내를 "더 연약한 그릇"으로 대하라고 말합니다. 이는 남성과 여성이 육체적으로 차이가 있다고 인정하는 것입니다. 둘 다 연약하지만, 여성이 상대적으로 더 약하다는 뜻입니다. 이런 차이는 단순히 육체적 힘만이 아니라 생리적 차이를 포함합니다. 하지만 이러한 생리적 차이가 남성성과 여성성에 어떻게 반영될지는 시대와 문화에 따라 달라집니다. 과거에 당연시했던 남성상이나 여성상을 성경적인 것으로 여기면 안 됩니다. 남자아이가 분홍색 옷을 입고, 여자아이가 파란색 옷을 입어도 괜찮습니다. 그렇다고 남성과 여성이 전혀 다르지 않다고 생각하는 것도 지혜롭지 못합니다. 남성과 여성은 분명히 다릅니다. 그 다름이 우리에게 어떻게 나타날지는 우리 시대가 함께 고민해야 할 과제입니다.

상대를 알아보는 내면의 깊이

베드로전서 3장 1-7절에는 오늘날 여성과 남성에게 확장해서 적용할 수 있는 가르침이 하나 더 있습니다. 베드로 사도가 아내들에게도 권했고, 이와 같이 하라며 남편들에게도 똑같이 권면한 내용은 외부가 아니라 내면을 가꾸라는 것입니다. 내면을 가꾸는 일의 핵심은 하나님을 두려워하는 마음입니다. 하나님을 하나님으로 여기는 사람이 되어야 합니다. 바울 사도는 하나님을 가벼이 여기는 자들은 자기를 속이는 자들이라고 했습니다(갈라디아서 6:7). 이 말씀은 배우자와 좋은 친구를 찾는 젊은 세대에게 매우 중요한 가르침을 줍니다. 현대인은 내면보다는 외부를 가꾸는 데 시간과 에너지를 들입니다. 그 결과 건강한 내면에서 나오는 통합된 인격의 아름다움과 매력이 점점 희귀해지고 있습니다. 세월이 지나면 공들여 가꾸었던 외부는 모두 썩어서 무너지기 시작합니다. 여성이든 남성이든 외모는 세월을 이기지 못하고, 사회적 성취 또한 계속 유지하기 힘듭니다. 자본주의 사회에서는 경제적 축적이 가장 중요한 안전장치처럼 보이지만, 돈은 경제적 윤택함과 편리함을 줄 뿐, 우리에게 실제로 필요한 우정과 사랑, 영원한 생명과 하나님을 닮아 가는 모습은 절대 가져다주지 못합니다.

내면의 가치를 아는 사람들은 배우자를 찾을 때도 당연히 외부보다 내면을 중시합니다. 속 깊이 간직한 진짜 가치관이나 세계관과 맞는 누군가를 찾기 때문입니다. 겉으로는 하나님을 이야기하고 종교 활동에 참여해도, 내면에 숨은 진짜 가치관과 세계관은 결국, 특히 위기 상황을 맞으면 드러나게 됩니다. 자신이 먼저 하나님을 경외하는 사람이 되어 가면, 그 같은 친구와 연인, 나아가 배우자가 얼마나 중요한지를 깨닫게 됩니다. 오래전에 제 여동생이 "오빠, 남자들은 여자 피부의 1밀리미터까지만 보는 것 같아"라는 말을 한 기억이 납니다. 그 말처럼 많은 남성이 내면의 가치는 잘 보지 못한 채 외모를 중시합니다. 요즘은 남성은 물론이고 여성들 또한 외모와 외적 요소에 상당히 가치를 둡니다. 하나님을 모르는 사람이 그렇게 사는 것은 어쩌면 당연합니다. 내면세계는 하나님을 만나고 알아 가기 시작하면서 같이 깊어지기 때문입니다. 물론 하나님을 모르고도 내면을 가꾸려는 이들이 있습니다. 하지만 우리 영혼을 만드신 하나님, "영혼의 온유함과 고요함", 즉 "썩지 아니하는 것"을 만드신 하나님을 알아 갈 때야 우리는 자신의 내면세계를 온전히 알아 가며 깊이 있게 만들 수 있습니다.

제가 젊었을 때 만난 사람 중에도 겉모습만 아름다운 것이 아니라 내면의 아름다움이 밖으로 드러나는 이들이 있었습니다. 하지만 제 내면이 깊지 않아서 그런 가치를 피상적으로만 파악했고, 제대로 알아보지 못한 경우도 더러 있었습니다. 나이가 들면서 제 내면도 조금씩 깊어졌고, 그러면서 내면이 진짜로 아름다운 사람들이 눈에 더 선명하게 들어왔고 그 소중함도 더 깊이 다가왔습니다. 본이 되는 어른을 보고 자라면서 잘 다듬어진 성품을 키우고, 삶의 위기를 겪으면서 '주어진 정체성'을 넘어 '확립된 정체성'을 획득한 사람들이었습니다. 여성이든 남성이든 모두가 "갓난아기들처럼 영적이며 순수한 젖을 갈망"하고 "구원에 이르도록 자라나게" 되는 것이 하나님 뜻입니다(베드로전서 2:2-3).

하나님의 원래 의도대로

세상 건축가들이 짓는 집에서는 강자의 지배를 당연시해서 힘이 있는 남성 중심 세계관이 지배해 왔습니다. 그러나 베드로 사도의 편지에서 보듯이 여성과 남성, 양성을 같이 존중하는 문화가 인류 문명에 들어왔고, 그때부터 꾸준히 양성평등을 지향하는 문명이 과거 문명을 대체하고 있습니다. 하지만 성경의 혁명적인 가르침이 완전히 실현되기까지는 아직 가야 할 길이 멀어 보입니다. 우리 사회에도 여전히 성차별과 혐오가 적지 않고, 그로 인한 갈등이나 적대적 대응 등이 꾸준히 나타납니다. 여성을 성적 대상이나 상품으로 보는 문화가 근절될 수 있을까요? 오히려 머지않아 남성을 성적 대상이나 상품으로 보는 문화가 일반화되지는 않을까요? 여성들이 밤거리를 마음 놓고 다니고 야간 산행을 할 수 있는 안전한 사회가 만들어질까요? 주님을 위해 '황제에게 순복하듯 모든 인간을 존중하십시오'라는 가르침은 예수님을 주로 받아들인 하나님나라 공동체에서는 가능할지 모릅니다. 하지만 세상 건축가들이 짓는 집에서는 성차별을 다소 완화할 수는 있어도, 쾌락을 절대시하는 자본주의 체제에 머무르는 한 성의 상품화를 막기란 어려워 보입니다. 그리스도인들은 건전한 시민들과 힘을 합쳐 사회 제도와 문화와 일상에 녹아든 성차별과 성 착취가 사라지도록 노력해야 합니다. 이는 이미 2천 년 전에 여성과 남성에 관한 놀라운 가치관에 기초해 살았던 하나님나라 백성의 맥을 잇는 일이기도 합니다.

하지만 더 시급한 문제는 하나님나라를 받아들인 교회 공동체 안에 여전히 존재하는 성차별입니다. 부끄럽게도, "첫째가 된 사람들이 꼴찌가 되고, 꼴찌가 된 사람들이 첫째가 되는 경우가 많을 것이다"(마태복음 19:30)라는 주님의 말씀이 적용되는 영역이 교회 내 성차별입니다. 초대교회의 혁명적 가르침은 점점 가부장제 문화에 밀려났고, 로마가톨릭이 제도화하는 과정을 거치면서 기독교는 더욱 남성 중심적으로 변했습니다. 우리나라에서는 남존여비와 상하 위계가 강한 유교적 가치관이 여기에 더해졌고, 그 결과 한국 교회는 우리 사회에서 성차별이 가장 심한 집단으로 인식되고 있습니다. 성도의 절반 이상이 여성임에도 교회의 중요한 결정은 남성이 하게 되어 있는 교단이 대다수입니다. 여성 장로가 있는 교회는 소수이며, 있는 교회에서도 여성 장로가 50퍼센트에 이르는 날은 올 것 같지 않습니다. 아직도 많은 교단이 여성 목사 안수를 허용하지 않아서 여성을 신학생으로 뽑으면서도 목사 안수를 주지는 않습니다. 이에 대한 논의는 교회 안에서 참으로 길게 이어지고 있으나, 어떤 차별도 없는 새로운 인류이자 하나님나라의 공동 상속자인 우리가, 하나님나라를 드러내야 할 교회가 오히려 세속 사회보다 뒤처진 모습을

10부
가정에서, 남편들

보이는 것은 참으로 부끄럽고 아픈 현실입니다.[7]

이와 함께 우리가 잊지 말고 반드시 같이 고민하고 실천해야 하는 일은 남성들을 성경이 가르치는 남성답게 세우는 것입니다. 여성과 남성의 신체는 당연히 다르고, 여러 면에서 차이가 큽니다. 하지만 오랜 세월 가부장제 사회에서 형성되고 축적된 가치에 영향을 받아서 형성된 성별 차이도 만만치 않습니다. 그래서 우리는 진정한 남자다움이 무엇인지를 다시 질문해야 하는 시대에 살고 있습니다. 그에 관해서는 더 연구하고 성찰할 부분이 많으나, 가장 먼저 해야 할 일은 우리가 가진 남성에 대한 고정관념이 오랜 시간 사회화된 통념일 수 있다는 사실에 마음을 여는 것입니다. 그러고 나면 베드로 사도가 남편들에게 "아내와 지식을 따라 함께" 살며, 아내를 "더 연약한 그릇"과 "생명의 은혜를 공동 상속할 사람"으로 보배롭게 여기라고 한 가르침이 더 선명하게 다가옵니다. 그렇게 진정한 남자다움을 회복한 하나님나라의 남편들이 곳곳에서 일어서기를 바랍니다.

이처럼 우리에게는 무엇보다 성경의 가르침을 바르게 이해하고 순복하는 그리스도인들이 필요합니다. 그들이 가정에서는 아내와 남편으로서 세상과는 다른 대안적 삶을 보여 주고, 교회에

---

7 더 자세한 논의는 《위조된 각인—우리가 교회라고 오인하는 12가지 모습》 8장 "남성우위—여성이 아무리 많아도 남성이 지배한다"와 6장 "배제와 혐오—자기만 맞고 다 틀렸다며 강요한다" 참조.

서는 지도자로서 세상과 대조되는 공동체를 이뤄 가는 일이 시급합니다. 결혼과 가정의 중요성이 약화하는 지금, 교회 공동체의 역할은 중요합니다. 남녀가 그리스도 안에서 동등한 존재로 살아가는 공동체가 필요합니다. 그런 공동체에서는 아내와 남편이 서로 존중하고 서로 순복하며 결혼과 가정의 유효성뿐 아니라, 그 아름다움을 드러낼 것입니다. 이런 남녀의 모습을 같은 공동체에 속한 젊은 세대가 보고 배우면 성경적이고 건강한 여성상과 남성상을 내면화할 것입니다. 세상의 가치와 흐름에 대안이 되는 가정을 함께 세워 가는 아내와 남편, 그리고 하나님의 시각으로 서로를 바라보는 여성과 남성. 그들은 세상 사람들의 호기심을 불러일으키는 생활방식을 보여 주며, 장차 하나님나라를 공동 상속할, 이 세상의 임시체류자입니다.

10부
가정에서, 남편들

II.

엡엡서 3:8-12

대부분 그렇겠지만 저 역시 고등학교 시절까지는 세상을 단순하게 바라보았습니다. 1980년에 대학에 입학했는데, 그해 '광주 사태'라고 불렸던 5·18민주화운동이 일어났습니다. 민족주의와 반공주의로 세상을 바라보았던 제 시각에 큰 균열이 생기기 시작했고, 그때부터 세상을 보는 눈이 뜨이기 시작했습니다. 대학에서 사회학을 전공하면서 한국 사회를 좀 더 자세히 들여다볼 기회가 생겼고, 우리 사회가 품고 있는 여러 문제를 마주하게 되었습니다. 안타깝게도 사회를 바라보는 눈이 열린 20대 초반부터 지금까지, 우리 사회의 갈등과 대립과 분열은 멈춘 적이 없습니다. 1988년 서울올림픽 때도 겉으로는 평화로워 보였으나, 그 이면에서는 환경 정화 사업을 명목으로 도시 빈민들을 강제 이주시켜서 심각한 갈등이 불거졌습니다. 지난 40여 년을 돌아보면, 우리 사회는 물질적으로나 기술적으로 눈부신 발전을 이루었습니다. 하지만 과연 전체적으로 진보했는지는 의문입니다. 발전의 빛만큼이나 짙은 그림자도 함께 드리웠기 때문입니다.

특히 한국전쟁이라는 비극을 겪은 세대라면 가질 수밖에 없었던 반공 이데올로기는, 그 세대가 사라지면 좀 더 합리적인 사회적 시각으로 대체되리라 기대했습니다. 하지만 시간이 흐를수록 우리 사회의 갈등은 이념을 넘어 성별과 세대 간으로 확대되고 있습니다. 서로 차이를 인정하고 다양성 안에서 공동선을 추구하는 사회는 점점 더 멀어지는 듯합니다. 이처럼 갈등과 분열이 만연한 사회에서 한국 교회가 과연 하나님의 자녀답게 평화

11부
일상에서

를 일구며 살 수 있을까요? 오히려 진리를 수호한다는 명분으로 우리 사회를 더 깊은 갈등의 수렁으로 밀어 넣고 있지는 않은지 마음이 어두워집니다.

갈등이 일상다반사

갈등은 거창한 사회적·국제적 문제에서만 일어나는 것이 아닙니다. 우리는 일상에서 너무나 자주 크고 작은 갈등을 마주합니다. 기술 혁신으로 사람들이 더 많이 연결되고 정보를 공유하는 듯 보여도, 동시에 새로운 형태의 갈등과 다툼이 생겨났습니다. 온라인 단체 대화방에서 탈퇴하거나 친구 관계를 끊어 버리는 일이 심심찮게 일어납니다. 악성 댓글은 또 어떤가요. 얼굴을 맞대고 벌어지는 갈등이 아니라서 상처가 덜할 것 같지만, 오히려 익명성에 기대어 자행되는 비인격적이고 참혹한 내용은 누군가를 극단적 선택으로 내몰기까지 합니다. 앞서 다루었던 직장생활과 가정생활에서 벌어지는 여러 갈등 역시 우리 삶에 적지 않은 상처를 남깁니다. 점점 늘어나는 고독사는 인생 후반기의 관계 단절이라는 우리 시대의 민낯을 적나라하게 보여 줍니다.

우리는 개인의 갈등부터 소속한 집단 내의 갈등, 더 나아가 집단 간의 갈등까지 다양한 층위의 갈등을 겪고 있습니다. 이러한 갈등 속에서 많은 사람의 마음이 점점 더 강팍해지고 있습니다. 과거에는 자주 쓰지 않았고 불편하게 여겼던 '혐오'라는 단어가 이제는 너무나 친숙한 사회가 되어 가고 있습니다. 안타깝

— 146

열매 가득
하나님나라

게도 교회조차 세상의 흐름을 좇아 민감한 주제는 외면하고 천상의 이야기와 내면의 평화만을 논합니다. 이처럼 갈등이 가득한 세상에서 우리는 어떻게 살아가야 할까요? 이번 장에서 만나는 베드로전서 본문은 하나님나라에 속한 자들이 갈등과 대립을 가득 찬 일상에서 어떻게 살아야 하는지를 보여 줍니다. 3장 8절부터 17절까지 읽어 봅시다.

8 마지막으로 여러분 모두 조화를 추구하고, 동정적이며, 사랑을 베풀고, 따뜻한 마음을 품고, 겸손하십시오.[1] **9** 악을 악으로, 욕을 욕으로 갚지 말고 반대로 복을 빌어 주십시오. 이를 위해 여러분들은 부르심을 받았고 복을 상속할 것이기 때문입니다. **10** 생명을 사랑하고 좋은 날들을 보기 원하는 자는 악으로부터 혀를 금하고, 입술을 금하여[2] 거짓을 말하지 마십시오. **11** 악으로부터 떠나고 선을 행하십시오. 평화를 추구하고 그것을 따르십시오. **12** 왜냐하면[3] 주님의 눈은 의인 위에 있고 그의 귀는 그의 간구에 기

───

1 이 본문의 다섯 형용사는 교회 안이 아니라 세상 속의 삶을 상정하고 있으므로, 새번역처럼 "서로"라는 단어를 삽입하거나, 개역개정처럼 "형제를 사랑하고"라고 옮기면 다소 과한 번역이 된다.

2 παυσάτω는 혀와 입술 모두를 대상으로 한 번 사용되었으나, 문장의 흐름을 위해 반복해서 넣었다.

3 한국어 성경이 자주 ὅτι를 생략하는 경향을 보이는데(이어지는 18절에서도), 그래서 이어지는 문장이 단순한 서술이 될 때가 많다. 하지만 대

11부
일상에서

울이시지만, 주님의 얼굴은 악을 행하는 자들 위에 있기 때문입니
다.

추구하는 가치

이 성경 구절을 두고 그리스도인 공동체를 향한 권면인지, 그
리스도인의 사회생활에 대한 권면인지에 대해 학자들 사이에
의견이 갈립니다. 저는 후자라고 생각하는데, 그 근거는 베드로
전서의 구조에서 찾을 수 있습니다. 이번 장의 성경 구절은 "마
지막으로"라는 말로 시작하지만, 서신 전체의 마지막은 아닙니
다. 실제 마지막 부분은 4장 11절에서 하나님을 찬양하고 아멘
으로 마무리한 다음에, 4장 12절에서 "사랑하는 자들이여"라고
부르며 시작됩니다. 이번 장의 본문은 베드로전서 중간쯤에 위
치하며, 4장 12절부터 세상 속 그리스도인 공동체를 향한 마지
막 권면이 이어집니다. 이번 장의 본문에서는 일반적인 사회생
활에 대해 다루고, 이어지는 3장 8-12절에서는 어려움 속에서
도 선을 행하며 복음을 전하는 증인의 삶을 격려합니다. 4장

------ 다수 영어 성경은 "For"로 문장을 시작하여 이어지는 문장이 앞선 문장의
근거임을 분명하게 밝힌다.

열매 가득
하나님나라

1-11절에서는 사회생활의 일반적 원리를 넘어 세상 속에서 제자답게 살아가는 길을 제시합니다. 2장 11절부터 4장 11절까지의 내용은 다음처럼 정리할 수 있습니다.

2장 11-12절 　세상 속 그리스도인의 삶의 원리

2장 13-17절 　제도와 권력

2장 18-25절 　직장생활

3장 1-7절 　　가정, 그리고 여성과 남성

3장 8-12절 　　사회생활

3장 13-22절 　증인의 삶

4장 1-11절 　　세상 속 제자의 삶

　이번 장의 성경 본문은 갈등과 분열이 가득한 사회에서 사는 사람들, 특히 하나님이 지으시는 집에 속한 이들에게 구체적이고 대안적인 삶의 방식을 제시합니다. 베드로 사도는 8절에서는 우리가 추구해야 할 가치를, 9-12절에서는 구체적인 삶의 방식을 친절하게 안내합니다. 하나님나라에 속한 사람들은 다른 정체성과 소속감을 지녔으므로, 하나님을 모르는 사람들과는 다른 가치를 추구하고 다른 방식으로 살아가게 됩니다.

　베드로 사도는 우리가 사회생활에서 추구해야 할 다섯 가지 가치를 간단명료한 형용사로 설명합니다. 이 단어들이 신약성경에 자주 등장하지는 않아서 용례를 풍부하게 찾기는 어렵지만,[4] 그 의미를 이해하기는 어렵지 않습니다. 하나씩 자세히 살펴봅시다.

조화를 이루고

우리가 추구해야 할 가치로 베드로 사도가 맨 처음 제시한 것은 '조화'입니다. 조화는 모든 사람을 똑같이 만드는 것이 아니라, 서로 다른 사람들을 하나로 엮는 것입니다. 다시 말해 조화는 서로 다르다는 사실을 전제합니다. 서로 존중하므로 차이를 통해 오히려 더 큰 유익을 얻을 수 있다고 보는 것입니다. 많은 사람이 조화를 추구한다고 말하지만, 실제 세상에서는 부조화가 더 두드러집니다. 누구도 의도적으로 부조화를 추구하지 않지만, 부조화가 생길 수밖에 없는 이유가 있습니다. 우리는 자신과 다른 사람의 차이를 통해 서로를 구별하기 때문입니다. 사실 차이를 인식하는 능력은 인간만이 가진 놀라운 재능입니다. 색깔과 크기 같은 감각적 차이부터 기쁨과 슬픔 같은 정서적 차이, 외향성과 내향성 같은 기질적 차이, 보수와 진보 같은 사회적 관점의 차이까지, 우리는 다양한 차이를 통해 자신을 포함한 모든

---

4 네 번째 εὔσπλαγχνοι만 신약성경에 2회, 나머지 형용사들은 모두 1회만 등장한다. φιλάδελφος(명사형으로 6회)와 ταπεινόφρων(명사형으로 7회)를 제외하고, 나머지 세 단어의 동사형과 명사형은 1-2회 정도밖에 나오지 않는다.

것을 인식합니다. 문제는 차이를 통해 서로를 이해하고 인정하기보다는, 자신과 다른 것을 틀린 것으로 여기고 우열의 관점으로 바라보는 데 있습니다.

차이가 이렇게 부정적으로 작동하기 시작하면 자연스럽게 편 가르기로 이어집니다. 과거에는 이데올로기, 지연, 학연으로 편을 갈랐다면, 최근에는 경제적 위치와 정치적 성향, 성별과 나이로 편을 가릅니다. 편이 갈리고 나면 서로에게 '딱지'를 붙입니다. 이런 편 가르기는 결국 자신들의 이익을 지키거나 극대화하려는 욕망으로 이어져서 갈등을 부릅니다. 서로의 다름이 유익이 되지 못하고 반목과 대립, 더 나아가 충돌로 이어지는 것은 조화의 가치를 추구하지 않아서가 아니라 조화하는 방법을 모르기 때문입니다. 베드로 사도가 여성과 남성에게 서로 존중하라고 가르친 직후에 사회생활에서도 조화를 추구하라고 한 것은 우연이 아닙니다. 그리스도인은 하나님이 세상 만물을 다양하게 창조하셨고, 그중 걸작인 인간 역시 저마다 다른 궤적을 그리며 다양하게 빚어지게 하셨다고 인정하는 사람들입니다. 그러므로 우리는 사회생활을 하면서 서로의 다름을 인정하고, 그 다름이 어떻게 서로에게, 또 모두에게 유익이 될 수 있을지를 모색하며 조화하는 길을 찾아야 합니다.

서로 동정하며

베드로 사도가 두 번째 제시한 가치는 '동정'입니다. 헬라어

'쉰συμ'과 '파도스παθῆς'의 합성어로, 영어 sympathy처럼 마음을 함께한다는 뜻입니다. 사람들이 느끼는 기쁨과 환희, 고통과 슬픔에 동참한다는 뜻입니다. 동정同情이라는 단어가 다소 시혜적으로 들릴 수도 있으나, 감정情을 함께한다同는 한자어도 그 뜻을 잘 담아냅니다. 얼마나 많은 사람이 고통과 슬픔을 겪고 있습니까? 고통과 슬픔을 나누며 함께하는 자세, 동정이야말로 그리스도인이 사회에서 추구해야 할 핵심 가치입니다. 베드로 사도는 우리에게 가족이나 가까운 친구만이 아니라, 우리가 사는 세상의 모든 이웃과 마음을 함께하라고 권면합니다.

하지만 오늘날 세상은 동정보다는 그 반대인 잔인함으로 가득한 것 같습니다. 타인의 고통과 슬픔을 만나도 무관심과 냉소를 보이며 심지어 그 약점을 이용하고 즐기기까지 합니다. 잊을 만하면 되풀이되는 대형 참사가 터져도 희생자의 상실과 고통에 공감하기보다는 어쩔 수 없었던 일인데 왜 이리 요란을 떠느냐고 합니다. 유족의 원통함을 돈 몇 푼 더 받으려는 것이라고 폄하하고, 피곤하고 지겹다는 말을 서슴없이 내뱉습니다. 자기 가족이 그런 참사를 당했다면 과연 같은 말을 할 수 있을까요? 이런 잔인함을 만날 때마다 우리 시대의 민낯을 보는 것 같습니다. 온라인 소통 채널이 다양해진 후부터는 편 가르기와 혐오를 조장하는 내용이 어떤 여과 장치도 없이 쏟아지고 있습니다. 조회수를 올리기 위해서라면 무슨 짓이든 서슴지 않습니다. 정론을 펼쳐야 할 언론마저 제 역할을 하지 못한 지 오래입니다. 사람들 마음을 어루만지고 서로 동정하도록 이끌기는커녕 자극적인 보도로 시청률과 구독률 올리기에만 혈안이 되어 있습니다.

이토록 잔인한 세상에서 우리는 사회 구조와 문화의 문제도 다루어야 하겠지만, 그에 앞서 이웃의 고통과 슬픔에 동참하려는 사람들이 많아져야 합니다. 그중에서도 그리스도인들이 가장 먼저 나서야 합니다. 분열과 대립이 가득한 세상에서, 대중의 정서나 잘못된 언론의 조작을 좇지 말고 주님의 마음을 본받아 타인의 아픔에 동참하는 자세를 가져야 합니다.

우정을 나누고

베드로 사도가 세 번째 제시한 가치는 '우정'입니다. 새번역은 "서로 사랑하며"로, 개역개정은 "형제를 사랑하며"라고 옮긴 이 말은 1장 22절의 "형제 사랑"이라는 단어의 형용사형입니다. 사람들 사이에서 친한 형제와 같은 관계, 우정 관계를 맺도록 힘쓰라는 뜻입니다. 성경은 사랑을 결코 가볍게 다루지 않습니다. 생명을 내어주는 무조건적 사랑도 있지만, 이 성경 구절이 말하는 가치는 다른 사람들과 적어도 친밀하게 지내라는 의미입니다. 더 나아가 한 인간으로서 서로를 존중하고 친근하게 지내라는 가르침입니다.

하지만 우리 사회는 이런 관계 맺기를 오히려 꺼리는 듯합니다. 누구를 만나든 한 인간으로 대하기보다는 거리를 두라고 말합니다. 서비스업 종사자를 대할 때도 마땅히 받아야 할 서비스만 요구할 뿐, 한 인격체로 대우하지 않는 경우가 많습니다. 서로 가까이 다가오지 못하게 하고, 마치 사물 대하듯 합니다. 이런 모습을 잘 볼 수 있는 곳이 아마도 엘리베이터 탔을 때가 아닐까요. 이웃이나 직장 동료를 만나도 눈인사조차 나누지 않습니다. 모두가 다른 곳만 바라보거나 이어폰을 끼고 휴대폰만 들여다봅니다. 좁은 공간에 함께 있으면서도 철저히 자신만의 세계 안에 머뭅니다. 심지어 부모와 함께 탄 아이를 보고 "참 잘생겼네. 귀엽네"라고 하면, 아이는 경계하는 눈초리를, 부모는 불편한 표정을 짓기까지 합니다.

우리는 서로에게 무관심하고 경계선을 그어 넘어오지 못하게 하는 시대에 살고 있습니다. 수많은 사람들로 북적이는 도시에 살면서도 따뜻한 인사나 눈길조차 나누지 않는 세상입니다. 이런 세상에서 하나님의 사랑을 받은 자들은 누구를 만나든 잠깐이라도 그 사람을 인격적으로 존중하고, 관계가 지속된다면 좋은 친구 정도는 될 수 있도록 서로를 향해 마음을 열라고 베드로 사도는 권면하고 있습니다.

따뜻한 마음으로 대하며

베드로 사도가 제시하는 네 번째 가치는 여러 성경에서 자비로움(새번역), 불쌍히 여김(개역개정), 친절한 마음(NAU), 연민(NIV), 부드러운 마음(NRS) 등으로 옮깁니다. "따뜻한 마음"은 '우정'과도 연관되지만, 다른 사람의 마음, 특히 어려움을 겪고 있는 마음과 함께한다는 의미를 담고 있습니다. 이 단어는 에베소서 4장 32절에서 "불쌍히 여기며"로도 번역되었는데, '좋은'이라는 접두어와 '내장'이라는 단어의 합성어입니다. 여기서 내장은 실제로 신체 장기를 가리키지만, 많은 경우에 마음이나 감정을 의미합니다. 그래서 "따뜻한 마음"이라고 옮길 수도 있습니다. 특히 자신보다 어려운 처지에 있는 이들, 사회적 약자들을 향해 가져야 할 마음가짐입니다. 우리는 종종 어려운 처지에 있는 사람을 만나면 그들보다 내가 낫다는 우월의식이나, 그들에게 무슨 문제가 있을 것이라는 정죄의식을 갖기 쉽습니다. 그러나 하나님을 믿지 않더라도, 세상과 자신의 삶을 깊이 성찰한 사람이라면 지금 손에 쥔 것들이 자신의 노력만이 아니라 주어진 것인 줄 압니다. 그래서 양식이 있는 사람은 늘 자신이 과분한 복을 누리고 있다고 생각합니다. 하지만 이런 사람들이 소수인 세상에서는, 자신에게는 한없이 관대하고 주변의 부족한 이들에게는 냉정한 모습이 너무나 자연스러워졌습니다. 이런 현실 속에서 베드로 사도는 모든 사람을 향해 "따뜻한 마음"을 품으라고 말합니다.

우리는 특히 세상에서 자신의 권리를 제대로 인정받지 못하는 이들에게 더욱 따뜻하고 친절한 마음을 가져야 합니다. 경제적 어려움을 겪는 사람들, 신체적 질병이나 장애로 고통받는 사람들, 정서적 문제로 힘들어하는 사람들, 우리 사회의 다양한 소수자들, 더 나아가 정치적 핍박을 받는 이들을 대할 때, 우리가

11부
일상에서

가장 먼저 내보여야 할 태도는 무관심과 냉대가 아니라 따뜻한 마음이어야 합니다. 그들이 왜 그런 상황에 처했는지를 분석하고 이해하는 일은 따뜻한 마음으로 대한 후에 해도 괜찮습니다. 하지만 세상은 그들을 냉정하게 바라보고 분석한 다음에, 그 제한적인 이해를 바탕으로 판단하고 정죄합니다. 이런 세상에서 베드로 사도는 그들을 향해 따뜻한 마음을 품으라고 권면합니다.

먼저 겸손하고

베드로 사도가 마지막으로 제시하는 가치는 '겸손'입니다. 겸손이라는 단어는 '낮은' 또는 '낮아진'이라는 말과 '마음'의 합성어로, 자신의 마음을 낮추는 것, 낮아진 마음을 뜻합니다. 사실 우리 사회와 인간관계에서 일어나는 모든 문제는 겸손의 결여에서 비롯합니다. 자기 해석이, 자기 판단이, 자기 해결책이 옳다고 생각하기 때문에 서로의 이야기를 듣지 않고 자기주장만 내세웁니다. 다른 사람의 목소리에 귀를 기울이지 않습니다. 겸손이 사라지면, 우리의 모든 관계는 위험에 빠집니다. 겸손이라는 가치를 추구하려는 의지가 없는 사람들로 이루어진 사회는 갈등과 대립을 피할 수가 없습니다.

안타깝게도 우리 사회는 겸손이라는 덕목을 잃어 가고 있습니다. 자기 생각과 취향과 의견을 표출하는 일이 봇물 터지듯 쏟아지고 있습니다. 자신을 낮추는 겸손을 사라지고, 어떻게든 자신을 높이고 돋보이려고 합니다. 자신의 가치를 드러내고 소중히 여기는 것은 바람직하고 귀한 일입니다. 다른 사람을 배려하면서, 또 다른 사람과 비교하지 않으면서 자신을 표현하는 것은 권장할 만한 일입니다. 하지만 겸손이 사라지면 타인에 대한 배려도 함께 사라지고, 자신을 드러내는 일은 곧 타인을 낮추는 일이 되고 맙니다. 세상은 강자로 살라고 말하지만, 베드로 사도는 예수님의 가르침을 따라 마음을 낮추고 섬기는 종의 자세로 살라고 말합니다. 세속의 가치로 가득한 세상 속에서.

우리가 살펴본 다섯 가지 가치는 세상의 일반적인 흐름을 정반대로 거스르는 것입니다. 부조화와 편 가르기 대신에 서로 조화하라고, 잔인하게 굴지 말고 동정하라고, 무관심과 거리두기를 버리고 우정을 나누라고, 냉대하지 말고 따뜻한 마음을 가지라고, 판단하거나 정죄하지 말고 겸손하라고 합니다. 앞서 언급한 단어들을 다시 한번 읽어 볼까요. 부조화, 잔인함, 무관심, 냉대, 판단과 정죄. 지금 우리가 살아가는 사회를 특징짓는 단어들 아닌가요? 세상 건축가들이 짓고 있는 집의 실상이기도 합니다. 이런 세상에서 하나님의 집에 속한 이들을 위한 다섯 가지 가치는 조화, 동정, 우정, 따뜻한 마음, 겸손입니다. 우리는 이 다섯 가치를 예수 그리스도에게서 발견했고, 하나님이 다스리는 하나님나라의 특별한 성격이자 구별된 가치임을 깨달았습니다. 그래서 베드로 사도는 세상의 가치가 판을 치는 세상살이 한가운데서, 우리가 누구를 따르고 있는지, 어디에 속했는지, 그래서 어

11부
일상에서

떤 가치를 추구하고 있는지를 잊지 말라고 권면합니다. "마지막으로 말하는데, 사회에 들어가 살아갈 때, 여러분이 믿는 하나님에게 배운 것, 여러분이 따르는 예수님에게 배운 그 가치를 잊지 말고 그대로 유지하세요. 그 가치들을 계속 추구하세요."

살아가는 방식

하나님나라에 속한 가치를 진실로 추구하면 우리가 살아가는 방식은 완전히 달라집니다. 많은 그리스도인의 삶이 세상 사람들의 삶과 크게 다르지 않은 가장 큰 이유는, 말로는 고백하고 믿는다고 하면서도 그 가치를 진짜로 추구하지 않기 때문입니다. 예수 그리스도를 따르며 그의 나라에 속해 살면 다섯 가지 가치를 자연스럽게 추구하게 되고, 그러면 새로운 사회생활 방식이 삶 속에 녹아들게 됩니다. 예수께서 열매로 나무를 알 수 있다고 하신 말씀은 오늘날에도 여전히 진리입니다.

악을 복으로 갚기

베드로 사도는 가장 먼저 "악을 악으로, 욕을 욕으로 갚지 말고 반대로 복을 빌어 주십시오"라고 권면합니다. 누군가에게서 악이나 욕을 받으면 그만큼 또는 그 이상으로 돌려주는 것이 세상의 방식입니다. 힘의 논리가 지배하는 세상에서는 할 수만 있다면 그렇게 하는 것이 당연시됩니다. 설령 힘이 없거나 적법한 방법으로 되갚을 수 없다면, 익명성에 숨어서라도 그렇게 하라고 합니다. 그런데 베드로 사도는 "복을 빌어 주십시오"라고 말합니다. 이 권면 직전에 나오는 중요한 단어를 새번역은 생략했고, 개역개정은 "도리어"라고 옮겼는데, 원어의 뜻은 "반대로on the contrary"(NJK, NRS, NIV)입니다. 즉 사회에서 일반적으로 통용되는 방식과는 정반대로 살라는 것입니다.

일반 사회는 차치하고, 평생 사랑하겠다고 맹세한 부부 사이에서도 악과 욕을 받은 만큼 돌려주는 모습을 봅니다. 부부 싸움을 해 본 사람이라면 압니다. 마음이 상하면 상대의 약점을 건드려서라도 복수하고 싶은 마음이 치솟는 것을! 부부만이 아는 서로의 약점은 부부이기에 보호해 주어야 하는데, 자기 마음이 상했다고 그 아픈 부분을 공격합니다. 영어로는 'panic button'이라고 하는데, 그 단추를 누르는 즉시 고통이 쏟아집니다. 평생 사랑하기로 공개 선언한 사람이 자신이 보호해야 할 사람의 '고통의 단추'를 눌러 버립니다. 그것도 자신이 상처 입고 화가 났다는 이유로 말입니다. 이렇게 부부는 서로에게 정말 무서운 존재가 될 수 있습니다. '적과의 동침'일 수 있으니까요. 부부 사이도 이런데, 애정이 없는 사람들끼리 공격하면 어떻게 될까요? 상대의 공격에 상응해서 열 배든 백 배든 앙갚음하려고 합니다. 많은 관계가 깨지는 양상을 보면, 당한 악을 몇 배로 갚아 주고, 그 악을 다시 몇 배로 되받는 '악의 증폭' 현상이 나타납니다. 심

11부
일상에서

각한 분쟁도 그 원인을 찾아보면, 처음에는 사소한 문제일 때가 많습니다. 악을 악으로 갚으면 악의 증폭을 피할 수 없습니다.

그런데 베드로 사도는 여러분은 하나님나라를 유업으로 받을 사람이니 일반 사회에서 통용되는 방식과는 "반대로" "도리어" 복을 빌어 주라고 합니다. 더욱 놀라운 것은 우리가 바로 그 일을 위해 부르심을 받았다는 점입니다. 악을 악으로 갚는 세상에서 악을 복으로 갚기 위해 하나님이 우리를 부르셨다고 베드로 사도는 강조합니다. 참으로 놀라운 선언이 아닐 수 없습니다. 하나님나라가 이미 시작되었고, 우리는 이미 구원받았으며, 그 구원이 지금도 이루어져 가고 있으므로, 베드로 사도는 악을 악으로 갚는 세상과는 "반대로" 살자고 권면합니다. 베드로 사도의 이 권면을 묵상하면, 예수께서 가르치신 산상수훈이 귓가에 맴돕니다.

"'눈은 눈으로, 이는 이로 갚아라' 하고 말한 것을 너희는 들었다. 그러나 나는 너희에게 말한다. 악한 사람에게 맞서지 말아라. 누가 네 오른쪽 뺨을 치거든, 왼쪽 뺨마저 돌려 대어라. 너를 걸어 고소하여 네 속옷을 가지려는 사람에게는, 겉옷까지도 내주어라. 누가 너더러 억지로 오 리를 가자고 하거든, 십 리를 같이 가 주어라. 네게 달라는 사람에게는 주고, 네게 꾸려고 하는 사람을 물리치지 말아라. '네 이웃을 사랑하고, 네 원수를 미워하여라' 하고 말한 것을 너희는 들었다. 그러나 나는 너희에게 말한다. 너희 원수를 사랑하고, 너희를 박해하는 사람을 위하여 기도하여라. 그래야만 너희가 하늘에 계신 너희 아버지의 자녀가 될 것이다"(마태복음 5:38-45).

많은 사람이 예수님의 산상수훈을 과도하다고 생각합니다. 그래서 현실에서 실천은 불가능하다고 말합니다. 세상에 속해 있고 아직 하나님나라에 들어가지 못한 사람에게는 불가능한 일이 맞습니다. 하지만 거듭난 사람들은 다르다고 베드로 사도는 말합니다. 우리는 다른 종류의 삶을 영위하도록 부르심을 받은 사람들입니다. 손해 보는 듯한 삶을 담대하게 선택할 수 있는 이유는 우리가 다른 나라에 속했기 때문이고, 결국은 그 나라를 상속받을 것이기 때문입니다. 그래서 9절은 "반대로" 살아가는 우리가 "복을 상속할 것"이라고 합니다. 성경은 우리에게 불합리한 내용을 강요하지 않습니다. 사람들은 앞으로 더 큰 유익을 얻을 줄 알면 지금 당장의 손해는 기꺼이 감수합니다. 그리스도인들이 악과 욕을 복으로 갚을 수 있는 이유는, 세상에서 그렇게 살라고 하나님이 우리를 부르셨기 때문이며, 결국 우리가 반대로 되갚아 주었던 복과는 비교할 수 없는 더 큰 복을 유산으로 받을 것이기 때문입니다(베드로전서 1:4).

제게도 악을 악으로 갚았던 부끄러운 기억이 있지만, 악을 복으로 갚았던 적도 있습니다. 저는 박사 과정 때 퇴학을 당했습니다. 당시 저는 인생에서 가장 어려운 시기를 지나고 있었습니다.

풀타임으로 수업을 들어야 하는 유학생이었으나 제게 닥친 문제가 너무 크고 무거워서 교수님들의 허락을 받고 학기 중에 한 과목 정도를 몇 차례 철회했습니다. 그렇게 세 학기를 어렵사리 버티고 있을 때, 유학생 담당자가 문제를 제기했습니다. 제가 의도적으로 학교와 이민국을 속이고 있다는 내용이었습니다. 그 담당자는 유명한 선교사의 아내였는데, 이미 여러 유학생을 곤란하게 만든 일로 잘 알려져 있었습니다. 급기야 그분이 저에 대한 악의적인 편지를 이민국에 보내서 상황이 더욱 나빠졌습니다. 저는 적법한 절차에 따랐음을 증명하려고 학생처에 학적부를 요구했으나 거절당했습니다. 그리고 한 과목을 철회해 주었던 총장에게 면담을 신청했으나 그조차 비서실을 통해 거부당했습니다. 제 인생의 무게도 감당하기 힘들어서 극단적 생각까지 하던 참에, 학교 직원들까지 합세해 저를 나쁜 사람으로 몰아가니 견디기가 너무 힘들었습니다. 다행히 제 멘토 교수님이 직접 나서 총장에게 사실 확인을 하면서 학교 측의 잘못이 드러나기 시작했습니다. 하지만 이민국이 이미 편지를 접수한 터라 퇴학은 피할 수 없었습니다. 그때 저에 대한 공격과 모욕, 불명예스러운 퇴학에 어떻게 대응해야 할지를 놓고 깊이 고민했습니다. 학교를 상대로 하는 소송도 심각하게 고려했습니다. 하지만 직원 한 사람과 그에 동조한 몇 명이 저지른 일이라서 악에 대응하기보다는 학교의 절차를 존중하고 일단 퇴학을 받아들인 후에 귀국하기로 했습니다. 그리고 학교 측과는 재입학을 협의

했습니다. 만약 그 문제로 재입국과 재입학이 어려워지면 소송은 그때 진행하기로 했습니다. 다행히 재입학은 문제없이 이루어졌고, 그 담당자는 1년 후에 경질되었습니다. 이어서 유학생의 상황을 잘 이해하고 지지하는 새로운 담당자가 왔습니다.

우리는 살면서 때로는 이해할 수 없는 어려움을 겪습니다. 그럴 때 맞대응하는 것만이 능사는 아닙니다. 제가 제 권리를 주장하며 학교를 고소했다면 억울함을 풀었을지는 몰라도 학교로 돌아갈 수 있었을까요? 제가 처한 상황에서 최선을 다해 선을 행하려고 했을 때, 저는 경제적으로도 심리적으로도 시간상으로도 큰 손해를 입고 고통을 겪었습니다. 하지만 결과적으로 학교는 유학생 담당 부서의 문제를 인지했고, 담당자를 교체하여 학교 행정과 정책을 보완할 수 있었습니다. 물론 제 경우는 해피엔딩이었으나, 악을 악으로 갚지 않고 복을 빌어 주는 행위가 이 땅에서 늘 좋은 결과로 이어지는 것은 아닙니다. 어쩌면 해피엔딩이 아닐 때가 더 많을지도 모릅니다. 하지만 하나님나라에서 복을 상속받는다고 믿는 사람은 세속 사회에서 악을 선으로 갚는 담대함과 용기를 보일 수 있습니다.

혀와 입술을 악에서 분리하기

베드로 사도는 10절에서 악을 복으로 갚는 것에 이어 언어생활을 언급합니다. 시편 34편을 인용하며 "생명을 사랑하고 좋은 날들을 보기 원하는 사람은 악으로부터 혀를 금하고 거짓을 말하지 마십시오"라고 권면합니다. 시편 34편은 다윗이 아비멜렉 앞에서 미친 척하며 쫓겨 다니던 중에 쓴 시입니다. 하나님의 택하심과 약속을 받았음에도 세상에서 쫓겨 다니며 고통받을 때 지은 시라는 점에 주목할 필요가 있습니다. 이처럼 고통받고 쫓길 때 우리 입에서 어떤 말이 나올까요? 악한 말이 나오기 쉽고, 어려움을 모면하고자 거짓말을 하기 쉽습니다. 그러나 베드로 사도는 그런 상황에서도 악과 거짓을 멀리하라고 권면합니다. 사실 언어생활은 삶의 최고 접전지입니다. 굳이 접전지라는 전쟁 용어를 쓴 것은 언어생활로 우리 삶이 완전히 바뀔 수 있기 때문입니다. 우리 삶의 성패를 가른다 해도 과언이 아닐 만큼, 어떤 방식으로 말하며 사는지가 우리 인생에 지대한 영향을 미칩니다.

베드로 사도는 이토록 중요한 언어생활이 다를 수 있는 근거를 그리스도인의 정체성과 그들이 추구하는 바에서 찾습니다. "생명을 사랑하고 좋은 날들을 보기 원하는 사람", 즉 죽음이 아니라 생명으로 이끄는 하나님의 방식을 사랑하는 사람은, 더 나아가 "좋은 날들"을 보기 원하는 사람은, 언어생활이 다르다고 말합니다. 특히 "좋은 날들을 보기 원하는 사람"이 무엇을 뜻하는지가 시편에서는 다소 모호해서 새번역은 이를 풀어서 "좋은 일을 보면서 오래 살고 싶은 사람"이라고 옮겼습니다. 그런데 베드로 사도는 이 표현을 인용하면서 종말론적 의미를 가미했습니다. "복을 상속할 것"(9절)이라고 하고, 곧 이어서 하나님나라가 임한 후에 누릴 "좋은 날들을 보기 원하는 사람"(10절)이라고 그들의 정체성을 강조합니다. 이처럼 사망이 가득한 세상에서 생명을 사랑하고, 장차 이루어질 좋은 날, 곧 하나님나라를 기다리는 사람은 이 세상과는 다른 언어생활을 추구합니다.

온전히 임할 하나님나라를 향해 가는 임시체류자요 임시거류자인 우리는 혀와 입술을 악과 분리합니다. 즉 말을 조절하고 절제하여 거짓을 말하지 않으려고 합니다. 악은 늘 거짓과 손을 잡기 마련이고, 거짓을 말하도록 유혹합니다. 사람들은 타인과 어떤 사안에 대해 잘 모르면서, 또는 잘 알면서도 거짓을 말합니다. 잘 모르는 상태에서 섣부른 판단으로 말하는 것은 이미 거짓에 속합니다. 그러므로 부족한 정보에 기초해 말하는 것은 어리석은 일입니다. 타인이나 어떤 사안에 대해 들을 때는 늘 판단을 유보하고 그 정보가 정확한지 분별해야 합니다. 교회 안에서 다른 사람에 대한 이른바 '뒷담화'는 무조건 피하는 것이 지혜롭습니다. 또한 요즘 전 세계적으로 심각한 문제인 가짜 뉴스도, "생명을 사랑하고 좋은 날들을 보기 원하는" 우리는 잘 분별해서 취급해야 합니다. '그랬다더라' 같은 글을 소셜미디어나 메신저를 통해 퍼 나르는 행위는 교회와 사회를 병들게 만듭니다.

정말 사악한 일은, 알면서도 거짓을 퍼뜨리는 것입니다. 가짜 뉴스를 생산하는 이들이 바로 그런 사람들입니다. 조회수를 올리기 위해 내용을 자극적으로 부풀리거나 심지어 조작해 온라인상에 올리는 일이 비일비재합니다. 정치학자들은 현대 민주주

11부
일상에서

의를 위협하는 요소 중 하나로 가짜 뉴스를 지목합니다. 온라인 미디어는 알고리즘을 통해 개인의 취향에 부합하는 정보를, 심지어 가짜 뉴스일지라도 정렬하여 전달하고, 그렇게 전달된 편향된 정보들로 개인의 확증 편향이 더욱 심해지기 때문입니다. 따라서 그리스도인들은 교회와 사회를 병들게 하는 다양하고 참혹한 거짓으로부터 자신과 교회 공동체, 더 나아가 우리 사회를 분리하여 훼손되지 않도록 지켜야 합니다.

이를 위해 우리는 어떤 이야기를 듣거나 보았을 때 성급한 판단을 유보하고, 앞서 이야기한 다섯 가지 내적 자세를 추구하면서 상황을 분별해야 합니다. 자신이 하는 말이 조화, 동정, 우정 추구, 따뜻한 마음, 겸손에 부합하는지 생각해 보십시오. 그러면 많은 경우 성급한 판단과 거친 소통을 접게 되고, 판단을 유보하며 입과 혀를 금하는 침묵을 선택하게 됩니다. 일상 속 언어생활을 통해 그 사람이 실제로 무엇을 추구하는지가 드러납니다. 대개는 '금하는 것'이 '떠드는 것'보다 낫습니다.

악을 떠나 선으로, 선으로 평화를

언어생활에 대한 권면에 이어 우리가 진정으로 살아내야 할 모습이 등장합니다. 첫째는 악으로부터 떠나는 것, 둘째는 선을 행하는 것, 셋째는 평화를 추구하고 따르는 것입니다. 이 순서가 중요합니다. 제일 먼저 해야 할 일은 모든 종류의 악에서 떠나는 것입니다. 우리가 사는 세상에는 다양한 얼굴을 한 악이 존재합니다. 보기만 해도 누구나 알 수 있는 악이 있고, 이리저리 따져 봐야 알아챌 수 있는 악도 있으며, 너무나 평범하게 사람들 사이에 공유되고 있어서 알아차리기 어려운 악도 있습니다. 우리가 이 악을 떠나기 위해 모든 악을 공부해야 할까요? 물론 깨진 세상을 면밀히 살피는 인문학이나 사회과학이 악을 이해하는 데 큰 도움이 됩니다만, 베드로 사도가 말하는 악은 매우 실제적입니다. 악이 언제 제 얼굴을 드러낼까요? 바로 선을 행하려 할 때입니다. 선한 일을 방해하고 비방하고 억제하는 것들이 바로 악이라고 할 수 있습니다. 사실 선한 일을 하려고 하면 할수록 다양한 악의 모습을 알게 됩니다. 그래서 악을 떠나고 선을 행하는 것은 각각의 명령이 아니라 하나의 명령일 수 있습니다.

선을 행하려면 먼저 악에서 떠나야 합니다. 가령 지쳐 보이는 누군가를 격려하려면 나만 생각하고 이웃에게 무관심한 악에서 먼저 떠나야 합니다. 가난한 사람을 도우려면 자신만을 위해 재정을 사용하려는 악에서 떠나야 합니다. 자신에게 잘못한 사람을 용서하려면 응분의 대가를 치르게 하고 복수하려는 악에서 먼저 떠나야 합니다. 타인이나 어떤 사안에 대한 진실을 용감하게 소통하려면 온갖 가짜 뉴스와 험담이라는 악에서 떠나야 합니다. 사회의 부조리를 바로잡으려면 관행이라며 서로 합리화하는 악에서 떠나야 합니다. 기후 위기를 극복하려면 의식하고 했든 안 하고 했든 자연을 파괴하는 삶의 방식이 악이라는 사실을 인식하고 먼저 떠나야 합니다. 이처럼 악을 떠나 선을 행하는 일

11부
일상에서

에는 언제나 대가가 따릅니다. 세상은 악을 변하지 않는 상수처럼 여기고, 선은 선택해도 되고 안 해도 그만인 것처럼 생각하기 때문입니다. 하나님을 떠난 세상에는 다양한 악이 늘 존재해서, 하나님나라 백성이 선을 행할 때는 오히려 누군가가 우리를 해치고(13절) 고난과 두려움이 찾아옵니다(14절). 베드로 사도가 "선을 행하면 누가 여러분을 해치겠습니까?"(13절)라고 했지만, 실제로는 손해와 불이익, 때로는 고난까지 찾아온다는 사실을 잘 알고 있었던 것입니다.

대가를 치르고 선을 행하면, 그 결과는 우리의 사회생활에 평화로 나타납니다. 하나님을 두려워하지 않는 세상은 선과 평화를 추구하지 않습니다. 우리가 사는 세상이 전쟁터처럼 변하는 이유는 선 대신에 악이 우세하고 평화를 추구하지 않기 때문입니다. 사람들은 대부분 자신이 이기고 상대가 지는 '승-패'를 추구합니다. 승-패가 안 되면, 즉 자신이 이길 수 없으면 차라리 다 같이 지는 '패-패'를 선택하는 때도 많습니다. 그러나 그리스도인들은 예수 그리스도를 따라 자신이 지더라도 상대를 이기게 하는 독특한 윤리인 '패-승'을 추구합니다. 이렇게 한발 물러설 수 있는 사람들이 결국에는 상대도 이기게 하고 자신도 이기는 '승-승'을 이룰 수 있습니다. 자신이 져 주는 패-승일 때는 제한적 평화가, 상대와 자신이 모두 이기는 승-승일 때는 온전한 평화가 이루어집니다. 전쟁터 같은 세상에서는 상대가 지고 내가 이겨야 하므로 평화는 요원합니다. 하지만 그리스도인들은 때로 '패'를 택하면서까지 평화를 추구하는 새로운 족속입니다.

가까운 예로, 설이나 추석 같은 연휴에 가족들이 모이면 갈등이 자주 불거집니다. 혈연으로 맺어진 관계인데도, 심지어 모두가 교회를 다닐지라도, 앞서 베드로 사도가 강조한 다섯 가지 가치를 추구하지 않고 복으로 갚는 자세와 진실한 언어생활을 배우지 못했다면, 가족 모임은 얼굴을 붉히거나 마음 깊이 상처를 주고받으며 끝이 납니다. "생명을 사랑하고 좋은 날들을 보기 원하는 사람"은 평화를 이루며 살려고 애쓰게 됩니다. 그리고 평화를 이루는 사람들은 영광스러운 호칭인 "하나님의 자녀"로 불릴 것입니다(마태복음 5:9).

반대로 살 수 있는 이유

그런데 선을 행하고 평화를 추구하면, 손해를 많이 볼 것만 같습니다. 이론적으로는 그럴듯하게 들려도 실제로 어떻게 그렇게 살 수 있냐고 반문할 수도 있습니다. "나 하나 살기도 힘든데 어떻게 악을 복으로 갚고, 거짓을 멀리하는 언어생활을 하며, 대가를 치르면서까지 선을 행하고, 거기에 평화까지 이루며 살 수 있나요? 무슨 힘으로 그렇게 살 수 있나요?"라고 푸념할지도 모르겠습니다. 베드로 사도는 개역개정과 새번역에는 생략된 중요한 접속사로 12절을 시작합니다. 바로 "왜냐하면"입니다! 우리의 반문과 푸념은 어쩌면 당연합니다. 이런 우리에게 베드로 사도는 "왜냐하면"으로 시작하는 12절을 통해 우리가 세상과 반

11부
일상에서

대로 살아야 하는 이유를 들려줍니다. 시편 34편 15절을 인용하며, 하나님이 개입하지 않는 것처럼 보이는 세상에, 우리와 함께 사회생활을 하는 모든 사람에게 하나님의 눈과 귀와 얼굴이 향하고 있다고 말합니다.

베드로 사도는 다른 삶을 추구하는 사람을 "의인"이라고 부릅니다. 의인이란 하나님과 관계를 회복하여 세상에서 맺는 모든 관계 역시 회복되고 바르게 되어 가는 사람입니다. 이들은 속으로 반문도 생기고 푸념이 일어나도 주님을 따릅니다. 의인들이 쉽지 않은 삶을 이어 나갈 때, 주님이 그분의 눈으로 선과 평화를 추구하는 그들을 보시며, 그 어려운 삶 가운데서 터져 나오는 간구와 기도에도 귀를 기울이십니다! 누군가의 인정은커녕 손해까지 감수하며 선한 일을 할 때 하나님이 보고 계십니다. 우리가 선을 행하고 평화를 이루려고 애쓰다가 주님께 도움을 요청할 때 주님은 그 기도를 들으십니다. 세상 한가운데서 선과 평화를 추구하는 우리는 절대 혼자가 아닙니다. 주님의 눈과 귀가 늘 우리와 함께하십니다!

하나님이 "악을 행하는 자들"을 그냥 두시는 듯 보여도, 베드로 사도는 소름 끼치도록 두려운 이야기를 합니다. "주님의 얼굴"이 그들 "위에 있"다고 말합니다. 하나님의 얼굴이 그들 위에 있다니, 이 얼마나 두렵고 무서운 일입니까. 어릴 적 크게 잘못한 다음에 부모님 얼굴을 차마 못 본 경험이 있나요? 이는 임박한, 또는 결국에는 이루어질 하나님의 심판을 뜻합니다. 이미

도끼가 나무 밑동에 놓인 것과 같습니다. 베드로 사도는 이 말씀으로 충분하다고 생각했는지, 시편 34편 15절에서 이어지는 구절을 생략합니다. "여호와의 얼굴은 악을 행하는 자를 향하사 그들의 자취를 땅에서 끊으려 하시는도다"(시편 34:16, 개역개정). 우리는 악을 행하는 자들의 마지막을 잊지 말아야 합니다.

갈등과 대립이 가득한 세상에서 그리스도인들이 그 흐름을 거스르며 살 수 있는 이유가 있습니다. "그러므로"와 "왜냐하면"은 그리스도인들에게 매우 중요한 접속사입니다. 우리는 택하심을 받았고, 구원을 얻었으며, 정결하게 된 사람들입니다. "그러므로" 우리는 다른 삶을 추구합니다. 우리는 대가를 치르면서까지 악을 떠나 선한 일을 하며, 갈등과 대립 속에서 평화를 추구합니다. "왜냐하면" 하나님이 우리를 보고 계시며, 악한 자들은 결국 심판받을 것이기 때문입니다. "그러므로"와 "왜냐하면"은 언제나 우리 삶의 이유가 됩니다. 그 이유가 선명할수록 우리 삶도 선명해집니다.

끝을 아는 사람의 선택

9-12절에서 보여 주는, 세상의 방식을 역행하는 삶을 자세히 살펴보면, 종말론적 소망이 반복해서 나타납니다. 악을 복으로 갚는 이유는 "이를 위해서 여러분들은 부르심을 받았고 복을 상속할 것이기 때문입니다"(9절). 세상 살면서 당하는 손해는 우리가 앞으로 상속할 복에 비하면 아무것도 아닙니다. 악으로부터

혀와 입술을 금하는 이유는 우리가 "생명을 사랑하고 좋은 날들을 보기 원하는 사람"(10절)이기 때문입니다. 이때 생명은 현세만이 아니라 죽음 후에도 우리 안에서 계속 움직이며 일할 것이며, "좋은 날들" 역시 현재 우리 삶에 행운이 깃드는 날이라기보다는 온전하게 회복되는 날을 암시합니다. 그리고 우리가 악을 떠나 선과 평화를 추구할 수 있는 이유는 "악을 행하는 자들" 위에 있는 "하나님의 얼굴"이 마침내 드러나 심판이 이루어지고, 이미 들으신 "의인의 간구"에 응답하시는 날이 결국 올 것이기 때문입니다(12절).

베드로전서에서 반복해서 나타나듯, 임시체류자의 정체성은 소망에 깊이 뿌리내리고 있습니다. 돈과 힘이 지배하는 세상, 하나님을 무시하고 아예 고려조차 하지 않는 세상에서, 이미 시작된 하나님나라에 속해 살아가기란 참으로 어렵고 때로는 두렵기까지 합니다. 특히 오해받거나 공격받는 상황에서 선을 행하기란 쉽지 않습니다. 정의로운 방식으로, 필요하다면 약자 편에서는 일은 손해를 볼 게 뻔하므로 참 선택하기가 어렵습니다. 정치적 프레임에 갇혀 서로 비난하고 자기 진영에만 너그러운 상황에서는, 공정하게 생각하자고 말하는 순간 모두에게 환영받지 못할 수도 있습니다. 상대를 속여서라도 자기 이익을 확보하려는 사람과 협상하면서, 모두가 이길 방법을 찾기란 절대 쉬운 일이 아닙니다.

그래서 많은 그리스도인들이 우리 사회의 갈등과 분쟁에서

한 걸음 물러섭니다. 그게 지혜롭고 현명한 사회생활 방식이라고 말합니다. 하지만 우리가 손해를 감수하면서까지 악을 복으로 갚고, 선을 행하며, 평화를 추구할 수 있는 이유는 '일의 결국'을 알기 때문입니다. 깨진 세상에 이미 임한 하나님나라를 경험하고 누리면서, 그 나라가 결국 완성되리라는 사실을 알고 진심으로 믿으면 이야기는 달라집니다. 잠깐의 성공과 편의를 위해 깨진 세상에 협조하면서, 그 깨진 상태를 지속하거나 가속하는 데 일조하는 일이 오히려 힘들어집니다. 결국 자신의 성공과 편의를 추구하는 일이 이미 시작된 하나님나라의 전진을 방해하고, 도리어 완성된 하나님나라에서는 부끄러움과 심판의 대상이 되는 줄 알게 되면, 다른 삶을 추구하게 됩니다. 앞날의 소망이 지금의 우리를 견고하게 만듭니다.

임시체류자들의 사회생활

끊임없이 서로를 정죄하고 공격하여 상처를 내는 사회에서 선과 평화를 추구하는 것이 바로 신앙생활입니다. 예배당에서 예배드리고, 홀로 성경을 읽고 묵상하고, 골방에서 기도하는 것 모두가 신앙생활의 아름다운 모습들입니다. 하지만 이러한 개인 영성은 깊어지면 깊어질수록 갈등이 난무하는 세상 한복판에서 드러나야 합니다. 세상에서 선으로 악을 창조적으로 대체하며

명예 가치
하이라키

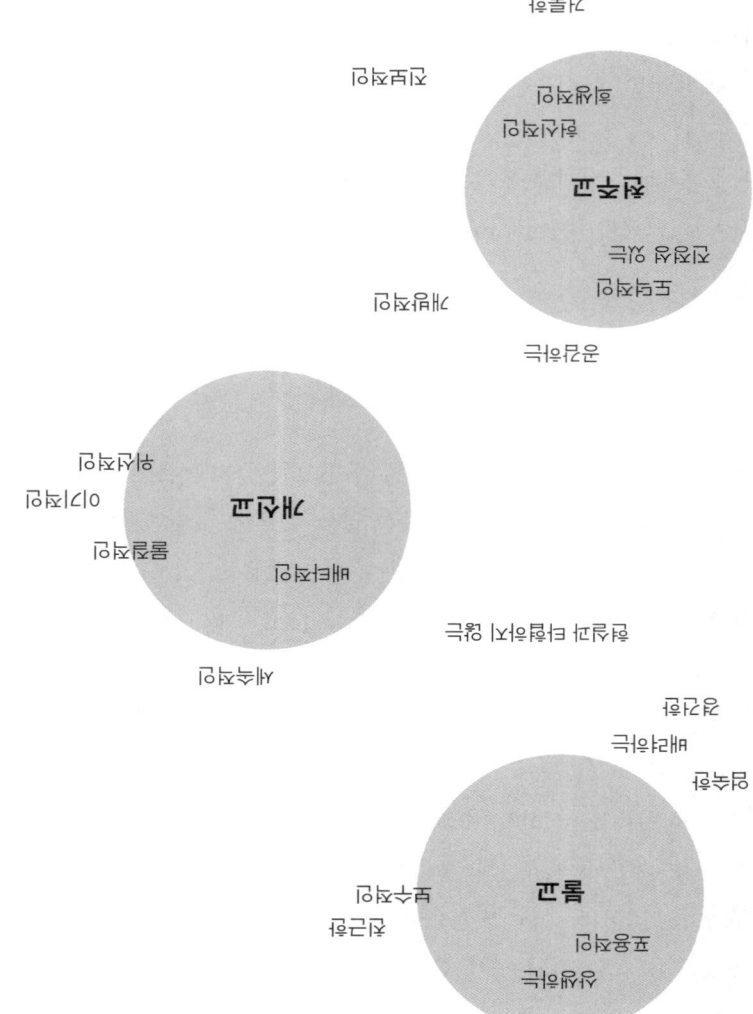

멋지게 살아 낼 때, 신앙생활은 온전해집니다. 예배당과 골방에서의 영성은 반쪽짜리 신앙생활에 불과합니다. 그리스도인들이 사회 곳곳에서 그리스도인답게 살아가는 모습이 필요합니다. 그런데 한국 개신교인의 이미지는 베드로 사도가 권면한 모습과는 크게 다릅니다. 한국의 주요 종교 이미지를 조사한 결과는 충격적입니다.[5]

불교는 포용적이고 상생하며 보수적이고 배려하며 경건하고 엄숙하다는 이미지를 가지고 있습니다. 천주교는 도덕적이고 진정성 있으며 헌신적이고 희생적이라는 이미지입니다. 반면, 개신교는 배타적이고 물질적이며 위선적이며 세속적이고 이기적이라는 이미지로 비치고 있습니다. 이런 이미지를 가진 개신교는 갈등과 분열이 만연한 세상에서 선을 행하고 평화를 이루기는커녕, 오히려 무관심과 이기심을 조장하여 갈등과 분열을 심화시킬 가능성이 높습니다. 참으로 부끄럽고 안타까운 현실이 아닐 수 없습니다. 베드로 사도가 초대교회 성도들에게 오해와 위협을 받는 상황에서도 선을 추구하며 살라고 권면한 말씀에 비추어 보면, 오늘날 한국 그리스도인들의 삶은 초대교회가 추구했던 바와 무척 차이가 큽니다.

우리가 임시체류자로 사회생활을 하고 지나간 자리에는 무엇

---

5 국민일보·사귐과섬김, "한국 교회 이미지 조사"(2021. 3. 31-4. 4).

이 남아 있을까요? 오해와 상처, 분노와 갈등이 아니라 선과 평화와 사랑이어야 한다는 것이 분명한 하나님의 뜻입니다. 예배당 안에 갇혀 있는 신앙생활, 그것조차 자신만을 위한 것이어서 교회 안에서도 갈등이 끊이지 않는다면, 게다가 세속적 가치가 교회를 휘젓고 다닌다면, 베드로 사도와 초대교회가 추구했던 가치를 추구하는 것이 아닙니다. 예수를 따르는 것이 아닙니다.

갈등과 대립이 가득한 세상에서 조화, 동정, 우정, 따뜻한 마음, 겸손을 추구하는 그리스도인으로 우리 모두는 발돋움해야 합니다. 악과 욕을 복으로 갚고, 절제된 언어생활을 하며, 선과 평화를 추구해야 합니다. 우리에게는 그렇게 살아야 할 이유가 분명하며, 소망 또한 확실합니다. 세상 사람들과 별반 다르지 않은 가치를 추구하고 그들과 비슷한 방식으로 산다면, 우리를 불러서 "내가 거룩하니 너희도 거룩하라"(베드로전서 1:16)고 하신 하나님 말씀을 삶터와 일터에서 정면으로 부정하는 것입니다. 임시체류자와 임시거류자로서 사회생활 하는 그리스도인이 절실한 지금입니다.

열매 가득
하나님나라

12.

잠언 3:13-22

서점에 가 보면 자기계발서가 베스트셀러 목록에서 빠지지 않습니다. 매달 새로운 책들이 쏟아져 나오지만, 자기계발서의 고전 격인 이 책에 뿌리를 둔 저작이 많습니다. 바로 스티븐 코비Steven R. Covey가 1989년에 펴낸 《고도로 효과적인 사람들의 7가지 습관The 7 Habits of Highly Effective People》입니다. 이 책은 국내에도 《성공하는 사람들의 7가지 습관》이라는 제목으로 1994년에 출간되었습니다. 출판사가 성공에 목말라서 그랬는지, 아니면 성공에 목마른 한국 독자들 심리를 읽어서 그랬는지 '효과적인'이라는 핵심 단어를 '성공하는'으로 바꾸었습니다. 코비가 제시한 일곱 가지 습관은 하나하나가 다 중요한 통찰을 담고 있어서, 이후 많은 저자가 자신의 전문 분야인 심리학, 뇌과학, 경영 이론 등에 각 습관을 접목해 발전시킨 책들을 내놓고 있습니다.

코비가 말하는 일곱 가지 습관 중 두 번째는 "끝을 생각하며 시작하라"입니다. 우리가 하는 모든 일의 궁극적 목적을 먼저 생각하면서 삶과 일을 재구성하라는 조언입니다. 그는 독자에게 자신과 가족, 자신이 속한 조직이 왜 존재하는지 스스로 질문해 보고 각각의 사명서Mission Statement를 작성해 보라고 합니다. 우리는 종종 '왜why'라는 근본적인 질문은 건너뛴 채, '무엇을what' 할지와 '어떻게how' 할지에만 매달립니다. 그러다 보면 급하게 주어지는 일에 파묻혀 결국 방향을 잃어버리기 쉽습니다. 개인이든 조직이든 과거부터 해 오던 일을 그저 관성처럼 반복하다 보면 "도대체 내가 왜 이 일을 하고 있나?"라는 회의감에 빠지기

12부
좁은 길

일쑤입니다. 당연히 일에 대한 열정도, 주도성도, 창의성도 함께
사라져 버립니다.

인생의 핵심

그리스도인인 우리가 인생 사명서를 쓴다고 해 봅시다. 그 사
명서에 반드시 담겨야 할 것은 무엇일까요? 여러 가지가 있겠지
만, 한 가지 분명한 것이 있습니다. 신약성경 저자들이 서로 상
의한 적도 없을 텐데 이구동성으로 강조하는 것, 바로 '선을 행
하는 것'입니다. 바울 사도는 에베소서 2장 1-8절에서 우리가
어떻게 구원을 받았는지 아름답게 설명하고, 그 구원의 목적을
이렇게 말합니다.

우리는 하나님의 작품입니다. 선한 일을 하게 하시려고, 하나님께
서 그리스도 예수 안에서 우리를 만드셨습니다. 하나님께서 이렇
게 미리 준비하신 것은, 우리가 선한 일을 하며 살아가게 하시려
는 것입니다(에베소서 2:10).[1]

바울 사도는 하나님이 그리스도 안에서 이루신 놀라운 일(에

---

1 원어에는 "선한 일"이 한 번 나오고, 후자는 관계대명사로 표현되어
있다. 개역개정은 이를 반영하느라 문장이 자연스럽지 못하고, 새번역은
선한 일을 명시하여 그 중요성을 강조했다.

베소서 2:4-6)에는 분명한 목적이 있다고 말합니다. 우리를 하나님의 새로운 작품으로 만드셔서 선을 행하며 살아가게 하는 것입니다. 야고보 사도는 '선을 행하는 것'이 참된 성숙의 표지라고 말합니다. 더 나아가 어떤 선한 일을 해야 하는 줄 알면서도 하지 않으면 그것이 죄가 된다고 단호하게 말합니다.

그러나 위에서 오는 지혜는 우선 순결하고, 다음으로 평화스럽고, 친절하고, 온순하고, 자비와 선한 열매가 풍성하고, 편견과 위선이 없습니다(야고보서 3:17).

그러므로 사람이 해야 할 선한 일이 무엇인지 알면서도 하지 않으면, 그것은 그에게 죄가 됩니다(야고보서 4:17).

베드로 사도는 베드로전서에서 신앙의 기초를 설명한 다음 (1:1-2:10), 우리가 이 세상에서 어떻게 하나님나라 백성으로 살아갈지를 이야기합니다(2:11-4:11). 여기서 그는 이 땅에서 임시 체류자로 살아가는 방식을 설명하면서 한 가지를 계속 강조합니다. "여러분의 행실을 세상 사람들 중에서 선하게 하십시오"라는 말씀으로 시작해서, '선을 행하는 것'의 중요성을 여러 각도에서 설명합니다. 하나님이 사회의 권위 구조를 허락하신 것도 **선한 일**을 장려하기 위해서이고(2:13), **선을 행함**으로 어리석은 사람들의 무지를 잠재우는 것이 하나님의 뜻이라고 말합니

12부
좁은 길

다(2:15). 또 노예들이 **선을 행하고** 고난을 받고 참는 것이 하나님의 은혜라고 하며(2:20), 그리스도께서도 선을 행하며 고난당하는 본을 보이셨다고 합니다(2:21-25). 이어서 아내들에게는 **선을 행하고** 어떤 위협도 두려워하지 말라고 격려하고(3:6), 사회생활의 결론으로 "악으로부터 떠나고 **선을 행하십시오**"(3:11)라고 권면합니다. 이번 장의 성경 본문은 선을 행하는 삶이 구체적으로 어떤 것인지를 자세히 설명해 줍니다.

이번 장의 성경 본문을 살펴보기 전에 생각해 볼 중요한 질문이 하나 있습니다. 우리가 굳이 그리스도인으로 살아가는 이유가 무엇일까요? 그 이유 중에 '선을 행하기 위해서'가 얼마나 중요한 위치를 차지하고 있나요? 종교개혁 당시 행위를 지나치게 내세우는 천주교에 반발해서 '오직 믿음으로 구원받는다'라는 가르침을 강조했고, 지금도 여전히 중시하다 보니, 성경이 분명하게 가르치는 '선을 행하는 것'의 중요성이 약해졌습니다. 우리는 이제 선한 행위가 구원의 수단이 아니라 구원의 목적이라는 점에 초점을 맞추고 이를 재발견해야 합니다. 그런 면에서 이번 장의 본문은 매우 소중합니다. 베드로전서 2장 11절-4장 11절의 '선을 행하며 고난을 당하는 삶'을 총정리하고 있기 때문입니다. 그럼, 먼저 13-16절을 읽어 봅시다.

13 그러니 여러분이 열심으로 선을 행하면 누가 여러분을 해치겠습니까? **14** 그러나 만약 정의를 위해 고난을 받는다면, 여러분은

복이 있습니다. 그들의 두렵게 하는 것을[2] 두려워하지 말고, 흔들리지 말며,[3] **15** 다만 여러분의 마음에 그리스도를 주로 거룩하게 하고,[4] 여러분 안에 있는 소망의 이유를 여러분에게 묻는 모든 자들에게 언제나 답변할 것을 준비하되, **16** 온유함과 두려운 마음으로 하고, 선한 양심을 가지십시오. 그리하면 그리스도 안에서 행하는 여러분의 선한 행실을 욕하는 사람들은 자신들이 비방한 그 일로 부끄러움을 당하게 될 것입니다.

나쁜 소식

베드로 사도는 13절에서 "열심으로 선을 행하면 누가 여러분을 해치겠습니까?"라며 자신감 넘치는 말을 합니다. 특히 "열심

---

2 φόβον αὐτῶν를 소유격possessive genitive으로 보면, "그들이 두려워하는 것"(개역개정, NRS)이 되고, 목적격objective genitive으로 보면, "그들의 위협"(새번역, NASB, NKJ, NIV)이 된다. 13절의 문맥을 고려하면 후자가 더 적절하다.

3 ταραχθῆτε는 감정적 흥분이나 동요를 뜻하므로 "두려워하다 frightened"(NIV)보다는 "흔들리다troubled"(새번역, NASB, NKJ)로 번역했다.

4 ἁγιάσατε를 "revere"(NIV), "sanctify"(NASB, NRS), "worship"(NLT) 등으로 다양하게 번역하나, 원어의 뜻을 살려 "거룩하게 하고"로 번역했다.

12부
좁은 길

히 선을 행하면"이라는 표현을 직역하면 "선을 행하는 열광자"
또는 "선의 열심당원이 되면"입니다. '선의 열심당원'이라는 표
현은 당시 정치적 상황에 빗댄 것으로 보입니다. 열심당원들은
무력으로 이스라엘의 주권을 되찾으려 했고, 예수님 제자 중에
도 열심당원 시몬이 있었습니다(누가복음 6:15; 사도행전 1:13).[5] 그
러니 무력으로 자기 뜻을 이루려는 열심당원들도 무시무시한데,
하물며 사랑의 열심당원을 누가 감당할 수 있겠냐는 뜻입니다.
사랑의 근원이신 하나님이 당신 편이고 그분이 당의 우두머리이
신데, 누가 우리를 감히 해칠 수 있겠느냐는 말입니다. 많은 사람
이 착하게 살면 하늘이 돕는다고 믿고, 그리스도인들 역시 선을
행하면 다른 사람들보다 더 큰 복을 받으리라고 기대합니다.

하지만 14절이 "그러나"로 시작하면서 분위기가 달라집니다.
베드로 사도는 "만약"이라는 단서를 달았으나 "정의를 위해 고
난을 받는다면"이라고 합니다. 이처럼 그는 정의를 추구하면 고
난도 같이 오는 줄 잘 알고 있었습니다. 결코 반갑지 않은, 한마

————

5 이 단어는 신약성경에 6회 나오고, 바울은 이 단어를 자신에게 적용해
"더 열성이었습니다"(갈라디아서 1:14; 사도행전 22:3)라고도 했다. 그리
고 유대인 중에 믿는 사람이 수만 명인데, 모두 율법에 "열성적인 사람
들"(사도행전 21:20)이라는 표현도 사용했다. 따라서 이 단어는 "열광하
는 자"로 풀어서 번역할 수도 있다. 또한 "영적인 것을 사모하는 자"(고린
도전서 14:12, 개역개정), "선한 일에 열심을 내는 백성"(디도서 2:14)이라
는 뜻으로도 사용된다.

열매 가득
하나님나라

디로 나쁜 소식입니다. 선을 행하면 불편해지고, 정의를 추구하면 고난이 찾아옵니다. 베드로 사도는 우리가 사는 세상이 어그러지고 깨져 있음을 다시 한번 상기시킵니다. 깨진 사회에서 선을 행하면 어려움은 찾아오기 마련입니다. 이는 피할 수 없는 현실이며, 그리스도인에게만 해당하는 것도 아닙니다. 하나님을 믿지 않더라도 악한 세상에 맞서는 모든 사람은 칭찬은커녕 거센 저항에 부딪히고 적지 않은 손해를 봅니다. 하물며 하나님을 무시하는 세상에서 하나님나라와 그 의를 추구하는 그리스도인들은 더 큰 저항과 공격을 받고, 여러 종류의 어려움을 겪게 됩니다. 그런 면에서 이 세상은 전쟁터와 다름없습니다.

일상에서 작은 예를 하나 봅시다. 회사에서 누군가 종이컵 대신에 개인 컵을 사용하자고 제안하면 어떤 일이 벌어질까요? 겉으로는 모두가 동의하는 듯해도, 곧 "그럼 컵은 누가 씻나요?", "관리는 누가 하죠?", "매번 텀블러 들고 다니기 불편한데…"라는 불평이 나옵니다. 기후 위기로 지구가 벼랑 끝에 선 줄 알면서도 당장의 편리함을 버리기가 쉽지 않습니다. 심지어 "회사에 잘 보이려고 저러나?" 하는 핀잔까지 들을지 모릅니다. 이런 일은 아주 사소한 예입니다. 더 심각한 경우도 있습니다. 남성이 대다수인 회사에서는 여성들이 차별을 당하기도 합니다. 그때 누군가가 나서서, 특히 여성이 손을 들고 회사 내 차별적인 언어와 태도와 문화를 바꾸자고 제안하면 어떻게 될까요? 대다수 직원이 불편해하고, 제안한 사람은 무시당하거나 심지어 불이익을 받을 수도 있습니다. 또 외근하지 않고도 외근 수당을 받는 것이 관행인 회사에서, 한 직원이 실제로 외근하지 않았다며 수당을 신청하지 않으면 어떻게 될까요? 이런 당연한 행동이 오히려 외근 수당을 관행처럼 수령해 온 다른 직원들을 불편하게 하고, 그래서 왕따를 당할 수도 있습니다. 그래도 기후 위기나 양성평등 같은 이슈는 대중의 인식이 많이 나아져서 선을 행하는 손길도 점점 늘고 있습니다. 하지만 여전히 우리 사회 곳곳에는 다양한 관행과 불의가 존재하며, 계속해서 새로운 형태로 진화하고 있습니다. 이를 감지한 사람들이 사회·경제·정치적으로 악한 제도와 구조에 문제를 제기하고 이를 고쳐 나가려고 하면, 기득권 세력의 거센 반발을 피할 수 없습니다. 사회적 약자 편에 서서 그들의 권익을 위해 선한 일을 하면, 다양한 오해를 받고 약자들과 한데 묶여 차별당할지도 모릅니다.

　사회가 악하면 악할수록 그 속에서 선을 행할 때 따르는 고통도 커집니다. 불편과 불이익, 저항과 왕따, 손해와 핍박을 피하기가 쉽지 않습니다. 그래서 많은 그리스도인이 이런 질문을 합니다. "목사님, 제가 나름 선한 일 하면서 착하게 살았는데 왜 이렇게 힘든 일이 많이 생기죠?" 저는 안타까운 마음으로 이렇게 답합니다. "원래 그런 겁니다. 선한 일 하다가 힘들어하는 걸 보니 그리스도인 맞네요." 그리고 이렇게 덧붙입니다. "그런데 안타깝게도 세상이 얼마나 깨져 있는지는 잘 모르시는 것 같아요." 세상에서 선을 행하다 어려움이 찾아오면 이상하게 여기는 그리스도인이 있습니다. 이들은 안타깝게도 아직 신앙의 유아기를 벗어나지 못한 분들입니다. "정의를 위해 고난을 받는다"라는 나쁜 소식은, 그래서 불편하지만 진실입니다.

위기를 기회로

그렇다면 위축된 채로 선한 일 하기를 주저하며 지내야 할까요? 악을 적당히 묵인하면서 세상 흐름에 맞춰서 살면 될까요? 베드로 사도는 임시체류자이자 임시거류자인 우리가 실천할 수 있는 새로운 삶의 방식을 제시합니다. '나쁜 소식'이 오히려 '좋은 소식'이 될 수도 있습니다. 잘만 활용한다면 말이죠. 베드로 사도가 전하는 다섯 가지 지혜를 14-16절에서 살펴보겠습니다.

두려워하지 맙시다

베드로 사도는 "정의를 위해 고난을 받는다면, 여러분은 복이 있습니다"라고 말합니다. "복이 있습니다"라는 표현은 우리에게 익숙합니다. 예수께서 산상수훈의 팔복에서 반복하신 "복이 있나니"(개역개정)와 "복이 있습니다"(새번역)와 같은 단어입니다. 14절과 마태복음 5장 10절은 똑같은 단어를 사용하고 있습니다. 잘 알다시피 팔복에 나오는 자질들은 하나님나라 백성이 되기 위한 조건이 아니라 그들의 특성입니다. 하나님나라 백성이

의를 위해 핍박받는 것은 당연하며, 그것이 오히려 복된 일이라고 말씀합니다. 이어서 14절 하반절에서는 "그들의 두렵게 하는 것을 두려워하지 말고, 흔들리지 마십시오"라고 합니다. 요즘 말로 '쫄지' 말라는 것입니다. 우리는 우리를 어렵게 하는 대상이나 "그들의 두렵게 하는 것"에 위축되지 않을 수 있습니다. 우리는 주님만을 두려워하기 때문입니다. 당시 최고 권력자였던 황제도 존중의 대상일 뿐 두려움의 대상은 아니었습니다. 하나님이 주권자이시며 세상에서 유일하게 두려워할 분임을 알게 되면, 그 무엇도 두려워하지 않는 복을 누리게 됩니다. 실제로 세상은 우리를 다양한 방법으로 두려움에 떨게 만듭니다. 그래서 성경은 두려워하지 말라는 말씀을 수백 번이나 반복합니다.

이 책 11장에 학교에서 퇴학당했던 이야기를 했는데, 당시 제게 걱정과 두려움이 없었을까요? 이민국에까지 전달된 거짓 정보로 학교 재입학은 물론이고 미국 재입국조차 어려워질 수 있다는 생각에 괴로웠습니다. 하지만 그렇다고 잠을 못 잘 정도로 힘들지는 않았습니다. 하나님이 이 모든 상황을 주관하고 계시고, 내가 거짓말하지 않았다는 것을 하나님이 알고 계시니, 하나님께 맡기고 어떻게 되는지 지켜보자는 마음으로 '쫄지' 않을 수 있었습니다. 어려운 상황이 닥치면 온갖 두려움과 염려가 밀려옵니다. 자연스러운 일입니다. 그러나 우리는 두려워도 흔들리지 않을 수 있습니다. 물론 자동으로 그렇게 되지는 않습니다. 염려, 혼란, 두려움이 찾아올 때마다 하나님만 두려워하는 훈련을 거듭하면서 우리는 더욱 성숙해집니다.

지금 당신을 '쫄게' 만드는 것이 있다면, 하나님만 두려워하고 그분만 의지하는 훈련을 하십시오. 선을 행하다가 어려움을 겪으면 당연하게 여기십시오. 아니, 선을 행할 때 어려움을 예상하고 지혜롭게 대비하십시오. 피할 수 있는 일은 피해야 하지만, 피하지 못할 일도 있음을 기억합시다. 그렇게 살아가는 것, 즉 깨진 세상에서 어떤 일을 만나도, 어떤 상황에 휩싸여도 하나님 나라 백성으로 '쫄지' 않고 사는 것이야말로 정말 복 받은 삶 아닐까요?

그분을 주인으로 모시고

"두려워하지 말고 흔들리지 마십시오"라는 권면은 두 번째 권면인 "여러분의 마음에 그리스도를 주로 거룩하게 하십시오"로 이어집니다. 마음의 중심을 점검하라는 말씀입니다. 특히 어려움이 닥칠 때 우리는 그리스도가 진정 나의 주님이신지를 돌아보게 됩니다. "마음에 그리스도를 주로 거룩하게 한다"라는 말씀은 "경외한다revere"(NIV), "예배한다worship"(NLT) 등으로 풀어서 번역하기도 하지만, 저는 원어 그대로 "거룩하게 한다sanctify"(NASB, NRS)라고 번역했습니다. 이는 주기도의 "아버지의 이름이 거룩히 여김을 받으시오며"(개역개정)와 "그 이름을 거룩하게 하여 주시며"(새번역)를 떠올리게 합니다.[6] 하나님의 하나님 되심은 우리 삶을 통해 세상에 드러납니다. 그리스도가 우리의 주로서 거룩하게 되신다는 것은 예수를 주님이라고 마음으로 고백할 뿐 아니라 삶으로 드러내는 것입니다. 우리 마음의 중심이 바르게 잡혀 있다면, 삶을 통해 주님을 드러냄으로써 그분의 이름이 거룩하게 여겨지도록 할 것입니다. 우리 삶이 어려울수록 그리스도가 정말 나의 주인인지를 확인할 기회가 찾아옵니다. 삶이 평안하고 윤택할 때는 그리스도를 주님이라고 고백하고 감사하기가 쉽습니다. 하지만 어려움이 닥쳤을 때, 그리스도가 주인이심을 다시 한번 진심으로 믿고 인정한다면 어떻게 될까요? 상황과 여건을 바라보던 우리 시각을 돌려서 인생의 주인이신 주님을 바라볼 때, 평안이 다시 찾아옵니다. "쫄지 마라"가 수동적 표현이라면, "여러분의 마음에 그리스도를 주로 거룩하게 하십시오"는 능동적 표현입니다.

코로나19가 전 세계를 뒤흔들었을 때 그리스도인들도 적잖이 위축되었습니다. 감염병이 확산하지 않도록 주의를 기울여야 했는데, 그 동기는 이웃 사랑이어야 합니다. 우리는 흔들리고 두려울 때 스스로에게 물어야 합니다. 두려움이 찾아온 것이 문제가 아니라, 자신이 무엇을 의지하는지를 재차 확인해야 합니다. 거

───── 6 《기도를 배우는 중입니다―주기도로 만나는 하나님나라》 4장 참조.

칠게 말하면 우리는 모두 죽습니다. 질병으로, 사고로, 노쇠해서 죽습니다. 그리스도인들은 현세의 삶도 아름답지만, 죽음 이후의 삶이 현세와 비교할 수 없이 눈부시고 영광스럽다고 믿습니다. 그때는 우리가 마음에 주로 모시고 살았던 예수께서 온 세상의 주인으로 드러나실 것이고, 우리는 하나님 우편에 앉으신 예수님 곁에 앉게 될 것입니다. 우리는 이론상 두려운 것이 없는 사람들입니다. 우리는 죽음을 이긴 사람들입니다. 두려움이 엄습하는 때야말로 우리의 신앙이 더욱 깊어질 기회가 찾아온 것입니다.

앞서 제가 유학 시절 겪었던 이야기를 했지만, 그 후에도 여러 어려움이 있었습니다. 얼마 전에는 저를 탈세자, 종북 좌파, 동성애 옹호자라고 하는 가짜 뉴스가 퍼져서 저는 물론이고 제가 섬기는 여러 사역에도 부정적 영향을 끼쳤습니다. 개신교 언론사 한 곳에서 처음 제기한 허위 사실이 극우 유튜버들을 통해 개신교계에 상당히 널리 퍼져 나갔습니다. 그 언론사와의 재판에서 모두 승소하여 기사 정정과 손해배상 결정도 났지만, 퍼져 나간 가짜 뉴스는 사라지지 않고 지금도 돌아다니고 있습니다. 마음은 불편하지만 '쫄지' 않습니다. 교회가 사회의 불의에 맞서야 한다고 가르치고, 이를 위해 애쓰는 단체들을 돕고, 동성애 행위는 반대하더라도 성적 소수자들은 환대하고 함께 살아야 한다고 말하지 않았다면, 이런 가짜 뉴스에 시달리지 않았겠지요. 하지만 선을 행하면 고난이 찾아온다는 사실을 알고 있고,

12부
좁은 길

여러 차례 훈련도 받았으며, 이 모든 상황을 주관하시는 분을 제 마음의 주인으로 모시고 있어서 나름 의연하게 대처할 수 있었습니다. 더군다나 주님도, 베드로 사도도 선을 행하다가 고난을 겪으면 "복이 있다"라고 말씀하시니 큰 격려가 됩니다.

인생에 어려움이 닥칠 때, 특히 선을 행하다가 어려움을 겪을 때 우리는 그리스도만이 주님이시라는 고백을 새롭게 다시 하게 됩니다. 마음에 있는 그리스도의 주 되심을 다시금 고백하게 됩니다. 그래서 영어 성경 NLT는 "여러분의 마음에 그리스도를 주로 거룩하게 하십시오"라는 이 구절을 "주님을 예배하십시오"라고 번역했습니다. 우리는 예배를 통해 예수님을 주로 고백하고, 그 고백을 다시 확인하기 때문입니다.

준비된 이야기로

쫄지 말고, 마음의 중심을 확실히 하라고 한 다음에, 베드로 사도는 더욱 적극적인 삶을 권면합니다. "여러분 안에 있는 소망의 이유를 여러분에게 묻는 모든 자들에게 언제나 답변할 것을 준비십시오." 간단히 말하면, 선을 행하다가 고난을 겪게 되거든 오히려 그것을 전도의 기회로 삼으라는 것입니다. 우리가 어려움 속에서도 흔들리지 않고 단단하게 그리스도를 주로 모시면, 사람들은 직접 묻거나 속으로 이렇게 생각합니다. "이렇게 어려운데 괜찮으세요?" "다들 놀라 자빠지는데 어떻게 그렇게 평안하세요?" "당신을 모욕하고 해를 끼친 사람한테 오히려 잘되면 좋겠다고 복을 빌어 주시네요?" 이런 물음들이 바로 우리의 소망에 관해 묻는 말들입니다. 우리가 세상 사람들과 다르게 살 때 이런 질문을 받게 됩니다. 세상을 주도하는 가치관과 생활방식을 따르지 않는 삶은 호기심을 불러일으킵니다. 연애, 결혼, 돈, 가정, 직장, 공동체, 사회 참여는 물론이고 지구촌을 염려하고 그에 따른 행동까지, 주님을 따르는 사람은 그 모든 면에서 다르지 않나요? 우리가 악과 모욕을 받으면서도 선과 평화를 추구하며 살려고 애쓰면, 사람들은 당연히 호기심을 보입니다. 물론 조롱하거나 비웃는 사람들도 나타납니다. 이때 그들을 향해 복을 빌어 주는 이들이 주님을 따르는 임시체류자들입니다.

사람들이 궁금해하며 그런 질문을 하면, 많은 그리스도인은 "별거 아니야"라고 얼버무리거나, 대뜸 "하나님 믿어서 그래", "교회 다녀서 그래"라고 답해 버립니다. 하지만 베드로 사도는 응대할 적절한 답을 미리 준비하라고 권합니다. 이때야말로 전도할 수 있는, 우리를 다른 존재로 만드시고 다른 삶을 선물해 주신 주님을 증언할 기회입니다. 우리가 다른 종류의 삶을 영위하게 된 것이 우리의 수양이나 믿음, 교회 때문일까요? 우리는 알고 있습니다. 그분 때문입니다. 그렇다면 그분이 우리 삶을 어떻게 변화시키셨는지를 구체적이고 실질적으로 알려 주는 대답을 준비해야 합니다. 베드로 사도는 선을 행하고 악을 견디는 것을 넘어서는 매우 적극적인 삶을 권합니다.

대학교 4학년 때 한 친구가 학생 시위가 한창이던 캠퍼스에

12부
좁은 길

서 제게 물었습니다. 함께 엘리베이터를 타고 강의실로 향하는데 "넌 뭐가 그렇게 좋아? 얼굴에 미소가 가득하네"라며 시비를 걸었습니다. 밖은 지금 난리인데 제 얼굴이 유난히 밝게 보였나 봅니다. 저는 "세상은 엉망이고 난리 난 건 맞지만, 그게 전부는 아니잖아"라고 답했습니다. 그때 제가 "어, 그렇게 보여? 특별한 이유는 없는데"라고 얼버무리거나, 반대로 "예수님 때문이야"라고 답했다면, 그 친구는 더 이상 말을 잇지 않았을 것입니다. 제가 "그게 전부는 아니잖아"라는 말로 제 소망을 간접적으로 표현했더니, 그 친구는 "너 또 하나님 얘기하려고 그러는 거지?"라며 오히려 제게 물었습니다. 엘리베이터 안의 짧은 대화 끝에 저는 "하나님에 관심 있으면 나랑 시간 내서 이야기해. 밥이나 한번 사. 그럼 얘기해 줄게. 공짜는 없어"라고 했습니다. 그 친구는 나중에 당시 흔치 않았던 피자를 샀고, 우리는 오랜 시간 대화를 나누었습니다. 제 소망에 관해 이야기한 셈이지요. 결국 그 친구는 예수를 믿고 아버지께 돌아왔습니다.

이런 대화를 기대하며 살다가도 어쩌다 기회가 오면 속으로 떨기 쉽습니다. 하지만 이런 식의 대화를 몇 번 나누다 보면, 자연스럽게 사람들을 주님께로 안내하는 방법을 익히게 됩니다. 사람들이 기독교와 교회를 비난하거나 시비조로 말을 걸어오는 것은 호기심이 생겼거나 자기 눈에 들어왔다는 뜻이기도 합니다. 그럴 때 방어적으로 나가거나, 다른 종교를 공격하거나, 뻔한 답을 하지 말고, 호기심을 유발할 만한 답변을 준비하십시오.

그리고 대화가 시작되면 진실하고 깊이 있게 대답할 수 있도록, 우리가 믿는 바와 우리가 이렇게 사는 이유를 미리 생각해 보고 준비해 두면 좋습니다.[7]

부드럽게 거짓 없이

그렇다면 대답할 때 어떤 자세로 해야 할까요? "온유함과 두려운 마음으로 하고, 선한 양심을 가지십시오." 베드로 사도는 이런 마음 상태로 소망을 나누라고 합니다. 그런데 이 말씀은 통합된 인격이 어떠한지를 잘 보여 줍니다. 온유함은 사람들을 향해 가져야 하는 마음입니다. 두려움은 하나님을 향한 마음이며, 선한 양심은 자신과 관련된 것입니다. 세 가지가 잘 어우러진 마음이라니, 얼마나 통합된 인격입니까?

질문하는 사람에게 무언가를 강요하거나 가르치려 들거나 상대보다 우위에 서서 이야기하면 안 됩니다. 온유하게 질문자의 상태를 살피고, 상대를 품는 마음으로 부드럽게 이야기해야 합니다. 복음의 내용은 사람의 실체, 곧 죄인 됨을 드러내는 것이라서 공격적으로 들릴 수 있습니다. 그런데 전하는 우리가 온유

---

7 대학 시절부터 한국인에게 복음을 전하는 방법을 오랫동안 고민하며 실행했고, 축적한 결과를 선별해 길잡이가 될 만한 책 두 권을 펴냈다. 하나는 기독교의 가르침을 친절히 안내하는 《풍성한 삶으로의 초대》이고, 다른 하나는 예수님의 가르침대로 도전적으로 전하는 《하나님나라의 도전》이다. 두 권 모두 영상과 음성 자료로도 만날 수 있다.

하지 않으면, 전하는 메시지보다 우리의 자세 때문에 마음이 상합니다. 최근에 개신교를 무례하다고 생각하는 사람들이 많은데, 온유함을 잃은 그리스도인들의 공격적 선교 때문인지 모릅니다.

하나님을 사람들에게 전한다는 것, 아무나 할 수 있는 일은 아닙니다. 하나님을 경외하는 마음 없이 함부로 입을 여는 것은 참으로 위험합니다. 하나님을 제대로 전하려면 무엇보다 그분을 향한 경외심을 잃지 말아야 합니다. 복음을 전하는 사람이 마치 하나님에 대한 지식을 독점이라도 한 듯이, 어떤 질문이든 다 답할 수 있다는 태도를 보일 때가 있습니다. 하지만 이런 모습은 하나님을 경외하지 않는 자세입니다. 목적이 좋으면 수단쯤이야 어때도 괜찮다는 것인지, 적지 않은 그리스도인이 온유하지도 양심적이지도 않은 자세와 방법으로 복음을 전합니다. 이 역시 근본적으로 하나님을 경외하지 않는 모습입니다.

하나님이 예수님을 통해서 하신 일을 전할 때는 자신의 양심에 비추어 올바른 자세를 가져야 합니다. 자신이 여전히 주님을 따르는 데 부족하고, 기독교의 진리 중에 완전히 이해하지 못한 부분이 있다고 인정하는 것이 양심적인 자세입니다. 이런 자세를 가질 때 믿는 바대로 살려고 더 애쓰게 되고, 이해하기 어렵거나 새롭게 생기는 질문을 탐구하고 공부하게 됩니다. 하지만 삶으로도 드러나지 않고, 머리로도 제대로 이해하지 못한 내용을 단지 복음이라는 이유로 외워서 말로만 전하는 것은 올바른

열매 가득
하나님나라

자세가 아닙니다. 선한 양심에 기초할 때 오히려 우리의 진실성은 빛이 납니다.

끝이 어떤지 아니까

베드로 사도를 비롯한 초대교회 성도들은 끝을 생각하고 견디며 살았습니다. 그래서 14절 상반절은 "복이 있습니다"로 끝납니다. 그런데 16절 하반절에서는 "그리하면 그리스도 안에서 행하는 여러분의 선한 행실을 욕하는 사람들은 자신이 비방한 그 일로 부끄러움을 당하게 될 것입니다"라고 합니다. 선을 행하고 고난을 받는 우리는 복을 받지만, 선한 행실을 욕하는 자들은 결국 부끄러움을 당한다는 뜻입니다. 그리스도인에게 하나님 나라의 완성을 바라는 소망이 없다면, 현세에서 선을 행하다 해를 입거나(13절) 의를 위해 고난을 받는 삶(14절)은 가능하지도 않을뿐더러, 그저 나쁜 소식에 불과합니다. 하지만 결국 이루어질 일을 믿으면 오늘의 발걸음을 더 분명하게 내디디며 걸을 수 있습니다.

죽음 이후의 삶에 대해 모호한 태도를 보이는 그리스도인이 적지 않습니다. 죽음으로 모든 것이 무로 돌아간다는 생각은 대개의 인문학 책이 전제하는 바입니다. 이런 사회적 분위기 때문인지, 죽음 이후의 삶을 이야기하거나 소망하는 일은 극단적 신앙을 가진 사람들의 비이성적 모습으로 여겨집니다. 하지만 죽음 이후의 삶에 대해 기독교만큼 선명하게 이야기하는 종교도 많지 않습니다. 마지막 날에 하나님께서 정의롭게 심판하신다는 믿음은 현세를 살면서 불의 대신 정의를 택할 용기를 줍니다. 악이 득세하고 정의가 시행되지 않는 세상에서 좌절하거나 타협하지 않고 꿋꿋이 살 수 있는 이유는, 결국 하나님의 정의가 실현될 날이 오리라는 믿음 때문입니다. 그리스도인들이 가진 이 보배 같은 소망이 희미해지면, 깨진 세상에 타협하고 굴복하다가 어느 순간 깨진 세상의 일부가 된 자신을 발견할지 모릅니다. 하지만 하나님의 공의로운 심판과 함께 도래할 완성된 하나님 나라를 기다리는 임시체류자요 임시거류자인 그리스도인들은 "선을 행하면 어려움이 찾아온다"라는 나쁜 소식을 이상하게 여기지 않고 이를 역이용하며 살아갑니다. 이것이 바로 다른 종류의 삶입니다!

확실한 증거

베드로 사도는 나쁜 소식이 결국 좋은 소식이 될 수 있는 다섯 가지 지혜를 나누어 준 다음에, 17절에서 하나님의 뜻을 강력하게 전하며 결론을 맺습니다. 이어서 18-22절에서는 부족하고 평범한 우리가 다르게 살 수 있는 근거를 알려 줍니다. 17-22절을 읽어 봅시다.

17 선을 행하다가, 그것이 하나님의 뜻이라면, 고난을 받는 것이 악을 행하는 것보다 낫기 때문입니다.[8] **18** 왜냐하면 그리스도 역시 죄 때문에 단번에 고난당하셔서 의인으로서 불의한 자를 대신하셨으니 이는 육체로는 죽임을 당했으나 영으로는 살리심을 받아 여러분을 하나님께 인도하시려는 것입니다. **19** 그 가운데[9] 그는 옥에 있는 영들에게도 가셔서 선포하셨는데, **20** 그들은 전에 노아 시절에 방주가 준비되는 동안 하나님이 오래 참고 기다리실 때에 순종하지 않았던 자들로, 그중 소수가, 즉 여덟 명만이 물을 통해[10] 구원을 얻었습니다. **21** 이는[11] 지금 여러분을 구원하는 모

---

8 "선을 행하다가 고난을 받는 것"(개역개정, 새번역, NASB, NKJ, NIV)이라고 번역하고 있으나, εἰ θέλοι τὸ θέλημα τοῦ θεου의 위치를 고려하면, "선을 행하다가, 그것이 하나님의 뜻이라면, 고난을 받는 것"이라고 번역하는 편이 낫다. 하나님의 뜻은 선을 행하는 것이지, 선을 행하며 고난을 받는 것이 아니기 때문이다.

9 ἐν ᾧ는 주해하기에 난해한 구절이다. 1) 성령 안에서(Dalton, Kelly, Grudem; 비교 by whom, NKJ), 2) 그런 상태(또는 과정)에서(앞 절 전체의 의미; process/Selwin; state/Michael), 3) 그때(Reicke), 4) 그리고(and so; Moulton; 비교, After being alive, NIV) 등의 번역이 있다. 베드로 사도는 ἐν ᾧ를 베드로전서에서 네 번 사용하는데, 대부분 "이런 과정 in which process"이나 "그러는 중에while"라는 뜻으로 사용해서, "그 가운데"라고 번역했다(개역개정이나 새번역은 이를 반영하지 않았다).

10 "방주에서"(개역개정), "그 방주에 들어가"(새번역) 등으로 번역하지만, 원문에는 방주가 한 번만 나오고 방주에 들어갔다는 뉘앙스만 있을 뿐이라서 이처럼 번역했다.

11 ὅ [καὶ]를 어떻게 해석할지에 관해서도 의견이 다양하다. 물(Zewick,

형으로 곧 세례이니,[12] 육체적인 더러움의 제거가 아니라, 하나님을 향한 선한 양심의 간구인데 이는 예수 그리스도의 부활로[13]말미암습니다. **22** 그는 하늘로 가셔서 하나님의 오른쪽에 계시니, 천사들과 권세들과 능력들이 그에게 순복하고 있습니다.

분명한 하나님의 뜻

선을 행하는 것이 하나님의 뜻입니다. 그런데 개역개정을 보면 "선을 행함으로 고난받는 것이 하나님의 뜻일진대"라고 번역되어 있어서, 마치 고난당하는 것 자체가 하나님의 뜻인 양 오해할 수 있습니다. 원문은 "선을 행하는 것"이 "만약 하나님의 뜻이라면"이라는 점을 강조합니다. 선을 행하다가 고난을 당하더라도 그것이 하나님의 뜻이면 악을 행하는 것보다 낫다는 말씀입니다. 하나님은 우리가 고난당했으면 하고 바라시지 않습니다. 그런데 우리가 어리석어서 하나님의 길을 따르지 않기 때문

------ Michael, Kelly; cf. Selwyn); 앞 문장 전체(Robertson).

12 ἀντίτυπον를 형용사적(corresponding to:NASB, NRS)으로 볼 것인가, 명사적(antitype: NKJ, 개역)으로 볼 것인가도 주해적 논쟁거리이다. 새번역과 NIV는 "미리 보여 주다"와 "symbolizes"로 풀어서 번역했다.

13 원어에서 δι' ἀναστάσεως Ἰησοῦ Χριστοῦ는 문장 끝에 온다. 이것이 문장 전체, 특히 βάπτισμα(세례; 개역개정, NASB, NKJ)를 꾸미거나, ἐπερώτημα(간구; 개역개정, NRS는 쉼표를 사용해 모호하게 번역)를 꾸밀 수 있다.

에, 또 이 세상이 정상이 아니어서 하나님의 정의가 시행되지 않기 때문에 고난이 따라오는 경우가 많습니다. 하지만 고난이 닥친다고 해도 악을 행하는 것보다 선을 행하는 것이 훨씬 낫습니다. 왜냐하면 선을 행하는 것이야말로 하나님의 뜻이기 때문입니다.

이 말씀은 결론으로도 중요하지만, 세상살이하는 모든 임시 체류자와 임시거류자에게 중요합니다. 어쩌면 세상에는 선과 악의 중간 지대가 그리 많지 않을지 모릅니다. 많은 사람이 선을 적극적으로 추구하지는 않으나 악도 행하지 않는다고 자위합니다. 하지만 세상 자체가 정상이 아니고 깨져 있다면, 선을 추구하지 않는 것 자체가 악에 동조하는 일일 수 있습니다. 예를 들어 봅시다. 학교는 미래의 사회인을 양성하는 일종의 '예비 사회'인데도, 우리 사회의 온갖 병리적 현상이 집약된 곳입니다. 참으로 안타까운 일입니다. 집단 따돌림을 학교에서 가장 먼저 배우는지 모릅니다. 대다수 학생은 따돌림에 적극적으로 동조하지 않습니다. 대신 침묵합니다. 괜히 입바른 소리 하거나 약자 편에 서면 자신도 따돌림의 대상이 되기 때문입니다. 하지만 이런 침묵은 결과적으로 집단 따돌림에 동조하는 것입니다. 어릴 때부터 침묵하고 보신하는 법을 배웁니다. 이들은 사회에 나가서도 악에 적극 참여하지는 않는다며 위안할지 모릅니다. 하지만 이미 퍼져 있는 크고 작은 악에 침묵함으로써 깨지고 어그러진 우리 사회는 바뀌지 않고 더욱더 심하게 병들어 갑니다. 그래

12부
좁은 길

서 야고보 사도의 말씀을 다시 한번 인용할 필요가 생깁니다.

> 그러므로 사람이 해야 할 선한 일이 무엇인지 알면서도 하지 않
> 으면, 그것은 그에게 죄가 됩니다(야고보서 4:17).

한국 사회의 진보가 더딘 이유를 인간의 이기적 본성이나 정
치 집단의 당리당략 등에서 찾을 수 있지만, 그리스도인들과 교
회 공동체의 침묵도 원인 중 하나임을 고백하지 않을 수 없습니
다. 그리스도인들은 무엇이 선한 일인지 알고 있습니다. 하지만
악만 행하지 않아도 충분하다고 착각합니다. 그러면서 선이 무
엇인지 알면서도 행하지 않으면 죄라는 야고보 사도의 경고는
무시합니다. 그 결과, 우리가 사회의 소금과 빛이라는 예수님의
선언은 완전히 빛이 바랬습니다. 소금과 빛은커녕 11장에서 살
폈듯이 물질적이고 배타적이고 이기적이고 세속적이라는 평가
를 받고 있으니, 베드로전서 3장 17절을 회복하는 일이 얼마나
시급한지 모릅니다. 만약 그리스도인들이 깨진 세상으로 부르심
을 받아 그 안에서 일정 기간 살아간다는 임시체류자 정체성을
그저 '주어진 정체성'으로 여기지 않는다면, 그 대신 사회생활
중에 다양한 어려움과 위기를 겪으면서 임시체류자 정체성을
'확립된 정체성'으로 더욱 탄탄히 한다면, 우리 사회는 조금 더
사람 살 만한 곳으로 변모할 가능성이 있습니다. 주님은 우리가
세상의 어두움을 논하고 비난하기보다, 우리 속에 있는 어두움,

즉 세상과 타협하고 악에 침묵하는 모습을 먼저 부끄러워하고, '이미 알고 있는 선'을 행하는 일에 최선을 다해 주기를 기대하십니다.

고난을 당하신 그리스도

하지만 "고난을 당하더라도 선을 행하며 산다고? 어떻게 그게 가능하지?" 하는 의문이 생깁니다. 정말 그렇게 살면 손해 보는 일이 다반사이고, 인생 피곤해지고 실패는 떼놓은 당상일 것 같은데, 도대체 누가 그렇게 살고 싶어 할까요? 베드로 사도는 또다시 "왜냐하면"이라는 강력한 접속사로 18절을 시작합니다. 역시 베드로 사도답습니다. 그는 우리의 시선을 다시 예수 그리스도께로 돌립니다. 베드로 사도는 "선을 행하다가, 고난을 받는 것"이 나쁜 소식처럼 보여도 결국에는 좋은 소식인 이유를 그리스도에게서 찾습니다. 앞서 살펴보았듯이[14] 베드로 사도는 또다시 그리스도께로 돌아갑니다. 베드로 사도가 그토록 사랑하고, 그의 편지를 받은 사람들도 "사랑하고 즐거워하는"(베드로전서 1:8) 그리스도 역시 선을 행하다가 고난을 받으셨고, 고난을

---

14 《뿌리 깊이, 하나님나라》의 182-183쪽과 이 책의 73-78쪽 참조. 베드로 사도는 1장 17절에서 "임시거류자 시절을 경외심을 가지고 사십시오"라고 하면서 18-21절에서 그리스도와 그의 피와 대속에 관해 이야기한다. 2장 20절에서도 하인들에게 "선을 행하고 고난을 받으십시오"라고 하면서 21-24절에서 또다시 그리스도의 예를 든다.

12부
좁은 길

겪는 과정에서도 복음을 전하셨습니다. 이것이 18-22절의 메시지입니다.

18-22절은 베드로전서에서 가장 논란이 많은 난해 구절입니다. 신학교에서 공부할 때 이 본문으로 소논문을 쓰기까지 했습니다. 그 논쟁을 여기서 다 소개할 필요는 없을 것 같습니다. 다만 이 본문을 조금 더 쉽고 안전하게 읽는 방법을 설명해 드릴까 합니다. 이 본문에서도 그리스도께로 회귀하는 베드로 사도의 영적 습관 때문에 본문의 흐름을 잃어버리기 쉽습니다. 하지만 그리스도에 관한 이야기를 괄호 안에 넣으면 베드로 사도의 메시지가 선명해집니다. 즉 17-19절을 읽고 20-21절을 건너뛰고 22절을 읽으면 다음과 같습니다.

> 17절: 선을 행하다가 고난을 당하는 것이 하나님의 뜻이다.
> 18절: 그리스도께서도 고난을 당하심으로 우리를 하나님께로 인도하셨다.
> 19절: 죽임을 당하시고 옥에 있는 영들에게 가서서 선포하셨고,
> (20-21절: 19절의 의미를 설명하며 세례의 의미까지 덧붙임)
> 22절: 하늘로 가서서 하나님의 오른쪽에 앉으셨다.

이 본문을 통해 베드로 사도는 이렇게 말하고 있습니다. 우주를 새롭게 건축하고 계시는 하나님(2:5)이 선택하신 보배로운 산 돌이신 예수(2:4)께서도 우리 모두를 하나님께로 인도하기 위해

(3:18) 고난을 당하셨습니다. 선을 위해 고난당하는 것이 하나님의 뜻(3:17)이기 때문인데, 그 와중에도 주님은 복음을 전하셨습니다(3:19). 선한 것 중에 가장 선한 복음을 전하시고, 결국 하나님의 오른쪽에 앉는 복 중의 복을 누리고 계십니다(3:22).

베드로 사도는 십자가에서 메시아가 죽으신 이유를 감격에 차서 선언합니다. "죄 때문에 단번에 고난당하셔서 의인으로서 불의한 자를 대신하셨으니"(18절)라고 힘주어 말합니다. 우리말 성경은 "그리스도께서도"라고 번역했는데, 강조점이 약해져서 좀 아쉽습니다. 원어는 "역시"라는 의미를 강조하고 있고, 그래서 대다수 영어 성경도 "also"를 넣어 이를 분명히 합니다. "그리스도 역시" 고난을 받으신 이유는 선을 행하기 위해서였습니다. 그렇다면 그리스도께서 행하시기를 원했던 선은 무엇이었을까요? 바로 우리를 "하나님께로 인도하시려는 것"(18절)이었습니다. 그 일을 하려면 고난은 피할 수 없었습니다. 세상의 모든 악인을 하나님에게 돌아오게 하려고 죄가 전혀 없으신 의인이신 예수 그리스도께서 단번에 죽으셨습니다. 반복적인 제사가 아니라 단 한 번의 제사로 우리 죄를 완전히 사하셨다는 이 놀라운 진리는 히브리서에서도 계속 강조되는 가르침입니다(히브리서 9:26, 28: 10:2). 그리스도의 대속적 죽음이 무엇인지를 18-22절은 간결하면서도 명쾌하게 설명해 줍니다.

18절의 "육체로는 죽임을 당했으나 영으로는 살리심을 받아"는 오해하기 쉬운 부분입니다. 예수님이 육체로는 죽으셨으나

12부
좁은 길

영은 살림을 받았다는 듯이 보이기 때문입니다. 육체와 영이라는 두 영역을 이야기하는 듯 보이나, 성경은 인간을 영과 육으로 나누는 이원론적 인간관을 가르치지 않습니다. 베드로전후서에 등장하는 "육체"라는 용어의 용례를 볼 때, "몸을 입고 사는 인생으로서는 죽임을 당했지만, 영으로는, 즉 하나님과 관계하는 영역에서는 살리심을 받으셨다"로 이해하면 좋겠습니다.[15]

다소 이해하기 어려운 부분이 있으나 전하는 메시지는 선명합니다. 우리가 고난을 당하더라도 선을 행하는 이유는 그리스도께서도 그렇게 하셨기 때문입니다. '고난을 당하더라도 선을 행한다'가 베드로전서를 관통하는 핵심 주제입니다. "선을 행하고 고난을 받으면서 참는"(3:20) 하인들은 예수의 발자취를 따르는 것입니다(3:21). 베드로 사도는 한 걸음 더 나아가 아내들을 격려할 때 "선을 행하고 고난을 당하면서도 복음을 전하라"라고 합니다. 남편이 "말을 믿지 않는 자일지라도, 말 없는 아내의 행실로 말미암아 구원을 얻게 될 것"(3:1)이라고 하며, 아내들이

---

15 베드로전후서에 나오는 "육체"는 우리의 몸(3:21), 몸을 입고 사는 인생(1:2; 4:1, 2), 몸의 욕망(베드로후서 2:10; 2:18)을 가리킬 때 사용된다. 그리고 이 본문의 "영"을 "Spirit"으로 번역해 성령을 암시한다고 번역한 영어 성경도 다수 있다(NKJ, NIV, NLT 등). 이 본문을 예수님의 육체와 영 중에서 육체는 죽임을 당했지만, 영은 살았다는 의미로 읽는 것은 권장하지 않는다. 이 구절은 4장 6절에서도 비슷한 구조로 나타나는데, 3장 18절과 4장 6절은 동일한 방식으로 이해하는 것이 좋다. 후자는 죽은 자들에 대한 것이고, 전자는 그리스도에 대한 것이다.

"선을 행하고 어떤 위협도 두려워하지 않는 것"(3:6)을 칭찬합니다. 여성 차별이 심각했던 사회에서 선을 행하며 고난을 당하는 아내들은 남편들을 주님께로 돌아오게 하는, 하나님의 소중한 동역자였습니다.

그리스도인들이 선을 행하고 고난을 당하면 복음 전도의 문이 열렸습니다. 초대교회 성도들이 선하게 살면서 오해를 받고, "선한 행실을 욕하는 사람들의 비방"(3:16)에 휘말리고, 극단적 예이지만, 로마 콜로세움의 흥분한 관중 앞에서 눈요깃감으로 맹수에게 순교당할 때, 그 모습을 본 많은 로마인이 회심했습니다. "도대체 저들의 믿음과 소망이 무엇이기에 저런 상황에서도 의연하며 두려워하지도 않고 심지어 고결한가?"라며 진지한 호기심을 나타냈습니다. 오늘날 복음 전도가 어렵다고 하는데, 가장 큰 이유는 그리스도인들이 자기 정체성을 상실한 채 세상 사람들과 별반 다르지 않게 살기 때문입니다. 특히 그리스도인이 악하고 부조리한 사회에서 선을 행하지 않으면, 큰 어려움 없이 세상 사람들처럼 살게 됩니다. 하지만 깨진 세상에서 선을 행하고 의를 추구하면 다양한 어려움이 찾아오기 마련입니다. 베드로 사도에 따르면, 그런 상황이 오히려 복음의 소망을 전할 기회입니다. 심지어 우리의 본이 되시는 그리스도께서 그렇게 하셨습니다. 오늘날 복음 전도가 어려운 이유는 전도하는 기술이나 행사가 교회에서 사라져서가 아닙니다. 깨진 세상에서 선을 행하며 살아가는 그리스도인들이 사라졌기 때문입니다. 세상 방식

12부
좁은 길

에 저항하며 다른 방식으로 살지도 않고, 그렇게 사는 이유에 대해 적절하게 답할 준비도 되어 있지 않기 때문입니다.

복음을 전하신 그리스도

이제 난해 구절인 베드로전서 19-22절을 살펴봅시다. 이 구절은 성경에 자주 등장하지 않는 주제를 담고 있을 뿐 아니라, 원문의 문법적 해석과 다른 고대 문서와의 연관성 등으로 다양한 해석을 낳았습니다.[16] 많이 논의되는 주제는 다음과 같습니다.

a) "그 가운데"의 의미
b) 옥에 있는 영의 정체
c) 노아 홍수와 세례의 관계

"그 가운데"는 우리말 성경에서는 생략되었지만, '그러는 와중에' 또는 '그러는 과정 중에'라는 뜻입니다.[17] 그 기간이나 과정이 무엇인지에 관해서는 여러 추측이 가능하나, 베드로 사도

---

16 이 책의 199-200쪽의 성경(KHKV) 본문 각주 참조.

17 '그러는 와중'이나 '그러는 과정'이 무엇인지를 구체적으로 특정하기가 어렵다. 세 가지 가능성이 있다. 1) 예수께서 무덤에 계셨던 동안, 2) 예수께서 부활한 후부터 승천하기 전까지, 3) 예수께서 승천해 하나님 우편에 앉기 전까지.

는 따로 설명을 붙이지 않습니다. "옥에 있는 영"의 정체에 대해서도 여러 논의가 있습니다.[18] 20절에 따르면 노아 시대에 순종하지 않았던 자들이 분명한데, 여기에 다른 존재들[하나님의 아들들(창세기 6:1-4)이나 노아 이후에 불순종한 사람들]을 포함할지가 논의의 핵심입니다. 각각의 제안에는 그럴 만한 이유가 있습니다. 저는 베드로 사도가 분명히 언급한 노아 당시의 불순종한 사람들을 뜻한다고 봅니다만, 다른 가능성도 열어 두고 있습니다. 성경의 다른 곳에서는 명확히 다루지 않은 부분을 베드로 사도가 우리에게 슬쩍 보여 준 것 같습니다. 성경을 해석할 때 난해한 구절을 만나면, 이해하고 해석할 수 있는 부분은 붙들되 그 밖의 여러 가능성은 열어 두는 것이 지혜로운 자세라고 생각합니다.

베드로 사도가 그리스도를 묘사한 부분에서 눈에 띄는 것은 19절과 22절에 반복된 "가서서"라는 표현입니다. 예수께서 지상에서 옥으로, 그리고 하늘로 가셨다고 묘사합니다. 이를 당시

---

18 다양한 견해가 존재한다. 1) 20절에서 이야기하듯 노아 시대에 순종하지 않았던 자들(교부들, Augustine, Beare, Grudem), 2) 위경인 에녹서의 영향을 받은 것으로 보아 창세기 6장 1-4절의 하나님의 아들들(Dalton, Brox, Michael), 3) 둘 다를 뜻하는 것인가?(Reicke, Selwyn, Kelly), 4) 폭을 더 넓혀서, 노아 시대부터 지금까지 복음을 듣지 못한 사람들, 5) 더 나아가 복음을 듣고도 심판을 받아 옥에 가 있는 자들까지 포함.

12부
좁은 길

이스라엘 사람들의 우주관으로도 설명하지만,[19] 중요한 것은 이 것입니다. 예수께서는 고난받고 죽으신 후부터 부활 전까지 무덤 속에서 침묵하며 머물지 않으셨습니다. 땅에 계실 때 쉬지 않고 하나님나라 복음을 전하셨듯이, 그 와중에도 복음을 전하셨습니다. 비록 그 과정의 자세한 내용은 여전히 베일에 싸여 있지만 말입니다.

이 성경 본문이 더욱 난해한 이유는 노아 홍수 때 구원받은 여덟 사람으로 이야기를 전개하더니(21절상), 세례의 본질을 설명하는 내용(22절하)까지 덧붙이기 때문입니다.[20] 베드로 사도는 여덟 사람이 방주에 들어가 죽지 않고 살아남은 것, 즉 그들이 물을 통해 구원받은 사건이 바로 세례의 모형이라고 말합니다. 당시 세례는 거의 침례 방식으로 이루어졌습니다. 온몸을 물에 담그는 모습을 보며, 사람들은 자연스럽게 '세례는 몸을 씻는 의식'이라고 오해했을 수 있습니다. 베드로 사도는 세례에 관해 다

---

19 당시 유대인은 하늘이 여러 층으로 나뉘어 있다고 보았다. 맨 아래층이나 땅과 붙은 쪽에는 심판받은 자들, 즉 구원받지 못한 사람들이 머물고, 가장 높은 층에는 하나님이 거하신다고 생각했다. 그들은 예수께서 꼭대기까지 가는 동안 여러 층에 있는 사람들을 거쳐서 가셨다고 이해했을 수 있다.

20 어떤 학자들은 이 성경 구절을 지나치게 강조하면서 베드로전서 전체가 세례받는 사람을 위해 쓰였다고도 주장하는데, 전체 흐름을 고려하면 지나친 해석이다.

른 이야기를 전합니다. 노아 홍수 이야기를 꺼내면서, 모든 사람이 심판받는 절체절명의 상황에서 여덟 사람만이 하나님을 향한 선한 마음으로 결단하여 방주에 들어가 구원받은 그 사건을 상기시킵니다. 베드로 사도는 세례가 바로 이와 같다고 말합니다. 세례는 육체의 더러움을 씻어 내는 예식이 아니라, '하나님 앞에서 선하게 마음을 먹고 구원을 간구하는 것'입니다.

이런 관점에서 오늘날 형식화하기 쉬운 세례를 돌아보면, 몇 가지 중요한 시사점을 발견할 수 있습니다. 첫째, 세례는 모두가 심판받을 수밖에 없는 세상이라는 절박한 인식에서 출발합니다. 둘째, 하나님의 은혜로 그 세상에 방주와 같은 구원의 길이 열렸습니다. 셋째, 하나님이 펼치신 구원의 손길에 진실한 마음으로 반응하여 구원의 길을 따르기로 결단하고 실제로 들어갈 때(방주에 들어갈 때) 구원을 받습니다. 넷째, 이 구원이 실제로 가능한 이유는 우리를 위해 죽으신 예수께서 부활하셨기 때문입니다. 예수께서 부활하지 않으셨다면, 하나님이 마련하신 구원의 방도는 아무런 의미가 없었을 것입니다. 인간의 속죄가 아닌, 오직 하나님 아들의 완전한 속죄만이 인간을 정의롭고 절박한 하나님의 심판에서 구원할 수 있기 때문입니다.

성경의 난해한 부분을 해석하다 보면 본류를 놓칠 위험이 항상 있습니다. 바로 이 본문이 좋은 예입니다. 죽으신 주님이 부활하고 승천하실 때까지 하신 사역, 옥에 있는 영들의 정체, 노아의 홍수와 세례의 연관성 등은 모두 중요하고 우리 호기심을 자극하는 주제입니다. 하지만 이 본문이 진짜로 전하려는 바를 놓치지 말아야 합니다. 예수께서는 극한의 고난을 당하고 죽음에 이르면서까지도 복음 전하는 일을 멈추지 않으셨습니다. 이것이 바로 예수께서 우리에게 보여 주신 본의 핵심입니다.

우리는 스스로에게 진지하게 물어봐야 합니다. 고난이 닥쳐도 그 고난마저 예수가 그리스도임을 알리는 기회로 삼을 만큼, 과연 전도가 그렇게 중요한 일인가? 하나님은 만물을 회복하고 죄인을 살리기 위해 자신의 아들 예수를 이 땅에 보내셨습니다. 그리고 그 아들의 죽음이라는 상상조차 할 수 없는 대가를 치르셨습니다. 만약 기독교의 이 진리가 사실이라면, 이보다 더 놀라운 소식이 있을까요? 이 생명의 소식을 사람들에게 알리는 것보다 더 중요한 일이 있을까요? 복음 전도는 그리스도인과 교회의 의무가 아니라 존재 목적이라고 해도 과하지 않습니다.

결국 우리가 이 세상에서 선을 행하고 의를 추구하면 고난을 피할 수 없습니다. 하지만 이 나쁜 소식이 좋은 소식인 이유가 있습니다. 그리스도께서도 그렇게 하셨고 그럼으로써 수많은 사람이 주님께로 돌아왔습니다. 그리고 우리도 그렇게 할 수 있습니다.

영광을 받으신 그리스도

고난을 겪으면서도 선을 행하기란 사실 쉽지 않습니다. 하지만 베드로 사도는 끊임없이 강조합니다. 거듭난 우리는 산 소망이 있고, 썩지 않고 더럽혀지지 않으며 사라지지 않는 유산을 받았습니다(1:3-4). 이 놀라운 복을 예수 그리스도께서 먼저 누리고 계십니다. 그분은 "하늘로 가셔서 하나님의 오른쪽에 계시니, 천사들과 권세들과 능력들이 그에게 순복하고" 있습니다. 육체로는 죽임을 당했으나 옥에 가서까지 복음을 전하셨던 주님이 마침내 하늘에서 영광을 받고 계십니다. 예수님의 길은 그리스도인들의 길이기도 합니다. 고난의 길을 마다하지 않고 예수의 발자취를 따라갈 때(2:21), 우리도 영광을 받게 될 것입니다. 22절은 "예수 그리스도가 나타나실 때에 찬양과 영광과 존귀로 드러날 것"(1:7)이라는 약속을 다시 한번 상기시키며 마무리됩니다. 더 나아가 4장 13절에서는 "그리스도의 고난에 동참하는 것만큼 기뻐하십시오"라고 권면하면서, "이는 그의 영광이 나타날 때…크게 즐거워하며 기뻐하기 위"해서라고 선언합니다.

선을 행하는 일에는 상당한 대가가 따릅니다. 마음만 먹는다고 쉽게 할 수 있는 일이 아닙니다. 육체적·정신적 에너지는 기본이고, 시간과 재정까지 상당히 투입해야 합니다. 요즘은 온 사회가 자기 자신에게 좀 더 투자하라고 부추깁니다. 이런 분위기에서 다른 사람을 위해 내 돈과 내 시간을 기꺼이 내어놓기란 정말 쉽지 않습니다. 하지만 우리가 가진 모든 것이 하나님이 맡기신 것이라는 청지기 의식이 있다면, 그리고 그것을 선을 위해 사용해서 예수께서 나타나실 때 그의 영광에 참여하겠다는 소망이 있다면 그리 어렵지도 않습니다. 현대 사회에서 시간은 곧

12부
좁은 길

돈입니다. 우리의 노동도 시간으로 측정해서 급여를 계산합니다. 시곗바늘이 돌아가는 만큼 통장 잔고가 늘어나는 세상입니다. 이처럼 시간이 돈이 되고, 돈이 모든 것의 중심인 세상에서 자신의 소중한 시간을 다른 사람을 위해 기꺼이 내어주기란 정말 쉽지 않습니다. 그러나 내 일생이 하나님 손에 있고, 내 시간이 하나님 뜻을 이루는 데 쓰일 때 거룩해진다는 사실을 전심으로 믿는다면, 선을 위해 시간을 투자할 수 있습니다. "세월을 아끼라"라는 말로 널리 알려진 에베소서 5장 16절의 원래 의미는 "시간을 구속하라"입니다.[21] 즉 값을 치르고 시간을 되사오라는 뜻입니다. 바울 사도가 이렇게 말한 이유는 분명했습니다. "세월이 악하기 때문"입니다. 그런데 베드로 사도 역시 같은 말을 하고 있습니다. 우리의 시간을 깨지고 악한 세상으로부터 되사와서 주님의 것으로 돌려드리라는 것입니다. 이 진리를 깨달으면 고난이 따르더라도 선을 행하는 일의 가치와 의미가 더욱 선명하게 드러납니다.

그리스도인의 삶은 분명 손해 보는 삶입니다. 요즘 사람들은 누군가를 위해 따로 시간을 내는 일을 반기지 않습니다. 수입의

---

21 에베소서 5장 16절의 원문은 "ἐξαγοραζόμενοι τὸν καιρόν, ὅτι αἱ ἡμέραι πονηραί εἰσιν."(BGT)다. ἐξαγοράζω를 갈라디아서 3장 13절과 4장 5절에서는 "속량하다redeem"라는 의미로, 이곳과 골로새서 4장 5절에서는 세월과 관련된 의미로 사용되었다.

1퍼센트를 내놓는 것조차 아까워합니다. 그런데 우리가 선을 행하려고 하면 어떻게 될까요? 고난이 채 찾아오기도 전에 손해가 먼저 달려옵니다. 사업가들은 손익계산서에 익숙합니다. 세상의 척도로는 손익계산서가 마이너스면 실패입니다. 그런데 우리의 손익계산서에는 금전만이 아니라 시간과 정신적 에너지까지 모든 것이 포함됩니다. 선을 행하려고 하면 금전은 물론이고 시간도 쓰이고 마음도 쓰일 테니 손해 보는 삶은 불 보듯 뻔합니다. 우리의 손익계산서는 세상 기준에는 한참 못 미치는 실패한 장부겠지만, 하나님 보시기에는 대성공입니다. 인생을 종합한 손익계산서의 목표를 마이너스로 잡는 사람은 복됩니다. 그들이 받을 진짜 복은 주님이 다시 오실 때 그분의 영광에 동참함으로써 온전히 주어질 것입니다.

선한 일, 절망은 없다

싸움터 같은 세상에서 임시체류자로 사는 것은 전혀 다른 차원의 삶입니다. 단순히 선량한 시민으로 사는 것 그 이상입니다. 우리가 사는 세상은 자기 이익을 위해 갈등과 분쟁을 마다하지 않는 곳입니다. 그러나 우리는 그 속에서 어렵더라도 세상의 필요에 무관심하거나 냉소적으로 응대해서는 안 됩니다. 그렇게 하는 순간 깨지고 어그러진 세상에 암묵적으로 동조하게 됩니다.

우리는 삶의 목적을 이제 분명히 알았습니다. 우리가 인생 사명서를 쓴다면, '선을 행하는 삶'이 반드시 그 중심에 자리할 것입니다. 바로 그 일을 하라고 하나님이 우리를 부르셨기 때문입니다. 그런데 우리는 여유 있고 상태가 좋을 때만이 아니라, 손해를 보거나 고난이 덮칠 때도, 아니 그럴수록 더욱더 선을 행해야 합니다. 그것이 하나님의 뜻, 우리를 향한 주님의 분명한 뜻이기 때문입니다. 이런 종류의 삶을 세상은 이해하지 못할 것입니다. 아니, 마음의 위안을 얻으려고 교회를 찾는 교인들에게도 무척 낯선 삶일 것입니다.

참으로 거듭나서 구원을 이루어 가며 마지막 날 얻을 구원을 기다리는 이들은 다른 삶을 추구합니다. 이웃을 사랑하며, 우리가 사는 세상의 깨지고 어두운 면이 더 악화하지 않도록 소금과 빛의 역할을 다하려고 애를 씁니다. 선을 추구하며 살아갑니다. 그런데 선 중에 선, 지고의 선이 무엇일까요? 하나님을 소개하는 것입니다. 하나님을 알지 못해서 삶을 허비하고 심지어 훼손하는 이들에게, 또 다른 사람을 다치게 하고 우리 사회를 깨뜨리는 이들에게, 그렇게 살지 않는 길이 있다고 알려 주는 것이 전도입니다. 전도는 '죽으면 천당 가는 보험'에 들라고 권하는 것이 아닙니다. 교세를 키우려고 교인 숫자를 늘리는 것은 더더욱 아닙니다. 전도는 예수 메시아가 오셔서 선포하신 "하나님나라가 시작되었다"라는 놀라운 소식을 사랑하는 사람에게 전하는 것입니다. 우리 구주 예수님은 모든 사람을 살리는 선을 행하려고 십자가를 지고 고난을 받으셨습니다. 심지어 육체로는 죽임을 당한 상태에서도 죽은 이들을 위해 복음을 전하셨습니다.

복음을 전하는 일, 하나님나라가 시작되었고 우리가 그 나라에 초대받았다는 기쁘고도 놀라운 소식을 전하는 일은 지고의 선입니다. 메시아이신 예수를 통해 하나님나라를 발견하고 그 나라 백성으로 살아가는 사람이라면, 장차 완성될 그 나라를 소망하며 살아가므로 선을 행하며 고난을 두려워하지 않습니다. 그리고 항상 그 소망의 이유에 대답할 준비를 하고 있습니다. 바로 이런 사람들이 우리에게는 필요합니다. 선을 행하며 지고의 선을 전하는 이들이 절실합니다. 한국 사회와 교회를 살리고, 영광의 소망을 바라보며 세상에 잠시 머무를 임시체류자들이 필요합니다!

12부
좁은 길

13.

사장 제자도 4:1-11

영성에 관한 관심이 점점 높아지고 있습니다. 이전 세대가 상상하지 못했던 풍요와 눈부신 기술 발전에도 불구하고, 사람들은 여전히 마음 깊은 곳에서 정신적이고 초월적인 무언가를 목마르게 찾고 있습니다. 많은 이들이 자신의 내면을 들여다보며 더 높은 차원과 연결되기를 갈망합니다. 할리우드 스타부터 엄청난 부를 쌓은 기업인들까지, 영적인 삶이 중요하다고 공공연하게 이야기합니다. 사실 이런 모습은 새로운 현상이 아닙니다. 인간이 자신 안에 있는 신성을 발견하거나 온 우주를 초월하는 존재와 이어지기를 간절히 바랐던 역사는 인류 역사만큼이나 매우 오래되었습니다.

기독교는 인간이 찾는 초월적 존재가 먼저 자신을 드러내 보이시고, 인간과 인격적 관계를 맺는다는 독특한 사상에 기초합니다. 더욱 놀라운 것은 그 초월적 존재인 하나님이 인간과 사랑을 나누고 싶어 하시며, 일상에서 동행하기를 바라신다는 사실입니다. 하나님과 개인적 관계를 맺는 것을 '골방 영성'이라고 한다면, 세상 한가운데서 하나님과 동행하며 사는 것은 '시장 영성'이라고 할 수 있습니다. 전통적으로 그리스도인들은 주로 기도, 성경 읽기, 예배 같은 골방 영성을 중시해 왔습니다. 특히 한국 기독교는 초기부터 예배와 기도를 무척 강조했습니다. 저는 아직도 어린 시절 새벽기도회 모습이 선합니다. 짧은 예배가 끝나고 개인 기도를 시작하면, 불이 꺼지고 여기저기서 들려오는 기도 소리로 예배당이 가득 찼습니다. 그때 그 예배당이 우리의

13부
시장 제자도

골방이 되었습니다.

골방에서 시장으로

이러한 골방 영성은 개인적으로 초월을 추구하고 진리를 깨달으려는 다른 종교에서도 그 모습은 다르지만 쉽게 발견됩니다. 하지만 기독교 신앙의 차이점은 골방 영성과 함께 시장 영성을 강조한다는 점입니다. 기독교의 독특성은 하나님이 일상에서 함께하신다는 믿음에 있습니다. 어떤 의미에서 기독교는 시장 바닥에 존재한다고 말할 수 있습니다. 시장 영성의 핵심은 골방에서 만난 하나님을 세상 속에서, 그것도 하나님을 거부하는 세상 한가운데서 어떻게 사랑하며 따를 것인가입니다. 그래서 우리가 살아가는 이 세상은 기독교 영성이 완성되는 곳이라고 말할 수 있습니다.

구약성경을 보면 이스라엘의 역사를 제국들의 역사와 함께 다루고, 선지자들은 당시 사회를 날카롭게 비평하며 하나님의 마음을 전합니다. 신약성경은 헬라어로 쓰였는데, 헬라어에는 두 종류가 있습니다. 하나는 아리스토텔레스나 플라톤이 사용한 학문적이고 지적인 고전 헬라어Classical Greek이고, 다른 하나는 시장에서 일상적으로 사용한 통속 헬라어Koine Greek입니다. 신약성경은 어떤 헬라어로 쓰였을까요? 바로 시장 바닥의 언어인 통속 헬라어로 쓰였습니다. 지식인과 철학자들의 언어가 아닌, 일반인의 언어로 쓰였습니다. 이는 신약성경이 철학적 사유나 이론

— 220

열매 가득
하나님나라

을 위한 책이 아니라, 우리 삶의 현장을 위해 쓰였다는 사실을 잘 보여 줍니다. 성경은 우리가 골방에서 만난 하나님과 이 세상 속에서 어떻게 동행할지를 다룹니다.

시소를 한번 생각해 봅시다. 한쪽이 골방 영성이고 다른 쪽이 시장 영성이라면, 여러분의 시소는 어느 쪽으로 기울어 있나요? 아마도 많은 그리스도인이 골방 영성 쪽으로 기울어져 있을지 모릅니다. 가장 이상적인 모습은 양쪽이 적절한 무게로 균형을 이루는 것입니다. 하지만 양쪽 다 무게가 없어서 평형을 이루고 있지 않은지 모르겠습니다. 우리 모두가 양쪽의 묵직한 무게로 균형을 이루는 영성을 보유하면 좋겠습니다.

기본 준비―네 가지 이해

저는 취미로 산악자전거를 탑니다. 오르막과 내리막이 있는 산길을 자전거로 달리면 꽤 신이 납니다. 산악자전거를 처음 배우던 시절에 있었던 일입니다. 설악산 자락에 갔는데 꽤 잘 닦인 임도가 있었습니다. 별다른 준비가 필요 없을 것 같아서 자전거용 신발도 신지 않고 헬멧도 쓰지 않은 채 올라갔습니다. 경사가 심하지 않아 한 시간 정도는 기분 좋게 올라갔습니다. 그런데 내려오면서 타이어에 펑크가 났고, 그때부터 자전거를 두 시간 넘게 끌고 내려와야 했습니다. 신고 갔던 샌들은 다 망가졌고 발도 조금 다쳤습니다. 결국 형편없는 몰골로 돌아왔습니다. 펑크가 날 줄은 꿈에도 생각하지 못했기 때문입니다. 그 일 이후로 저는 자전거 타러 산에 갈 때마다 여분의 타이어와 수리 도구, 적절한 복장, 물, 에너지 보충용 간식을 꼭 챙깁니다. 다시는 산속에서 자전거를 끌고 내려오는 낭패를 겪고 싶지 않아서입니다.

오늘날 많은 그리스도인이 아무 준비 없이 세상으로 나갑니다. 잘 포장된 자전거 도로를 달릴 것처럼 슬리퍼를 신고 페달을 밟으며 세상으로 나갑니다. 하지만 세상은 잘 정비된 자전거 도로가 아닙니다. 충분히 준비하고 훈련을 받아야만 달릴 수 있는 험한 산길입니다. 잘 준비해도 쉽지 않은 세상을 많은 그리스도인이 거의 무방비 상태로 맞닥뜨립니다. 그래서 그리스도인들의 세상살이는 어려울 수밖에 없습니다. 그렇다면 시장 영성, 다른 말로 하면 '시장 제자도'를 그리스도인들이 익히기 위해 먼저 숙지하고 준비해야 하는 것은 무엇일까요? 4장 1-6절을 함께 읽어 봅시다.

1 그러므로 그리스도께서 육체로 고난을 당하셨으니, 여러분도 같은 뜻으로 무장하십시오. 육체로 고난을 당한 사람이 죄와 관계를 끊었기 때문입니다.[1] **2** 이는 육체의 남은 시간을 더 이상 인간

―――― **1** πέπαυται는 현재완료형이며, 영역본은 대체로 "죄로부터 끊어졌

의 욕망대로가 아니라, 하나님의 뜻대로 살게 하기 위함입니다. **3** 왜냐하면 여러분이 방탕과 정욕과 술 취함과 환락과 난잡한 잔치와 역겨운 우상숭배[2]를 따라가며 *세상 사람들*[3]의 뜻을 행한 것은 지나간 시간으로 충분하기 때문입니다. **4** 이와 관련하여 그들은 여러분이 동일한 방탕한 격류에 함께 내달리지[4] 않는 것에 놀라며, 비방합니다. **5** 그들은 산 자와 죽은 자를 심판하실 준비가 되신 분에게 답변을 해야 할 것입니다. **6** 이를 위해 죽은 자들에게도 복음이 전해졌으니, 그들이 사람들을 따라[5] 육체로는 심판을

다"(NASB, NKJ), 또는 약간 풀어서 "죄와 관계를 끊었다"(NRS, NIV, NLT)라고 번역한다. 그리고 개역개정은 "죄를 그쳤다", 새번역은 "죄와 인연을 끊었다"라고 번역했다. 능동태 동사와 죄라는 명사의 조합은 "죄를 끊었다"라는 의미지만, "관계"라는 단어를 첨언하면 이해하는 데 도움이 된다.

2 나열된 여섯 명사는 점층적 성격을 띤다. πότοις는 과도한 술과 성적 방종을 함께 포함하는 단어라서 "난잡한 잔치"로 번역했다. "음란, 정욕, 술취함, 방탕, 향락, 무법한 우상숭배"(개역개정)와 "방탕, 정욕, 술 취함, 환락, 연회, 가증스러운 우상숭배"(새번역)는 점층적 성격을 드러내기에 다소 부족하다.

3 2장 12절의 각주 참조.

4 ἀνάχυσιν는 신약성경에 1회 등장하는 단어이며, 격류wild stream를 뜻한다.

5 κατὰ ἀνθρώπους는 해석이 어려워 "사람으로"(개역개정)나 "모든 사람이 심판받는 대로"(새번역)라고 번역했고, 영역본에도 과도한 해석들이 덧붙어 있다. 하지만 κατὰ θεὸν와 대조되는 표현으로 직역하여 해석의 여지를 남겨 두는 편이 낫다(NKJ).

13부
시장 제자도

받으나, 하나님을 따라 영으로는 살게 하려 함입니다.

그리스도께서 이미 이루셨다

시장 제자도의 첫 번째 준비는 '그리스도께서 이루신 일로 무장'하는 것입니다. 1절을 보면 "그리스도께서 육체로 고난을 당하셨으니, 여러분도 같은 뜻으로 무장하십시오"라고 합니다. 여기서 "같은 뜻"이라고 번역한 그 "뜻"은 단순한 의도나 생각이 아닙니다. 어떤 결정적인 자세, 굳은 결단을 의미합니다.[6] 따라서 단순히 '같은 마음으로'라는 의미가 아닙니다. 12장에서 보았듯이, 이는 그리스도께서 선을 행하면서 고난을 당하셨던 그 마음, 심지어 옥에 갇힌 자들에게도 복음을 전하고 선을 행하셨던 바로 그 마음을 뜻합니다. 그러니까 예수 그리스도께서 고난을 통해 결국 선을 이루셨듯이, 그런 마음으로, 그런 뜻으로, 그런 결단과 의지로 무장하라는 말씀입니다.

예수 그리스도께서는 고난을 받고 그 고난을 통해 우리를 구원하셨으며, 마침내 영광을 받으셨습니다. 우리도 세상으로 나갈 때 이런 자세를 기본으로 갖추어야 합니다. 우리는 스스로에게 이렇게 말해야 합니다. "선을 행하다 보면 고난을 겪게 될 것

---

6 ἔννοιαν는 "purpose"(NAU), "mind"(NKJ), "intention"(NRS), "attitude"(NIV) 등으로 다양하게 번역한다.

열매 가득
하나님나라

이다. 하지만 그 고난이 올 때 두려워하지 말자. 선을 행할 때는 고난이 따르기 마련이다. 우리가 이렇게 선을 행하면서 고난을 겪을 때 사람과 사회를 살릴 수 있을 것이다. 예수님이 그러셨으니, 우리도 그렇게 하자."

그래서 "무장하십시오"라는 표현은 참으로 적절합니다. 준비 없이 세상으로 들어가는 것은 너무나 순진한 일입니다. 성경은 우리가 사는 세상을 결코 놀이터라고 하지 않습니다. 선을 행하면 칭찬받는 곳이 아니라, 선을 행하면 고난이 찾아오는 전쟁터 같은 곳입니다. 그러니 무장하지 않은 채 세상으로 들어가는 것은 자해나 자살 행위와 다름없습니다. 이때 우리를 무장하게 하는 것이 바로 예수 그리스도께서 먼저 보여 주신 본입니다.

베드로 사도가 덧붙인 "고난을 당한 사람이 죄와 관계를 끊었다"라는 표현은 학자들 사이에 여러 해석이 있습니다. 어떤 이는 '고난을 많이 받으면 죄를 멀리하게 된다'라는 일반적 원칙으로 이해합니다. 하지만 여기서 "고난을 당한 사람"은 신자가 아니라, 같은 절 앞부분에 언급된 "육체로 고난을 당하신" 그리스도를 가리킬 수 있습니다. 이 구절에서 "죄"가 복수가 아닌 단수로 쓰인 것도 중요합니다. 보통 죄를 복수로 쓸 때는 여러 가지 죄의 모습을 의미하지만, 단수로 쓸 때는 죄의 경향성이나 본질을 가리킵니다. "끊었다"라는 말도 현재완료형으로 쓰여, 그 효과가 지금까지 지속되고 있음을 보여 줍니다. 여러 영어 성경도 이런 의미를 반영하고 있습니다. 결국 이 문장은 예수 그리스도께서 고난받으시고 돌아가심으로써 죄가 우리를 더 이상 지배하지 못하게 되었다는 의미입니다. 그래서 이런 의미를 더 분명히 하고자 "죄와 관계를 끊었다"라고 다소 풀어서 번역했습니다.

이는 매우 중요한 가르침입니다. 바울 사도가 로마서 6장에서 자세히 이야기했던 '죄에 대해서는 그리스도와 함께 죽었다'라는 가르침을 베드로 사도가 간단명료하게 선언한 것입니다. 많은 그리스도인이 예수를 믿고 죄 용서를 받았으니 죽어서 천국에 간다고 생각합니다. 그런데 그때까지는 죄를 지을 수밖에 없다고 생각합니다. 하지만 성경은 우리가 이미 죄에 대해 죽었고, 죄가 더 이상 우리를 지배할 수 없다고 선언합니다. 바울은 이 사실을 이처럼 단호하게 말합니다.

> 여러분은 율법 아래 있지 않고, 은혜 아래 있으므로, 죄가 여러분을 다스릴 수 없을 것입니다(로마서 6:14, 개역개정).

물론 죄의 영향력이 완전히 사라진 것은 아닙니다. 우리 안에 옛사람이 아직 남아 있기 때문입니다. 과거의 습관이 우리 안에 여전히 있지만, 우리는 죄의 지배에서 해방되었습니다. 이제 우리는 죄에 대해서는 죽고 하나님에 대해서는 산 사람들입니다. 우리는 죄와 관계가 '끊어진' 사람들이기에 더 이상 죄에 종노릇하지 않습니다. 그렇기에 우리는 그리스도께서 이루신 이 일

에 근거하여 무장하고 세상으로 나갈 수 있습니다.[7]

우리는 세상으로 들어갈 때 이미 졌다는 생각으로 들어가지 말아야 합니다. 아예 질 태세를 하고 들어가니 그리스도인으로서 세상에서 승리하는 삶은 꿈조차 꾸지 못합니다. 베드로 사도는 우리에게 도전합니다. 고난받으신 예수 그리스도께서 죄의 지배를 끊어 버리셨기에, 여러분도 세상에서 고난을 받더라도 선을 행하며 유익을 끼치라고 말합니다. 예수님의 본을 따라, 그와 같은 뜻과 마음으로 무장하고 들어가라고 합니다. 이런 영성을 배우지 못한 그리스도인은 매일 아침 출근하며 이렇게 되뇝니다. '힘들어 죽겠다. 오늘은 또 무슨 일이 있으려나. 입에 풀칠하는 게 이렇게 힘들구나.' 하지만 베드로 사도가 가르치는 시장 영성을 따르는 이들은 이렇게 나아갑니다. '오늘도 세상에 나가서 선을 행하자. 고난이 와도 선을 행하자. 그렇게 사람들을 살리고 돕자. 그렇게 우리 주님을 따르자.' 이것이 바로 그리스도께서 이루신 일로 무장하는 것입니다. 꼭 기억하고 점검하십시오. 기독교는 그리스도를 빼고 나면 아무것도 아닙니다. 시장 제자도도 그리스도가 계시기에 가능합니다. 시장에서 그리스도로 말미암은 실제적 변화를 경험하지 못하고 있다면, 여러분은 어

─────
7 옛사람을 벗고 새사람을 입고서 죄에 굴복하지 않으며 살아가는 삶에 관해서는 《풍성한 삶의 기초》 5장과 6장, 《제자훈련, 기독교의 생존방식》 7장, 《교회 안의 거짓말》 6장과 7장 참조.

13부
시장 제자도

쩌면 유치원생 그리스도인일지 모릅니다. 하지만 지금이라도 늦지 않았으니, 그리스도께서 이루신 일로 여러분 자신을 무장하는 데 힘쓰십시오.

남은 날은 알 수 없다

두 번째로 살펴볼 것은 '세월'과 관련된 부분입니다. 2절에는 "육체의 남은 시간"이, 3절에는 "지나간 시간"이라는 표현이 나옵니다. 두 단어 모두 일반적인 시간의 흐름을 뜻하는 헬라어 '크로노스 χρόνοϳ'입니다. 이 두 시간의 흐름은 우리 인생 전체를 아우릅니다. 하나님을 알기 전에 살았던 "지나간 시간"이 있고, 하나님을 알고 살아온 세월이 있으며, 이제 "육체의 남은 시간"이 우리 앞에 놓여 있습니다. 이 표현들은 우리 인생 전체를 가리키며, 베드로 사도를 비롯한 성경 저자들이 가지고 있는 인생에 대한 중요한 통찰을 담고 있습니다. 인생이란 시간으로 이루어져 있어서, "지나간 시간"은 과거가 되었으니 이제는 "남은 시간", 즉 앞으로 남은 날들을 어떻게 살아갈지를 고민해야 합니다.

인생이 시간으로 이루어져 있다는 사실을 모르는 사람은 없습니다. 하지만 많은 사람이 자신의 날들이 지나감에 따라 남은 날이 계속 줄어들고 있다는 사실을 잘 잊습니다. 하루하루가 늘 오고, 시간이 늘 그렇게 흐르니까 자신의 인생도 그저 흘러가는 것이라고 여깁니다. 시간이 마치 수도꼭지에서 나오는 물처럼 끊임없이 줄줄 나온다고 생각해서, 우리 인생도 늘 그렇게 이어질 것이라고 여깁니다. 하지만 그렇지 않습니다. 우리의 시간은 흘러가는 것이 아니라 줄어들고 있습니다. 우리 인생은 수도꼭지에서 나오는 물이 아니라 제한된 용량을 가진 물통의 물과 같습니다. 우리는 각자의 물통이 얼마나 큰지 모릅니다. 우리 인생이 정수기에 꽂는 큰 생수통만 한지, 1.5리터짜리 페트병만 한지, 아니면 500밀리리터짜리 생수병에 불과한지 알 수 없습니다. 다만 한 가지 분명한 것은 오늘 쓴 만큼 남은 양이 줄어든다는 사실입니다. 이것이 우리 인생의 실상입니다.

이렇게 우리 인생의 시간이 줄어들고 있고 언제 끝날지도 모르므로, 남은 시간을 무엇으로 채울지는 무척 중요한 문제입니다. 하나님을 몰랐던 시절에는 하나님 없이 인간의 욕망으로만 채웠습니다. 베드로 사도는 하나님의 뜻을 모르고 산 시간은 지나간 세월로 충분하다고 말합니다. 3절에서 "충분하다"라는 단어가 원문에는 맨 앞에 나옵니다. "충분해, 이렇게 저렇게 살았던 것은." 그러니 이제 남은 시간은 잘 살아야 한다고 말하는 것입니다. 나이 들어 예수를 만난 사람들은 대부분 비슷한 반응을 보입니다. 지나온 세월을 많이 아쉬워합니다. 제 아버님은 쉰이 넘어 진정한 회심을 하셨습니다. 어릴 때부터 교회를 다니셨고 안수집사까지 되셨지만, 예수님을 인격적으로 받아들인 신앙생활은 못 하셨습니다. 그런데 회심하신 후 아버님은 영적으로 급성장하셔서 돌아가실 때까지 나들목교회 목자로 섬기셨습니다.

13부
시장 제자도

예배당 들어오실 때마다 앉아 있는 청년들을 보시면서 "형국아, 저 젊은이들처럼 내가 젊어서 예수를 만났다면 얼마나 좋았을까"라고 하셨던 말씀이 기억납니다.

어리거나 젊을 때 주님께로 돌아오는 것은 큰 축복입니다. 그런데 안타깝게도 젊은 그리스도인들은 시간이 많이 남았다고 생각합니다. 그래서 세상을 기웃거리기도 하고, 자신은 어차피 하나님을 떠나지는 않을 거라며 적당히 신앙생활 하는 이도 있습니다. 사실 어릴 때 주님을 만난 사람들은 세상 사람들이 흔히 짓는 죄를 짓지 않습니다. 때로는 마음대로 살면서 죄짓고 사는 세상 친구들을 은근히 동경하기까지 합니다. 하지만 젊어서 주님을 만나 하나님나라에 걸맞은 삶으로 성장해서 하나님나라를 세상 속에서 드러내려고 애쓰면, 40대가 넘기 전에 하나님나라의 용사가 될 수 있습니다. 그런데 시간을 소중히 여기지 않는 젊은이들은 "지나간 세월"의 "충분함"을 제대로 인식하지 못하고 세월을 허비하기도 합니다. 여러분은 꼭 기억해야 합니다. 의학이 아무리 발전하고 억대 보험을 들어 놓았어도 우리 인생의 남은 시간은 정해져 있습니다. 그러므로 무엇보다 자기 인생 날수의 한계를 의식하고 사는 것이 중요합니다. 우리는 내일 아침 해를 보지 못할 수도 있습니다. 아무런 보장이 없으니 우리에게는 오늘이 마지막이나 다름없습니다. 수도꼭지에서 물이 콸콸 흘러나오는 것 같지만, 언제 마지막 한 방울을 떨어뜨릴지 알 수 없습니다. 매일 주어지는 하루를 마지막 날처럼 사는 것이 지혜로운 삶입니다.

이 땅에서 영원히 살 것처럼 생각하면 시장 영성으로 살아 내기 어렵고 백전백패할 가능성이 큽니다. 이 세상에서 성공하고 싶고, 고난은커녕 불편하고 불리한 것을 피해서 어떻게 해서든 혼자 편하게 살려 하고, 자기 마음과 몸이 원하는 대로 산다면, 그리고 세상의 명예와 권력을 얻고 재미와 쾌락을 누리는 삶이 목적이 되면, 시장 제자도는 설 자리가 없습니다. 그러나 우리 인생의 날수에 한계가 있고, 하나님 없이 사는 삶의 무가치함과 허무함, 더 나아가 하나님의 심판을 피할 수 없음을 알게 되면, 또한 남은 인생의 날들을 더욱 가치 있고 의미 있게 살고자 하면, 우리는 시장 제자도를 위한 두 번째 준비를 마치는 셈입니다.

욕망은 끝까지 끌고 간다

우리가 세상 속에서 임시체류자요 임시거류자로 살면서 시장 영성으로 살아 내려면, 인간의 욕망이 어떻게 작동하는지 이해해야 합니다. 베드로 사도는 이미 베드로전서의 두 번째 단락을 시작하며 2장 11절에서 "여러분의 영혼을 거슬러 싸우는 어떠한 육체적 욕망이든지 멀리하십시오"라고 했는데, 이제 여기서는 그 욕망을 해부하고 있습니다. 3절에 열거된 단어들은 신약성경에 자주 등장하지 않아 정확한 뜻을 이해하기가 쉽지 않지만, "방탕과 정욕과 술 취함과 환락과 난잡한 잔치와 역겨운 우상숭배"로 이해할 수 있습니다. "세상 사람들"은 이것들을 "따라간다"라고 표현합니다. 가장 먼저 등장하는 "방탕"은 경계를 넘는 것, 방종을 뜻합니다. 즉 선을 넘는 것이 방탕입니다. 하나님은 우리가 마땅히 누릴 수 있는 욕망과 즐거움을 주셨는데, 그 한계를 넘어서는 것입니다. 그다음 "정욕"은 우리 속에서 끌어당기는 힘입니다. 사람이 선을 넘기 시작하면 정욕이 우리 속에서 끌어당기기 시작합니다. 그다음 나타나는 것이 "술 취함"입니다. 성경은 술 취하는 것에 대해서 극도로 부정적입니다. 술 취함은 술에 사로잡히는 것이기 때문입니다. 선을 넘고 정욕에 끌려가서 결국은 사로잡히게 됩니다. 사로잡힌 다음에 나오는 "환락"은 술 취함에 성적 타락을 더한 것입니다. 그다음 단어를 "난잡한 잔치"로 번역했는데, 술과 성적 타락으로 가득한 집단 파티를 가리킵니다. 맨 마지막에 나오는 것은 "역겨운 우상숭배"입니다. 당시에는 다양한 신이 다양한 영역에서 사람들을 지배한다고 생각해서 여러 신을 숭배했습니다. 성경에서는 이를 우상이라고 하는데, 이들이 역겨운 이유는 결코 사람에게 복을 줄 수 있는 존재가 아니라 오히려 사람들을 옥죄는 존재이기 때문입니다.

이 본문은 인간 욕망의 특성을 잘 보여 줍니다. 한번 발을 들여놓아 경계선을 넘으면 끝까지 쭉 끌려가는 경향이 있다는 것입니다. "따라가며"로 번역된 동사는 '걷다, 따라가다, 여행하다'라는 의미가 있습니다. 경계를 넘은 인간은 결국 우상숭배까지 주욱 따라 걸어가며 끝까지 간다는 이미지가 본문에 담겨 있습니다. 이 본문에서 성을 중요하게 다루었으니 현대의 성에 대해 생각해 봅시다. 현대의 성은 매우 왜곡되어 있습니다. 저는 회심하고 한참 후에야 성을 성경적으로 대하는 법을 배웠습니다. 어릴 때 누군가 성이 무엇인지 제대로 가르쳐 줬다면 얼마나 좋았을까 하는 생각을 자주 했습니다. 제가 성적으로 얼마나 왜곡된 생각을 하고 있는지를 예수 믿고 한참 후에야 알게 되었습니다. 제 속에 왜곡된 성 의식이 자리하고 있는 줄 그제야 깨달았습니다. 오늘날 많은 사람이 그렇습니다. 성을 하나님의 선물로서 아름답고 선하게 누릴 수 있는 경계가 있는데, 이를 잘 모르다 보니 세상이 보여 주는 방식대로 쉽게 선을 넘어갑니다(방탕). 그러면서 다양한 성적 일탈이 일어나는데, 타인에게 문제만 안 일으키면 괜찮다고 생각합니다. 그러면서 시간이 지날수록 빠져듭니다(정욕). 술 취하는 것처럼 성적 유혹에 완전히 사로잡혀 사는 사람이 적지 않습니다(술 취함). 포르노에 중독되고, 포르노에서 끝나지 않고 폭력이 더해집니다. 과거에는 성적 폭력이 으슥한 곳이나 매매춘 장소에서나 일어났는데, 이제는 온라인상에서 일어나고 연인이나 부부 사이에서도 일어납니다(환락). 이런 현상 뒤에 있는 것이 무엇일까요? 자신의 재미와 쾌락이 가장 중요하다는 우상입니다(우상숭배). 과거에는 성이 남성들의 문제로 여겨졌지만, 요즘은 어릴 때부터 음란물에 노출되는 시대라서 남녀 가리지 않고 성적 욕망에 사로잡혀 살게 만듭니다. 현대문화 속에서 성이 무엇이고, 어떤 선 안에서 누려야

하는지에 대한 성경적 가르침이 절실합니다.[8]

또 다른 예를 생각해 봅시다. 현대인은 재미를 위해서, 또는 스트레스를 풀기 위해서 온라인 게임을 합니다. 게임 자체가 나쁠 것은 없습니다. 그런데 게임에는 빨아들이는 힘이 있어서 취미나 휴식에 머물지 않고 몰두하게 만듭니다. 늘 게임 생각만 하고 시간 가는 줄 모르고 게임을 합니다. 평상시에도 게임 생각만 하게 됩니다. 결국 술 취하듯 게임에 중독됩니다. 그런데 여기서 끝나지 않습니다. 놀랍게도 게임은 적잖은 경우 도박과 연결됩니다. 처음에는 아이템을 사고팔다가 나중에는 도박으로 이어집니다. 이러한 피해가 청소년들 가운데서 심각하게 나타납니다. 청소년 도박 중독으로 치료받은 숫자가 2014년 대비 2023년 8월 기준으로 약 9년 사이에 16배나 폭증했습니다.[9] 스포츠와 게임 도박이 대부분이었고, 98.5퍼센트가 온라인으로 이루어졌습니다. 처음에는 스트레스도 풀고 쉬려고 시작했다가, 선을 넘으면서 중독되고, 도박이 따라붙습니다. 그 뒤에는 돈이라는 우상이 작동하고 있습니다.

주식이나 코인도 마찬가지입니다. 우량 기업에 장기간 여유

---

8 데살로니가전서를 강해한 《도시의 하나님나라》 6장 "성" 참조.

9 조선비즈, "청소년 불법도박, 얼마나 심각한가?," 2023. 10. 16. https://biz.chosun.com/sports/sports_general/2023/10/26/RAZUX3MRCK3QJADQCXP6LUWXWQ

자금을 투자해서 산업도 발전시키고 자신의 재화를 의미 있게 투자해 재정적 이익도 얻는, 주식 투자의 고전적 가치를 추구하는 것은 좋은 일입니다. 그러나 주식 투자로 떼돈을 벌었다는 이야기에 혹해서 선을 넘기 시작하면, 늘 주식 장세만 살피게 됩니다. 일하면서도 모니터 한쪽에 주식 시세를 켜 놓고, 심지어 예배를 드리면서도 주가가 올랐나 내렸나, 지금 매도해야 하나 매수해야 하나를 고민하며 휴대전화를 들여다봅니다. 더 심해지면 이번 한 번만을 외치며 한 방을 노리다가 빚을 지게 되고, 경제적으로 심각한 피해를 봅니다. 이런 사람들의 이야기가 우리 주변에 차고 넘칩니다. 세상의 욕망은 우리를 끌고 가서 몰입하게 하고 황폐하게 만드는 특성이 있습니다. 현대의 우상이 세상 사람들에게 저지르는 파괴적인 만행은 말로 표현하기 어려울 정도입니다.

이런 거대한 악뿐만 아니라, 사소해 보이는 것들도 현대인에게 적지 않은 폐해를 끼칩니다. 휴대전화가 그렇습니다. 휴대전화는 인류 문명이 만들어 낸 최고 기술 중 하나일 것입니다. 하지만 이 작은 기계가 우리 삶을 사로잡고 있습니다. 여러분은 아침에 일어나자마자 휴대전화에 손이 가고, 잠들 때까지 휴대전화를 보지는 않나요? 그 내용이 그럴 만한 가치가 있나요? 휴대전화 의존도가 높아지면서 휴대전화가 손에 없으면 불안한 사람도 많아졌습니다. 사실 휴대전화가 없어도 일상에 큰일이 일어나지는 않습니다. 그렇게 급한 전화나 소통, 알아야 할 소식은

13부
시장 제자도

많지 않습니다. 제가 가끔 하는 훈련이 '12시간 휴대전화 금식'입니다. 저녁 9시부터 아침 9시까지 휴대전화를 보지 않는 훈련입니다. 부지불식간에 과도하게 휴대전화에 의존하고 있다는 느낌이 들면 몇 주간 이 훈련을 하곤 합니다. 사실 휴대전화가 무슨 문제냐고 말할지도 모르지만, 현대인들이 사고하는 시간은 점점 줄어들고 불필요한 정보는 반대로 넘쳐나고 있습니다. 물론 휴대전화로 성경도 읽고 좋은 정보도 접하지만, 휴대전화를 통해 접하는 정보는 대부분 알고리즘에 의해 제공되는 것들이라서 편향적 시각을 강화합니다. 우리 사회에서 대화 없이 상대를 비난하고, 사회적 갈등이 심화하는 현상의 배후에는 휴대전화의 영향력도 무시할 수 없습니다. 더군다나 휴대전화라는 하드웨어는 물론이고, 거기에 실려서 퍼져 나가는 여러 콘텐츠가 거대 자본에 의해 움직인다는 사실에 이르면, 자본이라는 우상이 얼마나 강력하고 교묘한지 새삼 깨닫게 됩니다.

우리가 세상 속에서 임시체류자와 임시거류자로 살아가려고 할 때는, 세상의 속성, 즉 우리를 유인해 결국은 우리의 자유를 유린하는 다양한 욕망과 그 뒤에 숨은 우상을 보아야 합니다. 인간의 욕망이 어떤 방식으로 작동하는지 이해해야 합니다. 인간의 욕망 자체가 나쁜 것이 아니며 오히려 하나님의 선물이지만, 선을 넘기 시작하면 우리가 파괴될 때까지 쭉 끌고 가는 그 속성을 이해하고 잊지 말아야 합니다.

열매 가득
하나님나라

아무리 거칠게 밀어붙여도 소용없다

마지막으로 한 가지 더 숙지해야 할 내용이 4절에 나옵니다. "이와 관련하여", 즉 "방탕과 정욕과 술 취함과 환락과 난잡한 파티와 역겨운 우상숭배"를 하는 "세상 사람들의 뜻"을 행하는 상황이 발생했을 때, 세상 사람들은 이를 강요합니다. "동일한 방탕한 격류에"는 문자 그대로 옮긴 번역인데, "동일한"은 세상 사람들이 행하는 것과 같은 것이라는 뜻이고, "격류"는 신약성경에 딱 한 번 나오는 단어로 홍수나 격류를 의미합니다("방탕한 **격류**"를 개역개정은 "**극한 방탕**"으로, 새번역은 "지나친 방탕"으로 번역했습니다). 그리고 개역개정이 "달음질하지"로, 새번역이 "빠지지"로 번역한 단어는 "내달리지"로 번역했는데, 본문에도 충실하고 이미지도 선명합니다. "함께"라는 접두사가 붙어서 트랙에서 함께 뛰는 그림입니다. 즉, 세상의 욕망은 홍수처럼 트랙을 따라 흘러갑니다. 이런 "격류에 함께 내달린다"라는 표현은 직역에 가깝습니다. 홍수처럼 강력하게 흘러가는 세상의 흐름에 맞추어 함께 달리지 않으면, 즉 그 흐름을 거절하면, 세상 사람들은 이상하게 여기고 "놀라며", 결국은 "비방합니다." 우리가 그들 중 하나가 아니기 때문입니다. "비방한다"는 신적 모독을 뜻하는 단어입니다. 모욕하는 것입니다. 강요하고 압력을 넣고, 그래도 따르지 않으면 무시하고 결국에는 모욕합니다.

세상 사람들은 흘러가는 대로 살지 않는 사람들에게 사회적 압력을 가합니다. "세상 사람 다 이렇게 사는데, 넌 왜 그래? 이

13부
시장 제자도

렇게 사는 게 정상이야. 원래 이렇게 하는 거야"라고 말합니다. "인간의 욕망대로가 아니라, 하나님의 뜻대로 살"려고 하면 (4:2), 비방당하고 손해 보는 일을 피할 수 없습니다. 세상살이에는 대다수 사람이 따르는 이런저런 관행이 많습니다. 영수증을 일정 금액 이하로 끊어서 제출하는 것이 관행인 회사에서 곧이 곧대로 영수증을 제출하면 미움을 받습니다. 사랑하면 같이 자는 것이 당연한 요즘 세태에 결혼할 때까지 성관계를 미루면 고리타분한 도덕주의자가 됩니다. 여러 학원에 등록해 선행학습을 시키는 것이 일반적인데, 학원에 보내지 않거나 아예 홈스쿨링하면 사람들이 이상한 눈으로 쳐다봅니다. 한때 빚내서 아파트에 투자하던 때가 있었는데, 그때 그렇게 하지 않는 사람은 그럴 재주가 없는 사람으로 여겨졌고, 아파트 가격은 하늘 높은 줄 모르고 치솟았습니다. 적절하게 투자해서 그에 맞는 이윤을 추구하고, 단기 투자나 갭투자로 큰 이익을 얻지 않겠다는 사람은 세상 물정 모르는 사람으로 조롱당합니다. 부동산 투자로 돈을 안 벌겠다는 사람에게는 월급 모아서는 집을 못 사는 세상인데 살만하니까 배부른 소리한다고 말합니다. 세상 사람들이 살아가는 방식, 급류처럼 한 방향으로 흘러가는 삶의 방식에 대해 우리는 질문해 보아야 합니다. 과연 하나님의 뜻에 부합하는지 물어야 합니다. 특히 경제적 문제만 들어가면 그리스도인들도 약한 모습을 보입니다. 돈이 지배하는 세상에서 그와 관련한 도도한 흐름을 거부하기란 거의 불가능해 보이기 때문입니다.

열매 가득
하나님나라

그렇다면, 이렇게 막무가내식으로 흘러가는 세상 흐름을 어떻게 극복할 수 있을까요? 5절에서 그 답을 찾을 수 있습니다. "그들은 산 자와 죽은 자를 심판하실 준비가 되신 분에게 답변을 해야 할 것입니다." 성경은 분명하게 하나님이 심판을 유예하고 계신다고 말씀합니다. 깨진 세상을 더욱 훼손하는 모든 행위를 마지막 날에 심판하실 것입니다. 그날에 그들은 두 가지를 답변해야 합니다. 먼저 '육체의 욕망대로 살면서' 자신과 이웃과 세상을 훼손한 것에 대해 답변해야 하며, 다음으로 자신들을 따라오지 않는 이들을 비방하고 억압한 것에 대해서도 답변해야 합니다. 현대의 우상이 지배하는 세상에서 그들의 도도한 흐름을 이길 방법은 종말론적 신앙입니다. 이것이 이 세상에서 시장 영성으로 살아 낼 수 있는 비밀입니다. 마지막에 하나님께서 심판하신다는 소망이 없으면, 이 세상의 강력한 격류를 거스를 힘을 어디서도 찾을 수 없습니다.

다시 한번 말씀드립니다. 우리의 신앙은 그리스도로 시작해서 그리스도로 끝납니다. 그리스도께서 오셔서 하신 일로 시작해서 그리스도께서 다시 오시는 것으로 끝납니다. 그리스도께서 오셔서 우리를 위해 무슨 일을 하셨는지 모르고 천당만 간다고 믿는 유치원생 같은 신앙도 문제이지만, 그리스도께서 다시 오셔서 세상을 심판하신다는 종말론적 신앙이 없는 것도 그만큼 어린 신앙입니다.

이어지는 6절은 난해 구절입니다. "이를 위해 죽은 자들에게

13부
시장 제자도

도 복음이 전해졌으니, 그들이 사람들을 따라 육체로는 심판을 받으나, 하나님을 따라 영으로는 살게 하려 함이라." 이 구절은 두 가지 해석이 가능합니다. 첫째는 여기 등장하는 "죽은 자"를 3장 끝에 나오는 옥에 있었던 영과 연결해서 해석하는 것입니다. 복음이 죽은 자들에게도 전해져서 공의로운 하나님이 모든 사람을 심판하신다는 뜻입니다. 둘째는 5절의 "산 자와 죽은 자를 심판하실 준비가 되신 분"과 연결해서 해석하는 것입니다. 하나님은 지금 "살아 있는 자들이나 죽은 자들" 모두 심판하시므로, 6절의 "죽은 자"는 현재 죽어 있는 자들로서 이미 복음을 들은 자들로 보는 것입니다. 그들은 다른 사람을 따라 육체로는 심판을 받았지만, 즉 죽임을 당했지만, 하나님을 따라 영으로는 살게 되었다는 뜻입니다. NIV는 원문을 다소 풀어서 이 같은 해석을 선명하게 반영했습니다.[10]

전자는 예수를 믿지 않고 죽은 자들에게도 복음을 들을 기회가 있다는 것처럼 읽혀서 무척 매력적으로 들립니다. 하지만 성경에서 거의 찾아볼 수 없는 주장이라서 받아들이기 쉽지 않습니다. 후자는 문법적으로 좀 더 설득력이 있습니다. "심판을 받았다"라는 표현은 일회성 시제이지만, "하나님을 따라 영으로는

───

10 NIV는 "now"를 첨가해 "For this is the reason the gospel was preached even to those who are now dead"라고 번역한다. 대다수 영역본은 "those who are dead"(NAU, NKJ)나 "the dead"(NRS)로 번역한다.

살게 하려 함이라"라는 표현은 현재형으로서 지속성을 보여 줍니다. 즉 그들은 다른 사람들처럼 육체로는 심판을 받아 죽었지만, 영으로는 하나님을 따라 살아 있다는 뜻으로 읽힙니다. 앞에서도 살폈듯이 확정하기 어려운 본문의 뜻은 유보하는 것이 지혜롭습니다. 그러나 이 본문이 말하는 바는 선명합니다. 하나님이 모든 자를 정의롭게 심판하시므로 세상 살면서 세상 풍속과 압력에 굴하지 말고 하나님 뜻을 따라 살라는 것입니다.

시장 영성으로 살아가는 제자가 되려면 이 네 가지를 반드시 준비해야 합니다. 기독교의 영성은 정직과 성실 정도를 이야기하는 수준이 아닙니다. 먼저, 우리는 그리스도께서 우리를 위해 하신 일로 무장해야 합니다. 그런 다음 자기 인생의 날수를 계수하는 자세가 필요합니다. 그리고 세상 욕망의 특성, 선을 넘으면 끝까지 끌고 가는 성향을 알아야 합니다. 정말이지 그 선을 넘는 것은 매우 치명적이어서 인생을 완전히 망가뜨릴 정도로 위험합니다. 이 점을 꼭 인지해야 합니다. 마지막으로 하나님이 마지막 때에 심판하실 것을 믿고 사회적 압력을 두려워하거나 그에 굴하지 말아야 합니다. 시장 속으로 들어가 그 '바닥'에서 살려고하는 그리스도인이라면 이 네 가지 전제를 꼭 숙지해야 합니다.

| 주님이 이루신 일로 무장 | 인생의 남은 날 계수 | 욕망의 특성 이해 | 사회적 압력 극복 |

13부
시장 제자도

실전 훈련─네 가지 연습

하나님, 내 인생, 세상의 본질, 궁극적 미래를 이해하는 것은 시장 영성으로 살아가는 데 꼭 필요한 준비 사항입니다. 이 네 가지 이해를 마음에 새기는 것이 중요합니다. 하지만 생각만으로는 세상과 싸워 이길 수 없습니다. 네 가지 사실을 이해하는 데서 머물지 말고, 그와 더불어 훈련으로 다져진 영성을 갖추어야 합니다. 7-11절에 나열된 여러 명령은 세상 속에서 임시체류자이자 임시거류자로 살아갈 예수의 제자들이 훈련해야 할 영역을 자세히 알려 줍니다. 우리가 이해한 하나님의 진리는 구체적인 훈련을 통해 실제적인 영성으로 깊어지는데, 우리는 그 과정을 '제자훈련'이라고 부릅니다. 이제 4장 7-11절을 읽어 봅시다.

7 만물의 마지막이 가까이 왔습니다. 그러므로 기도를 위해 정신을 차리고 깨어 있으십시오.[11] **8** 무엇보다도 서로를 뜨겁게 사랑하십시오. 사랑은 허다한 죄를 덮어 주기 때문입니다. **9** 불평 없이 서로를 환대하며, **10** 각자가 은사를 받은 대로 서로를 위해 그것으로 섬기되 하나님의 여러 가지 은혜를 맡은 선한 청지기로서

---

11 σωφρονήσατε...νήψατε 두 명령어를 강조해야 한다. 그런데 개역개정과 새번역은 오히려 εἰς προσευχάς(기도를 위해서)를 "기도하라"와 "기도하십시오"라는 명령어로 표현해 적절하지 않다.

열매 가득
하나님나라

하십시오.[12] 11 만일 누가 말하려면 하나님의 말씀을 하는 자로서 하고, 만일 누가 섬기려면 하나님이 주시는 힘으로 하는 자로서 하십시오. 이는 모든 일에서 하나님께서 예수 그리스도로 말미암아 영광을 받으시게 하려는 것입니다. 그에게 영광과 권능이 영원무궁히 있습니다. 아멘.

정신을 차리고 공부 좀 합시다

7절은 "만물의 마지막이 가까이 왔습니다"로 시작합니다. 베드로 사도는 앞서 5-6절에서 산 자와 죽은 자를 심판하실 하나님을 언급한 후, 그 "만물의 마지막"이 멀지 않았음을 상기시킵니다. "가까이 왔습니다"는 예수의 핵심 가르침을 요약한 "하나님의 나라가 가까이 왔다"(마가복음 1:15)와 단어도 같고 시제도 같습니다.[13] 예수께서는 자신이 와서 죽고 부활하고 승천함으로써 하나님나라가 임박했다고 말씀하셨고, 베드로 사도는 주님이 다시 오셔서 마지막으로 심판하실 것임으로 만물의 끝이 임박했다고 말합니다. 그리스도인은 예수께서 가르치신, 이미 시작된 하나님나라에 살면서, 마지막 심판을 기다리는 사람들입니

---

12 직역하면 "하나님의 여러 가지 은혜의 선한 청지기"다. 의미를 더 분명하게 하려고 "맡은"을 추가해 번역했다.

13 마가복음 1장 15절의 ἤγγικεν과 동일한 단어로, ἐγγίζω의 현재완료형이다.

13부
시장 제자도

다. 베드로 사도가 "가까이 왔습니다"라고 말한 지도 2천 년이 넘었으니, 종말이 지연된 것은 아닌지 의아할 수 있습니다. 하지만 종말에는 예수께서 다시 오심으로 완성될 역사의 종말이 있고, 각자의 죽음으로 맞게 되는 개인의 종말도 있습니다. 우리는 자기 인생의 남은 시간을 인식하고(2절), 완성된 하나님나라를 기다리며 살아가는 임시체류자들입니다.

이 같은 종말론적 시각은 우리를 기도하게 만듭니다. "그러므로 기도를 위해 정신을 차리고 깨어 있으십시오." 베드로 사도는 단순히 "마지막 날이 가까이 왔습니다. 기도하십시오"라고 하지 않고, 기도하기 위해 "정신을 차리고 깨어 있으십시오"라는 말을 강조합니다. 원문에는 "기도를 위해서" 앞에 명령어 두 개가 있습니다. 기도하려면 정신을 차려야 하고, 깨어 있어야 합니다. "정신을 차리고"는 바르게 생각하고, 정상적인 판단을 내릴 수 있는 상태를 뜻합니다. 마가복음 5장 15절과 누가복음 8장 35절에서 귀신 들렸던 사람이 "정신을 차리고" 앉았다고 표현할 때 사용된 단어입니다. 그들이 제대로 생각하기 시작했다는 뜻입니다. 귀신에 붙들려 미쳐 날뛰다가 제대로 정신을 차린 것처럼, 세상의 가치와 풍속에 좌지우지하지 말고 정신을 차리라는 것입니다. "깨어 있으십시오"(개역개정은 "근신하여", 새번역은 "삼가 조심하여")는 술 취하지 않은 상태로 있으라는 뜻입니다. 우리를 취하게 만드는 세상의 가치와 욕망을 꿰뚫어 보고, 그것들이 우리를 지배하지 못하게 하라는 것입니다. 이 두 단어는 모두 우리의 지성과 관련이 있습니다.

영성이 깊어지려면 반드시 지성을 동반해야 합니다. 베드로 사도는 "기도를 위해서" 제대로 생각하고, 세상에 취하지 않은 상태를 유지하라고 합니다. 일부 한국 교회에는 반지성적 문화가 있어서 생각을 강조하거나 질문이라도 하면 신앙이 부족해서라고 치부합니다. 하지만 우리가 진실하게 회심하려면 복음을 제대로 이해하고, 우리가 사는 세상과 그 속에서 살아가는 자신의 실체를 명확하게 직면해야 합니다. 지성의 활동 없이는 온전한 회심에 이르기 힘듭니다. 우리의 성장도 마찬가지입니다. 진리를 알아가는 일 없이는 진리를 믿거나 진리대로 살 수 없기 때문입니다. 우리의 영적 성장은 지성의 회복과 성장이라는 토대 위에서 이루어질 수밖에 없습니다. 그러므로 우리가 기도하기 위해서는 제대로 생각해서 세상에 휘둘리지 말아야 하고, 깨어서 세상을 꿰뚫어 보아야 합니다.

베뢰아의 유대 사람들처럼 "아주 기꺼이 말씀을 받아들이고, 그것이 사실인지 알아보려고, 날마다 성경을 상고"하는 자세가 필요합니다. 종교개혁의 매우 중요한 믿음 중 하나가 "성경의 선명성Clarity of Scripture"이었는데, 이는 성도라면 누구나 자기 구원을 위해 성경을 이해할 수 있다는 믿음이었습니다. 그런데 오늘날 적지 않은 그리스도인이 스스로 성경을 이해하기보다는 출석하는 교회 목사님이나 좋아하는 목사님의 가르침을 따릅니다. 교회도 지성의 성장을 강조하지 않아서 많은 그리스도인이 세상에 대한 이해와 분별력에서 취약한 모습을 보입니다. 지성에 근거한 사고 훈련이 부족하면 대중 조작이나 종교적 조작에 쉽게 이용당할 수밖에 없습니다. 한때는 정교분리를 내세워 기도만 하던 교인들이 이제는 광장에 나가 정치적 구호를 외치며 외국 국기를 흔드는 모습은 참으로 이율배반적이고 안타까운 현실입니다.

생각하는 그리스도인의 감소는 한국 교회를 더욱 허약하게 만듭니다. 설령 생각하는 그리스도인이 있다고 하더라도, 안타깝게도 이들은 기도를 소홀히 하는 경향을 보입니다. 기도에 열심인 사람 중에는 사고의 깊이가 얕은 경우가 많고, 생각이 깊은 사람 중에는 기도의 깊이가 얕은 경우가 많습니다. 우리의 영성이 균형 있게 성장하려면 지성이 반드시 필요합니다. 성경을 읽는 것은 물론이고, 세상과 자신을 이해하기 위한 독서와 대화를 자주 하면서 지성을 발전시켜야 합니다. 지성이 발전할수록 기도도 깊어질 것입니다. 반대로 다양한 책을 많이 읽는 사람은 성경을 읽고 이해하는 능력도 같이 길러서, 성경과 세상을 함께 읽어 내는 훈련을 하고, 그 지식을 가지고 하나님 앞으로 나아가야 합니다. 우리의 지성은 영성을 위해 존재합니다. 우리는 마음과 뜻과 정성을 다하여 하나님을 사랑하도록 부르심을 받았기 때문입니다.

구체적인 예를 들어 봅시다. 자녀 교육을 위해 기도할 때 세상에 대한 이해가 부족하면 좋은 성적과 좋은 대학만을 위해 기도하게 됩니다. 그러나 한국 사회의 교육 환경을 이해한다면 기도 내용이 달라집니다. 점수로 줄을 세우는 현실 속에서 성적이나 대학 입학에 너무 매몰되지 않고, 하나님과의 관계와 건강한 가족 관계를 통해 자기 정체성을 발견하게 해 달라고 기도하게 됩니다. 그렇게 건강한 자아상을 기초로 학업에 열중해서 자기 진로를 찾아갈 수 있도록 기도하게 됩니다. 오늘날 많은 그리스도인이 경제적 어려움을 겪습니다. 그래서 안정적이고 풍요로운 물적 기반을 위해 기도합니다. 이런 기도 자체가 잘못된 것은 아니지만, 현대 사회의 근간인 자본주의에 대한 이해가 없으면 부동산 투기나 다양한 재테크를 통해 큰돈을 벌게 해 달라고 기도할지 모릅니다. 오늘날 우리를 '정신 못 차리게' 해서 '취한 듯' 살게 만드는 것이 '돈'인데, 이 자본주의적 가치를 이해하고 이러한 가치에 세뇌되지 않도록 기도해야 합니다. 기도를 많이 하고 귀신까지 내쫓는 사람을 본 적은 있지만, 이 '자본주의 귀신'을 내쫓는 기도를 하는 사람은 보지 못했습니다. 지성과 영성은 함께 자라 갑니다.

뜨겁게 사랑합시다

지성에 기초한 영성은 사랑으로 이어져야 합니다. 베드로 사도는 "무엇보다도 서로 뜨겁게 사랑하십시오. 사랑은 허다한 죄를 덮어 주기 때문입니다"라고 말하며, 1장 22절의 "서로 뜨겁게 사랑하라"라는 말씀을 반복합니다. 하나님과의 관계에서 기도를 드렸다면, 이제 우리에게 필요한 것은 자신의 돈과 에너지로 사랑을 실천하는 것입니다. 골방에서 하나님을 사랑하여 골방 영성이 깊어졌다면, 이것은 반드시 세상에서 사람을 사랑하는 것으로 표현됩니다. "위선적이지 않은 형제 사랑"(1:22)을 넘어 "뜨겁게 사랑"하는 이유는 사랑이 허다한 죄를 덮어 주기 때문입니다. "덮어 준다"라는 표현은 '너희의 자유를 악을 가리는 데 사용하지 말라'라는 2장 16절을 떠올리게 합니다. 우리의 자유로 자신의 악을 덮어서 가리지 말고, 우리의 사랑으로 다른 사람의 허물을 덮어 주라는 뜻입니다.

죄는 우리의 부족한 부분을 드러냅니다. 아직도 세상과 그 욕망에 대한 이해가 부족하고, 옛사람에 속한 습관을 끊어 내지 못했기 때문입니다. 이때 우리는 사랑으로 서로의 죄를 덮어 주어야 합니다. 세상에서 예수의 제자로 열심히 살아온 사람들은 자신이 걸어온 길을 뒤이어 걷고 있는 후배들을 볼 때 답답할 수 있습니다. 그때 우리가 할 일은 그들을 뜨겁게 사랑하는 것이며, 그 사랑의 핵심은 "허다한 죄"를 덮어 주는 것입니다. 그렇다면 사람들의 죄를 모르는 체하고 넘어가라는 뜻일까요? 바울 사도도 고린도전서 13장 7절에서 "사랑은 모든 것을 덮어 주며"라며 비슷한 표현을 했습니다. 같은 단어는 아니지만, 고린도전서의 이 단어를 새번역과 NIV는 "덮어 준다protect"로, 개역개정과 다른 영어 성경들은 "참아 준다bear"로 번역했습니다. 베드로도 바울도 죄를 모르는 체하라는 것이 아니라, 그가 성장할 때까지, 깨우칠 때까지, 균형을 잡을 때까지 그 부족함을 덮어 주라는 것입니다. 기다리는 것이 바로 뜨겁게 사랑하는 한 방법입니다.

그런데 이런 사랑을 "서로" 하자고 말합니다. "서로"는 8절, 9절, 10절에 반복해서 나오는데, 7-11절이 공동체 맥락에서 쓰였음을 보여 줍니다. 세상에서 예수의 제자로 살아가려고 할 때 많은 어려움이 따르고, 이를 위해 앞서 살펴본 네 가지 기본 이해를 숙지해야 하는데 결코 쉽지 않습니다. 그래서 베드로 사도는 이러한 일들을 공동체에서 같이 훈련해야 한다고 말합니다. 공동체는 우리가 성장할 수 있는 최고의 환경입니다. 가정이라는 공동체에서 부모가 자녀의 건강한 성장을 기다려 줄 때 사람들은 자신답게 튼튼하게 자랍니다. 불행하게도 부모가 자신이 원하는 모양과 속도로 자녀의 성장을 주도하면, 아이들은 무엇을 성취해야 하는지도 모른 채로 부모의 요구에 따르게 됩니다. 이럴 때 자존감과 자신감을 내면에서 상실하는 경우가 많습니다. 많은 사람이 자신을 기다려 주는 공동체를 경험하지 못하고 성인이 됩니다. 이렇게 성장하지 못한 사람이 그리스도인 공동체에 들어와서, 어릴 때 자신의 부모와 달리 기다려 주는 영적 부모를 만나는 것이 하나님의 뜻입니다. 우리는 모두 기다려 주는 새로운 하늘 가족들이 필요합니다.

9절에서는 "불평 없이 서로를 환대합시다"라고 합니다. '환대한다'의 뜻은 '외부인을 사랑한다'입니다. 공동체 외부의 사람을 가리킬 수도 있지만, "서로를"이라는 단어에서 알 수 있듯이 자기 외의 사람을 사랑한다는 뜻입니다. "뜨겁게 사랑합시다"라는 말에 이어서 "환대합시다"라는 말이 나오니까 다소 약해 보일지 모릅니다. 하지만 이 환대는 뜨거운 사랑의 구체적인 표현입니다. 당시 초대교회 성도들은 서로의 집을 자주 방문하여 교제를 나누었습니다. 이런 방문은 어떤 도움이나 위로가 필요해서 이루어지는 경우가 있었는데, 그때 서로를 환영하고 깊은 교제를 나누라는 것입니다. "불평 없이" 하라는 것은 적극적으로, 기쁜 마음으로 하라는 뜻입니다. NLT는 이를 "기쁘게 여러분의 집을 식사나 머무를 곳이 필요한 사람들과 나누십시오"라고 풀어서 번역했습니다. 이 번역은 "서로"의 의미를 생략하고 외부인 (식사나 머무를 곳이 필요한 사람들)으로 해석한 아쉬움이 있지만, "기쁘게 집을 나누십시오"라는 표현은 서로를 환대하는 일의 핵심을 잘 보여 줍니다.

초대교회 당시에는 가깝게 모여 살았고 각 가정에서 교회로 모였으므로 베드로 사도의 이 권면이 의미 있게 전달되었습니다. 하지만 오늘날처럼 교인들이 멀리 살면서 일주일에 한 번 예배당에서 만나는 환경에서는 이 본문이 설 자리가 마땅치 않습니다. 그래서 교회가 일정 규모 이상이 되면, 즉 열 명만 넘어도 모임을 쪼개야 합니다. 이를 소그룹이나 가정교회라고 부르든, 구역이나 속회라고 부르든 명칭은 중요하지 않습니다. 그 모임에서 진심으로 서로의 죄를 덮어 주며 뜨겁게 사랑하고, 서로를 환대하는 일이 일어나면 됩니다. 집에서 모이는 모임은 참 중요합니다. 교회 예배당이 있는 건물이나 교회 밖 공간, 음식점이나 커피숍 같은 곳은 우리 자신이 드러나는 곳이 아닙니다. 그러나 집은 자신의 전인격이 드러나는 곳입니다. 자신을 온전히 드러내도 안전한 공간을 공유하는 것이 오늘날 필요합니다.

많은 교회에서 가정교회나 소그룹을 주중에 개인의 가정에서 하는 이유가 이 때문입니다. "뜨겁게 사랑하고" "서로를 환대" 하는 삶을 우리는 배운 적도, 심지어 본 적도 별로 없습니다. 특히 건강하지 못한 가정에서 자라거나 병든 교회에서 신앙생활한 사람은 당연히 받아야 할 이런 복을 경험하지 못했습니다. 이들을 치유하는 공동체로서 교회가 필요합니다. 단지 예배만 드리고 사라지는 사람들이 아니라, '각 집'에 모여서 자기 삶을 나누고, 기다려 주는 뜨거운 사랑을 하고, 서로를 환대하는 공동체로 발돋움해야 합니다. 이렇게 교회라는 공동체에서 사랑과 환대를 받은 사람들은 세상 속으로 나아가 예수의 제자로 살아가는 힘을 얻게 됩니다. 일주일간 세상에서 싸우다 상처 입고 지치면, 다시 자신의 공동체에 와서 쉼과 회복을 경험합니다. 세상에서 임시체류자와 임시거류자로 살아가려는 사람들에게 이런 공동체는 필수입니다.

잘하는 일로 섬깁시다

시장 제자도를 지원하고 격려하는 공동체에서는 섬김의 도가 꽃핍니다. 다른 사람을 섬길 때는 자신의 은사에 따라 하라고 말씀합니다. "은사"라는 단어를 들으면 떠오르는 '은사 목록'이 있을지 모릅니다. 하지만 초대교회에 그런 목록이 있었을 것 같지는 않습니다. 그런 목록은 주로 바울 서신의 내용을 요약해서 만든 것입니다. 오히려 은사라는 단어는 본래 의미대로 '은혜의 결과', 즉 하나님이 주신 은혜가 각 사람에게 다르게 나타난 어떤 것을 의미합니다. 자신의 은사를 어떻게 알 수 있을까요? 사용해 보아야 합니다. 교회 공동체는 물론이고 사회생활을 하면서도, 하나님이 특별한 마음을 주시고 어떤 일을 잘 해내게 하시면, 또 그렇게 할 때 자신도 기쁨을 누린다면 은사일 가능성이 큽니다. 특히 주변 사람들이 인정한다면 더욱 그럴 가능성이 큽니다. 자신의 은사를 확인하는 방법은 가능성 있는 은사에 관해 연구하고 조사하는 것이 아니라 그것을 사용하는 것이며, 그 목적은 서로를 '섬기는 것'입니다. 그 은사를 주신 분은 하나님이시고, 우리는 그 은사를 받아서 관리하는 '청지기'입니다. 하나님의 은혜는 "여러 가지"인데, 그중 어떤 것을 우리에게 맡기셨습니다. 그래서 우리는 '은혜의 청지기'입니다.

11절에서는 은사를 구체적으로 사용하는 예를 보여 줍니다. "말하려면 하나님의 말씀을 하는 자로서 하고, 섬기려면 하나님이 주시는 힘으로" 하라고 말씀합니다. 우리는 말과 섬김, 이 두 가지로 서로를 사랑할 수 있습니다. 이때 말은 하나님으로부터 온 말씀으로, 섬김은 하나님으로부터 온 힘으로 하라고 합니다. 말과 섬김으로 사랑할 때 하나님을 의식하라는 것입니다. 사실 우리가 말하고 행동할 때 하나님을 의식하지 않는 경우가 대부분입니다. 신앙이 어릴 때는 거의 의식하지 못합니다. 신앙이 깊어진다는 것은 일상에서 말하고 행동하는 순간에도 하나님을 의식하는 것입니다. 이는 훈련을 통해 성숙에 이를 때 가능해집니다. 하나님이 주신 은사를 청지기로서 사용하면서 우리는 마땅히 은사를 주신 분을 기억해야 합니다. 그런데 우리는 너무도 자주 '주신 분the Giver'을 잊어버리고 '주신 선물gifts'에만 마음을 쏟습니다. '하나님으로부터'를 의식할 때 우리는 하나님을 더욱 의지하게 됩니다. 자신의 말이 아니라 하나님의 말씀에 걸맞은 말을 하게 되고, 자신의 힘이 아니라 하나님의 힘을 의지하게 됩니다.

은혜의 청지기로서 섬김의 도를 발전시키려면 먼저 공동체 안에서 훈련해야 합니다. 공동체로 함께 모였을 때 일상과 달리 더 깨어서 하나님의 임재 가운데 있을 수 있고, 또한 서로의 속에 있는 하나님을 바라볼 수도 있습니다. 공동체 안에서 자신의 은사가 무엇인지를 깨닫고, 청지기답게 잘 사용하는 법을 배워야 합니다. 그렇게 훈련해서 세상으로 나아가야 합니다. 우리의 제자도는 공동체 안에만 머무르지 않습니다. 선을 행하는 것은 비방하는 세상, 그 한가운데서 이루어져야 합니다. 공동체 안에서 하는 훈련은 결국 세상 속 제자도를 위한 것입니다. 하나님이 당신에게 은혜의 선물로 주신 것은 무엇인가요? 그것을 먼저 호의적인 환경에서, 피차 뜨겁게 사랑하는 환경에서 사용해 보십

13부
시장 제자도

시오. 그렇게 해서 은사를 잘 사용하는 방법을 찾고, 그 유익과 즐거움을 먼저 누리시기를 바랍니다. 이를 위해 공동체 안에서 서로의 은사를 칭찬하고 격려하는 일이 필요합니다. 적지 않은 그리스도인이 자신에게 특별한 은사가 없다고 생각합니다. 사람들 앞에서 행하는 은사만 생각해서도 그렇지만, 하나님이 자신을 얼마나 소중하게 만드시고 특별한 계획을 세우고 계시는지를 모르기 때문입니다. 누구도 자신을 그런 특별한 존재라고 말해 주지 않았기 때문입니다. 우리는 서로의 속에 있는 하나님의 은혜를 발견하고 서로에게 일깨워 주는 특권을 가진 사람들입니다.

이렇게 호의적인 환경에서 자신의 은사를 발견하고 연습해 본 사람들은 결코 호의적이지 않은 세상에 들어가서도, 말할 때는 하나님의 말씀으로, 일할 때는 하나님에게서 오는 힘으로 할 수 있습니다. 세상에서 살아갈 때 우리는 실제로 그곳에 계시며 세상을 주관하시는 하나님을 인식하지 못할 때가 많습니다. 세상은 본질적으로 스스로 주인이 되어 살아가라고 강력하게 외치기 때문입니다. 이런 세상에서 우리의 정체성에 기반해서 살아가는 것이 시장 제자도입니다. 베드로전서 2장에서 세상 건축가들이 자신들의 집을 짓고 있고, 하나님은 자신의 신령한 집을 짓고 계시며, 우리는 그 집을 짓는 데 쓰이는 "산 돌들"이라고 했던 것을 기억하십니까? 우리는 모두 세상 속 제사장으로 부름을 받은 사람들입니다. 세상 건축가들이 판을 치고 있는 그곳에서 하나님의 말씀과 하나님의 힘을 의지하며 살아가는 제사장들이 필요합니다. 이들은 자신의 제사장 신분에 감격해합니다. 하지만 거기에 머물지 않고, 제사장 공동체 안에서 자신의 은사를 발견하고 사용하면서 역량을 키우고, 하나님을 인정하지 않는 세상 속에서 그 역량을 드러냅니다. 이들은 섬김의 도가 몸에 밴 사람들입니다.

하나님만 돋보이게 합시다

이 모든 것의 궁극적인 결과는 무엇일까요? 11절 후반부에 그 목적이 나타납니다. "이는 모든 일에서 하나님께서 예수 그리스도로 말미암아 영광을 받으시게 하려는 것입니다. 그에게 영광과 권능이 영원 무궁히 있습니다. 아멘." "하나님께서 영광을 받으신다"라는 수동태 표현에는 숨겨진 주어가 있습니다. 바로 우리 자신입니다. 우리에 의해 하나님께서 영광을 받으신다는 뜻입니다. 우리의 말과 섬김이 모두 하나님에게서 온 것이고, 우리의 삶이 "하나님의 여러 가지 은혜를 맡은 선한 청지기"의 삶이라는 것이 드러나면, 사람들은 우리를 통해 하나님께 영광을 돌립니다. 이것이 바로 주기도의 첫 번째 기도가 응답되는 장면입니다. 바로 "하나님의 이름이 거룩히 여김을 받으시는"것입니다.

여기에 "예수 그리스도로 말미암아"라는 말이 덧붙여져 있습니다. 이런 표현을 별 의미 없는 관용구처럼 지나칠 수 있지만,

초대교회 성도들이나 그 이후에 하나님을 사랑하게 된 사람들은 '예수 그리스도', '성령님', '하나님'이라는 단어를 함부로 쓰지 않았습니다. 이 구절은 하나님께서 우리로 인해 영광을 받으시겠지만, 그렇게 될 수 있었던 것은 "예수 그리스도로 말미암아" 가능했음을 상기시킵니다. 시장 제자도를 위한 네 가지 기본 준비를 이야기할 때, 첫 번째로 숙지하고 마음에 새겨야 하는 내용이 '그리스도께서 이미 이루셨다'였습니다. 이번 장에서 공부하고 있는 성경 본문의 첫 구절에서는 '그리스도께서 육체로 고난을 당하셔서 죄와 관계를 끊었습니다'라고 했습니다. 우리가 하나님께 영광을 돌릴 수 있게 된 것은 오직 "예수 그리스도" 때문입니다.

베드로 사도를 비롯해 우리보다 앞서 걸었던 진정한 성도들은 하나님의 영광을 마음 깊이 품고 살았습니다. 어떤 일에서든 하나님을 발견하고, 그 하나님을 찬양하고 싶어 했습니다. 그때나 지금이나 어린 그리스도인들에게는 여전히 세상의 영광이 먼저 보이고 하나님의 영광은 잘 보이지 않아서 관심 밖입니다. 예를 들어, 어떤 교회나 사역이 매우 성공적일 때 사람들은 그 속에서 하나님이 어떻게 일하셨는지를 살피기보다 그 일과 관련한 인간적이고 사회적인 요소들을 먼저 봅니다. 얼마나 훌륭한 사역자가, 얼마나 괜찮은 재정적 지원을 받으면서, 얼마나 헌신적인 성도들과 함께, 얼마나 좋은 환경에서 그런 일이 이루어졌는지를 봅니다. 겉으로 드러난 요인들이 아니라 하나님이 하신 일을 알아챌 수 있는 마음가짐은 인간적 영광이 아니라 하나님의 영광을 사모하며 마음에 품고 살아갈 때 고양됩니다. 이는 인간적인 방법으로 세상적 성공과 영광을 이루고도 매사에 '하나님이 하셨습니다'라고 하면서 말로만 하나님께 영광을 돌리라는 것과는 당연히 다릅니다.

많은 경우 사람이 받는 칭송에 하나님은 묻혀 버립니다. 개인의 삶에서도 같은 현상이 나타납니다. 가정이나 개인이 성공했다는 결과보다는 그 결과가 나오기까지의 과정이 중요합니다. 그 과정 중에 하나님의 말씀대로, 하나님이 주시는 힘으로 살아냈는지가 중요합니다. 그런데 과정 중에 부어 주신 하나님의 은혜가 아니라 결과에만 주목하면서 하나님께 영광을 돌린다고 말합니다. 실제로는 자신들이 영광을 받는 경우가 허다합니다. 제자훈련의 가장 중요한 요소가 여기에 있습니다. 우리의 시선이 올곧게 하나님을 향하는 것! 자기 자신과 세상의 가치에 마음을 빼앗긴 채 살았던 우리가 하나님의 말씀과 하나님의 힘을 의지해 살면서, 자신이 아니라 자신에게 맡겨진 사람들을 사랑하고 섬기는 삶을 배워 나가는 것이 바로 제자도의 핵심입니다. 예수 그리스도께서 우리를 위해 고난을 받으신 것(1절)에서 출발해 결국 하나님께 영광을 돌리는 것으로 끝나는 것이 진정한 영성이며 제자도의 본질입니다.

베드로 사도는 베드로전서의 두 번째 부분인 2장 11절-4장 11절을 마무리하면서 하나님께 영광을 올려드립니다. "그에게 영광과 권능이 영원 무궁히 있습니다." 여기서 "그"는 관계대명사로서 문자적으로는 바로 앞의 "예수 그리스도"를 가리킨다고 볼 수 있지만, 그 예수 그리스도로 말미암아 우리로 인해 영광을 받으시는 하나님을 뜻합니다. 하나님을 마음 깊이 품고 있는 베드로 사도는 4장 11절을 마무리하면서 하나님께 드리는 영광에 감격했을 것입니다. 또한 2장 11절에서 4장 11절에 이르는 긴 편지를 통해, 하나님 백성을 세상 속으로 부르셔서 고난을 겪더라도 선을 행하며 살아가게 하시고, 결국 하나님께 영광을 돌리게 하시는 주님께 감격했을 것입니다. 사실 편지의 흐름이나 내용으로 볼 때 이 구절은 없어도 큰 차이가 없어 보입니다. 하지만 이런 구절이야말로 이 편지를 쓴 베드로 사도의 영성이 어떠한지를 우리에게 슬쩍 보여 주는 부분입니다. 하나님을 향한 베드로 사도의 사랑과 감격을 조금이라도 닮고 싶어지는 대목입니다.

시장 한복판에 임하시는 하나님

그리스도인의 어떤 모습으로 하나님은 영광을 받으실까요? 골방 영성만이 강조되는 상황에서는 끊임없이 개인 영성과 교회 안 활동에만 집중하게 됩니다. 찬양이나 예배 중에 "하나님께 영광의 박수를 올려 드립시다"라며 다 같이 손뼉 치고 때로는 환호까지 하지만, 그 내용은 모두 개인적이거나 교회 안에서 이루어진 일들뿐입니다. 물론 하나님은 우리의 찬양과 영광을 통해 영광을 받으십니다. 그러나 우리 삶이 세상 사람들의 삶과 별로 다르지 않다면, 우리가 모여서 하나님께 영광을 돌린다고 노래하고 손뼉 친다고 해서 하나님이 그 영광을 받으실 수 있을까요?

예수께서 "그들이 너희의 착한 행실을 보고, 하늘에 계신 너희 아버지께 영광을 돌리게 하여라"(마태복음 5:16)라고 말씀하셨을 때, 하나님께서 받으시는 영광은 우리가 아닌 세상 사람들이 우리의 착한 행실을 보고 올리는 것이었습니다. 오늘날 그리스도인들은 예배당에서만 신앙생활 하던 삶에서 벗어나 삶터와 일터에서도 주님을 따라야 합니다. 우리가 선을 행해야 할 영역은 시민 사회(2:11-17), 직장(2:18-25), 가정(3:1-7), 깨진 세상(3:8-12)입니다. 예수님의 본을 따라 선을 행하며(3:13-22), 세상 속에서 제자로 살아갈 때(4:1-12) 하나님께서 영광을 받으실 수 있습니다.

한때 한국 그리스도인 숫자가 전체 인구의 20퍼센트를 넘기도 했습니다. 정치계, 경제계, 교육계, 문화계, 그리고 모든 비즈니스에 그리스도인이 없는 곳이 없습니다. 그런데도 한국 사회의 수많은 문제는 사라지지 않고 반복됩니다. 인구의 5분의 1이 넘는 그리스도인들이 세상 속에서 선을 행하는 삶을 사명으로 여기고 살았다면 다른 결과를 만들어 냈을 것입니다. 이런 안타까운 현실의 원인을 여러 곳에서 찾을 수 있지만, 그중에서도 매우 중요한 한 부분이 시장 영성의 결여입니다. 끊임없이 골방, 내면세계, 개인 영성을 강조했지만, 세상 속에서 소금과 빛으로 드러나는 시장 영성을 우리는 개발하지 못했습니다. 교회 안에서, 교회와 관련한 다양한 활동으로 거인들을 만들어 냈는지는 모르나, 그 거인이 세상에 들어가는 순간 무력한 존재가 되어 버리는 모습을 수도 없이 보게 됩니다. '세상에서 선을 행하고, 고난이 찾아와도 두려워하지 맙시다'라는 베드로 사도의 가르침이 오늘날 우리의 세상살이에 절실합니다. 사실 이렇게 세상에서 피해를 당하면서도 자신의 부르심을 따라 살 때 우리의 정체성은 '확립된 정체성'으로 발돋움하게 됩니다.

그러므로 우리는 세상에서 어떻게 살아갈지에 대해 더 많이 이야기해야 합니다. 우리가 예배로 모였을 때 듣는 설교가 교회 예배당을 중심으로 한 신앙생활에 국한되고 세상살이에 대한 구체적인 고민과 대안 제시가 없다면, 우리의 영성은 반쪽짜리가 될 수밖에 없습니다. 우리가 소그룹이나 가정교회로 모였을 때 세상을 부러워하며 세상에서 성공하는 정보를 공유한다면, 우리는 이미 기독교라는 이름의 허울뿐인 종교 모임에 속해 있는 것입니다. 하나님은 우리가 세상 건축가들이 짓고 있는 세상에 들어가, 신령한 집을 짓고 계신 그분을 따라 제사장 역할을 감당하기를 간절히 원하십니다. 교회 안에 매몰된 상태에서 벗어나 세상을 향해 시각을 확장하고, 그 안에 자기 역할을 다하는

— 260

열매 가득
하나님나라

삶을 구체적으로 고민하게 하는 주일 예배가 절실합니다. 삶의 현장에서 나온 실제적인 고민을 놓고 함께 상의하고 격려하며 시장 영성을 기르는 작은 모임들이 필요합니다. 우리도 베드로 사도처럼 "그에게 영광과 권능이 영원 무궁히 있습니다. 아멘" 이라고 부끄러움 없이 고백할 수 있으면 좋겠습니다.

13부
시장 제자도

14.

고난, 고난, 고난, 영광 4:12-19

그리스도인을 나타내는 표지가 무엇일까요? 그리스도인 공동체의 표지는 무엇일까요? 모든 고등 종교는 사랑, 자비, 긍휼, 평화 같은 보편적 가치를 추구합니다. 이슬람교도 마찬가지입니다. 일부 근본주의자들 때문에 폭력적인 종교로 오해받기도 하지만, 이슬람교 역시 본질적으로는 평화를 지향합니다. 그들의 인사말이 "당신에게 평화가 깃들기를"(앗살라무 알라이쿰As-salāmu ʻalaykum)입니다. 그렇다면 기독교만의 특별한 표지가 있을까요? 다른 종교 기관과 기독교 공동체를 구분 짓는 것은 무엇일까요? 그것은 바로 고난을 대하는 태도입니다. 모든 고등 종교가 고난의 문제를 다룹니다. 고난이 왜 생겼는지를 묻고, 고난에서 벗어나는 길을 찾으려고 종교적 수행을 합니다. 불교를 예로 들면, 인간의 고통이 집착에서 비롯됐다고 보고, 고苦에서 해방되는 길을 찾는 것이 불교의 화두라고 해도 과언이 아닙니다. 모든 종교가 고난을 피하려 하지만, 기독교는 특이하게도 '고난을 즐거워한다'라고 합니다. 물론 기독교가 고난 자체를 선하다고 보지는 않습니다. 하지만 고난을 대하는 이런 태도는 다른 종교에서는 찾아볼 수 없는 기독교만의 독특한 특징입니다. 그렇다면 기독교는 자학을 즐기는 종교일까요?

그리스도인이 고난을 즐거워한다는 가르침은 오늘날 매우 생소하게 들립니다. 고난을 싫어하는 일반인은 물론이고 현대 그리스도인에게도 낯선, 일종의 실종된 주제입니다. 하지만 베드로전서는 고난에 관한 이야기로 가득합니다. 베드로 사도는 이 세상에서 임시체류자와 임시거류자로 살아가는 사랑하는 성도들을 향해, 편지 마지막 부분에서 지금까지 다뤄 온 고난이라는 주제를 종합적으로 정리합니다. 베드로전서 4장 12-14절을 살펴보면, 그리스도인의 삶에 존재하는 여러 고난과 이 고난을 기뻐할 수 있는 비결을 발견할 수 있습니다.

12 사랑하는 자들이여, 여러분을 시험하려고 다가오는 여러분 가운데 있는 불같은 시련에,[1] 이상한 일이 여러분에게 일어난 듯이 놀라지 마십시오. **13** 그러나 여러분은 그리스도의 고난에 동참하는 것만큼[2] 기뻐하십시오. 이는 그의 영광이 나타날 때 여러분들 또한 크게 즐거워하며 기뻐하게 하려는 것입니다. **14** 만약 여러분이 그리스도의 이름으로 모욕을 당하면 복이 있습니다. 영광의 영, 곧 하나님의 영이 여러분 위에 머물러 계시기 때문입니다.

고난은 상수다

1 1장 7절에서는 불 πῦρ을 언급하면서 단순히 믿음을 정련하는 기능을 강조했다. 여기서는 "불같은 시련πυρώσιj, fiery ordeal"을 뜻한다.

2 καθὸ κοινωνεῖτε는 "동참하는 것이니"(새번역)나 "참여하는 것으로"(개역개정)보다는 "동참하는 만큼"이라는 뜻이 있다. 영역본은 대부분 이 의미를 다양하게 담아낸다(to the degree/NASB; to the extent/NKJ; insofar as/NRS; in as much as/NIV).

베드로전서는 여러 방법으로 나눌 수 있지만, "사랑하는 자들이여"라는 말씀을 기준으로 세 부분으로 나눌 수 있습니다. 마지막 부분을 살펴보면서 다음의 전체 개관을 염두에 두면 좋겠습니다.

1:1-2:10 하나님이 우리를 위해 행하셨고, 행하고 계시며, 행하실 일
2:11-4:11 임시체류자로서 세상에서 어떻게 살 것인가
4:12-5:14 공동체로 살아가는 임시체류자들의 삶

"사랑하는 자들이여"라는 호칭에는 베드로 사도의 애틋한 마음이 담겨 있습니다. 세상살이에 지친 하나님나라 백성을 향한 애정 어린 마음이 가득합니다. 성도들이 일상에서 겪는 고난을 그가 잘 알고 있었기 때문입니다.

모두가 겪는 고난

누구나 알듯이 고난은 즐거운 경험이 아닙니다. 베드로전서 4장 12절은 이를 "여러분을 시험하려고 다가오는 여러분 가운데 있는 불같은 시련"이라고 표현합니다. 이는 1장 6-7절을 떠올리게 합니다. 베드로 사도는 편지를 시작하자마자 고난을 언급한 후 지속적으로 이 주제를 다룹니다. 그리고 이번 장의 본문에서 고난에 관한 가르침을 총정리하는 인상을 줍니다.

14부
고난, 고난, 고난, 영광

6 이 안에서 여러분은 크게 즐거워합니다. 비록 지금 잠깐 여러 가지 시련으로 슬픔을 당할 수밖에 없지만, **7** 여러분의 믿음의 연단은 불로 연단되어도 결국 사라지는 금보다 더 귀한 것으로 예수 그리스도가 나타나실 때에 찬양과 영광과 존귀로 드러날 것입니다.

1장 6절에서도 언급했듯이 고난은 슬픔을 동반합니다. 베드로 사도는 슬퍼할 수밖에 없는 이 고난을 두고 놀라지 말라고 권면합니다. "불같은 시련"이란 말 그대로 뜨겁고 견디기 힘든 일입니다. 이는 슬픈 일이고 "뜨거운" 일입니다. 피할 수 있다면 피하는 것이 좋습니다. 그리스도인이 이런 고난 자체를 즐거워하는 것은 아닙니다. 1장 6절에서 "당할 수밖에 없지만"이라고 했듯이, 4장 12절에서도 고난은 우리가 선택할 수 없이 "다가오고" "우리 가운데 있"다고 합니다. 베드로 사도는 고난이 불가피하다는 사실을 다시 한번 강조합니다.

인생을 살다 보면 배신당하고, 속고, 선의가 왜곡되어 돌아오는 경험을 합니다. 병도 들고 경제적 어려움도 겪습니다. 이런 개인적 어려움뿐 아니라 사회적 어려움도 감내해야 합니다. 로마제국은 모든 백성에게 평화를 보장한다고 약속했지만, 고대 사회는 전혀 평화롭지 않았습니다. 로마 역사는 전쟁의 역사이자 피의 제전이었습니다. 로마제국 이후에도 모든 황제와 정치 지도자가 평화를 보장한다고 공언했지만, 인간 사회에서 그들의 약속이 실현된 적은 거의 없습니다. 현대에 들어서는 과학 기술이 안전과 편리를 보장할 것처럼 여겨졌지만, 오히려 과학 기술의 발전이 인류를 위협한다는 사실을 우리는 깨닫고 있습니다. 코로나19가 대표적인 사례입니다. 코로나19가 전 세계를 덮치고 나서야 예수께서 "전쟁, 기근, 지진으로 대표되는 천재지변, 그리고 전염병"(마태복음 24:7; 누가복음 21:11)이 있으리라고 하셨던 말씀이 재조명되었습니다. 전염병은 인류 역사와 계속 함께했지만, 의학과 과학이 발전하기 전까지의 일이라고 생각했습니다. 고대 도시에서는 인구의 3분의 1이 사망하는 일이 빈번했고, 1347년에서 1351년 사이 유럽, 아시아, 북아프리카를 휩쓴 흑사병은 유럽 인구의 30퍼센트에서 60퍼센트를 죽음으로 몰아넣었습니다. 하지만 이 같은 비극은 인류가 극복한 과거의 일처럼 여겨졌습니다. 그러나 코로나19로 전 세계 수많은 사람이 목숨을 잃고 인류 전체의 삶이 심각하게 위협받는 일이 일어났습니다. 그 원인은 다름 아니라 인간이 과학 기술을 앞세워 서식지를 확장하고, 그로 인해 인수공통감염병이 창궐했기 때문이었습니다. 그뿐만 아니라 인류는 또 다른 위기에 직면해 있습니다. 기후 위기로 인한 인류 공멸의 위험입니다. 기후 변화로 생긴 혹한과 혹서, 태풍과 홍수로 가난한 나라들은 이미 크나큰 고통을 겪고 있습니다. 반면 부유한 나라 사람들은 냉난방이 완비된 집에서 안전하게 지내며 기후 위기에 둔감합니다. 기득권층이 외면한다고 하더라도 고난과 시련은 개인과 사회에 늘 존재하는 상수입니다.

14부
고난, 고난, 고난, 영광

그리스도인이 겪는 고난

하지만 이번 장의 성경 본문이 단순히 개인이나 사회 전체가 겪는 일반적 고난을 다루는 것은 아닙니다. 깨진 세상에서 사는 우리 모두가 그런 어려움을 피할 수 없다는 것이 성경의 세계관이지만, 베드로 사도는 일반적 어려움보다는 그리스도인으로서 겪게 되는 특별한 어려움에 주목합니다. 사실 베드로전서 전체가 이 주제를 다루고 있습니다. 우선 지금까지 다룬 고난을 정리해 보겠습니다.

> **2:12** 여러분의 행실을 세상 사람들 중에서 선하게 하십시오. 그리하면 이를 통해 그들이 여러분을 악행을 하는 자라고 비방하다가 여러분의 선한 일을 보고서 하나님의 방문의 날에 하나님께 영광을 돌리게 될 것입니다.

그리스도인이 당하는 고난에는 특별한 면이 있습니다. 선을 행하는데도 악을 행한다는 비방을 받습니다. 칭찬받아 마땅한 선한 행위가 오히려 오해와 곡해를 낳고 결국 비난을 부릅니다. 베드로전서 2장 19-21절은 이런 부당한 고난의 사례로 하인들이 겪는 고난을 이야기합니다.

> **2:19** 누군가 부당하게 고난을 당하더라도 하나님을 향한 양심으로 슬픔을 참으면, 그것이 은혜입니다. **20** 죄를 짓고 매를 맞으면

서 참으면, 그것에 무슨 칭찬이 있겠습니까? 그러나 선을 행하고 고난을 받으면서 참는다면, 그것은 하나님 앞에서 은혜입니다. **21** 이를 위하여 여러분은 부르심을 받았습니다.

베드로 사도는 자신의 잘못으로 겪는 고난이 아니라, 선을 행했음에도 부당하게 당하는 고난에 주목합니다. 하인이 억울함을 감내하는 것이 하나님 앞에서 은혜라고 말하며, 이처럼 고난을 당하면서도 선을 행하도록 우리가 부르심을 받았다고 가르칩니다. 3장 1-6절에서는 아내들을 향한 가르침을 전합니다. 특히 6절은 남편들 때문에 겪는 어려움이 있다고 이야기합니다.

> **3:6** 사라가 아브라함을 주인이라고 부르며 순복하였던 것과 같이 여러분도 선을 행하고 어떤 위협도 두려워하지 않으니, 그녀의 딸이 된 것입니다.

남편을 주라 부르며 그 권위에 순복하면 칭찬과 존중을 받아야 마땅하겠지만, 현실은 그렇지 않았습니다. 당시 남편들은 아내들에게 두려움을 주는 다양한 행동을 했습니다. 여성들은 오늘날까지도 가정 내에서 여러 형태의 폭력에 시달립니다. 현대 사회에서도 닫힌 문 안에서는 폭력이 이어지고 있습니다. 법적 보호 장치가 상당히 확대되었음에도 가정 폭력은 여전히 근절

되지 않고 있습니다. 피해자는 대부분 육체적 약자인 여성이나 아이들입니다. 3장 14-17절은 이러한 현실을 더욱 구체적으로 다룹니다.

> **3:14** 그러나 만약 정의를 위해 고난을 받는다면, 여러분은 복이 있습니다.…**16** 그리스도 안에서 행하는 여러분의 선한 행실을 욕하는 사람들은 자신들이 비방한 그 일로 부끄러움을 당하게 될 것입니다. **17** 선을 행하다가, 그것이 하나님의 뜻이라면, 고난을 받는 것이 악을 행하는 것보다 낫기 때문입니다.

베드로전서 3장에서는 고난의 성격이 명확히 드러납니다. "정의를 위해서 고난을 받는다면"(14절). "그리스도 안에서 행하는 여러분의 선한 행실을"(16절). "선을 행하다가 고난을 받는 것이"(17절). 베드로 사도가 말하는 고난은 모든 사람이 겪는 일반적인 어려움과는 구별됩니다. 베드로전서가 다루는 고난은 그 성격이 다릅니다. 예수님을 위해 선을 행하고 하나님을 위해 정의를 추구하다가 겪게 되는 고통을 의미합니다. 이는 특히 '시장 제자도'를 실천하려는 성도들에게 더욱 절실한 문제입니다. 4장 3-4절은 세상에서 겪게 되는 이러한 고통을 구체적으로 보여줍니다.

> **4:3** 왜냐하면 여러분이 방탕과 정욕과 술 취함과 환락과 난잡한

잔치와 역겨운 우상숭배를 따라가며 *세상 사람들의 뜻을 행한 것은 지나간 시간으로 충분하기 때문입니다.* **4** 이와 관련하여 그들은 여러분이 동일한 방탕한 격류에 함께 내달리지 않는 것에 놀라며, 비방합니다.

세상을 따르지 않고 세상의 일부가 되기를 거부하면 우리는 비방을 받습니다. 이 비방은 사회적 압력으로 작용합니다. 세상 속에서 끊임없이 받는 압력은 그리스도인이라면 감내해야 하는 현실입니다. 이것이 성경이 말하는 그리스도인의 고난입니다. 일반적으로 선을 행하면 칭찬이 돌아오리라고 생각하지만, 성경은 오히려 "선을 행하고 정의를 추구하면 고난이 따를 가능성이 큽니다"라고 말합니다. 그래서 그런 일이 일어나도 "이상한 일이 일어난 듯이 놀라지 마십시오"라고 합니다. 당연한 일이라는 뜻입니다.

1세기 고난과 21세기 고난

베드로전서가 계속 강조하는 고난이라는 주제가 오늘날 그리스도인에게는 매우 낯설게 들립니다. 그리스도인이 고난받는 일이 거의 사라진 듯 보이기 때문입니다. 더 이상 박해가 없다고 생각해서인지 남의 일처럼 들리고, 더군다나 고도로 문명화한 현대 사회에는 적용되지 않는 주장처럼 들립니다. 실제로 오늘날 예수를 믿는다고, 예수를 위해 산다고 해서 어떤 어려움이 있을까요? 문명화한 시민 사회는 종교의 자유를 보장합니다. 다른 사람에게 피해를 주지 않는다면, 우리의 신앙생활에는 어떠한 제재도 제한도 불이익도 따르지 않습니다.

이런 맥락에서 C. S. 루이스의 《스크루테이프 편지》는 중요한 영적 통찰을 제공합니다. 루이스는 눈에 보이지 않는 사탄이 현대인의 마음속에서 어떻게 일하는지 보여 줍니다. 이 책은 일종의 '악마의 제자훈련서'라 할 만합니다. 사탄이 중간급 악마인 스크루테이프에게 편지를 보내며 계속 조언하는 형식으로, 사탄이 우리를 어떻게 기만하는지를 꿰뚫어 보게 합니다. 이 책에서는 그리스도인을 '환자'라고 부르는데, 사탄은 스크루테이프에게 환자를 다룰 때 핍박하지 말라고 합니다. 이제는 핍박이 잘 통하지 않으니 살살 달래 가며 유혹하라고 합니다. 실제로 기독교 역사에서 핍박이 있을 때는 변절하거나 신앙을 지키는 두 가지 선택지만 있었습니다. 적지 않은 사람이 변절하여 주님을 떠났지만, 끝까지 남은 자들을 통해 교회는 정화되는 복을 누렸습니다. 그러나 신앙의 자유가 주어지면서 기독교는 빠른 속도로 세상과 타협하기 시작했습니다. 이는 교회사에서 반복된 일입니다. 초대교회가 그랬고 중국의 경우도 마찬가지였습니다. 중국은 문화혁명 이후 기독교가 완전히 사라졌다고 공식 선언했습니다. 그러나 중국이 개방되었을 때 지하에 숨어 있던 수많은 가정교회가 수면 위로 올라와 전 세계를 놀라게 했습니다. 그들의 순결함과 신실함에 모두가 놀랐습니다. 하지만 중국이 개방되고 자본주의 문화가 스며들자, 중국의 기독교는 빠르게 이전 모습을 잃어 갔습니다.

오늘날 우리 사회에는 과거 같은 사회적 박해는 없습니다. 베드로 사도는 "여러 가지 시련으로 슬픔을 당할 수밖에 없"(1:6)다고 했고, "이상한 일이 일어난 듯이 놀라지 마십시오."(4:12)라고 했으나 더 이상 적용되지 않는 말처럼 들립니다. 이처럼 많은 그리스도인과 교회가 선을 행하면 겪을 수밖에 없는 시련과 고난에 무지하고 무관심합니다. 여기에는 이유가 있습니다. 세상에 두 종류의 건축가가 있고 두 종류의 집이 지어지고 있다는 사실을 모르거나 가벼이 여기기 때문입니다. 세상 건축가들이 버린 돌인 그리스도를 모퉁잇돌로 삼아 하나님이 새로운 집을 건축하고 계심을 잊지 말아야 합니다. 지금은 세상의 집과 하나님의 집이 함께 지어져 가는 때입니다. 이미 시작된 하나님나라, '새로운 시대age to come'가 하나님 없이 돌아가는 '이 세대this age'와 함께 존재합니다. 하나님나라에 속해서 이 세대를 살아가는 우리 그리스도인은 갈등을 피할 수 없습니다. 만약 우리에게 고난이 없다면, 세상 건축가의 집에 속해 그 가치와 방법을 따르며 살고 있기 때문입니다. 그들 중 하나가 되어 버렸기 때문입니다.

21세기 그리스도인이 받는 고난은 과거와 그 성격이 다릅니다. 직접적이고 물리적인 핍박보다는 간접적이고 정신적인 핍박이 오늘날 고난의 특징입니다. 개인의 자유와 행복을 중시하는 시대에, 다른 사람이나 세상을 위해 선을 행하려고 자기 시간과

14부
고난, 고난, 고난, 영광

재원과 에너지를 투입하기란 쉽지 않습니다. 가히 반문화적 countercultural이라 할 수 있습니다. 자신을 위해 모든 자원을 써도 모자란다는 시대에 타인을 위해 자신을 내어주는 일을 선택하기란 절대 쉽지 않습니다. 복음을 전하는 일이 왜 어려울까요? 한 사람과 오랜 시간 대화하며, 그가 주님을 발견할 때까지 도와야 하기 때문입니다. 저는 복음을 전할 때 보통 2-3시간씩 대화하는 시간을 10회 정도 갖습니다. 합치면 20-30시간이 필요한 셈입니다. 5분이나 10분 만에 예수가 그리스도라는 사실을 알려줄 도리가 없기 때문입니다. 적지 않은 시간과 에너지가 필요합니다. 《풍성한 삶의 기초》라는 책으로 제자훈련을 한다면, 일주일에 5시간씩 최소 13회를 해야 마칠 수 있습니다. 다른 사람을 위해 최소 65시간을 내야 합니다. 하나님나라 복음으로 한 사람을 세우는 일은 몇 마디 말과 기도 몇 번으로 되지 않기 때문입니다. 성도가 스스로 제사장임을 깨닫고 공동체를 섬기기 시작하면, 일주일에 한 번 저녁 시간을 내어 자신의 집을 엽니다. 주말에는 여기저기 놀러 다니는 것이 현대 한국 사회의 풍경이지만, 이런 성도들은 일 년 열두 달 일주일에 하루씩 자신의 집을 공동체 가족들과 나눕니다.

　복음을 전하지 않고, 사람을 세우지 않고, 공동체를 섬기지 않고, 일주일에 한 번 교회 다녀와서 개인적으로 말씀 읽고 기도해도 별 어려움 없이 신앙생활 할 수 있다고 사람들은 생각합니다. 하지만 하나님이 그분의 집을 지으신다는 사실을 깨닫고, 제사장으로서 그 집을 세우는 일에 자신의 몫을 감당하기로 결단한 사람들은 세상 관점에서 볼 때 많은 것을 희생합니다. 오늘날 이런 헌신은 '자처한 고난'이라고 할 수 있습니다. 세상 사람들은 물론이고 일요일에 한 번 교회 가는 것도 쉽지 않은 대다수 그리스도인은 이렇게 살지 않을 뿐 아니라, 이런 삶을 이상히 여기기 때문입니다.

하나님은 지금도 그분의 공동체를 세우고 계십니다. 그 공동체 안에서 성장하고 준비된 사람들을 통해 깨지고 상한 세상을 치유하고 계십니다. 사람들이 "하나님이 이 세상에서 무슨 일을 하고 계시냐"라고 반문하는 이유는, 하나님이 실제로 치유하고 회복하는 살아 있는 공동체를 본 적이 없고, 그 공동체 사람들이 살아가는 모습을 본 적이 없기 때문입니다. 세상 속에서 하나님 나라를 살아 내는 사람들과 그런 사람들을 키워 내는 공동체가 점점 희귀해지고 있습니다. 이는 하나님나라 공동체를 세우는 일에 자기 삶을 드리는 사람들이 많이 일어나지 않기 때문입니다. 하나님나라의 비전을 보지 못하는 것이 가장 큰 이유이지만, 세상의 흐름이 자기 자신만의 행복 추구로 사람들을 포박해 버렸기 때문이기도 합니다.

바울 사도도 안디옥교회에 머물며 조용히 목회했다면, 고린도후서 11장에 나오는 '고난의 목록'을 작성할 필요가 없었을 것입니다. 그는 이렇게 말합니다.

14부
고난, 고난, 고난, 영광

나는 수고도 더 많이 하고, 감옥살이도 더 많이 하고, 매도 더 많이 맞고, 여러 번 죽을 뻔하였습니다. 유대 사람들에게서 마흔에서 하나를 뺀 매를 맞은 것이 다섯 번이요, 채찍으로 맞은 것이 세 번이요, 돌로 맞은 것이 한 번이요, 파선을 당한 것이 세 번이요, 밤낮 꼬박 하루를 망망한 바다를 떠다녔습니다. 자주 여행하는 동안에는, 강물의 위험과 강도의 위험과 동족의 위험과 이방 사람의 위험과 도시의 위험과 광야의 위험과 바다의 위험과 거짓 형제의 위험을 당하였습니다. 수고와 고역에 시달리고, 여러 번 밤을 지새우고, 주리고, 목마르고, 여러 번 굶고, 추위에 떨고, 헐벗었습니다. 그 밖의 것은 제쳐놓고서라도, 모든 교회를 염려하는 염려가 날마다 내 마음을 누르고 있습니다(고린도후서 11:23-28).

바울 사도가 이토록 고생한 이유는 복음의 불모지 세상에 예수가 메시아라는 놀라운 소식을 전하고, 메시아 공동체를 곳곳에 세우려는 열망 때문이었습니다. 건강한 공동체를 세우는 일은 하나님이 이 시대에도 여전히 살아 계심을 보여 주는 일입니다. 이 일에는 헌신이 필요하고, 그것이 바로 '자처한 고난'입니다. 하나님은 교회를 세우는 일에만 머무르지 않으십니다. 공동체에서 훈련받은 성도들이 세상에 들어가 제사장 역할을 하기를 원하십니다. 하나님은 허무에 굴복한 세상을 "충만케 하시"고 계시며(에베소서 1:23), 이를 위해 세상에서 선과 의를 행하는 성도를 찾고 계십니다. 세상 속에서 선을 행하는 일은 세상의 불의에 맞서는 일입니다. 개인의 이기적 행위, 일반적 관행, 사회의 구조적 악에 이르기까지, 세상의 흐름을 거스르며 살기란 절대 쉽지 않습니다. 세상에서는 세상 사람들이 사는 방식대로 살고, 주일에 교회 와서 예배드리고 약간의 봉사만 해도 헌신한 교인이라는 평가를 들을 수 있습니다. 그런데 세상에서 빛으로 살라는 주님의 부르심을 따르면, 그 삶에서는 대가를 치르는 일이 일상이 됩니다. 그런 삶을 선택하는 것은 고난과 다르지 않습니다.

지난 장에서 다루었듯이, 세상 사람들이 함께 내달리는 격류에 합류하지 않으려고 애쓰면 세상 사람들은 물론이고 주말에만 신앙생활 하는 교인들도 이상히 여길 것입니다. 하나님나라를 발견한 사람들은 자신들이 택함을 받은 임시체류자임을 알았고, 더 나아가 하나님이 그분의 집을 건축하고 계시며 자신들을 그 집의 제사장으로 부르셨다는 사실을 깨달았기에, 세상 속에서 선과 의를 추구하는 삶을 멈출 수가 없습니다. 2천 년 전 바울과 베드로도, 21세기를 사는 우리도, 하나님나라와 그 의를 구하는 자들은 세상에서 고난받는 일을 이상히 여기지 않습니다.

기쁘고 즐거운 고난

그리스도인과 그리스도인 공동체의 가장 도드라진 표지는 고난입니다. 물리적 박해가 없는 시대라 할지라도 우리는 자처한 고난을 피할 수 없습니다. 물리적 박해가 더욱 교묘한 유화정책으로 모습만 바꾸었을 뿐, 우리의 싸움은 계속됩니다. 모든 싸움은 힘들고 상처를 남기며 우리를 지치게 만듭니다. 그럼에도 베드로 사도는 이런 시련과 고난을 기뻐하라고 말씀합니다. 과연 이것이 가능한 일일까요?

주님과 한 팀으로 뛰는 기쁨

"불같은 시련에…놀라지 마십시오"라는 말씀이 받아들이기 쉽지 않지만, 그래도 어느 정도 이해는 됩니다. 그런데 베드로 사도는 더 나아가 "기뻐하십시오"라고 도전합니다. 이번 장 본문을 통해 기뻐해야 하는 이유를 설명하기에 앞서, 베드로 사도는 이미 1장 7절에서 고난의 긍정적 의미를 말씀했습니다. 이 시험과 시련은 우리를 "불"로 연단하여 우리의 믿음을 순전하게 만듭니다. 4장 12절에서도 "불같은 시련"이라는 표현으로 '불'의 이미지를 사용합니다. 이는 견디기 힘든 뜨거움을 의미하기도 하지만, 1장 7절에서 다루었듯이 '정화purification'의 의미가 더 강합니다. 이것은 유혹보다는 '시험test'에 가깝습니다. 시련과 고난이라는 시험을 통해 우리의 믿음이 온전해지기 때문입니다. 주님을 따라 사는 길은 평탄한 대로가 아니라 좁은 길을 걸어 좁은 문으로 들어가는 것입니다. 그래서 우리가 겪는 고난은 우리의 믿음을 시험합니다. 세상이 제시하는 넓은 길이 아닌 좁은 길을 선택하는 시험을 통과하면서 우리는 좀 더 신실한 예수의 제자로 성장합니다.

베드로 사도가 이런 시련을 이상하게 여기지 말고 오히려 기뻐하라고 말씀하신 이유가 바로 여기에 있습니다. 이 고난이 '정화'라는 상징에서 나타나듯이 우리를 연단하기 때문입니다. 우리 속의 불순물이 정화되어 그분을 더욱 닮아 가게 됩니다. 고난과 연단을 기뻐한다는 가르침은 바울 사도의 서신에서도 자주 발견되는데, 그중 대표적인 말씀이 로마서 5장 3-4절입니다.

다만 이뿐 아니라 우리가 환난 중에도 즐거워하나니 이는 환난은 인내를, 인내는 연단을, 연단은 소망을 이루는 줄 앎이로다(개역개정).

2장 20절에서도 보았듯이, 환난과 시련은 우리를 참고 인내하게 만듭니다. 이러한 인내를 통해 우리는 연단됩니다. 바울 사도는 여기에 소망을 덧붙이는데, 베드로 사도도 같은 가르침을 전합니다. 13절에서 베드로 사도는 우리가 미래에 기뻐하게 될 것이라고 말씀합니다.

베드로 사도는 더 나아가 13절 상반절에서 기뻐해야 하는 또다른 이유를 말씀합니다. "여러분은 그리스도의 고난에 동참하는 것만큼" 기뻐하라고 합니다. 여기서 "동참하는 것만큼"이라는 표현에 주목할 필요가 있습니다. 새번역은 "고난에 동참하는 것이니"로, 개역개정은 "고난에 참여하는 것으로"라고 번역했

14부
고난, 고난, 고난, 영광

으나, 원문에는 "고난에 참여하는 정도에 따라"라는 의미가 있습니다.[3] 우리는 모두 예수를 따르는 자들이지만, 각자가 받는 고난의 정도는 다릅니다. 바울 사도를 본받고 싶다는 사람은 많지만, 그가 겪었던 험악한 고난까지 감당하겠다는 사람은 많지 않습니다. 예수님은 어떠셨습니까? 죽음에 이르기까지 고난을 받으셨습니다. 초대교회는 이러한 깊은 이해 가운데 순교를 그리스도의 고난에 온전히 참여하는 것으로 여기기까지 했습니다.

중요한 것은 "고난에 동참한 것만큼" 기뻐하라는 말씀입니다. 그만큼 주님께 가까이 다가갔다는 의미이기 때문입니다. 여기서 '동참하다'라는 말은 '코이노니아'라는 헬라어 단어의 동사형입니다. 이 단어는 주로 교제를 의미하지만, '참여하다'라는 뜻도 있습니다. 베드로 사도는 우리가 선을 위해 고난을 당할 때, 그리스도의 고난에 참여하는 것이라고 말씀합니다. 우리가 받는 고난의 크기만큼 주님의 고난에 동참하여 주님과 하나가 된다는 것입니다. 달리 표현하면, 선을 위해 고난받는 사람들은 '주님과 한 팀이 되었다'라는 뜻입니다. 우리의 리더이신 주님께서 고난의 길을 걸으셨기에, 우리도 그 길을 따라가는 것입니다. 우리가 기뻐하는 이유는 바로 주님의 팀원이 되었기 때문입니다.

---

3 καθὸ κοινωνεῖτε를 영역본에서는 "to the degree"(NASB), "to the extent"(NKJ), "in so far as"(NRS), "in as much as"(NIV) 등으로 번역한다.

열매 가득
하나님나라

여러분은 지금 어느 팀에 속해 살아가고 계십니까? 하나님이 짓고 계신 집을 건설하는 '주님의 팀에 내가 속했다'라는 사실을 깨달으면, 기쁘지 않을 수가 없습니다. 예수의 팀 안에서 고난에 동참한 만큼, 즉 예수를 닮아 간 만큼 우리는 기뻐합니다. 이런 가르침은 앞서도 이미 이야기했습니다. 베드로전서 2장 21절입니다.

> **2:21** 이를 위하여 여러분은 부르심을 받았습니다. 왜냐하면 그리스도 역시 여러분을 위해 고난을 당하시고, 여러분에게 본을 남기셔서, 여러분이 그의 발자취를 따르게 하셨습니다.

우리는 고난을 당하신 예수님의 발자취를 따르는 사람들입니다. 3장 18절을 보면 예수께서 그 고난을 통해 사람들을 하나님께로 인도하셨다고 말씀합니다.

> **3:18** 왜냐하면 그리스도 역시 죄 때문에 단번에 고난당하셔서 의인으로서 불의한 자를 대신하셨으니 이는 육체로는 죽임을 당했으나 영으로는 살리심을 받아 여러분을 하나님께 인도하시려는 것입니다.

예수님이 받으신 고난에는 분명한 목적이 있었습니다. 불의한 자들을 대신하는 것이었습니다. 우리가 예수님을 따르면서

14부
고난, 고난, 고난, 영광

고난을 받는 것 또한 누군가를 살리기 위해서입니다. 사람들을 하나님께 인도하기 위해서입니다. 그래서 베드로 사도는 예수께서 죽임을 당하시는 그 순간에도 복음을 전하셨다고 말씀합니다. 그리고 이어서 4장 1절에서 말합니다.

> **4:1** 그러므로 그리스도께서 육체로 고난을 당하셨으니, 여러분도 같은 뜻으로 무장하십시오. 육체로 고난을 당한 사람이 죄와 관계를 끊었기 때문입니다.

우리는 그리스도의 마음으로 무장한 사람들입니다. 그리스도께서 인간의 죄 문제를 해결하고 궁극적인 회복을 이루기 위해 고난을 받으셨듯이, 우리도 그분을 따라 같은 마음으로 무장하고 살아갑니다. 이것이 그리스도의 고난에 참여하는 자들이 지닌 마음가짐입니다.

이런 마음가짐은 참으로 영광스러운 일입니다. 여러분은 주님의 팀에 속해서 살아갈 수 있다는 사실을 상상할 수 있겠습니까? 나이가 들수록 인생이 허무하고 별것 아닐 수 있다는 생각이 듭니다. 내가 이룬 일도, 나와 관계된 모든 것도 그리 대단치 않은 것처럼 여겨질 때가 있습니다. 그러나 내가 평생 그분의 팀에서 뛰었다는 사실은 무엇과도 바꿀 수 없는 영광입니다. 팀장이신 그분의 고난을 따라 그분을 사랑한 만큼 고난에 참여한 것이라서 우리는 기뻐할 수 있습니다. 손흥민 선수가 몇 년을 더

뛸 수 있을까요? 은퇴 후에 "내가 토트넘에서도 뛰었고, 로스앤젤레스 FC에서도 뛰었지"라고 할 때, 그 기간이 얼마나 될까요? 20년을 넘길 수 있을까요? 하지만 우리는 50년, 60년, 70년, 80년, 그 이상을 그분의 팀에 속해 살아갑니다. 그분의 고난에 동참한다는 것은 평생에 걸쳐 깊어지는 감격이자 영광입니다.

고난 너머 보이는 영광의 빛

깨진 세상에서 누구도 피할 수 없는 고난과 그리스도인이라서 특별히 겪는 고난 앞에서 기뻐하는 이유는 두 가지입니다. 우리의 믿음이 더욱 순결해지기 때문이며, 그리스도의 고난에 동참하는 영광을 누리며 감격할 수 있기 때문입니다. 베드로 사도는 여기에 또 다른 이유 하나를 덧붙이는데, 13절 마지막 부분에 나타납니다. 베드로 사도는 "기뻐하십시오"라고 한 다음에, "그의 영광이 나타날 때 여러분들 또한 크게 즐거워하며 기뻐하게 하려는 것입니다"라고 말씀합니다. 진정한 기쁨이 아직 남아 있다는 것입니다. 지금 우리가 그리스도의 고난에 참여함으로 기뻐하고 있다면, 마지막 날 그가 오실 때 더욱 크게 즐거워하고 기뻐하게 될 것입니다. 현재의 고난 너머에 영광스러운 미래가 기다리고 있습니다.

하지만 오늘날 사회와 문화는 미래의 영광을 상상하거나 기다리지 못하게 만듭니다. 사람들은 일반적으로 두 가지 이유로 미래의 영광을 기대하게 됩니다. 하나는 자기 인생에 무언가 결핍된 것이 있지만 살아 있을 동안에는 채워지지 않으리라는 사실을 알 때입니다. 다른 하나는 미래에 누릴 영광을 지금 여기서 조금이라도 맛보았을 때입니다. 그럴 때 미래에 올 온전한 영광을 상상하게 됩니다. 그런데 우리가 사는 세상에서 결핍이 점점 사라지고 있습니다. 특히 한국 사회에는 절대적 빈곤은 거의 사라지고 상대적 결핍만 남았습니다. 자본주의는 이 결핍감을 부추겨 우리 욕망을 끊임없이 자극하고, 우리는 열심히 일해서 번 돈으로 그 결핍을 채워 갑니다. 원하는 것을 손에 넣을 때마다 사람들은 돈의 위력과 자본의 영광을 맛봅니다. 격조 있는 휴가를 즐기거나, 큰 비용을 들이는 모든 일에는 이런 가짜 영광이 있습니다. 이런 상황에서는 하나님이 미래에 주실 영광을 상상할 여지가 없어집니다.

우리 문화를 보십시오. 눈과 귀를 사로잡는 콘텐츠가 끊임없이 쏟아져 나옵니다. 온라인 콘텐츠가 넘쳐나기 전부터 우리 대중문화는 매우 자극적으로 변했습니다. 영화, 드라마, 노래에는 폭력과 성적 자극이 가득합니다. 노래만 봐도 그렇습니다. 요즘 젊은, 아니 어린 가수들은 성형과 극단적인 체중 관리로 만들어진 외모로 보기에도 민망한 몸짓으로 노래합니다. 노래 가사나 음악 자체보다는 성적 상상력을 자극하는 안무로 사람들의 시선을 사로잡습니다. 20-30년 전만 해도 이런 안무는 성인들이 출입하는 곳에서나 볼 수 있었습니다. 하지만 이제는 이런 모습이 너무 당연해져서 지상파 텔레비전에 나올 뿐 아니라 초등학생들조차 그 춤을 따라 합니다. 이처럼 자극적인 콘텐츠로 가득한 온라인 매체는 우리 마음을 지금 이곳의 물질적인 것에만 붙들어 두고, 초월적이고 의미 있는 것을 추구하려는 마음을 사라지게 합니다. 게다가 짧은 시간에 자극적인 재미를 주는 동영상은 늪처럼 우리 시간을 삼켜 버립니다.

이런 세상 문화 속에서 미래의 영광을 찾는 일은 아주 이상한, 다른 세상 이야기가 되어 버렸습니다. '당신이 지금 누려야 할 영광'이라고 외치는 소리가 사방에서 들려오니, 이런 상황에서 미래의 영광을 상상하고 기대하며 추구하고 기다리는 일은 참으로 어리석어 보입니다. 그러나 우리는 다릅니다. 이 땅에 살지만 세상이 주는 가짜 영광이 결국 어떻게 될지를 깨달은 사람들입니다.

1:24 왜냐하면 "모든 육체는 풀과 같고, 그 모든 영광은 풀의 꽃과 같다. 풀은 마르고 꽃은 떨어지지만,

이런 세상에서 우리는 영원에 속한 특별한 복을 받은 사람들입니다. 베드로전서는 그 놀라운 복과 소망의 이야기로 가득합니다. 무엇보다 우리는 세상 사람들 가운데서 "택하심"을 받았습니다. 거듭남을 통해 하나님이 주신 놀라운 유산을 소유하게 되었습니다.

14부
고난, 고난, 고난, 영광

1:3 …그는 그 크신 자비로 우리를 거듭나게 하셔서 죽은 사람들 가운데서 예수 그리스도의 부활하심을 통해 산 소망과 **4** 썩지 않고 더러워지지 않고 사라지지 않는 유산을 주셨습니다.

이런 놀라운 복을 받은 사람들은 예수를 사랑합니다.

1:8 그를 여러분은 본 적이 없음에도 사랑합니다. 지금도 그를 보지 못하나 여러분은 믿으며 말로 다 표현할 수 없는 기쁨과 영광으로 크게 즐거워하니.

우리가 그분을 사랑할 때 우리는 그분의 영광을 맛봅니다. 그 영광으로 크게 즐거워합니다. 실로 그분을 "말로 다 표현할 수 없는 기쁨과 영광으로 크게 즐거워하는 것"이야말로 기독교 영성의 진수가 아니겠습니까?

하지만 우리는 아직 갈급합니다. 아직 하나님의 영광에 이르지 못했기 때문입니다. 그러나 그분의 영광이 드러나는 날이 반드시 올 것입니다. 우리가 이 땅에서 시련을 당하지만, 이 시련이 우리를 온전하게 하여 마지막 날에 우리는 그분의 영광으로 드러날 것입니다.

1:7 여러분의 믿음의 연단은 불로 연단되어도 결국 사라지는 금보다 더 귀한 것으로 예수 그리스도가 나타나실 때에 찬양과 영

광과 존귀로 드러날 것입니다.

우리는 이 땅에서 피할 수 없는 고난도 겪습니다. 하지만 예수님 때문에 자발적으로 받는 고난은 우리가 예수님을 따르는 존재임을 다시 한번 확인시켜 줍니다. 더욱이 베드로 사도는 그분의 영광이 나타날 때, 우리가 말로 표현할 수 없는 즐거움과 기쁨을 맛볼 것이라고 선언합니다.

> **4:13** 그러나 여러분은 그리스도의 고난에 동참하는 것만큼 기뻐하십시오. 이는 그의 영광이 나타날 때 여러분들 또한 크게 즐거워하며 기뻐하게 하려는 것입니다.

아! 우리는 그분의 영광을 맛보았기 때문에 온전한 영광을 기다리는 사람들입니다. 그래서 베드로 사도는 자신을 다음처럼 소개합니다.

> **5:1** 그러므로 나는 여러분 가운데 장로들에게, 동료 장로이자 그리스도의 고난의 증인이며 앞으로 나타날 영광에 참여할 자로서 권합니다.

베드로 사도는 고난의 증인이자 앞으로 나타날 영광에 참여할 자로서, 자신뿐 아니라 이런 소망을 품고 주님이 맡기신 양

14부
고난, 고난, 고난, 영광

떼를 섬기는 모든 이들과 함께 누릴 영광을 바라봅니다.

5:4 그러면 여러분은 목자장이 나타나실 때, 시들지 않는 영광의 면류관을 얻을 것입니다.

베드로 사도는 더욱 기뻐할 미래를 소망하고 확신하며 이 편지를 쓰고 있습니다. 사실 우리가 모두 그 놀라운 부르심을 받은 사람들입니다.

5:10 그러나[4] 모든 은혜의 하나님, 곧 그리스도 안에서 여러분을 자신의 영원한 영광으로 부르신 분께서 잠깐 고난을 당한 여러분을 친히 회복하시고,[5] 지지해 주시고, 강하게 하시고, 터를 굳게 하실 것[6]입니다.

---

4 δὲ는 "그러나"라는 뜻인데, 한국어 번역본에서는 생략되는 경우가 많다. 따라서 그 의미를 살려 주는 것이 좋다.

5 καταρτίσει를 개역개정과 새번역 모두 "온전하게 하신다"(NASB, NJK)로 번역한다. 하지만 네 동사의 첫 번째 의미로는 "회복하다"(NIV, NRS, NLT)가 적절하며, 그랬을 때 네 동사의 의미가 전체적으로 점점 강화된다.

6 θεμελιώσει는 "터를 놓다"라는 뜻이 있으므로 "확립하다" 또는 "확고히 하다"라는 의미다. 개역개정은 "터를 견고하게"라고, 새번역은 "기초를 튼튼하게 하여 주실 것"이라고 다소 풀어서 번역한다. 마태복음 7장 25절에서도 사용된 단어이며, 바울 역시 이 건축적 이미지를 즐겨 사용했다

우리는 하나님의 영원한 영광으로 부르심을 받은 사람들입니다. 현재에만 갇혀서 미래를 꿈꾸지 못하는 그리스도인은 불행한 사람입니다. 놀랍지 않습니까? 베드로전서는 선과 의를 행하다가 겪게 되는 고난이 가득한 책입니다. 하지만 더 많은 부분에서 하나님의 영광과 그 영광에 참여하게 될 기쁨과 소망을 이야기하고 있습니다. 잠시 책 읽기를 멈추고, 장차 나타날 영광과 우리가 누릴 복을 묵상하며, 이런 은혜를 주신 하나님께 감사와 찬양을 드리는 시간을 가져 보면 어떨까요?

우리 위에 머무시는 분

우리가 고난을 당하면서도 기뻐할 수 있는 이유가 한 가지 더 있습니다. 14절은 "만약 여러분이 그리스도의 이름으로 모욕을 당하면 복이 있습니다. 영광의 영, 곧 하나님의 영이 여러분 위에 머물러 계시기 때문입니다"라고 말씀합니다. 이 구절은 분명 베드로 사도가 마음에 간직하고 있던 예수님의 팔복 중 마지막 복인 마태복음 5장 11-12절을 인용한 것입니다. "복이 있습니다"라는 표현은 마태복음 5장의 팔복에서 반복되는 "복이 있다"와 같은 단어입니다.

----- (에베소서 3:17; 골로새서 1:23).

"너희가 나 때문에 모욕을 당하고, 박해를 받고, 터무니없는 말로 온갖 비난을 받으면, 복이 있다. 너희는 기뻐하고 즐거워하여라. 하늘에서 받을 너희의 상이 크기 때문이다. 너희보다 먼저 온 예언자들도 이와 같이 박해를 받았다"(마태복음 5:11-12).

마태복음 5장 11절의 "나 때문에 모욕을 당하고 박해를 받고 온갖 비난을 받으면"이라는 말씀을 베드로 사도는 "그리스도의 이름으로 모욕을 당하면"이라고 함축적으로 표현합니다. "기뻐하고 즐거워하라"라는 말씀도 순서만 바뀌었을 뿐 바로 앞 절(4:13)에서 베드로 사도가 이미 언급한 말씀과 같습니다. 예수님이 "하늘에서 받을 상이 크다"라고 하시며 미래에 받을 상을 말씀하셨다면, 베드로 사도는 영광의 영, 하나님의 영이 그들 위에 머물러 계신다고 말씀합니다. 이는 미래에 받을 상의 전조로서, 하나님나라와 그 의를 위해 고난당하는 사람들에게 주시는 현세의 복입니다. 참으로 놀라운 말씀입니다.

많은 사람이 하나님의 임재를 경험하지 못합니다. 우리는 예배와 기도 중에 하나님의 임재를 구하지만, 14절은 하나님이 임재하는 특별한 상황이 있다고 말씀합니다. 하나님을 위해 선을 행하다가 고난을 당할 때, 그 사람에게 하나님이 임재하십니다. 스데반의 경우가 바로 그랬습니다. 그가 돌에 맞아 순교할 때, 평안한 가운데 하나님 우편에 계신 그리스도를 보았습니다(사도행전 7:55-56). 스데반은 우리가 상상할 수 없는 신비한 경험을

열매 가득
하나님나라

했습니다. 오늘날 많은 사람이 하나님의 임재를 경험하지 못하는 이유가 무엇일까요? 주님과 상관없이 편하게 살고 있기 때문입니다. 하나님을 위해 선을 행하다가 고난을 당할 때, 그 고난의 현장에 하나님께서 함께 계십니다.

현실적으로 생각해 봅시다. 영적으로 어린 성도들을 섬기며 돌보는 삶은 절대 쉽지 않습니다. 특히 한두 시간 내서 만나는 것이 아니라, 그리스도인 공동체를 세우기 위해 자기 집을 열어서 공동체를 형성하고 그 안에서 한 사람 한 사람을 섬기는 일은 매우 어렵습니다. 목회자들도 사람을 단순히 관리하는 것이 아니라 진정으로 한 사람을 그리스도 안에서 세우려 할 때 많은 어려움을 겪습니다. 사랑은 사랑하는 만큼 상처를 받는 것이라서, 다른 사람들을 사랑하면 그리스도인 공동체 안에서조차 감사가 아닌 상처가 돌아오기도 합니다. 늘 박수를 받는 것도 아닙니다. 제 딴에는 최선을 다해도 부족한 면이 있기 마련이라 섬김이 아쉽다는 평가도 듣습니다. 때로는 거절당하고 오해도 받습니다. 오랫동안 정성껏 돌본 사람이 사소해 보이는 문제로 공동체를 떠나고 연락이 끊기기도 합니다. '내가 하는 일이 의미가 있을까?' '그들의 부족함보다 내 부족함이 더 커 보이는데, 나한테 이런 일을 할 자격이 있을까?' 같은 질문들이 마음속에서 요동칩니다.

좀 더 깊이 들어가 봅시다. 세상에서 선을 행하기 위해 관행을 거스르거나 심각한 문제를 제기할 때 우리는 어려움을 겪습니다. "그리스도의 이름으로"라고 크게 외치면서 하지 않아도, 우리가 쉽게 타협하고 넘어갈 수 없는 이유는 고난을 당하더라도 선을 행하도록 부르심을 받았기 때문입니다. 교회 공동체에서는 마음의 상처를 받는 정도이지만, 세상에서는 비난, 비방, 집단 따돌림, 때로는 경제적 피해나 실직 같은 실질적 피해를 보기도 합니다. 적극적으로 세상을 위해 선한 일을 도모했는데도 오히려 오해를 받고 힘든 일을 겪습니다.

저는 제 삶의 대부분을 목사로서 교회를 위해 쓰지만, 40대 후반부터는 아버지가 세우신 회사 경영에도 참여하고 있습니다. 고등학교 때 회심한 이후, 건물이 아니라 사람을 세우겠다고 결심하고 아버지에게 물려받을 모든 것을 포기했을 때, 사람들은 손뼉을 쳤습니다. 그런데 아버지와 함께 기도하고, 하늘 아버지의 하나님나라 가치를 세속에서 실천하기 위해 회사 경영에 참여했을 때, 수많은 오해를 받고 어려움도 겪었습니다. 세속에서 하나님나라 가치를 실현하는 일이 절대 쉽지 않다는 사실을 지금도 뼈저리게 경험하고 있습니다. 어떤 날은 회사를 나서면서 '도대체 내가 왜 이런 어려움을 자처하고 사나?' 하는 회의에 시달릴 정도로 몸도 마음도 힘들 때가 많습니다. 아무것도 하지 않으면 아무도 뭐라고 하지 않습니다. 하지만 깨지고 어그러진 세상에서 선을 추구하면 어두운 밤에 달처럼 어려움이 계속 쫓아옵니다.

우리가 주님을 위해 살다가 여러 어려움을 겪을 때 꼭 기억해야 할 것이 있습니다. 바로 그런 우리 위에 하나님이 임재하고 계신다는 사실입니다. 우리가 겪는 시련은 "슬프고" "뜨거운" 것입니다. 실제로 느낄 수 있는 것입니다. 배신감, 거절감, 두려움, 허무함, 절망감, 무력감, 무의미 등이 우리 마음을 가득 채울 수 있습니다. 그런데 이러한 감정은 우리가 현상에 반응하여 우리 속에서 일어나는 일입니다. 베드로 사도는 이런 우리를 하나님이 버리지 않으시고, 그의 영광, 곧 그의 영을 우리 위에 머무르게 하신다고 증언합니다. 외부 상황에 따라 마음에 온갖 생각이 휘몰아칠 때 우리에게 필요한 것이 있습니다. 조용히 하나님 아버지 앞에 앉아서, 주님의 이름을 위해 고난받는 자들 위에 계시는, 하나님의 영이신 성령님을 바라보는 것입니다. 다시 말하지만, 고난은 슬프고 뜨거운 것입니다. 이런 감각과 감정이 처음에는 나를 지배할 수 있겠지만, 고난의 유익을 묵상하고 더 나아가 이런 나와 함께하시는 성령님을 바라보아야 합니다. 꼭 기억하십시오! 이것은 우리에게 필요한 일이 아니라, 우리의 특권입니다. 우리가 추구하는 것 중에 최고가 하나님의 임재 아닐까요? 그 임재를 우리가 선물로 받았다는 사실을 깨달으면, 억지가 아니라 진심으로 즐거워집니다.

때때로 제가 하는 사역과 세상에서 하는 일로 고민하다가 잠이 들 때가 있습니다. 교회 일이든 회사 일이든, 일이 순탄할 때는 감사한 마음으로 잠이 들지만, 늘 그렇지는 않습니다. 밤 기도 후에도 마음에 이런저런 생각을 품은 채 잠이 들면, 자다가 깨는 경우가 있습니다. 갑자기 정신이 말짱해지면서, 자면서도 그 생각과 상념으로 괴로워했다는 것을 알게 됩니다. 잠을 청하려 뒤척여도 달아난 잠은 쉽게 돌아오지 않습니다. 이럴 때 가끔은 일어나 앉습니다. 그리고 창밖 휘영청 밝은 달을 바라보거나 칠흑 같은 어둠을 바라보며 기도합니다. "하나님, 이렇게 힘들어하는 제 위에 계시지요. 주님을 바라봅니다. 주님을 찾습니다. 그리고 주님 품에 쉽니다." 그러면 내 부족함과 세상의 악함으로 겪고 있는 어려움이 하나님의 임재 앞에서 작아지기 시작하고, 세상으로 말미암아 깨진 평화는 하나님의 샬롬으로 바뀝니다. 우리가 그분의 이름을 위해 고난을 당할 때, 하나님의 영이 우리 위에 머물러 계신다는 사실을 꼭 기억해야 합니다.

고난을 대하는 자세

그리스도인이라고 해서 고난을 마냥 반기지는 않습니다. 피할 수 있다면 피하는 것이 좋습니다. 하지만 깨진 세상에서 바르게 살려 하거나 선을 행하려고 하면, 어려움을 맞닥뜨릴 수밖에 없습니다. 자기 자신을 위해 사는 것도 쉽지 않은 세상인데, 다른 사람을 위해 살겠다고 나섰으니 어려움이 가중될 수밖에 없습니다. "피할 수 없으면 즐겨라"라는 말은 공허하게 들릴 수 있습니다. 하지만 그리스도인은 그렇지 않습니다. 우리에게는 고난이 기쁘고 즐거운 세 가지 이유가 있었습니다. 우리는 그리스도의 고난에 동참하고 있으며, 미래에 더 큰 영광이 기다리고 있고, 무엇보다 하나님이 우리와 함께 계시기 때문입니다. 그렇다면 마지막으로, 이 땅에서 임시체류자요 임시거류자로 사는 우리는 어떤 자세로 이 고난을 대해야 할까요? 베드로전서 4장 15-19절을 읽어 봅시다.

> **15** 여러분 가운데 아무도 살인자나 도둑이나 악행이나 남의 일에 간섭하는 자로 고난을 당하지 마십시오. **16** 그러나 만일 그리스도인으로서라면 부끄러워하지 말고 도리어 그 이름으로 하나님께 영광을 돌리십시오. **17** 하나님의 집으로부터 심판을 시작할 때가 되었기 때문입니다. 만일 우리에게 먼저 시작되면, 하나님의 복음에 순종하지 않은 자들의 마지막은 어떠하겠습니까? **18** 그리고 만약 의인도 겨우 구원을 얻으면, 경건하지 않은 자와 죄인들은 어디에 서겠습니까? **19** 그러므로 하나님의 뜻을 따라 고난을 받는 사람들은 선한 일을 행하며 자신들의 영혼을 신실하신 창조주께 맡기십시오.

합리화하지 않는다

살면서 고난을 당할 때 우리가 가장 먼저 조심할 것은 합리화입니다. 자신의 잘못으로 인한 고난을 정당화해서는 안 됩니다. 이는 베드로 사도가 하인들에게 했던 말씀을 떠올리게 합니다.

14부
고난, 고난, 고난, 영광

2:20 죄를 짓고 매를 맞으면서 참으면, 그것에 무슨 칭찬이 있겠습니까? 그러나 선을 행하고 고난을 받으면서 참는다면, 그것은 하나님 앞에 은혜입니다.

15절은 네 가지 잘못을 나열합니다. "살인자나 도둑이나 악행이나 남의 일에 간섭하는 자로 고난을 당하지 마십시오"라는 것입니다. 첫 번째로 언급된 "살인"은 그리스도인과는 거리가 멀어 보이는데, 이에 대해서는 두 가지 해석이 가능합니다. 하나는 당시 피할 수 없었던 군 복무를 에둘러 표현한 것으로 보는 관점입니다. 다른 하나는 예수님의 가르침을 반영한 것으로 보는 해석입니다. 예수님은 형제를 라가라 하는 것은 살인이나 다름없다(마태복음 5:21-22)고 하셨는데, 베드로가 이 가르침을 염두에 두었다고 볼 수 있습니다. 살인이 마음속의 미움을 대표한다면, 도둑질은 다른 사람의 것을 탐내어 자기 것으로 만드는 행위를 뜻합니다. 그다음에 나오는 악행은 말 그대로 선행의 반대입니다. 악한 마음에서 악한 행동이 나옵니다. 마지막으로 언급된 "남의 일에 간섭하는 자"는 신약성경에 드물게 등장하는 표현이라 번역이 쉽지 않습니다. 문맥상 '남의 일에 끼어들어 이런저런 말을 만들어 내는 행위'를 가리키는 것으로 보입니다. 데살로니가후서 3장 11절에 나오는 "일은 하지 않고, 일을 만들기만하는 사람"과 비슷한 의미입니다.

살인, 도둑질, 악행과 함께 마지막 행위를 언급한 것이 주목할 만합니다. 앞의 세 가지가 명백한 죄라면, 마지막은 우리가 자신의 한계를 넘어 다른 사람의 일에 간섭할 때 일어나는 행위입니다. 선을 행한다는 명목으로 자주 일어나는 '불필요한 오지랖'이 여기에 해당합니다. 베드로 사도는 자기 삶은 돌아보지 않으면서 다른 사람의 문제에 간섭하는 일을 조심하라고 말씀합니다. 이 부분에서 우리에게는 지혜가 필요합니다. 사랑하는 마음으로 다른 사람의 일을 살피는 것과, 호기심이나 자기 의로 인해 간섭하는 것은 분명히 다르기 때문입니다. 베드로는 전자로 인한 어려움은 하나님이 기뻐하시지만, 후자는 피해야 할 것이라고 가르칩니다.

이 말은 우리가 당하는 고난을 덮어놓고 합리화하지 말라는 것입니다. 그런데 베드로가 거론한 행위의 순서가 의미심장합니다. 살인으로 시작해서 불필요한 참견까지, 강도가 점점 약해지는 순서로 배열되어 있습니다. 뒤로 갈수록 더 많은 성찰이 필요한 부분입니다. 명백한 죄에서 시작해서 교묘하게 합리화하기 쉬운 죄까지 돌아보라는 의도입니다. 고등학교 시절, 교회에서 너무 많은 시간을 보낸다고 부모님께 꾸중 듣고는 '신앙적 핍박'을 받았다며 기도 제목으로 내던 친구들이 떠오릅니다. 매우 순진한 예이지만, 이런 식의 합리화가 신앙인들 사이에서 자주 일어납니다. 가정과 사회에서 그리스도인이 겪는 어려움 중 상당수는 사실 자신의 부족함 때문입니다. 우리는 자신을 잘 속이는 사람들입니다. 그래서 우리가 어려움을 당할 때 그 이유를 하나님 앞에서 정직하게 성찰해야 합니다. 주님을 따르는 길에서 자기 합리화보다 무서운 적은 없기 때문입니다.

자랑스럽게 여긴다

베드로는 부정적 권면에 이어 긍정적인 요청을 합니다. "만일 그리스도인으로서라면 부끄러워하지 말고 도리어 그 이름으로 하나님께 영광을 돌리십시오." "그리스도인"이라는 단어는 신약성경에 단 세 번 등장합니다. 사도행전 11장 26절에 따르면 이 명칭은 시리아 안디옥에서 예수를 따르는 자들을 그리스도인으로 부르기 시작하면서 사용됩니다. 이후 아그립바 왕이 바울에게 "네가 적은 말로 나를 권하여 그리스도인이 되게 하려 하는도다"라고 말한 것을 보면, 당시 이 용어가 상당히 널리 알려졌음을 알 수 있습니다. "그리스도인"은 헬라어 '크리스티아노스Χριστιανός'에서 유래했는데, '크리스토스Χριστός'에 '노스νός'라는 접미사가 붙은 형태입니다. 이는 '~에 속한 자', '~의 당', '~주의자', '~족속'을 의미합니다.[7] 그렇다면 이 '메시아 족속'의 특징은 무엇일까요? 초대교회 성도들은 그리스도라는 이름 때문에 세상에서 복을 받기는커녕 오히려 어려움을 겪었습니다.

---

7 마가복음 3장 6절의 Ἡρῳδιανῶν을 "헤롯당"으로 번역하는데, 비슷한 용법이다.

예수님은 이미 제자들에게 이런 일들이 있을 것이라고 예고하셨습니다. 제자들이 자신 때문에 핍박을 받을 것이며(마태복음 5:11), 재판에 회부될 것(마태복음 10:17-22; 마가복음 13:9-13; 누가복음 21:12-17)이라고 말씀하셨습니다.

예수를 따르는 사람은 세상이 주는 어려움을 피할 수 없습니다. 하지만 베드로 사도는 그리스도인으로서 핍박받는다면 "부끄러워하지 마십시오"라고 합니다. 자기 잘못으로 겪는 어려움은 부끄러워할 일이지만, 주님의 이름을 위해 당하는 어려움이라면 오히려 자랑스럽게 여기고 기뻐하라는 뜻입니다. 그리고 그런 상황에서 "그 이름으로 하나님께 영광을 돌리십시오"라고 합니다. 주님을 위해 어려움을 겪는 사람들은 '그리스도인'이라는 이름에 걸맞게 살고 있는 것입니다. 안디옥 사람들이 새로운 그리스도인 공동체를 보고서 '메시아를 늘 이야기하는 사람들'이라며 '메시아 족속'이라고 이름 붙였듯이, 우리가 주님을 위해 선을 행하면 사람들은 그 이유를 궁금해할 것입니다. 앞서 3장 16절에서 보았듯이, 사람들은 우리 안에 있는 소망에 관해 물을 것이고, 그 소망이 하나님에게서 온 것임을 알게 될 것입니다. 이때 하나님은 영광을 받으십니다.

"하나님께 영광을 돌리십시오"라는 말씀은 "그들이 너희의 착한 행실을 보고, 하늘에 계신 너희 아버지께 영광을 돌리게 하여라"(마태복음 5:16)라는 예수님의 말씀을 떠올리게 합니다. 선을 행하다 어려움을 겪는 우리의 모습을 "그들이" 볼 것입니다.

14부
고난, 고난, 고난, 영광

이처럼 선을 행하다 당하는 고난은 세상 사람들을 하나님께로 인도할 수 있는 절호의 기회입니다. 이는 베드로전서 2장에서 살폈던 제사장 역할과 맞닿아 있습니다. 초대교회 성도들은 핍박 중에도 하나님을 찬양했고, 흔들리지 않는 그 모습을 보고 많은 사람이 회심했습니다. 이는 오늘날 많은 그리스도인이 생각하는 '성공을 통해 하나님께 영광을 돌린다'라는 관점과는 정반대입니다. 오히려 선을 행하며 겪는 어려움을 통해 우리는 진정한 제사장 역할을 감당할 수 있습니다. 불신 가정이나 세속적인 직장에서 오해를 받으면서도 꾸준히 선을 행하며 사는 사람들은, 주변 사람들의 호기심을 일으키고 마침내 하나님을 생각하게 만듭니다. 세상 사람들이 "하나님 믿는다는 게 저런 거구나. 하나님이 정말 계실지도 모르겠네"라고 생각하게 되는 것, 그것이 바로 하나님께 영광을 돌리는 일입니다. 기독교가 '개독교'로, 목사가 '먹사'로 불리는 오늘날, 베드로 사도는 예수를 따르려는 우리에게 정반대의 삶을 살라고 도전합니다.

신실한 하나님께 믿고 맡긴다

고난 중에도 기뻐하며 살 수 있는 이유는 종말론적 시각과 믿음 때문입니다. 베드로 사도는 17-18절에서 하나님의 심판이 하나님의 집으로부터 시작되었으니, 복음에 불순종한 자들의 마지막이 어떠하겠으며, 의인도 겨우 구원받는데 죄인들은 어떻게 되겠느냐고 묻습니다. 17절을 문자 그대로 옮기면 "하나님의 심판의 때입니다" 또는 "지금이 하나님의 심판의 때입니다"라는 뜻입니다. 베드로 사도는 이 심판이 "하나님의 집"에서 시작된 다고 말합니다. 편지에서 그 내용을 자세히 설명하지는 않았지 만, 이미 초대교회 성도들은 이 개념을 공유하고 있었습니다. 그 들은 그리스도인도 결국 하나님의 심판대 앞에 서게 될 것(하나 님의 심판대―로마서 14:10; 그리스도의 심판대―고린도후서 5:10)이며, 하 나님께 자신의 삶에 대해 답해야 할 때(로마서 14:12; 고린도전서 3:11-15)가 온다고 믿었습니다. 진정한 그리스도인이라면 구원 은 잃지 않을 것입니다. 하지만 우리는 모두 정의로우신 하나님 의 심판대 앞에 서게 됩니다. 우리가 두려워하지 않을 수 있는 것은 "흠도 점도 없는 어린양 같은 그리스도의 보배로운 피"(1:19)를 의지하기 때문입니다. 우리도 겨우 구원을 얻을 터 인데, "경건하지 않은 자와 죄인들은 어디에 서겠습니까?"

그래서 베드로 사도의 마지막 권고는 이것입니다. "하나님의 뜻을 따라 고난을 받는 사람들은 선한 일을 행하며 자신들의 영 혼을 신실하신 창조주께 맡기십시오." 하나님의 뜻을 행하면서 도 이 땅에서 칭찬이나 보상을 받지 못하고 오히려 고난을 당할 때가 있습니다. 그때 우리에게 필요한 것이 우리 자신을 주님께 맡기는 것입니다. 세상이 그리 악하지 않다고 말하는 사람들이 있습니다. 하지만 우리가 세상에서 선을 행하면 행할수록, 악은 자신의 진면목을 드러냅니다. 세상의 일부가 되어 적당히 살아 가는 사람들은 세상의 악이 얼마나 심각한지 잘 모릅니다. 그러

14부
고난, 고난, 고난, 영광

나 선을 행하면 악이 드러납니다. 빛이 비쳐야 어둠에 숨은 것들이 보이는 것과 같습니다. 그러므로 선을 행하는 사람들은 악과 마주할 것을 예상해야 합니다. 달리 말하면, 우리는 선을 행할수록 더 많은 어려움을 겪게 될 것입니다. 정말 손해 보는 삶처럼 보이고, 때로는 이런 삶을 살아 낼 힘이 과연 자신에게 있는지 의문이 들기도 합니다.

이런 우리에게 필요한 것은 "우리의 영혼을 신실하신 창조주 하나님께 맡기는 것"입니다. 베드로 사도는 영혼이라는 단어를 자주 사용합니다. "영혼의 구원을 얻었고"(1:9), "영혼이 정결케 되어서"(1:22), "영혼과 거슬려 싸우는 육체의 욕망을 멀리하고"(2:11), "우리의 영혼의 감독자이며 목자이신 예수님께 돌아왔다"(2:25)라고 말합니다. 베드로 사도가 애용하는 "영혼"이라는 단어는 우리의 전 존재를 뜻합니다. 우리는 그리스도로 말미암아 구원을 얻었고, 정결케 되어서, 육체의 욕망과 싸우며, 우리의 감독자이고 목자이신 예수께 돌아온 사람들입니다. 베드로 사도는 마지막으로 "영혼"이라는 단어를 사용하며 이제 우리의 전 존재를 하나님께 맡기라고 권면합니다.

우리가 하나님께 우리를 맡길 수 있는 이유는 그분이 신실하시기 때문입니다. 하나님은 변하지 않는 사랑으로 우리를 붙들고 계십니다. 그런데 요즘 세상에서는 신실함을 찾아보기 힘들어서 진정한 신실함이 무엇인지 상상하기 어렵습니다. 하지만 주님을 따르다가 어려움을 당할 때, 하나님만 의지하고 견디면 결국 그 어려움에서 벗어나는 경험을 하게 됩니다. 그때 우리는 "하나님은 신실하십니다"라고 고백합니다. 하지만 어려움과 고난을 겪는 그 순간에는 "슬프고" "뜨거워서" 하나님이 우리를 버리신 것 같고 떠나신 것 같습니다. 숨쉬기도 힘들 만큼 견디기 어려운 시기가 몇 년씩 이어질 때도 있습니다. 가장 고통스러운 순간은 의지하고 신뢰하는 하나님이 멀리 계신 것처럼 '느껴질' 때입니다. 그래도 우리는 하나님이 떠나지 않으신다는 약속을 붙잡으려고 애씁니다. 그분의 신실하심을 신뢰하고 자신의 아들까지 주신 하나님께 우리를 맡깁니다. 물론 이 과정이 절대 쉽지는 않습니다. 배신감, 분노, 버려짐, 절망, 무기력과 싸우며, 때로는 넘어지고 다시 일어서며 고통스러운 구간을 지나갑니다. 그 기간이 짧게는 몇 주, 길게는 몇 년도 걸립니다. 하지만 그 시간을 통해 우리는 하나님의 신실하심을 몸으로 깨닫게 됩니다. 하나님은 우리가 원하는 때에 원하는 방식으로 어려움을 제거하시지 않습니다. 대신 그분의 때에 그분의 방식으로 우리를 구하시고, 그만큼 우리는 성장합니다.

베드로 사도는 신실하신 하나님에 관한 중요한 사실 하나를 마지막에 덧붙입니다. 창조주 하나님! "창조주"라는 단어는 신약성경에서 유일하게 여기에만 등장합니다. 그분이 세상 모두를 창조하셨으므로 그분은 세상의 주인이십니다. 우리를 떠나지 않으시는 분이 세상을 창조하신 하나님이라는 사실이 얼마나 놀랍고 위로가 되는 진리입니까? 우리가 신뢰하고 전 존재를 맡기

14부
고난, 고난, 고난, 영광

는 분은 세상의 주인이십니다. 하나님을 부인하는 세상에서 선을 행하기는 쉽지 않습니다. 하지만 마지막 때를 알고 있을 뿐 아니라, 신실하신 하나님, 창조주 하나님을 아버지로 부를 수 있다면 가능한 일입니다. 베드로는 선을 행하면서 맞닥뜨린 수많은 어려움을 이겨 낼 수 있었던 비결을 우리에게 알려 주고 있습니다.

환영합니다, 여기부터는 고난입니다

요한계시록에 나오는 서머나 교회에는 폴리갑이라는 감독이 있었습니다. 그의 순교 일화는 잘 알려져 있습니다. 당시 많은 그리스도인이 "예수의 이름을 욕하고 저주하면 살려 주겠다"라는 제안을 받았습니다. 믿음을 버리고 목숨을 구하라는 압박이었습니다. 이런 사악하고 폭력적인 요구 앞에서 폴리갑 감독은 이렇게 말했습니다. "86년간 주님을 섬겼다. 그렇지만 그분이 내게 한 번도 뭘 잘못하신 적이 없다. 나를 구원하신 나의 왕을 내가 어떻게 모욕할 수 있겠나?"

폴리갑은 결국 화형을 당해 한 줌의 재로 사라졌습니다. 마지막 순간까지 자신의 영혼을 하나님께 맡긴 대표적인 예입니다. 이런 순교의 영광을 누릴 수 있는 사람이 과연 몇이나 될까요? 오늘날 그리스도인에게 순교는 너무도 먼 이야기입니다. 작은 어려움 앞에서도 세상과 쉽게 타협하며 사는 것이 당연해진 시대에, 스데반이나 폴리갑 같은 분들은 오히려 극단주의자처럼 보일지 모릅니다.

우리가 순교하기 위해 살지는 않습니다. 하지만 선을 행하려고 애쓰며 삽니다. 베드로 사도는 편지 전체에 걸쳐 선을 행하면 어려움을 피할 수 없다고 말합니다. 순교는 아무나 가는 길이 아닙니다. 폴리갑의 영광스러운 고백도 어느 날 갑자기 나온 것이 아닙니다. 세상에서 선을 행하며 살아가려고 할 때는 대가가 늘 따릅니다. 예수 그리스도를 삶과 말로 증언하려고 할 때, 더 나아가 하나님이 짓고 계신 집을 함께 건축하는 "산 돌"이자 "제사장"으로 살려고 할 때는 대가를 치릅니다. 이런저런 불편함, 불리함, 손해를 겪고 있다면, 당신은 그분의 길을 따라 걷고 있는 것입니다. 사람들의 박수를 받지 못해도 괜찮습니다. 오히려 어려움을 겪으면서도 선을 행하는 즐거움을 조금씩 맛보고 있다면, 당신은 더 이상 세상 건축가가 짓는 집에 속한 사람이 아닙니다.

하나님이 짓고 계신 집의 핵심인 교회 공동체의 리더가 되는 일은 많은 대가를 요구합니다. 일반 조직의 리더와는 완전히 다릅니다. 다른 사람을 좌지우지하거나 막강한 권한을 가지고 자기 뜻대로 의사결정 하는 것이 아닙니다. 다른 성도보다 높은 자리에 오르는 것도 아닙니다. 오히려 주님을 따라 그의 고난에 참여하는 사람이 되는 것입니다. 다른 사람들을 위해 자신을 내어

305 —

14부
고난, 고난, 고난, 영광

주며 사는 것입니다. 그렇게 사는 사람들은 "자신의 영혼을 신실하신 창조주이신 하나님께 맡기는"삶을 배워 갑니다.

오늘날 사람들은 어려움 없이 평안하고 즐거운 삶을 원합니다. 더 나아가 의미 있는 삶을 추구합니다. 어떤 이들은 세상도 얻고 하나님도 얻는 길이 있다고 말할지 모릅니다. 하지만 베드로 사도는 그런 길을 '가짜 복음'이라고 할 것입니다. 스데반이 걸었고, 바울 사도가 걸었으며, 폴리갑 감독이 걸었던 그 길을 지난 2천 년 동안 수많은 사람이 따라 걸었기에 우리가 지금 여기에 있습니다. 믿음의 선배들이 걸었던 걸음을 흉내 내긴 쉽지 않겠지만, 그 대열에 속했음을 기뻐합시다. 그리고 우리 눈을 좀 더 높이 들어 그 대열의 선두에 계신, 고난받으신 예수 그리스도를 바라봅시다.

열매 가득
하나님나라

15.

———————————————

아들의 진양 5:1-7

"모든 사람이 노인이 되지만, 모든 사람이 어른이 되는 것은 아니다." 나이를 먹으며 가슴에 새기게 되는 말입니다. 우리 사회는 급격한 고령화를 겪으면서 노인 인구가 빠르게 증가하고 있습니다. 예전에는 환갑만 넘어도 노인이라 여겼고, 죽음을 앞둔 사람으로 생각했습니다. 그때도 노인들은 그다지 환영받지 못했던 것 같습니다. 시대의 흐름을 읽지 못하면서도 "나 때는 말이야"라거나 "요즘 젊은것들은"이라고 말하는 사람이 있는데, 그런 사람과 함께하고 싶어 하는 젊은 세대는 없을 것입니다. 진짜 어른은 다릅니다. 살면서 얻은 지혜를 가지고 젊은 세대와 진심 어린 대화를 나누며 그들의 시행착오를 줄여 줍니다. 그런데 이런 어른이 점점 희귀해지고 있습니다. 어른이 사라진 사회에서는 모든 사람이 "자기 소견에 옳은 대로" 살아갑니다. 인생의 의미와 목적을 어떻게 설정할 것인가 하는 근본적 질문부터 혼자 고민해야 합니다. 연애와 결혼 또는 비혼, 부부 생활과 자녀 양육, 자기 계발과 직업 선택, 경력 관리와 이직 같은 인생의 중대사를 혼자 결정해야 합니다. 개인의 차원만이 아닙니다. 직장 같은 작은 조직부터 경제계, 정치계, 교육계, 문화계 등 사회 각계각층에서 어른 역할을 하는 이들이 점점 줄어들고 있습니다. 개인과 사회가 끊임없이 비슷한 시행착오를 되풀이하는 이유 중 하나가 바로 어른들의 '실종' 때문일지 모릅니다.

15부
어른의 신앙

어른들이 사라진 세상

교회 공동체도 예외가 아닙니다. 어쩌면 고령화 문제를 더 심각하게 겪으면서 어른의 부재라는 고민이 깊어지고 있습니다. 2023년 통계를 보면, 한국 사회 전체의 60세 이상 인구는 약 32퍼센트입니다.[1] 그런데 교회 출석 교인 중에 60세 이상은 52퍼센트에 육박하고 있습니다.[2] 교회 성도의 절반이 60대 이상이라는 뜻입니다. 특별한 대책이나 하나님의 직접적인 개입이 없다면 이러한 고령화는 더욱 가속화할 것이므로, 이 현상을 깊이 있게 분석하고 여러 각도에서 고민해야 합니다. 교회에 젊은이가 줄어드는 이유 중 하나는 윗세대에게서 어른다운 모습을 발견하지 못하기 때문일 것입니다. 젊은 세대가 교회 지도자들을 존경하며 그들의 지혜와 영성을 배우고 싶어 한다면 얼마나 좋을까요? 하지만 현실은 그 반대인 경우가 많습니다. 교회 지도자들 개인 삶에서도, 교회 공동체 사역에서도 본받을 만한 모습

---

1 행정안전부, "2023년 주민등록 인구 5천133만 명, 전년 대비 11만 명 감소", 보도자료, 2024. 1. 11.
https://www.mois.go.kr/frt/bbs/type010/commonSelectBoardArticle.do?bbsId=BBSMSTR_000000000008&nttId=106346

2 목회데이터연구소, "기독교 통계(224호)-2023 한국인의 종교 현황", 2024. 1. 16.
http://www.mhdata.or.kr/bbs/board.php?bo_table=gugnae&wr_id=108

을 찾기가 쉽지 않습니다. 오히려 소통이 부족하거나 아예 불가능한 경우가 많고, 더 나아가 교회 갈등의 중심에 서 있는 안타까운 사례들을 자주 봅니다. 이런 지도자들도 좋은 어른을 경험해 보지 못했을 가능성이 큽니다. 그래서인지 교회 지도자가 되는 것을 세속 사회 지도자가 되는 것과 비슷하게 여기는 경우가 적지 않습니다. 마치 회사 이사회의 이사나 경영진의 임원이 되는 것처럼 생각합니다. 결국 교회 지도자들의 주 임무가 교회를 '운영'하기 위한 정책 결정과 예산 심의로 전락해 버렸습니다.

베드로 사도는 세상 곳곳에 흩어져 있으나 임시체류자로서 공동체를 이루며 살아가는 이들에게 편지를 쓰고 있습니다. 그런데 어쩌면 마지막 부분에서 전략적으로 가장 중요한 주제를 다루고 있는지 모릅니다. 세상에서 어려움을 겪더라도 선을 행하도록 부르심을 받은 그들에게는, 즉 세상에 둘도 없는 독특한 공동체에는 세상에서 볼 수 없는 영적 어른이 필요하기 때문입니다. 베드로 사도 자신이 그런 어른, 공동체의 지도자가 되어가는 과정을 거쳤습니다. 따라서 이 마지막 부분은 자전적 고백이기도 합니다. 부활하신 예수님과 대화하며 들었던 말씀이 그의 평생 화두가 되었을 것입니다.

세 번째 이르시되 요한의 아들 시몬아 네가 나를 사랑하느냐 하시니 주께서 세 번째 네가 나를 사랑하느냐 하시므로 베드로가 근심하여 이르되 주님 모든 것을 아시오매 내가 주님을 사랑하는

줄을 주님께서 아시나이다 예수께서 이르시되 내 양을 먹이라(요한복음 21:17, 개역개정)

세 번씩이나 같은 질문을 하시는 주님 앞에서 베드로는 곤혹스러워하며 이렇게 대답합니다. "주님, 제가 며칠 전 당신을 배신했지만, 그래도 제가 주님을 사랑하지 않는다고 말할 수 없는 줄 잘 아시지 않습니까?" 그런 베드로에게 주님은 세 번이나 "내 양을 먹이라"라고 말씀하십니다. 세월이 수십 년 흐른 뒤, 베드로는 자신의 제자들에게 "하나님의 양 무리를 먹이라"라고 합니다. 그는 평생 예수님의 양을 먹이는 일을 했습니다. 그 과정에서 예수님의 양을 먹인다는 의미를 깊이 묵상했고 그대로 실천하며 교회의 어른이 되었습니다. 베드로 사도의 일생이 담긴 고백이 여기 있습니다. 이제 그의 지혜에 귀를 기울여 봅시다. 베드로전서 5장 1-4절입니다.

1 그러므로 나는 여러분 가운데 장로들에게, 동료 장로이자 그리스도의 고난의 증인이며 앞으로 나타날 영광에 참여할 자로서 권합니다. 2 여러분 가운데 있는 하나님의 양 무리를 먹이며 감독하되[3] 억지로가 아니라 하나님을 따라 자진해서 하며, 더러운 이익

----
3 오래된 사본 중 일부에는 ἐπισκοποῦντες가 없다. 개역개정과 새번역

열매 가득
하나님나라

이 아니라 진실하게 하며, **3** 맡겨진[4] 자들을 지배하려 하지 말고 양 무리의 본이 되십시오. **4** 그러면 여러분은 목자장이 나타나실 때, 시들지 않는 영광의 면류관을 얻을 것입니다.

목자, 교회의 어른

어떤 사람의 진짜 모습은 그가 하는 말의 내용보다 그 말을 전하는 자세에서 더 잘 드러납니다. 베드로 사도가 1절에서 자신을 소개하고 성도 지도자들을 대하는 태도를 통해, 우리는 교회의 어른이 어떤 사람인지 알 수 있습니다. 베드로 자신은 의도하지 않았겠지만, 서신 마지막 부분에서 그는 성숙한 지도자의 모습을 보여 주고 있습니다.

------ 은 이를 반영해 이 부분을 번역하지 않았다. 하지만 영역본 대부분은 "exercising [the] oversight"(NASB, NRS), "serving a overseers"(NKJ), "watching over them"(NIV)으로 번역하고 있다.

4 τῶν κλήρων는 몫a lot, 부분portion, 지정된 몫that which is assigned by lot이라는 뜻이다. '주어졌다'라는 뜻이 강하므로, 개역개정과 새번역의 "맡은"보다는 "맡겨진"이 의미를 더 잘 살린다. 영역본들도 이를 반영해 "those allotted to your charge"(NASB), "those entrusted to you"(NKJ, NIV), "those in your charge"(NRS)라고 번역한다.

15부
어른의 신앙

성도의 사정을 헤아립니다

1절은 "그러므로"라는 말로 시작합니다. 안타깝게도 개역개정과 새번역은 이 중요한 접속사를 빼고 번역했습니다. 이 접속사는 4장 12-19절에서 베드로가 전한 메시지, 즉 우리가 "하나님의 뜻을 따라 고난을 받"을 것이며, 그때 우리는 "선한 일을 행하며 자신들의 영혼을 신실하신 창조주께 맡"겨야 한다는 가르침을 이어받고 있습니다. 더 나아가 이 접속사는 베드로전서의 전체 내용을 전제로 합니다. 세상의 건축가들이 짓는 집에서 임시체류자로 사는 이들이 있습니다. 이들은 하나님이 지으시는 집을 함께 건축하며 살아가는 사람들입니다. 이들이 어떤 어려움을 겪으며 사는지 모두 들었습니다. "그러므로" 이제 영적 지도자들에게 권면하겠다는 뜻입니다.

베드로 사도는 이 세상에서 성도들이 겪는 어려움을 너무도 잘 알고 있었습니다. 하나님의 택하심을 받고 부르심을 입은 존재들이지만, 살아가면서 얼마나 많은 어려움을 겪는지 자신이 직접 경험했고, 성도들의 삶에서도 보았습니다. 그래서 그는 하나님이 이루셨고 지금도 이루고 계신 놀라운 이야기(1:1-2:10)를 전한 후에, 모든 성도가 고민하는 현실적 문제들을 다룹니다. 제국에서의 삶(2:11-17), 하인의 고통(2:18-25), 여자의 두려움(3:1-7), 갈등으로 가득한 사회생활의 어려움(3:8-12), 선을 행하는 대가(3:13-22), 세속의 압력(4:1-11)을 차례로 이야기했습니다. 이 모든 것을 정리하면서 "불같은 시련에…기뻐하십시오"(4:12-19)

라고 말할 때 베드로의 마음은 어땠을까요? 그저 기쁘기만 했을까요? 아마도 그의 마음속에는 성도들을 향한 연민과 안타까움, 그러면서도 그들에 대한 신뢰와 기대가 뒤섞여 있었을 것입니다. "그러므로"는 작은 접속사처럼 보입니다. 하지만 힘겹게 살아가는 모든 성도를 향해 교회의 영적 어른, 곧 장로들이 가져야 할 첫 번째 마음을 보여 줍니다. 그것은 바로 성도들을 향한 애정 어린 마음입니다.

오늘날 교회 지도자들이 베드로 사도에게 가장 먼저 배워야 할 것이 있습니다. 성도들을 바라보는 시각입니다. 교회 조직의 단순한 구성원이 아니라, 세상 속에서 하나님나라를 살아 내고 있는 '사람'으로 바라보는 것입니다. 베드로전서를 살펴보면 교회 생활에 대한 직접적인 언급은 지금 살펴보고 있는 5장 1-7절 뿐입니다. 베드로 사도는 세상 속에서 살아가는 성도들의 구체적인 면면을 살피고 있었습니다. 무엇보다 그는 성도들 삶의 정황을 깊이 있게 알고 있었습니다. 로마제국의 현실, 하인들의 고된 생활, 남녀 차별이 극심한 가정생활, 긴장과 갈등이 가득한 사회, 타락한 세상의 실상 등을 정확하게 파악하고 있었습니다. 교회의 좋은 어른이란 교회 생활을 지도하고 기도와 말씀 생활의 본을 보이기 전에, 세상 속에서 씨름하고 있는 성도들의 삶의 현장을 직접 경험하고 이해하는 사람이어야 합니다.

15부
어른의 신앙

이런 면에서 교회의 성도 지도자[5]들은 목회자들보다 유리한 점이 있습니다. 그들 자신이 실제로 세상 속에서 살고 있기 때문입니다. 하지만 그들이 이원론적 영성, 즉 신앙생활은 교회라는 테두리 안에서 하고 세상에서는 세상의 방식을 따른다고 생각한다면, 그들 역시 세상살이에 대해 할 말이 없을 것입니다. 이런 종류의 문제는 목회자와 사역자에게서 더 자주 발견됩니다. 목회자가 교회라는 공간에 고립된 지 이미 오래되었습니다. 신학교 시절부터 자신을 세속을 등진 사람으로 여깁니다. 사회생활을 경험해 보지 못한 것은 물론이고, 세상살이에 관심을 가질 틈도 없이 교회 사역에만 몰두해야 하는 것이 많은 목회자의 현실입니다. 결국 교회라고 불리는 공간과 연관된 다양한 활동에만 전념하게 되고, 그 밖의 일에 대해서는 무관심해지고 무지한 상태에 머물게 됩니다. 이를 극복하려는 목회자들도 있습니다. 성도 한 사람 한 사람을 만나 그들의 삶에 귀 기울입니다. 세상을 간접적으로라도 경험하려고 합니다. 최근에는 주중에 사회

─────

5 모든 성도는 제사장 역량을 갖춘 지도자로 성장해야 한다. 교회의 직분을 받았다는 것은 성도 지도자가 되었다는 뜻인데, 불행히도 직분에 어울리는 역량을 갖춘 이를 찾기가 어렵다. 교회가 공동체가 아니라 조직인 곳에서는 직분을 받더라도 조직의 지도자가 될 뿐, 목양 역량을 제대로 갖추지 못하는 경우가 많다. 어린 성도가 어떻게 성장해서 성도 지도자에까지 이르는지는 《제자훈련, 기독교의 생존방식》에서 자세히 다루고 있다.

열매 가득
하나님나라

에서 일하고 주말에 목회하는 겸직 목회자[6]가 늘고 있는데, 어떤 면에서는 매우 바람직합니다. 바울 사도 역시 겸직 목회자였으니까요. 이렇게까지는 아니어도 성도들이 살아가는 세상을 이해하기 위해 따로 공부도 합니다. 목회자가 신학뿐 아니라 인문사회과학을 공부해야 하는 이유는 무엇일까요? 자신이 사랑하는 성도들이 살아가는 세상을 좀 더 정확하고 실질적으로 이해하고 싶기 때문입니다.

교회의 어른은 무엇보다 성도를 진정으로 사랑하는 사람이어야 합니다. 성도들을 사랑해서 교회 속 삶뿐 아니라, 그들이 대부분의 시간을 보내는 세상 속 삶을 깊이 들여다보는 사람이어야 합니다. 일반인으로 살기에도 만만치 않은 세상을 깊이 이해할수록 그리스도인으로서 겪는 어려움도 더 깊이 이해하게 됩니다. 세상 속에서 하나님의 뜻을 따르는 것이 결코 쉽지 않다는 사실을 깨닫게 됩니다. 더 나아가 선을 행하면 오히려 고난이 찾아온다는 사실도 알게 됩니다. 또한 이런 어려움을 겪을 때 어린 성도들이 유혹을 이기지 못하고 넘어지거나, 더 심한 경우 믿음을 저버릴 수도 있다는 사실을 자신의 경험과 수많은 관찰을 통해 알아 갑니다.

---

6 이중직 목회자라는 용어가 자주 쓰이는데, 성직과 속직을 나누는 경향이 있어 적합하지 않다.

15부
어른의 신앙

이때 리더들이 나서서 감당해야 할 역할이 있습니다. 예수님도 이 사실을 너무나 잘 알고 계셨습니다. 마태복음 13장, 마가복음 4장, 누가복음 8장에서 하나님나라를 설명하실 때, "씨 뿌리는 사람의 비유"를 말씀하십니다. 씨앗이 아예 자리 잡을 수도 없는 '길가'와 씨앗을 받아 열매를 맺는 '좋은 땅'을 제외하고 씨앗이 떨어지는 두 종류의 땅이 더 있습니다. 둘 다 말씀을 받을 때는 열렬한 기쁨으로 받습니다. 그런데 돌밭은 핍박이 오면 뿌리가 얕아서 타 죽고, 가시덤불은 세상 욕심과 염려로 씨앗이 자라지 못합니다. 예수님은 2천 년 전에 이미 그리스도인들이 겪게 될 이 두 가지 어려움을 미리 보여 주셨습니다.

교회의 어른은 자신이 "사랑하는 자들이여"라고 부르는 이들이 예수를 따르는 과정에서 주저앉거나 탈락할 수 있다는 사실을 아는 사람들입니다. 예수를 따를 때 우리가 피할 수 없는 것이 두 가지 있는데, 하나는 핍박이고 다른 하나는 유혹입니다. 예수를 믿고 따르게 되면 우리에게는 불편함이 생깁니다. 때로는 불이익을 받고, 오해도 받고, 피해도 보고, 더 심할 때는 핍박도 당합니다. 이것이 바로 돌밭을 경험하는 것입니다. 이와 함께 하나님을 따르지 못하도록 방해하는 세상의 염려나 세상을 향한 탐욕이 있습니다. 세상도 얻고 하나님도 잃지 않겠다는 마음이 우리 속에 스며들기 시작하면, 세상 욕심과 염려가 우리 마음을 지배해서 열매를 맺지 못하게 방해합니다. 이것이 바로 가시덤불을 경험하는 것입니다. 그리스도인에게 흔히 일어나는 이런

— 318

현상을 교회의 어른들은 깊이 숙고해야 합니다. 교회의 어른들은 비판하고 교정하기 위해서가 아니라, 그들을 사랑하기에 자신들이 경험했던 박해와 유혹을 어떻게 극복했는지 본을 보이며, 그 지혜로 어린 성도들을 지키고 위로하고 격려합니다.

예수 그리스도를 따릅니다

그리스도인이 겪는 유혹과 박해는 신앙이 어릴 때만 찾아오는 것이 아닙니다. 오히려 영적으로 성숙할수록 더 강력한 유혹과 더 심각한 박해를 경험합니다. 주님을 평생 충성스럽게 따르던 영적 지도자들이 말년에 큰 실수를 저질렀다는 소식이 자주 들리는 것도 이 때문입니다. 교회의 어떤 어른에게 이런 유혹과 박해가 없다면, 두 가지 중 하나입니다. 그리스도의 장성한 분량에 완전히 이르렀거나, 아니면 이미 그 유혹과 박해에 무릎을 꿇은 것입니다. 우리가 걸어가는 길은 끝까지 좁은 길이기 때문에, 자신도 그 길을 걷기가 힘듭니다. 그런데 어떻게 베드로 사도처럼 다른 이들을 권면할 수 있을까요? 오직 한 길이 있습니다. 참 목자이신 주님을 따라 걸을 때만 다른 이들도 권면할 수 있습니다.

성경은 하나님을 목자로, 우리를 양으로 자주 표현합니다. 이 비유는 구약성경에도 여러 차례 등장합니다. 야곱은 "내가 태어난 날로부터 오늘에 이르기까지 나의 목자가 되어 주신 하나님"(창세기 48:15)이라고 고백했고, "여호와는 나의 목자시니"로 시작하는 시편 23편은 많은 성도가 애송하는 시가 되었습니다.

15부
어른의 신앙

시편 100편도 "우리는…그가 기르시는 양이다"라고 노래합니다. 반면 이사야 53장 6절은 "우리는 모두 양처럼 길을 잃고, 각기 제 갈 길로 흩어졌으나"라고 탄식하며, 목자이신 하나님을 떠난 현실을 고발합니다. 이러한 구약성경의 전통은 신약성경에 와서 더욱 깊어집니다. 누가복음에는 '잃어버린 양의 비유'가 나오고, 요한복음 10장에서 예수께서는 "나는, 양들이 생명을 얻고 또 더 넘치게 얻게 하려고 왔다"(10:10)라고 선언하신 후에 "나는 선한 목자이다. 선한 목자는 양들을 위하여 자기 목숨을 버린다"(10:11)라고 말씀하십니다. 이사야 53장의 이미지와 요한복음 10장의 말씀이 하나로 어우러져 베드로전서 2장 25절은 "여러분은 길을 잃어버리는 양과 같았었는데, 그러나 이제는 여러분의 영혼의 목자이며 감독에게 돌아왔습니다"라고 선포합니다. 우리 모두에게는 참 목자가 계십니다. 바로 예수 그리스도이십니다.

교회의 어른들은 예수 그리스도를 참 목자로 따릅니다. 예수님은 목자로 살아가는 교회 지도자들의 "목자장"(5:4)이 되십니다. 영적 어른이란 예수님의 양으로 머물지 않고, 목자장이신 예수를 닮아 자신도 목자가 되어 가는 사람입니다. 목자가 되는 일은 시간이 흐른다고 저절로 이루어지지 않습니다. 세월이 지나면 누구나 노인이 되지만 성장과 성숙의 단계를 거쳐야만 어른이 됩니다. 이처럼 목자가 되려면 그만한 역량을 갖추고 그 역할을 감당할 수 있도록 자신이 먼저 성장해야 합니다. 이렇게 앞서 걸어가는 사람, 뒤따라오는 이들을 이끌어 주는 사람을 목자라고 부를 수 있습니다. 신앙 초기에는 교회 공동체와 주변 여러 영역에서 자신보다 앞서 걷는 목자를 따르며 주님을 닮아 갑니다. 목자를 따르다 보면 어느새 교회 공동체 안에서 어른이 되어 가는 자신을 발견하게 됩니다. 영적 여정의 어느 시점에 이르면 "동료 장로들"(1절)이라고 부를 수 있는 동료 목자들과 함께 걷게 됩니다. 이때부터는 처음부터 우리가 목표로 삼고 따라갔던 참 목자를 더욱 가까이에서 좇게 됩니다.

신약성경은 놀라운 가르침을 전합니다. 하나님이 우리 모두의 목자, 곧 영적 지도자이지만, 우리를 주님께로 이끌어 주는 중간 지도자들이 있다고 가르칩니다. 이들이 바로 이번 장 본문에서 베드로 사도의 조언을 받고 있는 '함께 장로된 사람들'입니다. 우리가 제사장이 되었다(2:5)고 해서 목자가 필요 없는 것이 아닙니다. 제사장이 되었다는 것은 우리가 하나님 앞에 누구의 중보도 없이 설 수 있다는 놀라운 소식이지만, 영적 성장을 위해서는 우리보다 앞서 걷고 있는 목자가 꼭 필요합니다. 이는 매우 실제적인 가르침이며, 예수께서 직접 계획하신 것입니다. 예수께서 돌아가실 때 베드로에게 "네가 나를 사랑하느냐? 그러면 내 양 떼를 먹여라"라고 말씀하신 데서 그 비밀을 발견할 수 있습니다. 예수님이 목자이시니 베드로는 그분의 양입니다. 하지만 주님은 베드로에게 다른 양들을 맡기시며 돌보라고 하십니다. 베드로 사도에게 "네가 나를 사랑하느냐? 그러면 양들

15부
어른의 신앙

이 나만 의존하도록 해라"라고 말씀하지 않으셨습니다. 오히려 "양 떼를 먹여라", 곧 "네가 먹여라"라고 말씀하셨습니다. 하나님은 유혹과 시험이 가득한 세상에서 우리가 잘 살아 내도록, 직접 은혜를 주시기도 하지만 매우 중요한 선물을 우리에게 주셨습니다. 바로 우리보다 조금 앞서 참 목자이신 예수를 따르고 있는 우리의 목자들, 영적 어른들입니다. 베드로전서 본문에서는 이들을 장로라고 부릅니다.

영적 어른은 예수를 참 목자로 삼고 세상 속에서 믿음 대로 사는 사람입니다. 이들은 세상 현장 한복판에서 수많은 어려움을 겪습니다. 선을 행하면 따라오는 대가를 기꺼이 치르며 더욱 굳건히 참 목자를 따릅니다. 이런 과정에서 영적 근육이 단단해집니다. 자신이 성장하면 뒤따라 걷고 있는 어린 성도들이 눈에 들어오기 시작합니다. 이제 그들을 섬기면서 목자가 되어 갑니다. "목자장"을 따르는 목자의 정체성이 확립되고 목자의 역량도 갖추게 됩니다. 목자장을 따르는 목자, 바로 그가 영적 어른입니다.

하나님과도 동료와도 성숙한 관계를 맺습니다

교회의 어른, 곧 진정한 목자의 세 번째 특징은 '확립된 정체성'이 선명해지는 것입니다. 베드로 사도는 자신을 "그리스도의 고난의 증인이며 앞으로 나타날 영광에 참여할 자"라고 소개합니다. "고난의 증인"이라는 표현은 그가 쉽게 입에 담을 수 있는 말이 아닙니다. 부활의 증인이라고 해도 되는데, 굳이 고난의 증인이라고 자신을 소개합니다. 예수께서 고난받으실 때 베드로가 어떻게 행동했는지 우리는 잘 알고 있습니다. 차라리 "주님을 위하여서는 내 목숨이라도 바치겠습니다"(요한복음 13:37), "모든 사람이 주님을 버릴지라도, 나는 절대로 버리지 않겠습니다"(마태복음 26:33)라고 호언장담만 안 했어도, 예수님을 세 번이나 부인한 일이 덜 부끄러웠을 것입니다. 더구나 예수께서 옷 벗김을 당하고 매를 맞으며 십자가에 달려 고난받으시는 현장에 그는 없었습니다. "고난의 증인"이라는 그의 고백은 본인은 물론이고 듣는 이들에게도 그의 치부를 떠올리게 했을 것입니다. 사실 베드로 사도에게는 자신을 소개할 만한 자랑스러운 순간이 여러 번 있었습니다. 특히 그가 예수를 그리스도라고 고백하고 주님께 들었던 말씀은 평생 사람들 앞에서 내세울 만한 내용 아니었습니까? "너는 베드로다. 나는 이 반석 위에다가 내 교회를 세우겠다"(마태복음 16:18). 베드로 사도는 자신을 "예수께서 세우시는 교회의 반석"이라고 소개할 수도 있었습니다. 하지만 그는 자신의 인생에서 자랑스러운 순간이 아닌, 가장 부끄럽고 어쩌면 지워 버리고 싶었던 순간을 택했습니다. 그만큼 그리스도의 고난이 무엇과도 비교할 수 없이 소중했기 때문입니다. 메시아의 고난이, 온 인류를 구원하고 하나님나라를 시작하는 데 필수였음을 베드로 사도는 마음 깊이 알고 있었습니다. 여기에서 우리는 자기의 영광과 이름이 더 이상 관심사가 아닌 사람, 오직

15부
어른의 신앙

하나님의 영광만을 소중히 여기는 사람으로 성장한 베드로 사도를 발견합니다.

베드로 사도는 "고난의 증인"에 이어 자신을 "앞으로 나타날 영광에 참여할 자"라고 말합니다. 이 서신 전체에서 종말론적 소망이 얼마나 중요한 위치를 차지하는지는 다시 강조할 필요가 없을 것입니다. 1장 3절의 "산 소망"으로 시작해서 여러 차례 소망을 언급하며, 바로 앞 4장 13절에서는 "그의 영광이 나타날 때 여러분들 또한 크게 즐거워하며 기뻐하게" 될 것이라고 했습니다. 베드로 사도는 장차 임할 소망에 사로잡힌 사람이었습니다. 이 소망이 더욱 찬란하게 빛나는 이유는 바로 고난 때문입니다. 4장 13절에서도 "여러분은 그리스도의 고난에 동참하는 것만큼 기뻐하십시오"라고 했습니다. 고난과 영광은 늘 함께 등장하는 말씀입니다. 4장 13절에서는 우리 모두가 고난에 동참한다(코이에네테κοινωνεῖτε)고 했다면, 5장에서는 앞으로의 영광에 동참할 사람(코이노스κοινωνός)이라고 말합니다.

영적 어른이 된다는 것은 하나님과의 관계가 단단해진다는 것입니다. 이들은 메시아이신 예수께서 어떤 고난을 감당하셨고, 그로 인해 얼마나 놀라운 복을 우리에게 가져다주셨는지를 잘 알기에, '고난받으신 그리스도'를 세상에서 가장 중요한 분으로 여깁니다. 영적 어른은 세 단계로 나눌 수 있습니다. 첫 단계는 그리스도의 고난을 삶의 중심으로 삼는 것입니다. 두 번째 단계는 참 목자이신 예수를 따라 고난당하는 일을 피하지 않는 것입니다. 세상살이에서 피할 수 없는 고통은 물론이고, 선을 행하다 겪는 다양한 어려움을 의연하게 받아들입니다. 가끔 두 번째 단계까지 다다른 영적 어른들을 봅니다. 저도 여기까지는 이른 것 같습니다. 그러나 영적 어른의 세 번째 단계는 "앞으로 나타날 영광에 참여할" 소망으로 즐거워하고 기뻐하는 것입니다. 저도 이 단계에 이르려고 애쓰고 있습니다. 주님을 위해 살아갈 때 적지 않은 대가를 치르면서 때로는 억지로 꾸역꾸역 주님을 따라가게 됩니다. 이럴 때 기쁨이 넘치기보다는 지치기 쉽고, 사람들이 알아주지 않는 것이 서운하며, 이렇게 사는 것이 과연 의미가 있나 하는 회의가 듭니다. 주님의 고난의 증인으로, 그의 고난에 참여하고 있지만 마음속에 기쁨이 넘치지 않는 것입니다. 진정 영적으로 성숙한 어른은 이런 상황에서도 기뻐하며, 숨을 헉헉 몰아쉬며 따라오는 양들을 향해 "기뻐하십시오"(4:13)라고 말할 수 있는 사람입니다. 이들의 마음 중심에는 살아 있는 소망, 즉 산 소망이 단단하게 자리 잡고 있기 때문입니다. 그리스도인으로서 주어진 정체성이 아닌, 확고한 정체성을 가진 사람들은 고난 중에서도 기쁨을 누립니다.

영적 어른은 하나님과의 관계에서 자신의 정체성이 선명한 사람입니다. 수직적 영역에서의 성숙은 수평적 영역에서 자연스럽게 드러납니다. 베드로 사도는 이 서신을 받는 공동체의 지도자들을 "동료 장로"라고 부릅니다. 인간적으로 생각하면 그는 예수의 수제자이며 누구보다 먼저 부르심을 받았습니다. 가톨릭

교회식으로 이해하면 자신을 초대 교황이라고 주장할 수도 있습니다. 그 장로들 중에 베드로 사도가 직접 복음을 전하고 양육했던 이들도 적지 않았을 텐데, 베드로 사도는 자신과 그들을 같은 장로로 여기고 그들을 "동료 장로"라고 부릅니다. 이것이 성숙한 지도자의 특징입니다. 성숙한 지도자는 자신과 함께 일했던 사람들을 자신의 지도와 지휘 아래 계속 두지 않고, 어느 순간 그들을 동등한 위치로 끌어올리는 것을 목표로 삼습니다. 더 나아가 자신보다 더 탁월한 사람이 나오도록 애쓰고, 자신은 때가 되면 뒤로 물러섭니다. 물론 이런 지도자를 거의 보지 못해서 실재하는지 의문을 품을 수도 있으나, 이것이 성경이 우리에게 보여 주는 참된 지도자의 모습입니다. "산 돌"이신 예수께서도 우리를 "산 돌들"(2:4-5)로 여겨 주시는데, 어찌 이런 일이 불가능하겠습니까? 목자로 영원히 앞서가는 것이 아니라, 때가 되면 목자 그룹에서 동료 장로들과 동역하다가, 때가 더 무르익으면 사명을 이어받을 자들에게 자리를 내어주는 영적 어른! 상상만 해도 즐겁습니다.

나들목교회를 세울 때 이런 소망이 있었습니다. 10년, 15년 후에는 나와 어깨를 나란히 할 수 있는 성도 지도자들이 나올 것이다! 실제로 나들목교회가 개척된 지 18년 만에 다섯 교회로 분교할 수 있었던 것은 영적 어른이라고 불릴 만한 사람들이 다수 세워졌기 때문입니다. 2001년에 세워진 나들목교회는 2019년 다섯 교회로 분교할 때쯤 영적 어른에 해당하는 사람들이 120명

열매 가득
하나님나라

할까요? 2절에서 본격적으로 살펴보겠지만, 영적 어른들, 곧 교회 지도자들이 해야 하는 가장 중요한 일은 '먹이는 것'입니다. 이는 앞서 살폈듯이 예수님이 베드로에게 하신 말씀이기도 합니다. 그래서 어떻게 공동체 가족들을 먹일지가 초대교회 지도자들의 핵심 고민이었습니다. 바울 사도가 예루살렘에 가는 길에 자신이 사역했던 에베소 교회 장로들을 불러 당부한 말씀을 봅시다. 그 핵심인 사도행전 20장 28절입니다.

> 여러분은 자기 자신을 잘 살피고 양 떼를 잘 보살피십시오. 성령이 여러분을 양 떼 가운데에 감독으로 세우셔서, 하나님께서 자기 아들의 피로 사신 교회를 돌보게 하셨습니다.

바울 사도는 에베소 장로들에게 영적 리더로서 먼저 "자신을 잘 살피십시오"라고 합니다. 자신이 참 목자를 따라가고 있는지를 점검하고 그것이 분명하다면, 그다음에는 자신들에게 맡겨진 "양 떼를 잘 보살핍니다." 바울이 사용한 "보살피다"와 5장 2절의 "먹이다"는 같은 단어입니다. 요한복음 21장 16절에 따르면 예수님이 쓰신 단어도 동일합니다. 무엇을 어떤 자세로 먹일지는 2-4절에서 자세히 다루겠습니다. 여기서 중요한 것은 영적 어른들의 주된 사역이 사람들을 먹이는 일, 즉 양육하는 것이라는 점입니다. 진리로 먹이는 일이란 하나님나라 복음으로 사람들을 양육하는 것입니다. 하나님의 진리란 하나님은 어떤 분이

시고, 하나님이 무슨 일을 하셨고, 무슨 일을 하고 계시며, 무슨 일을 하실지에 관한 살아 있는 지식입니다. 하나님이 그리스도 안에서 이루신 놀라운 일을 성도들에게 알려 주고, 그것을 먹고 힘을 낼 수 있게 도와주는 것이 바로 '먹이는 일'입니다. 이는 교회에서 세미나나 성경공부 시간에 이론으로만 가르치는 것이 아닙니다. 자신이 삶으로 먼저 살아 내고, 세상 속에서 고난을 당하는 성도들과 함께 아파하고, 그들 삶에서 부족한 부분을 채워 주며, 그들이 성장하도록 시간을 내고, 자신이 가진 자원을 사용하는 것입니다.

세계 교회의 역사를 보면 '먹이는 일'이 흥왕할 때 놀라운 일이 일어났습니다. 사람들이 살아나고 교회가 세워졌으며, 그들을 통해 세상이 변화되었습니다. 그러나 먹이는 일 대신 '교회를 경영하는 일'에 교회 지도자들이 시간과 에너지를 쓸 때는 어떻게 되었을까요? 교회는 공동체에서 조직으로 전락하고, 시간이 지나면서 권력이 형성되고 타락하는 순서를 밟아 왔습니다. 오늘날 한국 교회에는 여러 문제가 있지만, 가장 심각한 문제 중 하나는 교회 지도자들이 아무도 돌보지 않는다는 것입니다. 모여서 회의를 주로 합니다. 영적 어른들은 서로 먹이고 서로 키워 주고 서로 세워 주는 일에 모든 에너지를 써야 합니다. 그런데 권력을 가지고 결정을 하고 예산을 집행하는 일이 주 업무라면 이미 경고등이 켜진 상태입니다. 양 떼를 먹여 본 경험을 축적하고, 늘 먹이는 일에 관심이 있는 지도자들은 모여서 다른 일을 합니다. 바울 사도가 에베소 장로들에게 말했듯이, 영적 어른으로서 자신의 영적 건강과 성장을 돌아보며 공동체 가족들 하나하나와 전체의 영적 성장을 위해 고민하고 분별하고 기도하며 중요한 의사결정을 합니다. 다른 사람들을 키우고 살리는 일에 자기 인생을 드리는 이들이 바로 영적 어른, 교회의 진정한 지도자들입니다.

그렇다면 양 떼에게 무엇을 먹여야 할까요? 오늘날 설교는 물론이고 교회 안의 다양한 강의나 세미나가 자기 계발, 교양, 인문학, 심리학 등의 내용으로 가득 차 있습니다. 성경을 많이 인용하지만 종교적 의무를 전하는 데 그치기도 합니다. 이런 것으로는 사람을 살릴 수 없습니다. 무엇을 먹일지에 대한 답을 베드로전서는 선명하게 보여 줍니다. 베드로 사도는 하나님이 그리스도를 통해 하신 일에 끊임없이 집중합니다. 특히 그리스도 안에서 새로 얻은 정체성을 선명하게 알려 줍니다. 이를 기초로 세상에서 어떻게 살 것인지 그 원리를 이야기합니다. 이때 베드로 사도는 편지의 흐름에 방해가 될 정도로 반복해서 그리스도에 관해 이야기합니다. 삶의 모든 원리가 그리스도에게서 비롯되기 때문입니다. 여기서 우리는 예수께서 "내가 생명의 밥이다"라고 하신 말씀(요한복음 6:35)의 실재를 보는 듯합니다. 예수께서 언급하신 '아르토스ἄρτος'라는 단어는 주식을 뜻하는 말이라서 "떡"보다는 "밥"이 더 정확한 번역입니다. 예수는 명절 때 가끔 맛보는 떡이 아니라 우리의 주식인 밥이십니다. 한국인이 밥심으로

15부
어른의 신앙

살듯이 그리스도인은 예수님으로 삽니다.[8] 그리스도를 생각하고, 그가 하신 일을 묵상하고, 그를 사랑하는 것, 그리고 그를 따라 세상에서 살아가는 것, 그것이 바로 '생명의 밥'이신 예수를 먹는 것입니다. 목자들이 먹여야 할 것은 바로 이 예수이십니다.

'먹이다'라는 주동사와 함께 등장하는 단어가 '감독하다 ἐπισκοπέω'입니다. '주시하다', '관찰하다σκοπέω'라는 동사에 '~의 위에서ἐπι'를 뜻하는 접두사가 붙은 단어입니다. 영어로는 주로 'oversee'라고 번역되는 이 단어의 원래 뜻은 '위에서 주시하며 관찰하다'입니다. 문법적으로는 감독하는 일이 먹이는 일을 지원하는 것처럼 보입니다. 사도행전 21장 20절에서도 명사형인 '감독자ἐπίσκοπος'와 먹인다는 단어가 함께 등장합니다. 목자가 양을 잘 먹일 때, 즉 예수를 잘 알고 누리도록 도와줄 때 당연히 같이 해야 하는 일이 있습니다. 잘 먹는지 예의 주시하며 격려하고 잘 먹도록 이끄는 것입니다. 이렇게 먹이고 감독하는 일의 최고 모범은 예수님입니다. 그가 우리의 "목자이며 감독"(2:25)이시기 때문입니다. 오늘날 사역자들은 어떨까요? 먹이기보다 일방적으로 가르치기만 하고, 어떻게 살아 내는지를 예의 주시하는 목양의 본질을 잃어 가고 있습니다. 대형 교회에서는 담임목

─────
8 생명의 밥, 예수에 관해서는 《제자훈련, 기독교의 생존방식》 1장 참조.

사는 물론이고 부교역자(용어부터 성경적이지 않습니다)도 성도 한 명 한 명을 돌보기란 거의 불가능합니다. 소형 교회도 대형 교회 유전자를 그대로 받아서 교인이 열 명뿐인데도 앉혀 놓고 일방적으로 설교합니다. 설교를 마치고 한 사람 한 사람 돌보는 일은 잘 하지 않습니다. 설교를 왜 하는 것일까요? 가르치는 일은 먹이는 일의 초보 단계입니다. 먹은 것을 잘 소화할 수 있도록, 즉 제대로 적용해서 예수 그리스도에 이르도록 성장을 돕는 일까지가 '먹이는 일'입니다. 여기에 실제로 잘 사는지를 예의주시하는 '감독하는 일'까지 더해져야 비로소 목양이 완성됩니다.

그래서 교회 공동체 안에는 예수 그리스도와 그분의 가르침을 잘 전달해 주는 사람이 있어야 합니다. 바울 사도는 이런 사람을 교사라고 부르고, 목자와 동격으로 둡니다(에베소서 4:11). "목자 즉 교사"는 가르치고 그 내용대로 살도록 이끌어 주는 사람입니다. 교회 공동체 규모가 커지면 교사 한 명이 모든 사람의 목자 역할을 감당하지 못할 때가 많습니다. 이럴 때는 장로들, 곧 영적 어른들이 교사 역할을 하는 목회자와 동역해야 합니다. 안타깝게도 오늘날 한국 교회의 모습을 보면 상황이 전혀 다릅니다. 진리를 들려주는 일이 목회자의 가장 중요한 사역이 되었습니다. 반면 진리를 제대로 소화해서 진리대로 살아 내는지 살피는 진정한 목양은 희미해졌습니다. 예수 그리스도를 '먹이며' 예수의 발자취를 따르도록 '감독하는' 사람이 영적 어른입니다. 이런 면에서 베드로 사도를 본받아야 합니다. 그는 자신이 쓴 이 편지 내용으로 성도들을 먹입니다. 그리고 여러 권면을 통해 편지 내용처럼 살아가도록 감독합니다. 영적 어른은 '먹이고 감독하는 사람'입니다.[9]

목자의 자리

베드로 사도는 자신을 소개하면서 영적 어른의 모습을 슬쩍 보여 주었습니다. 이어서 먹이는 자, 즉 목자의 삶과 사역에 관해 매우 실제적인 가르침을 전합니다. "내 양 떼를 먹여라"라는 예수님 말씀을 평생 가슴에 품고 그 의미를 곱씹으면서 수많은 시행착오를 한 다음에 얻은 깨달음이라서 간결하면서도 깊은 통찰을 담고 있습니다. 베드로 사도는 목자의 삶을 세 부분으로 나누어 설명합니다. 어떻게 시작할지, 어떤 마음가짐으로 사역할지, 가장 효과적인 방법은 무엇인지를 차례로 다룹니다. 각 부분에서는 따라야 할 것과 피해야 할 것을 대조하는 방식으로 설

------

9 목자로서 양들의 성장을 돕고, 양들과 함께 주님을 닮아 가려는 이들을 위해 관련 자료를 펴냈다. 복음이 무엇인지를 선명하게 전하고 싶다면 《풍성한 삶으로의 초대》와 《하나님나라의 도전》을, 그리스도인으로 첫걸음을 내딛는 이를 돕고 싶다면 《풍성한 삶의 첫걸음》을, 본격적인 제자훈련을 원한다면 《풍성한 삶의 기초》를 추천한다. 책과 함께 동영상 자료도 제공되며, 인도자용 무료 강의도 쉽게 이용할 수 있다.

명합니다. 그리고 마지막에는 목자가 누리는 영광과 져야 할 책임까지 세심하게 짚어 줍니다. 이 가르침은 베드로 사도가 평생에 걸쳐 다듬고 깊이를 더한 내용이라서, 성경 전체를 통틀어 목양에 관해서는 가장 귀중한 본문이 아닐까 합니다.

어떻게 시작할 것인가

오늘날 일부 교회에서는 지도자 자리를 주지 않는다고 교회를 떠나는 사람들이 있습니다. 장로가 되기 위해 선거운동까지 한다는 이야기가 들립니다. 장로나 교회 지도자가 되면 그리스도인으로서 성공하고 인정받는 듯해서 그럴까요. 그래서인지 사회적으로 어느 정도 성공하고 재정도 든든해야 장로로서 어울린다는 분위기입니다. 하지만 초대교회는 전혀 달랐습니다. 자원해서 지도자가 되려는 사람보다 공동체의 요청으로 지도자가 되는 경우가 많았습니다. 공동체의 지도자가 된다는 것은 그 누구보다 더 많이 섬기는 자가 된다는 뜻이었습니다. 특히 부분적이든 전면적이든 박해가 있던 시기에는 감시 대상자 맨 앞자리에 오르는 것을 의미했습니다.

요즘도 건강한 교회를 보면, 지도자가 되려고 앞다투어 나서는 모습을 보기 어렵습니다. 지도자의 자리는 다른 이들의 본이 되어야 하는 자리이며, 더 나아가 다른 사람들을 섬기기 위해 자신을 더욱 낮추고 더 큰 대가를 치러야 하는 자리이기 때문입니다. 예수님의 다음 가르침이 생생하게 살아 숨 쉬는 교회가 바로

15부
어른의 신앙

건강한 교회입니다.

예수께서는 그들을 곁에 불러 놓고 말씀하셨다. "너희가 아는 대로, 이방 민족들의 통치자들은 백성을 마구 내리누르고, 고관들은 백성에게 세도를 부린다. 그러나 너희끼리는 그렇게 해서는 안 된다. 너희 가운데서 위대하게 되고자 하는 사람은 누구든지 너희를 섬기는 사람이 되어야 하고, 너희 가운데서 으뜸이 되고자 하는 사람은 너희의 종이 되어야 한다. 인자는 섬김을 받으러 온 것이 아니라 섬기러 왔으며, 많은 사람을 위하여 자기 목숨을 몸값으로 치러 주려고 왔다"(마태복음 20:25-28).

예수님은 "마구 내리누르고 세도를 부리는" 대신 종이 되어 섬겨야 하며, "으뜸이 되려면 종이 되어야 한다"라고 말씀하셨습니다. 그런데 오늘날 많은 교회와 그리스도인은 예수님의 이런 가르침을 과장된 표현 정도로 여기는 듯합니다. 그래서 어떤 이는 목사가 되려고 하고, 또 어떤 이는 장로가 되려고 합니다. 하지만 진정으로 주님을 따르고자 한다면, 그 길이 자신을 내어 주는 길임을 먼저 깨달아야 합니다. 예수께서는 그 본보기를 자신에게서 찾으라고 말씀하셨습니다. 만왕의 왕이신 예수님은 단순히 사람들을 섬기러 오신 것이 아니라, "자기 목숨을 몸값으로 치러 주려고 왔다"(마태복음 20:28)라고 하셨습니다. 예수께서 자신의 생명을 바치셨다면, 교회의 으뜸 지도자들은 죽기 직전까지, 중간 리더들은 까무러칠 정도로, 그다음 리더들은 지칠 정도로 자신을 내어주어야 합니다. 그러니 예수를 따르는 공동체에서는 리더가 되는 일을 신중하게 고민할 수밖에 없습니다. 함부로 나서서 자리를 달라고 할 일이 아닙니다.

가정교회로 이루어진 교회에서는 영적 어른인 성도 지도자들이 자신에게 맡겨진 사람들을 돌봅니다. 이들은 주말마다 자신의 집을 열어 영적 가족들을 맞이하고 식사를 같이하며, 예수를 어떻게 믿고 따를지 격려합니다. 주중에는 어려움을 겪는 지체들을 찾아가 목양하고, 일 년에 여러 차례 어린 성도들과 일대일 제자훈련도 합니다. 가정교회의 지도자가 된다는 것은 상당한 시간 투자를 의미하며, 재정적 헌신도 뒤따릅니다. 주일예배 한 번으로 자신의 영성을 지키려는 사람은 영적 성장이 더딥니다. 반면, 다른 사람들을 돌보기 시작한 영적 어른의 삶은 뚜렷하게 변화합니다. 하지만 이 길은 절대 쉽지 않습니다. 그래서 건강한 교회에서조차 많은 성도가 억지로 목자 역할을 맡게 되는데, 이해할 만합니다. 이 일은 남는 시간에 하는 봉사 활동이 아니라, 자신을 다른 사람에게 내어주는 일이기 때문입니다.

그렇다면 왜 베드로 사도는 "자진해서" 하라고 했을까요? 여기서 주목할 점은 "자진해서"라는 단어를 수식하는 "하나님을 따라"입니다. 영어 성경은 이를 풀어서 "하나님의 뜻을 따라"(NASB), "하나님이 여러분이 하도록 하시는 만큼"(NRS), "하나님이 여러분들이 되기를 원하시는 만큼"(NIV)이라고 번역했습니다. 이 구절은 예수님이 베드로에게 "네가 나를 사랑하면, 내 양 떼를 먹여라"라고 거듭 말씀하셨던 그 대화를 떠올리게 합니다. 억지로 하지 않고 자진해서 할 수 있는 이유를 여기서 두 가지 발견할 수 있습니다. 첫째는 그들 눈에 양 떼가 보이기 시작해서입니다. 베드로 사도는 2-3절에서 "하나님의 양 무리"라는 표현을 씁니다. 영적 성장 초기에는 양 떼는커녕 자신밖에 보이지 않습니다. 하지만 목자의 도움으로 성장하기 시작하면 어느덧 자신도 점점 목자가 되어 갑니다. 그러면서 자기를 따르는 이들이 생기고, 자신이 속한 공동체도 눈에 들어오기 시작합니다. 그리고 마침내 이들을 섬길 사람이 필요하다는 사실을 깨닫습니다.

자신의 부족함을 알면서도 더 부족한 사람들이 눈에 들어올 즈음, 모든 그리스도인은 예수님의 질문을 듣게 됩니다. "너는 나를 사랑하느냐?" 우리는 베드로처럼 대답합니다. "제가 이것 저것 부족하고 아직 성숙하지도 않았지만, 주님을 사랑하는 것만큼은 부인할 수 없습니다. 주님께서 아시지 않습니까?" 그러면 주님의 음성이 들려옵니다. "내 양 떼를 먹여라." 모든 그리스도인은 영적 여정 중 어느 순간 반드시 이 말씀을 듣게 됩니다. 이것이 자진해서 양 떼를 먹이게 되는 두 번째 이유입니다. 예수님의 말씀을 듣고 진지하게 반응하는 이들은 예수를 더욱 사랑하는 길로 들어서게 되고, 그만큼 주님을 닮아 갑니다. 반면 주님의 부탁을 외면하거나 응답을 미루는 이들은, 그만큼 주님

열매 가득
하나님나라

을 따르는 걸음이 더뎌질 수밖에 없습니다. 주님의 요청을 받아들이면 우리에게는 "양 무리"가 주어집니다. 베드로는 이를 "맡겨진 자"라고도 표현하는데, 이는 몫, 부분, 지정된 것을 의미합니다. 이는 양 무리 전체가 아니라, 내게 맡겨진 사람들, 내가 책임져야 할 특정한 사람들이 있다는 뜻입니다. 이는 매우 중요한 의미를 담고 있습니다. 하나님은 우리에게 모든 사람을 향한 무한대의 영적 책임을 지우시지 않습니다. 대신 내가 "먹이고 감독해야 하는" "내게 맡겨진 사람들"을 구체적으로 보여 주십니다. 인간의 본성으로는 이 같은 일을 자진해서 하기가 거의 불가능합니다. 그러나 하나님을 따라 살려고 할 때, 곧 예수의 본을 따르며 그분의 부탁에 응답할 때, 그들은 자진해서 이 놀라운 삶을 시작할 수 있게 됩니다.

무엇을 추구할 것인가

영적 어른, 즉 목자가 된 사람은 무엇을 추구하게 될까요? 베드로는 "더러운 이익"을 추구하지 말라고 하는데, "정직하지 못한 이득"이라고도 번역합니다. 초대교회의 정확한 상황은 알 수 없으나, 교회 지도자들이 공동체로부터 재정적 지원을 받았던 것으로 보입니다(고린도전서 9:6-14). 따라서 정당하게 받을 수 있는 이득을 넘어서는 부당한 이득을 추구하지 말라는 뜻으로 보입니다. 그러나 이 구절은 재정적 이득을 넘어 더 깊은 의미를 내포하고 있습니다. 교회 지도자는 좋든 싫든 다른 사람들에게 영향력을 행사하는 위치에 서게 됩니다. 사람은 본성상 다른 사람에게 인정받고 싶어 하고, 다른 사람에게 영향을 끼치고 싶어 합니다. 후자가 권력욕이라면, 전자는 명예욕입니다. 정치인이나 연예인뿐만 아니라 모든 인간은 자기 이름값이 높아지는 명예와, 영향력을 행사하거나 적어도 다른 이에게 휘둘리지 않아도 되는 권력을 추구합니다. 그러나 베드로 사도는 영적 지도자들에게 이처럼 세상 사람들이 추구하는 것을 좇지 말라고 말합니다. "너희끼리는 그렇게 해서는 안 된다"라고 강력하게 말씀하신 예수님의 발자취를 베드로 사도가 충실히 따르고 있는 것입니다.

베드로 사도는 인간적인 손익계산에 따라 지도자가 되지 말고 "진실하게" 하라고 합니다. "진실하게"라는 단어는 신약성경에 딱 한 번 등장합니다. 개역개정은 "기꺼이"로, 새번역은 "기쁜 마음으로"로, 영어 성경들은 주로 "eagerly"나 "with eagerness"로 번역했습니다. 이는 "정직하지 못한 이득"과 대조되는 개념으로, '간절함'이나 '진실함'을 의미합니다. 실제로 지도자가 되면 세상적인 것들을 얻는 것이 아니라 오히려 그 반대라서, 간절함이 동반된 "진실함"이라고 해석할 수 있습니다. 오늘날 한국 교회 지도자 중에 문제 있는 이들이 많은 이유는, 자신의 자기중심성을 해결하지 못하고 교묘하게 포장한 채로 지도자가 되었고, 지금도 그 상태에서 지도자 노릇을 하기 때문입니다. 리더의 위치가 높아질수록 자기중심성은 더욱 교묘한 방식으로 드러나게 됩니다. 이것이 바로 "더러운 이익"의 실체입니다. 우리 속에서 너무도 자연스럽게 흘러나오는 '욕망을 멀리하는 것'(2:11)이 영적 어른들의 중요한 과제입니다.

좀 더 구체적인 예를 들어 봅시다. 영적 지도자로서 누군가를 돌볼 때 마음이 상하는 순간이 있습니다. 양 떼가 나의 지도를 따르지 않을 때, 나를 목자로 인정하지 않을 때, 내가 준 사랑에 감사로 보답하지 않을 때 마음이 상합니다. 이때 우리는 마음이 상하는 근원을 성찰해야 합니다. 내게 맡겨진 사람이 바르게 성장하지 못해서인지, 아니면 내가 목자로서 권위를 인정받지 못해서인지를 분별해야 합니다. 만약 나의 마음 상함이 안타까움에 가깝다면, 양의 영적 성장과 건강에 관심을 두고 있다는 것입니다. 그러나 섭섭함이나 분함에 가깝다면, 나의 체면과 권위와 지도력이 무시당하는 문제와 관련 있을 것입니다. 수많은 경험을 거친 백전노장 목자인 베드로 사도는 마음이 상하는 순간에 우리의 동기가 양 떼를 위한 것인지 돌아보라고 말합니다. 우리가 사람들을 사랑하고 섬기는 것은 그들을 "진실하게" 사랑하려는 마음에서 비롯되어야 합니다. 그러나 자기중심성이 몸에 밴 우리는, 영적 어른이 되었다 해도 깨어 있지 않으면 진실함 대신 정직하지 못한 이득을 추구하게 됩니다.

"진실하게"라는 말을 우리 자신에게 적용할 때는, 자신을 성찰하고 자신의 섬김이 하나님을 섬기려는 마음에서 비롯되었는지를 살펴보아야 합니다. 그래서 NLT는 이 뉘앙스를 살려

15부
어른의 신앙

"eager to serve God"(하나님을 섬기려는 간절함으로)라고 풀어서 번역했습니다. 진실함은 우리가 섬기는 성도들을 향한 것이자 동시에 하나님을 향한 것입니다. 다른 사람을 섬기는 이들에게 자주 찾아오는 감정이 바로 섭섭함입니다. 수고와 희생이 클수록, 사람들에게서 기대한 감사와 인정이 돌아오지 않을수록 우리 마음을 더욱 깊이 무너뜨리는 불청객입니다. 섭섭함에 굴복하지 않고 맥이 빠지지 않는 비결은 무엇일까요? 자신의 수고와 섬김이 주님을 위한 것이라고 진실하게 믿는 것입니다. 주님에게만 진실하면 된다는 생각, 주님에게 인정받겠다는 생각이 필요합니다. 이런 생각은 섭섭함의 골짜기를 여러 번 헤맨 후에야 얻을 수 있는 내적인 힘입니다.

무엇이 최선의 방법인가

다른 사람을 먹이고 감독하는 일을 어떻게 하면 가장 잘할 수 있을까요? 베드로 사도는 먼저 세상 리더들이 흔히 쓰는 방식을 언급합니다. "지배하다"라는 단어는 '주인 노릇하다κυριεύω'라는 동사에 의미를 강화하는 접두사κατα가 붙은 것입니다. 개역개정은 "주장하는 자세를"로, 새번역은 "지배하려고"라고 번역했습니다. 예수님이 "이방 민족들의 통치자들은 백성을 마구 내리누르고, 고관들은 백성들에게 세도를 부린다"(마태복음 20:25)라고 하셨을 때 "세도를 부린다"와 같은 단어입니다. 베드로 사도는 분명 예수님의 이 말씀을 기억하고 있었을 것입니다. 지배하고 세도를 부린다는 것은 리더의 권위와 권력을 남용한다는 뜻이며, 여기서 성경적 리더십과 세상적 리더십의 근본적 차이가 드러납니다. 세상적 리더십은 자신이 원하는 대로 사람들을 움직여서 자신의 목적을 이루는 것입니다. 즉 자신의 목적을 위해 사람들을 이용하는 것입니다. 오늘날 기업은 인사 부서HR, Human Resource에서 인사 제도와 인재 양성을 담당합니다. 하지만 대부분의 기업에서 인재 양성은 부차적 업무이며, 신경 써서 하더라도 직원의 성장보다는 회사의 이윤 증대에 초점을 맞추는 경우가 많습니다. 사람을 이윤보다 중시하기는커녕, 사람과 이윤을 동등하게 여기는 기업조차 찾기가 어렵습니다.

반면 성경적 리더십은 사람을 위해 존재합니다. 자기가 원하는 대로 사람들을 좌지우지하고 밀고 당기는 것이 아니라, 사람들이 예수를 잘 이해하고 따라갈 수 있도록 '먹이고 감독하는' 것입니다. 양 떼에게서 부당한 이득을 취하지 않고 진실하게 대하는 영적 리더들의 주된 관심사는 분명합니다. '내가 원하는 것'이 아니라 '주님이 그 사람에게서 원하시는 것'에 초점을 맞춥니다. 따라서 양 떼의 환심을 사는 것도, 내 리더십을 인정받는 것도, 내가 원하는 방향으로 그 사람을 움직이는 것도 관심사가 아닙니다. 오직 그를 향한 하나님의 뜻이 무엇인지에 마음을 둡니다. 이 점을 영적 리더들이 사람들을 도울 때는 특히 조심하고 성찰해야 합니다. 겉으로는 하나님의 뜻이라고 하지만, 실제로는 자기 뜻일 때가 많기 때문입니다. 앞서 언급한 "진실하게"

가 중요한 이유가 바로 이 때문입니다. 영적 리더들은 '지배하려는 욕구'와 끊임없이 싸우면서 자기기만을 극복해야 합니다.

이러한 싸움은 단순히 욕구를 없애는 소극적인 방법으로는 해결되지 않습니다. 베드로 사도는 '지배하려는 욕구'를 이길 수 있는 적극적인 방법을 제시합니다. 양 떼가 보고 따를 수 있는 본이 되는 것입니다. 이것이 성경적 리더십의 핵심입니다. 다른 사람을 변화시키려고 애쓰기 전에, 자신이 먼저 변화된 삶을 사는 것입니다. 여기에 등장하는 "본"이라는 단어는 신약성경에 15회나 나오는 제자도의 핵심 개념입니다.[10] 오늘날 교회에서는 목회자들이 "저를 본받지 마시고, 제가 가르치는 말씀을 따라 사십시오"라고 말합니다. 하지만 초대교회에서는 "나를 본받으라"라는 말과 "그리스도인은 다른 사람들의 본이 되어야 한다"라는 말을 당연하게 여겼습니다. 그리스도인들은 진리를 듣고 배우기도 하지만, 그 진리대로 살아가는 사람들을 보고 배우기 때문입니다.

본을 보여야 할 영역은 앞서 다룬 모든 주제를 아우릅니다. 자신에게 맡겨진 성도를 사랑하는 삶, 참 목자를 따르는 모습, 균형 있는 성장, 다른 사람을 목양하는 일, 하나님의 뜻을 따라

---

10 "본"이 신약성경의 제자도에서 어떻게 사용되는지 궁금하다면 《제자훈련, 기독교의 생존방식》 4, 10, 11장 참조.

섬기는 것, 섬기는 동기를 살피는 것, 그리고 본이 되어 살려는 노력까지, 이 모든 것이 본을 보여야 하는 영역입니다. 그러나 주일예배만 드리고 흩어지는 상황, 그마저도 인터넷 예배로 대체되는 현실에서는 이런 본을 보이기도 어렵고, 본받기도 불가능합니다. 한 사람을 있는 그대로 관찰할 수 있는 가까운 거리와 함께하는 시간을 확보하지 못하면 본받을 수 없습니다. 일주일에 한두 시간 정도를 예배당에서 잠시 공유하는 사람들 사이에서는 상상하기조차 어려운 일입니다. 따라서 교회는 반드시 작은 단위의 공동체로 구성되어야 합니다. 모임의 공동체성이 강해서 그 모임 자체를 공동체로 부를 수 있다면 가장 이상적입니다. 꼭 그렇지 않더라도 최소한 인격과 인격이 진실하게 만나는 모임이 꼭 필요합니다.

이런 공동체를 이끄는 가장 좋은 방법은 가르치고 지시하고 교정하려고 애쓰는 것이 아닙니다. 오히려 삶의 모든 영역에서 본을 보이는 데 온 힘을 쏟는 것입니다. 이것이 바로 영적 어른의 모습입니다. 주님을 따르는 데 열심인 사람의 모습은 자연스럽게 눈에 띄기 마련입니다. 그들이 누리는 "풍성한 삶"(요한복음 10:10)은 모든 이가 알아챌 수 있습니다. 물론 연령이 비슷하고 영적 여정의 기간이나 깊이가 비슷할 때는 목자 역할을 하기가 쉽지 않습니다. 그러나 꾸준히 주님을 진실하게 따라가다 보면, 양들의 눈에도 목자의 변화가 보이기 시작할 것입니다.

공동체를 이끌다 보면 양들이 잘 따라오지 않는 경우를 자주 경험합니다. 이때 우리는 이런저런 방식으로 가르치고 권면하며, 때로는 압력을 넣기도 합니다. 또는 반대로 만남을 미루거나, 모임 횟수를 줄이거나, 심지어 아예 건너뛰기도 합니다. 전자가 지배하려는 자세라면, 후자는 모임을 하향 조정하는 것입니다. 전자는 저항을 불러일으키고, 후자는 활력을 잃게 만듭니다. 둘 다 본을 보이는 올바른 모습이 아닙니다. 그렇다면 이럴 때 어떻게 본을 보여야 할까요? 모임의 리더는 홀로라도 하나님을 예배하고 모임을 이어 가며, 목자장이신 예수를 따르는 양으로서 본을 보여야 합니다. 그리스도인의 모임은 단지 참여자들의 유익만을 위한 것이 아니라 그 모임의 주인이신 주님을 예배하는 것입니다. 그러므로 따르미들이 잘 따라오지 않는다 해도 주님을 따르고 예배하는 일은 멈출 수 없습니다.

본을 보이는 리더십이 절실한 곳은 교회 공동체만이 아닙니다. 가정에서도 꼭 필요합니다. 다음 세대 아이들이 고등학교 졸업 후 교회를 많이 떠납니다. 그들이 떠나는 이유 중 하나는 부모에게서 영적 어른의 본을 보지 못했기 때문입니다. 부모가 아이에게 세속적 가치에 따라 성적과 대학 진학만 강조하고, 시험 기간이나 고3 때는 교회 빠져도 된다며 하나님보다 세상을 더 중시하는 본을 보여 줍니다. 그러면 아이들은 자연스럽게 그 본을 따르게 됩니다. 성인이 되어 자유가 어느 정도 생기면, 부모의 강요에 따라 의미 없는 교회에 가기보다는 즐길 것이 많은 세상으로 나갑니다. 청소년기에 체득한, 세상에 우선순위를 두는 가치관을 그대로 따릅니다. 여기에 교회 어른들이 갈등하고 분열하는 본까지 보여 주면, 교회는 물론이고 하나님까지 멀리하게 됩니다. 그리스도인으로서 영적 어른이 된다는 것은 교회에서든, 가정에서든, 어디에서든 본이 되어 사는 것입니다.

시들지 않는 영광의 면류관

베드로 사도는 영적 어른이자 목자로 살아가는 이들이 받을 영광을 이야기합니다. "목자장이 나타나실 때, 시들지 않는 영광의 면류관을 얻을 것"이라고 합니다. 우리는 목자이고 예수님은 목자장이십니다. 우리가 예수님과 같은 목자의 반열에 오르는 것입니다. 기독교의 가르침은 참으로 놀랍습니다. 모든 성도가 "산 돌"이신 예수께 나아와 "산 돌들"로 함께 지어진다고 말합니다. 모든 성도가 그리스도와 같은 재질의 "돌"이라고 이야기합니다. 그리고 예수를 따라 본을 보이며 사는 이들을, 자신에게 맡겨진 사람들을 먹이고 감독하는 이들을 목자장과 같은 역할을 하는 목자라고 합니다. 예수님은 선한 목자로서 양 떼를 위해 목숨을 내어주시고 지금은 영광 가운데 계십니다. 그리고 그분을 따라 양 떼에게 자신을 내어주는 목자들에게 그분의 영광을 나누어 주십니다.

베드로 사도는 다시 한번 종말론적 소망을 이야기합니다. 예수께서 목자장으로 다시 오실 날이 있으며, 그때 목자장을 따라 수고한 목자들에게 "시들지 않는 영광의 면류관"을 씌워 주신다고 말합니다. 세상에서 성공하면 세상의 면류관을 얻습니다. 월계수 잎으로 만든 면류관이 며칠 지나지 않아 시들어 버리듯, 세상의 성공은 모두 시들고 맙니다. 세상에서 얻는 부귀와 영화, 권력과 명예는 모두 잠시 누리는 것입니다. 그래서 유명인들은 잊히지 않으려고 애를 씁니다. 그들의 영광은 너무나 빨리 시들기 때문입니다. 그러나 목자장이 주시는 영광의 면류관은 시들지 않습니다. 주님이 오신 후에 평생 면류관을 쓰고 생활하지는 않겠지요. 우리가 영원이라는 시간 개념을 완전히 이해할 수도 없습니다. 하지만 분명한 것이 있습니다. 예수께서 그분의 영광에 우리를 참여시킨다는 약속입니다. 베드로 사도는 5장 1절에서 자신을 "앞으로 나타날 영광에 참여할 자"라고 했습니다. 4절에서는 자신과 함께 양 떼를 먹이고 감독한 동료 장로들도 "시들지 않는 영광의 면류관"을 얻을 것이라고 합니다. 그들에게 그 영광에 함께 참여할 것이라는 소망을 전합니다.

사람을 세우고 공동체를 세우는 영적 어른으로 사는 이들은 많은 대가를 치릅니다. 살아 있는 동안 보람 있는 일도 많이 경험하지만, 상처와 실망과 좌절도 적지 않습니다. 사람을 세우다가 섭섭한 일을 당하는 정도가 아니라 배신도 당하고, 수고하고 애써 세웠던 공동체가 위기를 맞기도 합니다. 이럴 때마다 사람이라면 누구나 지치고 마음이 상하기 마련입니다. 그럴 때 목자들은 목자장이신 예수님을 떠올립니다. 예수님도 사람을 살리려고 고난당하셨고, 배신도 당하셨으며, 사역이 모두 물거품이 되

— 348

는 듯한 순간도 있었습니다. 그 모든 일 후에 영광에 이르셨습니다. 목자장도 이런 과정을 거치며 영광에 이르셨으니, 일개 목자인 우리도 그 과정을 밟는 것이 너무도 당연하다는 생각이 듭니다. 마지막 날에 맞이할 영광스러운 순간을 마음속에 새기지 않으면, 오늘의 어려움을 이겨 내기가 쉽지 않습니다.

누군가를 위해 흘린 눈물과 땀을 주님께서 기억하십니다. "자진해서, 진실하게, 본이 되어" 맡겨진 양 떼를 먹이고 감독한 목자들에게 주님의 영광에 참여하는 특권을 허락하십니다. 그렇다면 "억지로, 더러운 이익을 탐하며, 지배하려고" 다른 사람과 공동체를 섬겼던 목자들은 목자장이 오실 때 어떤 말씀을 듣게 될까요? 베드로 사도가 "시들지 않는 영광의 면류관"과 대조되는 이미지를 직접 언급하지는 않습니다. 하지만 마지막 날에 하나님 앞에서 그 영광에 온전히 참여하지 못할 것은 분명합니다. 그날에 영광이 기다리고 있다는 것은, 반대로 책임을 묻는 일도 있다는 뜻입니다. 그러므로 앞서 다룬 세 가지 대조되는 영적 지도자의 모습을, 다른 이들을 섬기는 모든 이가 마음에 새겨야 합니다. 세 가지 모습에 자신을 비추어 깊이 성찰하고, 마지막 날에 부끄러움을 당하지 않도록 해야 합니다. 바울 사도도 같은 마음으로 살았습니다.

자기를 속이지 마십시오. 하나님은 조롱을 받으실 분이 아니십니다. 사람은 무엇을 심든지, 심은 대로 거둘 것입니다. 자기 육체에다 심는 사람은 육체에서 썩을 것을 거두고, 성령에다 심는 사람은 성령에게서 영생을 거둘 것입니다(갈라디아서 6:7-8).

인간은 본래 자기합리화에 능한 존재입니다. 더욱이 책임이 커질수록 더 교묘한 자기합리화에 빠질 위험이 있습니다. 목자장을 따르는 목자들이라고 해도 교묘한 자기 합리화에서 자유롭지 않습니다. 그 합리화에서 벗어나는 길은 두 가지 진리를 기억하는 것입니다. 하나는 "심은 대로 거둔다"라는 만유의 법칙이고, 다른 하나는 자신이 거둔 것을 놓고 영광 또는 부끄러움이라는 신적 평가를 받을 것이라는 믿음입니다.

본을 보이며 양 떼를 섬긴 일, 사람을 세우기 위해 흘린 눈물과 기도, 한 사람을 붙들기 위해 겪은 마음고생, 그렇게 해서 살려 낸 한 영혼 한 영혼을 하나님이 영원히 기억하십니다. 그 영광에 참여하려는 이들은 늘 자신을 돌아보며, 그 영광에 온전히 참여하는 날을 소망합니다. 다음 찬양을 함께 불러 볼까요? 부록에 악보와 음원(큐알 코드)이 있습니다. 그리고 마지막에 제가 가사를 한 줄 덧붙였습니다. 반복해 부르면서 이번 장 내용을 기억해도 좋겠습니다.

오늘 이 자리에 모인 우리
어린양 예수 따라가는 무리 되게 하소서
성령의 충만한 임재 안에

어둡던 우리 눈 밝아져서 주를 보게 하소서
당신의 겸손함, 당신의 거룩함, 당신의 정직함, 우리에게 보이사
내 안의 교만함, 내 안의 천박함, 내 안의 거짓됨, 모두 벗어 버리고
어린양 예수 따라가는 무리 되게 하소서
목자장 예수 따라가는 목자 되게 하소서

이 책을 읽는 모든 독자가 어린양 예수를 따르는 무리가 되기를 소망합니다. 그 무리에는 목자장을 더 가까이 따르면서 자기 뒤에 오는 양 떼를 섬기는 목자들이 있습니다. 우리는 예수께 더 가까이 나아가 참 목자의 겸손함과 거룩함과 정직함을 발견하고, 동시에 우리 안에 있는 교만함과 천박함과 거짓됨을 성찰합니다. 그분을 따를수록 우리는 점점 더 인간적인 것들을 벗고 예수로 옷 입습니다. 그리고 마침내 목자장을 닮은 목자가 되어 갑니다.

미래의 목자

베드로 사도는 5장 1-4절에서 공동체 목자들에게 자신의 지혜를 나누어 주었습니다. 이어서 그 목자들을 따르는 성도들에게 조언합니다. 건강한 공동체에서는 현재의 목자만이 아니라, 미래의 목자도 함께 자라기 때문입니다. 좋은 목자가 되려면 먼

저 좋은 양이 되어야 합니다. 지금 성숙한 목자가 많다면 공동체의 현재가 건강하다는 증거입니다. 하지만 미래의 목자들이 자라고 있지 않다면 그 공동체의 앞날은 어둡습니다. 5-7절을 함께 살펴보겠습니다.

> **5** 이와 같이 젊은이들이여, 여러분도 장로들에게 순복하십시오. 모두가 서로를 향하여 겸손을 입으십시오. 하나님은 교만한 자들을 대적하시지만 겸손한 자들에게는 은혜를 주시기 때문입니다.[11] **6** 그러므로 여러분은 하나님의 능력의 손 아래에서 겸손하십시오. 때가 되면 여러분을 높이실 것입니다. **7** 여러분의 모든 염려를 그[12]에게 맡겨 버리시오. 그가 여러분을 돌보시기 때문입니다.

현재의 목자에게 순복합니다

이 본문은 "이와 같이"라는 친숙한 표현으로 시작합니다. 이는 아내와 남편의 관계를 다루었던 부분(3:1-7)에서도 보았던 동일한 문학적 형식입니다. 베드로 사도는 앞서 목자들에게 적용

---

11 ὅτι를 반영했다. 7절도 동일하다(참조. 돌보심이라). 11장의 각주 3 참조.

12 원문은 모두 대명사인데, 새번역은 대명사를 "하나님"으로 풀어서 번역한다.

했던 원리를 기억하면서, 이제 공동체 안의 젊은이들을 향해 권면합니다. 달리 말하면, '젊은이들―현재의 양들'이 1-4절에서 언급한 것 같은 훌륭한 목자가 되려면 무엇보다 '장로들―현재의 목자들'에게 순복하라고 합니다. 앞서 살펴보았듯이 이러한 순복은 맹목적인 굴종이 아니라, 의지적이고 의미 있는 순종을 뜻합니다.

무엇보다 젊은이들은 자신들보다 앞서 목자장을 따르고 있는 목자들이 있음을 인식해야 합니다. 젊은 세대가 흔히 보이는 태도는 앞선 세대에 대한 비판입니다. 새롭고 젊은 시각으로 세상을 비평적으로 바라보는 것은 소중한 일이지만, 앞서 주님을 따랐던 분들을 인정하는 것 또한 매우 중요합니다. 하지만 영적 어른을 알아보고 존경하는 일이 누구에게나 일어나지는 않는 듯합니다. 특히 오랫동안 이어 온 교회를 보면, 그 교회를 세우고 돌보기 위해 수많은 성도가 헌신한 역사가 있습니다. 그러나 안타깝게도 교회 지도자들이 세상의 변화를 읽고 그에 따라 교회를 혁신하는 일에 게으른 경우가 적지 않습니다. 그 결과 교회는 고령화하고 시대에 뒤처지는 모습을 보이게 됩니다. 그럴 때 그 때까지 교회를 세우고 지켜온 분들을 무시하는 일이 자주 일어납니다. 하지만 앞선 세대가 비록 한계는 있었으나 그들의 시대에 최선을 다했음을 인정하는 것도 필요합니다. 존경하기는 어렵다고 해도 존중은 해야 합니다. 비판적 시각을 가지면서 동시에 영적 어른을 알아볼 줄 아는 이야말로 훗날 진정한 영적 어

15부
어른의 신앙

른이 될 것입니다.

지혜로운 양들은 자신을 먹이고 감독하는 목자들에게 마음을 열고 순복합니다. 무엇보다 기독교 공동체가 전수하는 진리, 즉 예수님과 예수님이 전하신 하나님나라 복음을 잘 배우기 위해 힘씁니다. 하나님을 사랑하는 영성은 하루아침에 깊어지지 않습니다. 오랫동안 주님을 사랑하고 따라온 영적 어른들과 함께 예배하며, 주님을 사랑하는 법을 배우는 과정이 필요합니다. 더 나아가 예수를 따르는 삶, 하나님나라 백성으로 사는 법을 앞서 걷는 목자들에게서 배우면 좋습니다. 가정과 직장에서 주님을 어떻게 따르는지를 묻고 배워야 합니다. 목자들의 성공과 실패를 모두 주의 깊게 살피면 더 좋습니다. 결국 젊은 세대도 같은 상황에서 같은 길을 걷게 될 것입니다. 우리의 순복은 맹목적인 것이 아니라 분명한 목적이 있는 순복임을 기억해야 합니다.

미래의 목자들이 현재의 목자들에게 순복하며 배워야 할 특별한 영역이 있는데, 그것은 바로 '먹이고 감독하는 일', 목양입니다. 자신이 목자가 될 때를 예상하고 "억지로가 아니라 하나님을 따라 자진해서" 목자가 될 수 있도록 준비하십시오. 무엇보다 내적 동기를 점검해야 합니다. 세속적 욕망이 아니라 하나님의 음성에 반응하는 진실함에서 시작할 수 있도록 자신을 살펴야 합니다. 그리고 진실함으로 사람들을 섬기려면, 삶의 모든 영역에서 균형 있게 성장하여 본이 될 수 있도록 준비해야 합니다. 이 모든 배움은 현재의 목자들에게 순복할 때 자연스럽게 이루어집니다. 가 보지 않은 길을 자신의 지혜와 힘에만 의지해서 가려는 사람은 자신보다 앞서 주님을 따랐던 이들에게 순복하지 않습니다. 그들은 오직 자신의 판단과 생각만 따를 뿐입니다. 이런 사람은 좋은 목자로 준비될 수 없습니다. 어쩌면 목자를 따른 적 없는 이가, 순복한 적 없는 이가 누군가를 이끄는 목자가 되려 한다는 것 자체가 모순입니다. 그들은 그 관계를 배운 적도 없고 알지도 못하기 때문입니다. 그들은 오히려 "지배하려는" 이가 될 가능성이 높습니다.

그런데 순복하는 일이 오늘날에는 시대착오적으로 보입니다. 나이, 성별, 인종 등 그 무엇으로도 차별하지 말아야 한다는 주장은 성경의 가르침과 맥을 같이합니다. 하지만 성별이나 인종과 달리, 나이는 차별이 아니라 살아온 세월에 대한 존중이 필요합니다. 그런데 안타깝게도 오늘날은 그러한 태도마저 사라지고 있는 듯합니다. 본받을 만한 어른이 드물어지니 어른에 대한 존중도 희미해지고, 순복이라는 개념도 무의해 보입니다. 그러나 앞서 살펴보았듯이 우리의 순복은 궁극적으로 하나님 경외에 기초한다는 사실을 잊지 말아야 합니다. 건강한 교회 공동체에는 주님과 오래도록 동행한 영적 어른이 있고, 이들을 알아보고 존중하고 존경하며, 더 나아가 그들의 목양에 순복하는 미래의 목자들이 있습니다.

15부
어른의 신앙

서로서로 겸손합니다

순복이 외적으로 드러나는 모습이라면, 이와 짝을 이루는 내적 자질은 겸손입니다. 5-6절에는 겸손이라는 단어가 세 번이나 등장합니다. 5절 전반부에서는 "겸손을 입으십시오"(명사)라고 하고, 5절 후반부에서는 "겸손한 자들에게 은혜를"(형용사) 주신다고 하며, 6절 후반부에서는 "겸손하십시오"(동사)라고 합니다.[13] 마치 베드로 사도가 겸손이라는 단어의 모든 품사를 동원해, 명사와 형용사와 동사로 겸손의 중요성을 강조하는 듯합니다.

젊은이들에게 장로들, 또는 "나이가 많은 이들"(새번역)에게 순복하라고 말한 후, 베드로 사도는 모든 사람에게 적용되는 겸손의 중요성을 이야기합니다. "모두가 서로를 향하여 겸손을 입으십시오." 이 권면은 젊은이만이 아니라 장로와 젊은이 모두에게 적용됩니다. 개역개정과 새번역이 생략한 접속사 "왜냐하면"은 우리가 겸손해야 하는 이유를 보여 줍니다. "하나님은 교만한 자를 대적하시지만 겸손한 자들에게는 은혜를 주시기 때문입니다." 젊은이들에게 순복을 권면한 직후에 장로들을 포함한 모두에게 겸손을 강조한 이유는 무엇일까요? 겸손이 단지 젊은

---

13 ταπεινοφροσύνην(5절상, 명사), ταπεινοῖς(5절하, 형용사), Ταπεινώθητε(6절, 동사).

이들만이 아니라 목자들에게도 동일하게 적용되는 삶의 중요한 원리이기 때문입니다. 우리는 교만의 편에 설 수도 있고, 겸손의 편에 설 수도 있습니다. 교만의 편에 서는 것은 하나님의 대척점에 서는 것이고, 겸손의 편에 서는 것은 하나님의 은혜를 누리는 자리에 들어가는 것입니다.

겸손이 왜 이토록 중요할까요? 인생을 살아가면서 우리는 배워야 할 것이 참으로 많습니다. 특히 진정한 그리스도인으로 살아가려 할 때는 더욱 그렇습니다. 무엇보다 하나님에 관한 지식을 배워야 하고, 하나님과 자신과의 관계, 그리고 하나님이 지금 세상에서 하고 계신 일과 그 일이 자기 인생과 어떻게 연결되는지를 모두 배워야 합니다. 이러한 진리를 깨닫는 것이 모두 하나님이 주시는 은혜입니다. 인생 전반부에 이런 진리를 배워 기초가 놓이면, 나이가 들어 감에 따라 그 진리의 기초 위에 살면서 지혜를 쌓습니다. 사실 우리가 배워야 하는 지혜는 끝이 없습니다. 그 지혜를 계속해서 얻게 하시는 분이 바로 우리에게 은혜를 베푸시는 하나님이십니다. 젊을 때는 배움의 욕구가 컸지만, 나이가 들면 그런 필요가 사라질 줄 알았습니다. 그런데 나이 듦에 대해, 노년에 대해서, 죽음과 그 이후에 대해 지금도 더 많은 것을 배워야 하는구나 하고 깨닫습니다. 그래서 하나님의 은혜를 더욱 사모하게 됩니다. 이처럼 배움이 중요한데도 겸손하지 않은 사람은 배우지 않습니다. 아니, 배울 수 없습니다. 자신의 경험과 지식과 지혜를 전부라고 생각하기 때문입니다.

배우지 않는 사람들은 성장하지 못합니다. 하나님을 몰라도 끊임없이 인생과 세상에 대해 배우는 사람은 성장합니다. 배우지 않고 성장이 멈추면 그때부터 노화가 시작됩니다. 나이는 어리지만 이미 노인인 사람도 있습니다. 인간의 몸은 성장을 멈추지만, 정신과 영성은 지속적으로 성장합니다. 그렇게 영적 어른이 됩니다. 영적 어른도 계속해서 성숙해서 마지막에는 "그리스도의 장성한 분량"(에베소서 4:13, 개역개정)에 이르고, "하늘에 계신…아버지의 온전하심 같이…온전"(마태복음 5:48, 개역개정)해지게 됩니다. 이렇게 온전해지는 것이 겸손한 자에게 베푸시는 하나님의 은혜입니다. 먼저 성장이 필요하고, 그 후에 깊어지는 성숙이 따라옵니다. 이렇게 성장해서 성숙해진 사람만이 다른 사람을 이끌 수 있습니다. 다음처럼 정리할 수 있습니다.

겸손하지 않은 사람은 배우지 못하고, 배우지 못하는 사람은 성숙하지 못하고, 성숙하지 못하는 사람은 결코 목자가 될 수 없다.

목자가 갖추어야 할 가장 중요한 덕목이 겸손입니다. 목자는 그 자리에 오르기 전에도 겸손했고, 목자가 된 후에도 겸손을 유지합니다. 자신이 바라보는 성숙의 목표가 예수 그리스도이므로, 지속적인 성숙이 필요하고 그래서 성숙에 필요한 배움을 놓지 않습니다. 그런데 이러한 배움은 겸손한 자에게만 주어지는 복입니다. 그래서 늘 겸손하려고 애를 씁니다. 그에 반해, 어른

— 358

열매 가득
하나님나라

이 되지 못하는 노인들이 보이는 공통점이 있습니다. 다른 사람, 특히 젊은이의 말을 다 듣지도 않고 재단하고 자기 생각을 밀어 넣는 것입니다. "지금 하는 말, 내가 다 아는데…"라는 태도입니다. 이런 자세로는 깊은 대화를 이어 갈 수 없고, 누구에게서도 배우지 못합니다. 그러나 어른은 젊은이들 이야기에도 귀를 기울입니다. 젊은 세대와 변화하는 세상에 대한 통찰을 발견할 수 있기 때문입니다. 겸손은 젊은이들만이 아니라, 우리 모두에게 필요한 덕목입니다.

그런데 "겸손을 입으십시오"라는 표현이 흥미롭습니다. 겸손은 내적 자세인데 어떻게 입을 수 있을까요? '입으라'는 신약성경에 단 한 번 등장하는 단어인데, 노예들이 섬김을 시작하기 전에 앞치마를 두른다는 뜻입니다. 비슷한 장면이 요한복음 13장에 나옵니다. 예수께서 제자들의 발을 씻기려고 수건을 허리에 두르시는 모습입니다. 베드로 사도가 "겸손을 앞치마 두르듯 하라"라는 뜻으로 말했다면, 아마도 자신이 당황하며 "주님, 주님께서 내 발을 씻기시렵니까?…내 발은 절대로 씻기지 못하십니다"(요한복음 13:6, 8)라고 했던 사건을 마음에 두고 있었을지 모릅니다. 그는 예수께서 발을 다 씻어 주신 후 하셨던 말씀을 기억하고 있었을 것입니다.

"내가 주와 또는 선생이 되어 너희 발을 씻었으니 너희도 서로 발을 씻어 주는 것이 옳으니라"(요한복음 13:14).

15부
어른의 신앙

겸손을 입는다는 것은 예수의 발자취를 따라가는 것입니다. 6절의 "겸손하십시오"라는 명령에 앞서 "겸손을 입으십시오"라고 말한 것을 보면, 겸손은 원래 우리 성품에 없는 덕목일지 모릅니다. 우리의 내적 자세는 근본적으로 교만해서 겸손이 자연스럽게 나오지 않는다는 뜻입니다. 그래서 입어야 하고, 억지로라도 앞치마를 둘러야 합니다. 겸손이 시대에 맞지 않는 덕목처럼 여겨지는 세상에서는 겸손하기가 더욱 어렵습니다. 자신을 드러내고 자기주장을 분명히 하는 것이 미덕인 세상이라서 겸손하면 비굴해지는 것 같습니다. 그러나 참된 겸손은 자기비하가 아닙니다. 자신이 있어야 할 자리에 서는 것입니다. 그러므로 겸손한 사람은 있는 그대로 자신을 드러내고, 자신이 서 있는 자리에서 자신의 주장을 말할 수 있습니다. 교만한 자를 대적하시고 겸손한 자에게 은혜를 주시는 하나님을 기억하면, 우리는 안팎으로 겸손을 갖춘 사람이 될 수 있습니다.

때를 기다립니다

베드로 사도는 겸손하되 "하나님의 능력의 손 아래에서" 겸손하라고 합니다. "하나님의 능력의 손"이라는 표현은 구약성경에 자주 등장합니다. 하나님이 그분의 백성을 훈련하시거나(욥기 30:21; 시편 32:4), 구원하실 때(출애굽기 3:19; 6:1; 신명기 4:34; 9:26; 에스겔 20:34) 주로 나옵니다. 이 표현은 하나님의 주권적 개입을 의미합니다. 하나님은 그분의 뜻을 이루기 위해 권능을 적절히 사용하십니다. 그러므로 우리는 하나님의 주권을 믿으며 겸손한 마음으로 배우고 성장하며 성숙해야 합니다. 하나님은 우리가 만나는 다양한 사람들과 크고 작은 사건들을 통해 우리를 준비시키십니다. 이 준비의 시간을 겸손히 받아들이며 지나갈 때 비로소 우리는 배우게 되고 성숙해집니다. 그러다 보면, 하나님이 "여러분을 높이실" "때"가 올 것입니다.

목자나 지도자가 되기를 서두르는 사람이 있는가 하면, 그 자리의 무게를 감당하기 힘들어 피하거나 미루는 사람도 있습니다. 베드로 사도는 우리가 하나님과 동행하며 살아가면, 하나님이 우리를 높이실 때가 온다고 말씀합니다. 다른 사람을 이끄는 자리에 너무 일찍 오르면 감당하기 힘든 인생을 살게 되고, 반대로 때가 되었는데도 미루면 개인의 성장이 더뎌질 뿐 아니라 공동체도 그만큼 유익을 잃게 됩니다. 그러므로 우리는 우리 인생의 "때"를 분별하는 눈과 열린 마음을 함께 가져야 합니다. 준비되지 않은 상태에서 목자가 되려고 한다면, 왜 그토록 서두르는지 자신의 동기를 깊이 살펴보아야 합니다. 많은 리더가 "자진해서" 나서지 못하는 이유, 즉 리더로서 치러야 하는 대가가 무엇인지 먼저 생각해 보아야 합니다. 반면 목자가 될 때가 되었는데도 고사하고 있다면, 자신이 과연 자기 생각을 따르고 있는지, 아니면 "하나님을 따"르고(5:2) 있는지 진지하게 분별해야 합니다.

오랜 목양 경험에 비추어 보면, 부족한데도 목자가 된 사람은 좌충우돌하면서 성장합니다. 반면 마땅히 목자 역할을 감당할 만한데도 고사하고 미루는 사람은 성장이 매우 더뎌집니다. "때"가 되어 "나를 사랑하느냐?"라는 주님의 음성을 듣고 반응할 때 사람은 성장합니다. 자신의 부족함에도 불구하고 받은 사랑에 감격하여 "내 양 떼를 먹이라"라는 말씀에 마음을 여는 사람들이 성장합니다. 오늘날 많은 교회가 직면한 또 다른 문제는 "때"가 되었는데도 다음 세대에게 목양의 역할을 넘기지 않는다는 것입니다. 교회 공동체가 목양 중심으로 리더십이 형성되지 않고 단순한 의사결정 구조로 굳어져 있다 보니, 젊은이들은 "때"가 지나도 여전히 어린 사람 취급을 받습니다. 심지어 고령화되어 가는 교회에서는 50대를 '젊은이'로 부르는 웃지 못할 상황이 벌어지기도 합니다. 하나님이 능력의 손으로 세우려는 다음 세대에게 기회를 주지 않는 것입니다. 그러나 사람을 돌보는 일은 20대 후반이나 30대 초반부터도 충분히 가능한 일입니다. 교회 지도자들은 젊은이들을 향한 하나님의 "때"를 분별하고 그들에게 합당한 기회를 제공해야 합니다.

오늘날 개인의 자유로운 시간을 최고의 가치로 여기는 풍조에서는, 그리고 직장, 결혼, 육아를 인생의 선결 과제로 여기는 상황에서는, "때"가 되었는데도 목자로 나서지 않으려는 젊은이들이 적지 않습니다. 그러다가 과제들을 어느 정도 해결하는 30대 후반이나 40대 초반에 이르면, 그동안 과제들을 해결하느라 성장하지 못하고 굳어진 자신을 마주할 가능성이 큽니다. 게다가 이 시기에는 새로운 과제들이 생길 수 있어서, 주님의 부르심을 미루던 습관이 다시 고개를 들 수 있습니다. 이 시대의 풍조를 따르지 않고 하나님의 부르심에 민감한 젊은이들이 필요합니다. 자신의 "때"에 핑계 대지 않고 주님께 반응하는 젊은이들이 절실합니다.

하나님만을 신뢰합니다

젊은이들은 영적 어른이 되는 시기가 언제여야 할지, 그에 따르는 적지 않은 대가를 잘 감당할 수 있을지, 어떤 준비가 필요한지, 그리고 과연 그런 부르심에 응하며 살 수 있을지에 대해 염려할 수 있습니다. 만약 교회 공동체를 향한 애정이 깊다면, 공동체의 미래가 과연 있을지, 현재의 방식이 너무 시대에 뒤처진 것은 아닌지, 현재의 목자들이 역할을 제대로 감당할 자격이 있는지에 대해 의구심이 들고 고민이 될지 모릅니다.

베드로 사도는 그 모든 염려를 하나님께 맡기라고 말합니다. 우리의 영적 여정은 처음부터 마지막까지 하나님을 전적으로 신뢰하는 것입니다. 주님을 막 따르기 시작한 어린 그리스도인들이 가장 먼저 배워야 할 것이 바로 주님을 의지하는 것입니다. 이것이 믿음의 핵심입니다. 오늘날에는 기독교 교리를 이해하고 그에 동의한다고 고백하는 것을 믿음인 양 여깁니다. 그러나 진정한 믿음이란 기독교의 진리에 동의한다고 고백할 뿐 아니라, 그 중심에 계신 살아 계신 하나님을 전적으로 의지하는 것까지를 포함합니다. 우리에게 염려가 있다는 것은 세상에서, 또는 우리 내면에서 어떤 부정적인 자극이 왔다는 뜻입니다. 이때 염려는 주님을 의지할 순간이 찾아왔다는 신호입니다. 자동차 여행 중에 도로의 경고판을 보고 안전 운전에 더 마음을 쓰듯이, 염려가 생기면 주님을 더 의식하고 의지해야 합니다. 성경은 염려의 존재를 부정하지 않습니다. 베드로 사도는 염려를 없애라고 하지 않고, 대신 하나님께 맡기라고 권면합니다.

예수를 따르는 장엄한 행렬

세상 건축가들이 화려하고 매력적인 집을 짓고 있는 세상 한복판에서, 우리는 하나님이 짓고 계신 '영적인 집'에 속해 전혀 다르게 살려고 애씁니다. 우리의 부르심은 너무나 선명해서 선을 행하는 것이 삶의 목적이고, 고난이 따를지라도 그 선한 일을 멈추지 않습니다. 이처럼 전혀 다른 삶을 추구하는 사람들은 자연스럽게 전혀 다른 공동체를 형성하게 되고, 그 안에서 서로를 돌보고 섬기며 살아갑니다. 베드로 사도는 소아시아에 흩어져 있는, 세상과 전혀 닮지 않은 공동체가 어떻게 유지되고 이어질 수 있는지 보여 줍니다. "나를 사랑하느냐, 그러면 내 양 떼를 먹여라." 베드로 사도가 평생 붙들고 살았던 예수님 말씀입니다. 그 말씀대로 베드로 사도는 자신의 평생 경험과 지혜가 녹아 있는 권면을 영적 어른들뿐 아니라 미래의 목자들에게 나누어 주고 있습니다.

그렇습니다! 교회는 장엄한 행렬처럼 보입니다. 예수 그리스도를 따르는 무리의 행렬입니다. 예수 그리스도께서 맨 앞에서 걷고 계시고, 그 뒤를 따라 예수를 참 목자로 믿고 따르는 교회 공동체의 영적 어른들이 걷고 있습니다. 그 뒤를 이어 양들이 걸어가고, 그중에는 "어둠으로부터 그의 놀라운 빛으로 불러내신 분의 덕을 선포"(2:9하)하는 양들도 있고, 그 말을 듣고 그 빛 가운데로 이제 막 들어온 영적 아이들도 있습니다. 모두가 예수를 뒤따르며 걷고 있습니다. 앞에서 걷고 있는 목자의 뒷모습을 바라보며, 동시에 자신을 뒤따르는 양을 의식하며 걸어갑니다. 얼마나 아름답고도 장엄한 행렬인지요!

교회는 정체된 조직이나 종교 기관이 아닙니다. 예수께서 그분 자신과 그분의 가르침으로 우리를 먹이셨음을 기억하며, 각자에게 맡겨진 이들을 먹이고 감독하는 '살아 움직이는 공동체'입니다. 영적 아이가 영적 청년으로 자라고, 머지않아 영적 어른이 되어 더욱 성숙한 인생을 살아갑니다. 영적 어른들은 뒤따라오는 이들을 먹이면서, 동시에 자신들은 목자장을 바라보며 나이 들어 갑니다. 때가 되어 영적 어른들이 주님의 부르심을 받아 세상을 떠나더라도, 그 자리를 이어 갈 이들이 공동체 안에서 이미 자라고 있습니다. 이것이 베드로 사도가 꿈꾸던 공동체였으며, 지금 우리가 꿈꾸는 공동체이기도 합니다.

15부
어른의 신앙

16. 여호수아 5:8-14

장시간 운전 중에 졸음과 싸워 본 적 있나요? 졸음운전은 치명적인 사고로 이어질 수 있어서 매우 위험합니다. 제가 미국에서 공부할 때 장거리 운전을 가끔 했는데, 미국 도로는 폭이 넓고 직선 구간이 많은 데다 차량 통행량도 적어서 장시간 운전할 때 졸음을 이기기가 쉽지 않습니다. 게다가 옆자리 동승자가 졸기 시작하면 졸음이 전염되어 더욱 위험해집니다. 말동무를 해 줄 친구가 졸고 있으면 은근히 섭섭하기도 합니다. 그래서 가끔 짓궂은 장난을 치곤 했습니다. 운전대를 잡은 채 오른쪽 눈만 감고 왼쪽 눈으로만 앞을 보면서 조는 척하면, 옆에서 깜빡 졸던 친구가 화들짝 놀라며 "야, 정신 차려!"라고 소리를 지릅니다. 그러면 저는 오른쪽 눈을 여전히 감은 채 고개를 돌려 "왜?"라고 대답하곤 했습니다. 이런 식으로 친구의 졸음을 깨우면서 서로의 안전을 지켜 냈습니다. 순간의 졸음이 돌이킬 수 없는 사고로 이어질 수 있다는 점을 항상 명심해야 합니다.

영적 졸음운전

오늘날 많은 그리스도인이 영적인 졸음운전 상태에 빠진 듯합니다. 베드로 사도는 이번 장 본문에서 "정신을 차리십시오"라고 강하게 경고합니다. 임시체류자로 사는 동안 영적으로 깨어 있는 것이 얼마나 중요한지, 거듭해서 강조합니다. 안타까운 것은 많은 그리스도인이 영적인 사고를 계속 당하면서도 여전히 졸음에서 깨지 못한다는 점입니다. 어떤 이들은 깊은 영적 수

16부
연합군

면 상태에 빠져 있는지도 모릅니다. 하나님을 알지 못해서 삶의 근본 원리에 대해 무지하고 그래서 인생의 여러 국면에서 어려움을 겪는 이들을 보면 안타까운 마음이 듭니다. 하지만 더욱 가슴 아픈 것은 하나님을 알고 믿고 따른다고 하면서도 깨어 있지 못해서 크고 작은 어려움들을 피하지 못하는 성도들입니다. 이번 장 성경 본문은 우리가 어떻게 함께 싸우면서 깨어 있을 수 있는지를 가르쳐 줍니다. 이제 베드로전서 5장 8-14절을 함께 살펴봅시다.

8 정신을 차리십시오. 경계하십시오.[1] 여러분의 대적 마귀가 으르렁거리는 사자처럼 삼킬 자를 찾으며 돌아다닙니다. **9** 믿음에 굳게 서서 그를 대적하십시오. 여러분도 아는 대로 세상에 있는 여러분의 형제자매들도 다 같은 고난을 겪고 있습니다. **10** 그러나[2] 모든 은혜의 하나님, 곧 그리스도 안에서 여러분을 자신의 영원한 영광으로 부르신 분께서 잠깐 고난을 당한 여러분을 친히

---

1 Νήψατε와 γρηγορήσατε를 개역개정은 "근신하라 깨어라"로, 새번역은 "정신을 차리고, 깨어 있으십시오"로 번역해서 다소 불명확하다. 전자는 술 취하지 않은 상태를, 후자는 잠을 자지 않고 경계하는 상태를 가리킨다.

2 14장 "고난, 고난, 고난, 영광"의 주 4 참조.

**열매 가득
하나님나라**

회복하시고,[3] 지지해 주시고, 강하게 하시고, 터를 굳게 하실 것[4]입니다. **11** 그에게 권능이 영원히 있기를. 아멘. **12** 내가 신실한 형제로 여기는 형제 실루아노를 통해, 간략히 써서 권하고 이것이 하나님의 진실한 은혜임을 증거하니, 이에 여러분은 굳게 서십시오. **13** 여러분과 함께 택하심을 받은 바빌론에 있는 *교회*[5]와 나의 아들 마가가 여러분에게 문안합니다. **14** 여러분도 사랑의 입맞춤으로 서로 문안하십시오. 그리스도 안에서 여러분 모두에게 평화가 있기를.

일촉즉발의 상황

언제나 그렇듯 자신이 처한 상황을 제대로 파악하지 못하면 낭패를 당하기 쉽습니다. 인류 역사를 자세히 살펴보지 않아도, 사회적·역사적 맥락을 읽지 못한 사람들이 권력자들의 조작에 휘둘린 사례는 쉽게 찾을 수 있습니다. 히틀러의 정치 선동에 홀

———
3 14장 "고난, 고난, 고난, 영광"의 주 5 참조.

4 14장 "고난, 고난, 고난, 영광"의 주 6 참조.

5 ἡ ἐν Βαβυλῶνι는 여성 단수 대명사+전치사구로 이루어져 있으며, "She"(NASB, NKJ, NIV)나 "Your sister church"(NRS)로 번역하기도 한다. 여성 명사인 "교회"를 대신한 것으로 보이며, 따라서 "교회"로 번역했다.

리듯 동조해 유태인 학살에 가담했던 끔찍한 비극은 여러 나라에서, 그리고 우리의 근현대사에서도 유사한 사례를 발견할 수 있습니다. 바로 이 때문에 많은 사람이 인문사회과학 서적을 읽고 세상을 비평적으로 바라보려고 애를 씁니다. 그런데 우리가 가장 주의 깊게 살펴야 할 것은 바로 영적인 맥락, 곧 영적 현실입니다. 우리 사회와 문화 저변에 깊이 뿌리내려서 우리의 정신과 마음에 중대한 영향을 미치는 영적 현실의 실체는 무엇일까요?

대적의 기만전술

이번 장의 성경 본문은 우리의 영적 현실을 각성시킵니다. 영적인 것은 눈에 보이지 않아서 감지하기가 쉽지 않습니다. 하지만 베드로 사도는 "정신을 차리십시오. 경계하십시오"라고 강력히 경고하면서 "여러분의 대적 마귀"의 존재를 분명히 언급합니다. 우리의 대적이 실재한다는 사실을 얼마나 깊이 인식하고 있나요? 대적의 존재를 얼마나 깊이 의식하며 살고 있나요?

전역 장군 한 분과 제자훈련을 한 적이 있습니다. 주님을 위해 평생 헌신한 신실한 형제여서 훈련 시간이 매우 의미 있고 유익했습니다. 가끔 군사 관련 이야기도 나눴는데 그중에서도 '기만전술'이 인상적이었습니다. 기만전술은 크게 두 가지 형태로 나뉩니다. 첫째는 '블러핑'입니다. 허세 전략이라고 할까요? 자신의 전력을 실제보다 과장해서 보여 주는 전략입니다. 가령 가짜 포대 모형을 설치해서 적군의 항공 사진에 찍히게 하고 결는 뜻입니다. 더 나아가 그 일이 지속되면 결국에는 완전히 삼켜져서 파멸에 이를 수 있다는 심각한 경고도 내포하고 있습니다. 분명히 말씀드리지만, 그리스도 안에 있는 우리는 결코 마귀에게 완전히 삼켜질 수는 없습니다. 그러나 마귀에게 물려 있는 듯한 상태로 살아갈 위험은 늘 존재합니다. 비록 그리스도 안에서 영원한 생명은 보장되어 있지만, 마귀에게 물린 채 이리저리 끌려다니거나 그 상처로 인한 고통을 겪을 수 있습니다. 안타깝게도 이것이 오늘날 많은 그리스도인의 비참한 현실이기도 합니다.

마귀가 사용하는 방법은 "으르렁거리는" 것입니다. 이 표현은 1세기 그리스도인들의 상황을 정확히 반영하는 비유입니다. 당시 예수를 믿는다는 것은 사회에서 철저히 소외되어 따돌림을 당하는 것과 같았습니다. 마치 오늘날 이슬람권에서 기독교로 개종한 사람이 겪는 '출교'라는 상황과 비슷합니다. 고대 도시와 마을에는 신전이 있었고, 이곳은 단순한 종교 기관을 넘어 사회의 핵심 기관이었습니다. 사업과 교육이 이루어지고, 인맥을 형성하고, 다양한 문화와 향락까지 누릴 수 있는 공동체 성격의 공간이었습니다. 그러나 예수를 믿고 유일하신 하나님만 섬기게 된 이들은 신전 활동에 참여하지 않았고, 이는 곧 삶의 기반인 사회로부터 격리되고 고립된다는 의미였습니다. 다신교 문화가 지배하던 당시 사회에서, 하나님만을 유일한 신으로 고백하는 그리스도인들은 역설적이게도 무신론자로 낙인찍혔고, 비난과 비판의 대상이 되었습니다. 대중의 삶의 방식과 다른 길을 택한

16부
연합군

다는 것은 그때나 지금이나 쉽지 않았습니다. 더욱이 이 편지가 쓰인 주후 61-62년경은 네로 황제의 박해가 시작되는 조짐이 보이던 시기였습니다. 마귀는 신자들을 위축시키고 두렵게 만들려고 으르렁거리는 사자처럼 공격해 왔습니다.

베드로전서를 처음 설교했던 2000년대 초에는 마귀가 현대 사회에서는 으르렁거리며 공격하지 않는다고 생각했습니다. 그런데 최근에는 마귀가 다시 으르렁거리며 사람들 마음속에 두려움을 한껏 일으키고 있는 것 같습니다. 오늘날 많은 사람이 불안해합니다. 알랭 드 보통이 쓴 《불안》이라는 책의 원제는 "Status Anxiety", 지위에 대한 불안입니다. 현대 사회는 주로 물질적 성취와 성공으로 개인의 가치를 평가합니다. 그래서 자신이 되고 싶은 모습이나 지위에 도달하지 못할 것 같다는 불안은 깊은 두려움을 낳습니다. 여기에 빠르게 변화하는 세상이 주는 불확실성까지 더해져 두려움은 더욱 증폭됩니다. 놀랍게도 현대인들이 과거 자기 조상들보다 훨씬 더 깊은 불안 속에서 살고 있습니다. 그런데 이런 불안의 배후에 우리의 대적이 존재한다는 사실을 잘 인식하지 못합니다. 그저 시대의 필연적 현상으로 받아들이며 살아갑니다. 심지어 그리스도인들조차 하나님이 주시는 평안을 누리지 못한 채 마귀가 심어 놓은 불안에 지배당하면서도 그 사실을 잘 모릅니다. 마치 으르렁거리는 사자에 물린 채 이리저리 끌려다니면서도, 그 사실을 전혀 깨닫지 못하고 있는 것입니다.

오늘날 마귀는 두려움과 함께 교묘한 유혹을 매우 효과적으로 사용합니다. 성경은 이를 "음녀"의 이미지로 표현합니다.[6] 음녀는 도덕적·윤리적 타락을 넘어 진리에서 벗어나도록 교활하게 유혹합니다. 현대의 마귀는 으르렁거리는 사자와 음녀의 모습을 동시에 지니고 있습니다. 도덕적 일탈을 부추기는 고전적 유혹은 이미 우리에게 잘 알려져 있지만, 현대의 마귀는 훨씬 더 교묘한 방식으로 접근합니다. 알랭 드 보통의 표현을 빌리자면 '기대에 대한 불안'을 조장합니다. 현대 자본주의는 '누구나 노력하면 성공과 행복을 얻을 수 있다'라는 비현실적 기대를 심어 줍니다. 세련된 콘텐츠와 다양한 문화적 장치를 동원해 현대인을 끊임없이 세뇌합니다. 욕망을 자극해서 비어 있는 것을 추구하게 만들고, 심지어 이를 합리화하고 자랑하는 문화가 이 시대의 얼굴이 되어 버렸습니다. '모든 욕망은 정당하며, 그것을 어떤 방식으로든 성취해서 자랑하는 것은 멋진 일'이라는 메시지를 현대의 음녀는 우리에게 지속적으로, 그리고 매우 설득력 있게 전달하고 있습니다. 이런 유혹은 과거의 직접적인 유혹보다 훨씬 더 강력하고 치명적입니다.

2000년대 초에도 세상의 가치관, 쾌락, 돈, 명예, 권력이 사람

---

6 현대 사회에서는 "음녀"라는 단어가 성차별적으로 들릴 수 있다. 하지만 고대 사회의 문화적 맥락에서 통용되던 상징으로 이해하는 편이 낫다.

들을 유혹하는 주된 요소였지만, 25년이 지난 지금은 상황이 훨씬 더 심각해졌습니다. 전 생태계가 신음하는 소리가 들리고 기후 위기가 해마다 심각해지는 모습을 목격하면서도, 사람들은 자신의 욕망을 절제하기는커녕 더욱 편리하게 소비하고 자신의 필요를 채울 방법을 개발하고 있습니다. 하나님이 세상의 창조자요 주인이시라는 진리는 이미 오래전에 버려졌습니다. 팬데믹을 통해 개인이 세상과 긴밀하게 연결되어 있다는 사실을 뼈아프게 경험했음에도, 모든 것을 자기중심적으로 결정하려는 경향은 오히려 더 강해지고 있습니다. 현대의 개인주의는 이제 노골적인 이기주의로 전락했고, 인류의 기본 단위였던 가족이라는 공동체마저 급속히 해체되고 있습니다. 이제 극단적 이기주의와 물질주의가 세상을 완전히 지배하고 있습니다. 이는 단순한 가치관의 변화를 넘어 인류의 존속 자체를 위협하는 수준에까지 이르렀습니다.

우리의 대적 마귀는 자신의 존재를 교묘히 감춘 채, 현대의 화려한 가면 뒤에 매복해 있다가 두려움과 유혹으로 우리 삶을 무너뜨리려고 합니다. 이런 세상에서 하나님의 뜻을 따르는 그리스도인으로 살아가려고 하면, 세상 사람들의 오해와 비난, 더 나아가 여러 고난을 피하기 어렵습니다. 이것이 바로 우리가 살아가는 세상의 영적 현실입니다. 영적으로 깨어서 대적 마귀의 기만을 항상 경계하라는 베드로 사도의 권면은 2천 년 전보다 오늘날 우리에게 더욱 절실한 메시지가 되었습니다.

— 376

열매 가득
하나님나라

그리스도인이라면 피할 수 없는

과거나 현재나 모든 그리스도인은 동일한 경험을 하고 있습니다. "여러분의 형제자매들도 다 같은 고난을 겪고 있습니다"라는 베드로 사도의 말씀처럼, 고난은 당시 그리스도인만이 아니라 모든 시대 그리스도인이 겪을 수밖에 없는 경험입니다. 그 고난의 배후에는 우리의 대적 마귀가 있습니다. 적지 않은 사람들이 예수를 믿으면 모든 일이 순조로워지고 삶이 편안해진다고 배우고 또 믿습니다. 하지만 실제로는 어떨까요? 제 경우만 해도 예수님을 믿은 후에 오히려 잠 못 이루는 밤을 수없이 보냈습니다. 이전에 없었던 새로운 고민이 생겼기 때문입니다. 이를 고난이라고 하기에는 부끄럽지만, 작은 고난의 시작이라고 할 수 있겠지요. 예수를 따라 살기 시작하면 세상의 방식을 따를 수 없게 되고, 그로 인해 오해와 비난을 받게 됩니다. 저 역시 어린 시절부터 많은 오해와 험담을 받으며 자랐고, 최근에는 더 심한 오해를 받기도 했습니다. 청지기로 부르셨음을 깨닫고 선과 정의를 그나마 추구하려고 할 때마다, 오히려 더 많은 오해와 고난이 따라왔습니다. 예수를 믿는다면서도 믿음의 행위 없이 세상을 좇아 살면 아무도 뭐라고 하지 않습니다. 하지만 믿음대로 행동하면 오해와 왜곡과 험담이 따라오기 마련입니다. 이러한 고난은 감정적 고통을 넘어 때로는 경제적 · 물질적 피해로까지 이어지기도 합니다.

앞서 살펴본 대로 베드로전서는 그리스도인의 고난에 관한 이야기로 가득합니다. 1장은 그리스도인이 이 세상에서 잠시 슬픔과 고난을 겪을 수밖에 없다고 말합니다. 2장은 특히 직장생활에서 마주하는 고난에 초점을 맞춥니다. 당시에 '종'이 겪었던 일들은 오늘날 직장생활에서 겪는 어려움과 비슷했습니다. 3장은 두 가지 고난을 다룹니다. 전반부는 가정에서 믿지 않는 가족들로 인해 겪는 고통을, 후반부는 정의를 추구하다가 겪게 되는 고난을 설명합니다. 4장은 세상 사람들과 다르게 살고 세상을 따르지 않을 때 겪는 고난을 이야기합니다. 그리스도의 이름을 위해 당하는 치욕도 함께 다룹니다. 5장 초반은 목양하는 어려움을 다룹니다. 하나님이 맡기신 영혼들을 돌보는 과정에서 수고하고 애쓰게 되는 고난을 설명합니다. 이처럼 베드로전서의 모든 장은 고난이라는 주제로 꿰뚫을 수 있습니다. 따라서 고난은 부차적 주제가 아니라 베드로전서를 이해하는 핵심 열쇠입니다.

베드로전서 5장 10절의 "잠깐 고난을 당한 여러분"이라는 표현은 1장 6절의 "잠깐 여러 가지 시련으로 슬픔을 당할 수밖에 없지만"이라는 말씀과 호응합니다. 베드로 사도는 자신을 포함해서 모든 성도의 고난이 "잠시"라는 사실을 거듭해서 강조합니다. 살아온 인생을 돌아보면 세월이 얼마나 빠르게 흘러가는지를 실감하게 됩니다. 그동안 크고 작은 고난이 있었지만, 시간이 흐른 뒤 돌아보면 다 지나가고 끝이 있음을 알게 됩니다. 저역시 60년이 넘는 세월을 지나고 보니, 인생이 잠시였음을 절감하게 됩니다. 우리는 이 땅에 잠시 머물다 떠나는 존재이며, 그 짧은 시간 동안 주님을 따라 살아갑니다. 이 짧은 인생 여정에서 대적 마귀의 유혹과 공격을 만나고, 그로 인해 흔들리며 고난도 겪습니다. 피할 수 없는 현실입니다. 하지만 우리 인생도, 우리가 겪는 어려움도 결국은 "잠시" 겪는 일일 뿐입니다.

베드로 사도는 "세상에 있는 여러분의 형제자매들도 다 같은 고난을 겪고 있습니다"라고 말합니다. 여기서 "겪고 있습니다"는 현재완료형으로, 모든 성도가 지금까지 계속해서 고난을 겪어 왔음을 의미합니다. "다 같은"이라는 표현은 모든 그리스도인이 각자의 몫을 감당하며 이 고난에 함께 참여하고 있다는 뜻입니다. 제가 인생의 최저점에서 뼈저린 고통을 겪고 있을 때, 우연히 서점에서 산 사진집을 붙들고 흐느낀 적이 있습니다. 동서독을 갈랐던 장벽이 무너지고 동독이 자유를 얻었을 때 찍은 군중 사진이 실려 있었습니다. 군중 속에서 브이v 자를 그리며 웃는 듯 우는 표정으로 한 사람이 서 있었습니다. 독일 통일이 될 때까지 그가 겪었을 고통이 어땠는지 다 알 수는 없지만, 기쁠 수만은 없는 심정이 전해졌습니다. 그래서 웃으면서 울고 있었습니다. 그 순간 제 개인의 고통이 전 세계 누구나 겪는 고통의 일부임이 몸으로 느껴졌습니다. 그날 밤, 고통으로 가득한 세상에서 다양한 이유로 힘들고 아파하는 이들과 연대하며 오열했던 일을 잊을 수 없습니다. 세상살이 자체가 고통이며, 더욱이 그리스도인은 선과 의를 위해 고난을 무릅쓸 수밖에 없습니다.

16부
연합군

하지만 그것이 전부는 아닙니다. 우리에게는 고난 이후에 "영원한 영광"에 들어간다는 약속이 있습니다. 베드로 사도는 이어지는 구절에서 주님께서 우리를 그 영광으로 부르셨다고 분명하게 말씀합니다. 이는 베드로전서 전체를 관통하는 주제입니다. 그리스도께서 고난받으시고 그 후에 영광을 얻으셨듯이, 우리도 고난을 겪고 마침내 영광에 이를 것입니다. 고난은 피할 수 없는 상수이며, 그 후의 영광 역시 변함없는 상수입니다.

이것이 우리 삶의 현실입니다. 대적 마귀와 타협하여 그 유혹에 넘어가면 잠시는 편할지 모르나, 결국 무의미한 삶에 굴복하게 됩니다. 자아를 극대화하는 문화 속에서 자기만을 추구하며 살다가 결국 그 자신마저 소멸하는 삶을 맞이할 것입니다. 마음 속에 자신만 존재하는 사람은 결국 자기라는 늪에 빠져 허우적거리다 질식할 수밖에 없습니다. 그러나 우리가 하나님을 따라 살려고 하면, 다시 말해 마귀를 대적하며 살기 시작하면, 전혀 다른 삶이 찾아옵니다. 비록 잠시의 고난은 피할 수 없겠지만, 이를 통해 세계의 형제자매들뿐만 아니라, 앞서 걸어간 역사 속 형제자매들과 연대하게 됩니다. 고난을 통한 연대, 그리고 우리 주님이신 그리스도와 연대하게 됩니다! 따라서 우리 삶의 영적 현실을 선명하게 보는 일은 아주 중요합니다. 하나님에 민감할수록 대적의 공격에도 민감해집니다. 고난은 불가피하지만, 그 고난 너머에는 우리를 기다리는 영광이 있습니다.

지금은 전투 중

일촉즉발의 영적 현실을 제대로 직시하면, 더 이상 세상에 취해 살 수 없습니다. 우리에게 치명적 피해를 주려는 대적은 반드시 경계해야 합니다. 이때 베드로 사도의 "정신을 차리십시오. 경계하십시오"라는 권면은 절실하게 와닿기 시작합니다.

정신을 차려라 깨어 있어라

베드로 사도는 두 가지를 권면합니다. 원문에는 두 명령어가 접속사 없이 이어집니다. "정신을 차리고 깨어 있으십시오"가 아니라 "정신 차려라! 깨어 있어라!"입니다. 베드로 사도가 얼마나 긴박한지, 또 두 가지가 얼마나 중요한지가 느껴집니다. '정신 차리다'의 원어 뜻은 술에 취하지 않은 상태입니다. 베드로전서 1장 13절과 4장 7절에서도 중요한 단어로 나옵니다. 취한다는 것은 무언가에 지배당한다는 뜻입니다. 술에 취하면 알코올이 우리 의식을 지배하듯이, 세상이 주는 것들에 취하면 그것들이 우리를 지배하게 됩니다.

여러분 마음을 지배하는 것은 무엇인가요? 늘 생각하고 염려하는 그것은 무엇인가요? 돈, 자녀, 배우자, 승진, 건강…. 그것이 무엇이든 우리 마음을 지배하고 있다면 그것에 취하지 않도록 조심해야 합니다. 그것이 우리 마음을 지배하고 중요한 결정을 좌우하도록 내버려두면 안 됩니다. 이런 욕망의 반대편에는 두려움 같은 부정적 생각이 있습니다. 실패, 비교 의식, 열등감, 무가치함, 무기력은 언제든 우리를 사로잡을 수 있습니다. 사실 겉으로 드러나는 것보다 이런 내면의 것들이 우리를 더 깊이 지배합니다. 정신 차리는 것은 이런 것들에 취하지 않는 것입니다. 어떻게 하면 가능할까요? 하나님의 진리를 이해하고 그것으로 무장할 때 정신을 차릴 수 있습니다. 가장 근본적인 진리는 두 가지입니다. 첫째는 그 어떤 것도 세상의 주인이 될 수 없고 오직 하나님만이 주인이라는 사실입니다. 둘째는 그 하나님이 나를 그리스도 안에서 온전히 받아 주셨고 특별하게 여기셔서 그분의 공동체에 속하게 하셨다는 사실입니다. 이 기본적 진리를 토대로 나와 세상과 하나님에 대한 진리를 알아 가고 마음에 새기면, 우리는 겉으로도 내면으로도 취하지 않은 상태, 곧 정신을 차릴 수 있습니다.[7]

이어서 나오는 "경계하십시오"는 잠들지 말고 깨어 있으라는 뜻입니다. 예수께서는 이 단어를 여러 비유에서 사용하셨고(마태복음 24:42, 43; 25:13), 겟세마네 동산에서도 제자들에게 이 단어로 부탁하셨습니다(마태복음 26:38, 40, 41). 따라서 5장 8절의 첫

---

7 이 같은 진리를 내면화하고 생활화하기를 원하는 독자에게는 제자 훈련 자료인 《풍성한 삶의 기초》를 추천한다. 이 과정을 통해 성도들은 하나님이 그리스도 안에서 우리를 용납하셨고, 특별히 여기셨고, 그래서 새로운 공동체에 속하게 하셨다는 진리를 배우고, 그 진리가 네 가지 관계(하나님, 자신, 공동체, 세상)의 토대가 되도록 훈련한다.

명령은 술 취하지 않은 상태를 유지하라는 뜻이고, 다음 명령은 잠에 취하지 말라는 뜻입니다. 두 번째 명령을 "깨어 있으십시오"라고 번역해도 되지만, 단순히 잠자지 말라는 뜻이 아니라서 그 의미를 더 분명히 하고자 "경계하십시오"라고 옮겼습니다.[8] 이 단어가 베드로 사도에게는 매우 뼈아픈 말이었습니다. 예수님이 겟세마네 동산에서 "나와 함께 깨어 있어라"라고 하셨을 때 잠들었기 때문입니다. 이 단어를 쓸 때마다 베드로는 아마도 무척 찔리고 후회되지 않았을까요? 경계를 늦추는 일이 얼마나 치명적인지를 평생에 걸쳐 곱씹으면서 깨달았을 것입니다. 그래서 그는 온 마음을 다해 "경계하십시오"라고 말합니다. 바울 사도 역시 데살로니가전서 5장 6절에서 순서만 바꾸어 "그러므로 우리는 다른 사람들처럼 잠자지 말고, 깨어 있으며, 정신을 차립시다"라고 합니다.[9]

---

8 참고로 4장 7절은 두 명령어($\sigma\omega\phi\rho\sigma\nu\eta\sigma\alpha\tau\epsilon...\nu\eta\psi\alpha\tau\epsilon$)로 구성되어 있고, "정신을 차리고 깨어 있으십시오"라고 번역했다. 그런데 4장 7절의 두 번째 동사(깨어 있으십시오)와 5장 8절의 첫 번째 동사(정신을 차리십시오)는 동일한 단어다. 여기서 4장 7절의 두 번째 동사를 "정신을 차리십시오"라고 똑같이 번역하면, 4장 7절의 첫 번째 동사(정신을 차리십시오)와 중복된다. 이를 피하고자 4장 7절의 두 번째 동사는 부득이 "깨어 있으십시오"로 번역했다.

9 데살로니가전서 5장 6절의 $\dot{\alpha}\lambda\lambda\dot{\alpha}$ $\gamma\rho\eta\gamma\sigma\rho\tilde{\omega}\mu\epsilon\nu$ $\kappa\alpha\dot{\iota}$ $\nu\dot{\eta}\phi\omega\mu\epsilon\nu$은 단어의 순서가 바뀌었지만, 바울과 베드로가 동일한 전통에 서 있음을 발견할 수 있는 소중한 사례다.

16부
연합군

그렇다면 잠들지 않고 깨어 있는 상태란 무엇일까요? 실제로 잠을 자지 말라는 뜻은 아닙니다. 나태해지지 말고 경계심을 풀지 말라는 뜻입니다. 제자들이 겟세마네 동산에서 절체절명 순간에 잠들어 버린 이유는 무엇일까요? 예수님을 이해하지 못했고, 그분이 하시려는 일을 알지 못했기 때문입니다. 그러므로 '경계한다'라는 것은 외부의 적을 조심하면서 동시에 내적으로는 주님을 의식하는 것입니다. 주님을 의식하므로 태만해지지 않는 것입니다. 그렇다면 주님을 의식하고 외부의 적을 경계하면서 늘 긴장 상태로 살아야 할까요? 아닙니다. 주님은 우리가 쉬고 즐겁게 지내기를 바라시며 심지어 그 모습을 보고 기뻐하십니다. 하지만 즐기며 사는 것과 태만해지는 것은 다릅니다. 태만해지면 주님이 우리 의식에서 사라집니다. 그래서 "경계하십시오"라는 말은 주님을 의식하며 주님과 함께 즐겁게 살아가라는 뜻입니다.

그렇다면 어떤 주님을 의식해야 할까요? 주님은 지금도 일하고 계십니다. 사람들이 가끔 제게 이렇게 말합니다. "이제 나이도 있으니 일을 좀 줄이시는 게 좋지 않을까요? 너무 많이 일하시는 것 같아요." 제 아이들이 어렸을 때는 "난 아빠처럼 살고 싶지 않아"라고 했습니다. 왜냐고 물으니 "아빠는 너무 열심히 살아"라는 답이 돌아왔습니다. 아이들에게 그런 이미지를 주었다는 사실에 마음이 무거웠습니다. 아이들이 아빠처럼 살고 싶어야 하는데, "난 저렇게는 못 살겠어"라는 말을 했을 때, 사실

— 384

열매 가득
하나님나라

마음이 아주 괴로웠습니다. 그렇다면 왜 우리는 치열하게 살아야 할까요? '하마터면 너무 열심히 살 뻔했다' 같은 이야기와 책이 인기인 세상에서 왜 치열하게 살아야 할까요? 예수님과 하나님을 알게 되었기 때문입니다. 예수님이 안식일에 중풍병자를 고치셨을 때 사람들이 비난했습니다(요한복음 5:1-10). 안식일에 그런 일을 하다니요! 그런데 예수님은 이렇게 말씀하셨습니다. "내 아버지께서 이제까지 일하고 계시니, 나도 일한다"(요한복음 5:17). 이 말씀을 읽고 저는 깜짝 놀랐습니다. 하나님께는 안식일이 없음을 깨달았기 때문입니다. 하나님은 쉬지 않으시고 안식일에도 일하십니다.

"경계하십시오"라는 말씀은 지금도 세상을 회복하고 계시는 하나님을 의식하라는 뜻입니다. 그리스도인이 하나님을 알게 되면, 처음에는 자신을 살리시는 분으로 받아들입니다. 하지만 그분을 더 알아 갈수록 하나님이 자신뿐 아니라 상처 입은 수많은 사람을 치유하고 변화시키기를 원하신다는 사실을 깨닫습니다. 그래서 하나님은 지금도 세상을 회복하려고 열심히 일하고 계십니다. 그 하나님을 깊이 알면 알수록 우리도 가능한 한 열심히 살아가게 됩니다. 물론 인간적인 성취감이나 다른 본성이 그 치열함에 섞일 수 있습니다. 하나님만을 위해 순수하게 살고 싶지만, 그렇게 살 수 있는 사람은 없을지 모릅니다. 그러나 지금도 일하시는 하나님을 알게 되면, 우리는 깨어 있어야 하고 적어도 그분 눈치라도 봐야 합니다. 이렇게 주님의 마음을 의식하며 열

16부
연합군

심히 살아갈 때 쉼의 가치가 생깁니다. 주님은 쉬지 않으시지만, 우리에게는 "와서 좀 쉬어라"라고 말씀하십니다. 우리를 종으로 부리지 않으시고 형제처럼 여기시므로, 주님의 마음을 살피며 살아가면 적절한 쉼 역시 주님의 뜻임을 알게 됩니다. 따라서 "경계하십시오"라는 말씀은 주님의 마음을 살피라는 것입니다. 주님은 지금 어떤 마음이실까? 그 마음을 헤아려야 합니다.

아무런 눈치도 보지 않는다면 깨어 있는 것이 아닙니다. 오히려 잠들어 있는 것입니다. 일상을 살 때도, 특히 사역을 할 때는 자신과 사역을 향한 하나님 마음이 어떠한지를 살펴야 합니다. 베드로 사도가 본을 보이고 가르쳐 준 목자의 삶과 사역을 하나님 앞에서 잘 해내고 있는지를 스스로에게 물어야 합니다. 영적 어른들이 자신에게 맡겨진 성도들을 위해 씨름하고 돌보는 모습을 보면 존경심이 듭니다. 그러나 맡겨진 양 떼를 제대로 돌보지 않는 모습을 보면 화가 나기도 합니다. 하나님이 맡기신 양들을 함부로 대하는 모습을 볼 때 마음이 아픕니다. 저도 그런데 목자장이신 예수님의 마음은 어떠시겠습니까? 하지만 경계한다는 것, 곧 예수님을 의식하고 눈치를 본다는 것은 두려움이 아니라 사랑에 기초한다는 사실을 잊지 마십시오. 그분이 나를 사랑하시고 내게 맡기신 양 떼를 사랑하시므로, 그분의 마음을 살피는 것입니다.

임시체류자로 살아가려면 정신을 차리고 깨어 있어야 합니다. 이 세상의 가치관에 휩쓸려 세뇌되지 말고, 두려워하지도 말

— 386

열매 가득
하나님나라

고, 탐욕에 빠지지도 말고, 깨어서 주님의 마음을 살피고 그분의
뜻을 헤아리며 살아가야 합니다.

믿음에 굳게 서서 대적하라

두 번째 단계는 "믿음에 굳게 서서 대적"하는 것입니다. 9절
의 '대적하다'라는 단어는 저항하거나 대적한다는 뜻이며, 그중
에서도 '대적하다'가 가장 적절합니다. 영어로는 주로 'resist'로
번역되며 치열한 싸움을 의미합니다. 우리가 정신을 차리고 깨
어 있는 이유는 단순히 주의를 기울이기 위해서가 아닙니다. 깨
어서 경계한 다음에는 우리를 괴롭히는 대적과 싸워야 합니다.
8절의 "대적"이라는 단어와 "대적하다"라는 단어는 강렬한 이
미지를 만듭니다. "대적"에 맞서 싸우는 대결이 벌어지는 것입
니다.

가정에서 벌어지는 분열과 다툼은 "대적 마귀"의 단골 메뉴
입니다. 대적은 부부관계를 어렵게 만들고, 부모와 자식 간의 관
계를 힘들게 하며, 아주 뿌리 깊은 문제를 건드립니다. 우리는
이때 그를 대적해 싸워야 합니다. 신앙생활은 바로 그런 곳에서
이루어집니다. 직장에서 하나님 뜻대로 살아가려 할 때도 방해
하는 움직임이 있습니다. 선을 행하는 삶을 거스르는 수많은 일
이 일어납니다. 그 거스르는 흐름에 맞서 싸워야 합니다. 이것이
맞서 대적한다는 의미입니다. 청년들도 마찬가지입니다. 청년
시절부터 삶의 현장에서 맞서 싸우는 법을 배워야 합니다. 교회

에서 찬양을 인도하고 성경 공부를 이끌면서도 많은 것을 배우지만, 세상에 나가 맞서 싸우는 법을 배우지 않으면 결국 교회 조직을 운영하는 사람으로만 기능하게 됩니다. 성도들, 특히 청년들에게 가르쳐야 할 것은 교회를 잘 운영하는 방법이 아니라, 현장에서 마귀와 대적해 싸우는 방법입니다.

그렇다면 대적해서 싸울 때 필요한 것은 무엇일까요? 바로 '믿음에 굳게 서는 것'입니다. 이는 새로운 패러다임을 의미합니다. 믿음에 굳게 서는 것은 두 가지를 뜻합니다. 첫째, 지금까지 자신을 믿어 왔던 패러다임에서 벗어나 하나님을 믿는 패러다임을 받아들이는 것입니다. 지금까지는 자기 자신을 믿고 살아왔지만, 이제는 하나님을 믿는 패러다임으로 전환하는 것입니다. 둘째, 하나님을 믿을 뿐 아니라 하나님이 하신 일, 현재 하시는 일, 그리고 앞으로 하실 일을 진리로 믿는 것입니다. 제가 믿음에 굳게 서서 성장한 것은 개인적인 큰 기쁨입니다. 사역자가 된 후로는 하나님이 하신 일을 충분히 설명하는 것이 제 사명임을 깨달았고, 최선을 다해 설교를 준비해서 그 진리로 성도들을 양육했습니다. 제 역할은 진리를 잘 설명하는 것이고, 그 진리를 믿고 그 위에 굳게 서는 것은 성도들 몫입니다. 성도들이 설교와 여러 교육 과정을 통해 배우고, 또《풍성한 삶의 기초》같은 일대일 제자훈련을 하면서 진리의 터 위에 세워지는 모습을 보는 것이 사역자의 가장 큰 기쁨입니다. 성도들이 "믿음에 굳게 서서" 대적과 싸워 이기고 있기 때문입니다.

— 388

**열매 가득
하나님나라**

여기서 믿음이라는 단어 '피스티스πίστις'는 단순히 우리가 믿는 진리뿐 아니라 그분께 충성한다는 뜻을 포함합니다. 단순한 교리를 믿는 것이 아니라 그분에게 충성하는 것입니다. 종교개혁을 잘못 이해해서, 기독교 교리를 잘 이해하고 동의하는 것을 믿음이라고 오해하는 경우가 있습니다. 하지만 믿음은 이해하고 동의하는 데서 그치지 않고, 이해하고 동의한 대로 하나님에게 충성하는 것까지를 포함합니다. 이렇게 충성할 때, 진리가 그 사람을 새롭게 형성해 갑니다. 저는 사역자로서 성도들이 성장해 10-20년 후에는 진리 위에 굳게 서기를 기대하며 최선을 다합니다. 2000년대 초반에 했던 설교 중에 "앞으로 이런 일들이 일어나기를 바랍니다"라고 언급한 내용을 우연히 다시 들었습니다. 청년부 설교 중에 한 말입니다. "지금 제가 40대 중반이고, 20년 후면 여러분이 40대 중반일 것입니다. 그때 저는 은퇴했을지 모르지만, 여러분은 지금보다 훨씬 더 훌륭한 그리스도인이 되어 있어야 합니다. 우리 세대는 가르쳐 주는 사람도 많지 않았고 좋은 자료도 부족해서 시행착오를 많이 겪었습니다. 그러나 여러분은 더 나은 환경에서 신앙생활을 하고 있습니다. 20년 후에 여러분은 저보다 훨씬 더 좋은 그리스도인이 되어야 합니다. 만약 그렇지 않으면 교회에는 소망이 없습니다."

저는 청년들에게 청년 시절을 치열하게 살라고 했습니다. "믿음에 굳게 서서 그를 대적하"며 사는 것이야말로 치열한 삶입니다. 그렇게 치열하게 살아가면 세월이 흐를수록 점점 선배들의 어깨를 딛고 올라서서 더 멀리 보고 더 멀리 나아갈 수 있습니다. 우리는 많이 흔들리고 자기 멋대로 사는 것이 특기인 사람들입니다. 우리가 걸어야 할 길을 방해하는 "대적"이 있는 줄도 모르고, "믿음에 굳게 서서 그를 대적하"지도 않으면 더 멀리 보고 더 멀리 나아가는 일은 일어나지 않을 것입니다. 우리는 시간이 지날수록 예수님을 닮아 갈 수 있습니다. 우리가 훌륭하고 수양이 깊어서가 아닙니다. 진리를 따라 믿음에 굳게 서서 대적에 맞서 싸우기 때문입니다.

기억하십시오. 이 모든 싸움은 종종 우리 마음속에서 먼저 일어난다는 사실을. 우리 마음이야말로 영적 전쟁이 벌어지는 싸움터입니다. 삶의 현장 속 승패는 사실 우리 마음속 승패에 달려 있습니다. 그러므로 믿음으로 맞서 싸우십시오. 우리 마음속에서, 그리고 삶의 현장 한가운데서.

하나님으로 승리하라

"믿음에 굳게 서서 그를 대적하는" 자들에게 필요한 것은 하나님을 온전히 의지하는 것입니다. 10절에서 베드로 사도는 사랑하는 성도들의 정체성을 다시 한번 일깨워 줍니다. '잠시 고난을 당하는 사람'은 베드로전서 전반에 나타나는, 이 땅에 머무르는 임시체류자들의 특징입니다. 그런데 이들에게 더 중요한 정체성이 있습니다. "모든 은혜의 하나님, 곧 그리스도 안에서 여러분을 자신의 영원한 영광으로 부르신 분"이 부름을 받은 이들에게 주시는 것에서 그 정체성을 발견할 수 있습니다. 하나님은 고난을 당한 이들에게 "모든 은혜"를 베푸십니다. 베드로 사도나 바울 사도가 은혜를 언급할 때는 주로 예수님으로 말미암아 주어진 '그 큰 은혜'를 말할 때가 많습니다. 그런데 여기서는 "모든 은혜"라고 합니다. 영어로는 "every grace"로 번역하는데, 하나님이 우리에게 주시는 모든 선물을 가리킵니다.

하나님은 우리에게 각종 놀라운 은혜를 베푸십니다. 아침에 일어나 하루라는 새로운 생명을 맞이하는 것도, 새벽 첫 마음을 하나님께 드리려고 그분 앞에 앉는 것도 은혜입니다. 새벽에 원두커피를 내려 마시는 것도 은혜입니다. 말씀을 묵상하는 중에 반짝이는 깨달음을 새로 얻거나 가슴이 뭉클해지는 순간도 은혜입니다. 어수선한 세상에서 하루를 주님과 동행하겠다고 결단하고 소망하는 것도 은혜입니다. 바쁘고 지치는 일과 중에 눈을 들어 하늘을 바라보며 하나님을 떠올리는 것도, 잠시 눈을 감고 동행하시는 주님을 묵상하는 것도 모두 은혜입니다. 하나님을 잊고 하루 종일 살다가 잠자리에 들면서 자신을 지켜 주신 주님을 문득 떠올리는 것조차 은혜입니다. 하나님은 우리에게 모든 은혜를 주시는 분이십니다. 그리스도인은 그 은혜를 깨닫고 감사하며 살 수 있는 특권을 가진 사람들입니다. 그러나 눈이 멀어 그 은혜를 보지 못하면 불평할 수밖에 없습니다. 마음속에 감사보다 불평이, 활력보다 무기력이 가득할수록, 우리에게 변함없이 모든 은혜를 주시는 하나님을 바라봅니다.

16부
연합군

베드로 사도는 "모든 은혜의 하나님"을 "그리스도 안에서 여러분을 영원한 영광으로 부르신 분"이라고 설명합니다. 우리는 하나님의 영광과 거리가 먼 사람들이었지만, 예수 그리스도로 말미암아 그 영광을 맛보게 되었습니다. 그리고 깨진 이 세상에 하나님나라가 완전히 임할 때 그 영광을 온전히 경험할 것입니다. 이 땅에 살면서 하나님나라를 맛본 사람일수록 이 땅에서 그 영광을 누리며 온전한 영광을 사모합니다. "자신의 영원한 영광으로 부르"셨다고 하니, 1장에서 우리를 감격하게 했던 하나님의 택하심과 거듭남의 선물이 자연스레 떠오릅니다. 하나님이 예수 그리스도로 말미암아 우리를 택하시고 거듭나게 하셨다는 사실을 기억하고 묵상할수록, 온전히 누릴 그분의 영원한 영광을 더욱 사모하게 됩니다.

10절은 하나님이 우리를 위해 하시는 일을 네 가지 동사로 설명합니다. 하나님이 "친히 회복하시고, 지지해 주시고, 강하게 하시고, 터를 굳게 하실 것입니다." 첫 번째 하시는 일은 '회복'입니다. 우리를 온전하게 하신다는 뜻으로, 찢어진 그물을 복원하는 것과 같은 개념입니다. 두 번째 하시는 일은 '지지'입니다. 하나님은 우리를 회복하신 후 지지해 주십니다. 세 번째 하시는 일은 '강화'입니다. 이 단어의 용례는 칠십인역에도 없지만, 하나님이 우리를 점점 더 강하게 하신다는 의미입니다. 마지막으로 하시는 일은 '확립'입니다. 이 단어는 신약성경에 자주 등장하는데(마태복음 7:25; 누가복음 6:48; 히브리서 1:10; 에베소서 3:17; 골로

새서 1:23), 우리를 진리의 기초 위에 굳건히 세우고, 그 터 위에 단단히 서게 하신다는 뜻입니다.

회복 ⇨ 지지 ⇨ 강화 ⇨ 확립

하나님은 대적의 공격으로 훼손된 이들을 먼저 회복하십니다. 개인과 교회 공동체가 건강하지 않거나 병들었을 때 하나님이 가장 먼저 하시는 일은 회복입니다. 회복되어야 일어설 수 있고, 이때 하나님은 우리를 지지해 주십니다. 다시 넘어지지 않도록 세워 주십니다. 병들고 쇠약했던 사람이 건강해져서 자기 발로 서는 모습 뒤편에는 그를 지지하고 계시는 하나님이 계십니다. 이렇게 홀로 서게 되면 하나님은 우리를 더욱 강하게 만드십니다. 그리하여 마침내 예수 그리스도라는 기초 위에 든든히 세우시고, 사탄의 공격에 맞서고도 남는 존재로까지 우리를 이끄십니다. 그런데 베드로 사도는 네 가지 동사 앞에 "친히"라는 단어를 넣어서 강조합니다. 하나님은 친히, 직접 우리에게 이런 복을 주십니다. 우리가 영적 여정에서 책과 강의와 설교를 통해, 형제자매들과 교제하면서, 홀로 말씀을 묵상하고 기도하면서 얻는 "모든 은혜"가 실상은 하나님이 주시는 것입니다. 이런 하나님을 일상에서 발견하고 더욱 사랑하게 되는 것이 우리의 특권

16부
연합군

입니다.

이러한 이유로 11절은 "그에게 권능이 영원히 있기를"이라는 찬양으로 마무리합니다. 4장 11절에서는 영광과 권능을 함께 언급했지만, 여기서는 권능만을 강조합니다. 이는 대적이 우리를 공격하는 상황에서 하나님의 권능을 간절히 바라는 인식 때문일 것입니다. 이 땅을 살아가는 우리에게 진정으로 필요한 것은 악한 세상과 대적 마귀와 싸워 이길 수 있는 힘입니다. 우리가 회복되어, 지지를 받고, 강해지고, 든든하게 설 수 있는 이유는 영원한 권능을 보유하신 하나님 때문입니다. 이보다 더 강력한 위로와 격려가 어디 있을까요? "으르렁거리는 사자처럼 삼킬 자를 찾아" 돌아다니는 우리의 대적은 영원한 권능을 가진 분 앞에서 아무런 힘도 쓰지 못합니다.

연대와 협력은 기본

이제 베드로는 편지를 마무리하면서 슬쩍 자신이 속한 공동체의 놀라운 모습을 우리에게 보여 줍니다. 영적 전투는 결코 홀로 하는 것이 아니라, 공동체가 함께 연대하여 치르는 것임을 암시합니다. 마지막으로 그는 이 세상에서 임시체류자로 살아가는 영광스러운 공동체의 모습을 우리에게 전합니다.

같은 성경에 뿌리를 내리고

베드로 사도는 11절을 "아멘"으로 마무리한 뒤, 자신이 "신실한 형제"로 여기는 실루아노를 통해 편지를 간략하게 써서 보낸다고 말합니다. 12절의 "이것이" 무엇인지에 대해서는 여러 해석이 있습니다. 일부는 '은혜'로 해석하지만, 저는 몇몇 학자들의 의견대로 바울 사도가 말하는 '에피스톨레', 곧 이 편지 자체를 가리킨다고 봅니다. 베드로 사도는 자신이 쓴 이 편지가 하나님의 진실한 은혜가 여러분에게 전해졌다는 증거라고 말합니다.

기독교 공동체는 하나님의 은혜 위에 존재합니다. 그중에서도 가장 큰 은혜는 베드로의 이 서신을 포함한 성경입니다. 성경이 담고 있는 진리가 우리 공동체의 기초입니다. 베드로 사도는 자신의 편지가 하나님으로부터 온 것이라고 강조합니다. 교회 공동체는 진리를 깊이 이해하고 그 위에 뿌리를 내려야 합니다. 이것이야말로 기독교와 다른 종교를 구분 짓는 가장 중요한 차이점입니다. 다른 종교들이 개인의 체험이나 변화에 초점을 맞춘다면, 기독교는 진리에 깊이 뿌리내리는 것을 중시합니다. 기독교만의 독특성입니다. 진리이신 하나님, 참되고 살아 계신 하나님을 섬기는 것, 이것이 기독교의 본질적 특징입니다.

사실 여전히 자기중심적인 성도들이 한 공동체를 형성한다는 것은 거의 불가능해 보입니다. 각자 자기 소견에 옳은 대로 하고 싶은 사람들에게 필요한 것은 그들을 뛰어넘어 존재하는, 마지막 권위를 가진 존재입니다. 우리는 그분이 하나님이신 줄 압니

16부
연합군

다. 그러나 그 하나님이 어떤 분이시고, 지금까지 무슨 일을 해오셨고, 지금 무슨 일을 하고 계시며, 앞으로 무슨 일을 하실지를 모른다면, 사람들은 각자 자기 취향에 맞는 하나님을 만들어 내고, 교회 공동체 역시 같은 방식을 만들어 낼 것입니다. 그러나 지난 2천 년간 주님의 공동체가 끊어지지 않고 이어져 온 것은 하나님이 어떤 분이시고 무슨 일을 하고 계시는지를 성경에 기반해 연구하고 그에 따라 순종하며 살아왔기 때문입니다. 베드로 사도는 구약성경의 가르침과 예수께 직접 배운 내용을 기반으로, 성령의 인도를 받으며 베드로전서를 썼습니다. 그래서 소아시아에 흩어져 살아가는 임시체류자요 임시거류자인, 그의 사랑하는 이들이 한 공동체로 건강하게 설 수 있었습니다. 교회사까지 굳이 공부하지 않아도, 주변 교회들만 찬찬히 살펴보아도, 성경의 가르침을 이해하고 그대로 살려고 애쓰는 공동체는 살아남지만, 그렇지 않은 교회는 갈수록 힘을 잃어 갑니다. 하나님의 진리에, 진리이신 하나님에게 뿌리를 내리려면, 우리에게 주어진 은혜 중의 은혜인 성경에 뿌리를 내려야 합니다.

밀도 높은 교제를 오래 쌓으며

베드로는 마지막 인사에서 건강한 공동체가 어떻게 만들어지는지 보여 줍니다. 그는 실루아노를 "형제"라고 부르고 마가를 "아들"이라고 부릅니다. 이들은 베드로와 혈연관계가 아니지만, 베드로는 이들을 형제와 아들이라고 부를 만큼 깊은 관계를 맺고 있습니다. 시간이 흐르면서 베드로와 함께 사역한 이들은 진정한 형제가 되었고, 그가 양육한 이들은 자녀 같은 존재가 되었습니다.

건강한 공동체란 이처럼 살아 있는 관계, 소중한 관계가 형성되는 곳입니다. 이 관계는 단순히 "우리가 남이냐?" 하는 의식이 아니라, 하나님나라 진리 위에서 하나가 되어 가는 것입니다. 임시체류자 공동체의 열매는 서로를 형제자매라고 부르게 되는 것, 동생 같고 형님 같고 삼촌 같은 가족 같은 사람들이 생기는 것입니다. 10년, 20년을 교회에 다녀도 이런 관계가 형성되지 않았다면 어딘가 잘못된 것입니다. 오늘날 제도 교회를 보면서 가장 안타까운 것은 그 교회에 헌신한 목회자와 교회 지도자들조차 진실한 관계를 맺지 못하고 있다는 점입니다. 교회는 하나님의 사람들인데, 그 교회에 헌신했는데도 이런 관계를 형성하지 못했다면, 이 땅에 잠시 머무르는 임시체류자들이 세운 공동체라고 부르기에는 그 밀도와 응집력이 너무 낮은 것입니다.

제가 개척한 교회는 작은 공동체들로 이루어져 있어서 거의 모든 성도가 작은 공동체에 속해 있습니다. 일주일에 하루 저녁 시간을 함께 보내는 이 모임은 물리적으로 함께 사는 공동체는 아니지만, 오늘날처럼 분절된 현대 사회에서는 공동체라고 부를 만합니다. 분가한 친가족들보다 더 자주 만나기 때문입니다. 이런 공동체에 속하면, 처음에는 '공동체가 과연 가능한가?' 하며 모두가 의아해하다가 나중에는 감격하고 감사해합니다. 하지만

16부
연합군

시간이 지나면서 서로의 모난 부분이 보이기 시작하고 이른바 '혐오기'를 지나게 됩니다. 이런 우여곡절을 겪으면서 서로를 있는 그대로 받아들이고 사랑하는 법을 배워 갑니다. 때로는 "이게 무슨 공동체냐"면서 떠나는 사람들 때문에 깊은 상처를 받기도 합니다. 이런 과정을 거치며 모두가 자라나고 하나둘 영적 어른이 되어 갑니다. "목사님 교회처럼 좋은 공동체가 되려면 얼마나 걸릴까요?"라는 질문을 종종 듣습니다. 저는 이렇게 대답합니다. "남녀가 결혼해서 가정을 이뤄도 진정한 공동체가 되기까지 시간이 걸리지 않습니까? 교회 공동체도 자라날 시간이 필요합니다. 건강한 공동체가 되려면 최소 5-6년이 걸리고, 10년쯤 지나면 꽤 괜찮은 공동체가 나타나기 시작합니다. 주님을 따라 함께 10년 정도 살다 보면 부끄럽지 않은 진정한 공동체가 세워지기 시작하지요." 베드로가 실루아노와 마가를 형제요 아들이라고 부를 수 있었던 것은 적지 않은 세월을 함께했기 때문입니다. 공동체는 하루아침에 세워지지 않습니다.

마지막으로 베드로 사도가 강조하는 말씀을 잊지 마십시오. "이 은혜 위에 굳게 서십시오." 임시체류자로 살려면 정신을 차리고 깨어서 믿음 위에 굳게 서고, 하나님의 은혜를 의지하는 삶을 배워야 합니다. 교회의 영적 지도자들은 이 은혜를 먼저 배우고 누린 뒤에 성도들에게 가르쳐야 합니다. 먼저 누린 자들만이 자신을 따르는 이들을 "이 은혜 위에 굳게 세울" 수 있습니다. 기독교 교리는 매우 중요하나 그것만으로는 충분하지 않습니다.

중요한 것은 우리 삶의 실제 터전에서 "택하심을 입었으나 흩어져 사는 임시체류자"로서 하나님의 은혜를 의지해 사는 모습을 배우고 누리는 것입니다. 그리고 마침내 그 모습이 자연스럽게 드러나는 것입니다. 영적 어른들이 하나님을 두려워하고 하나님의 은혜 위에 굳게 서 있는 모습을 보여 줄 때, 모든 성도에게 큰 영향을 미칩니다. 이런 영적 어른들이 세워지지 않으면 교회 공동체는 많은 혼란과 고통을 피할 수 없습니다.

교회들이 연대하여 한 주님의 교회로

베드로 사도는 13절에 마지막으로 이렇게 덧붙입니다. "여러분과 함께 택하심을 받은 바빌론에 있는 교회와 나의 아들 마가가 여러분에게 문안합니다." 이 문안 인사는 얼핏 단순해 보이지만 깊은 의미가 있습니다. 새번역은 "바빌론에 있는 자매 교회"로, 개역개정은 "바벨론에 있는 교회"로 옮겼습니다. 그러나 원문에는 "교회"라는 단어가 명시적으로 나오지 않고 문자 그대로는 "바빌론에 있는 그녀"입니다. 그래서 여러 영어 성경도 "She who is in Babylon"이라고 번역했습니다. 이는 매우 흥미로운 표현입니다. 만약 "그녀"가 어떤 개인을 가리킨다면, 모든 사람이 아는 누군가여야 할 텐데, 이 편지를 받는 모든 사람이 알고 있어서 대명사로 지칭할 만한 "그녀"가 있었다고 보기는 어렵습니다. 또한 바빌론이라는 지명도 당시 실제로 존재하는 곳이 아니라 로마를 상징하는 표현일 가능성이 높습니다. 따라

16부
연합군

서 "바빌론에 있는 그녀"는 상징적 표현입니다. 그렇다면 "그녀"는 여성 명사인 "교회"를 가리킨다고 보는 것이 가장 적절합니다. 베드로 사도는 교회를 단순히 "그것"이 아닌 "그녀"로 표현함으로써 교회를 살아 있는 인격체로 묘사하고 있습니다. 교회는 인간이 만든 조직이 아니라 예수님을 머리로 하는 하나의 몸이며 살아 있는 인격을 가진 유기체입니다.

그런데 이 교회는 "함께 택하심을 받은" 교회입니다. 이는 하나님나라를 이해할 때 비로소 깨달을 수 있는 진리입니다. 우리가 하나님 앞에서 택함을 받은 것은 개인이나 특정 교회만이 아니라 모두가 함께 택함을 받은 것입니다. 바빌론에 있는 교회는 소아시아, 곧 오늘날의 튀르키예 지역에 흩어진 교회들과 함께 택함을 받았습니다. 바빌론, 즉 로마에 있는 교회는 소아시아의 교회들과 함께 하나님의 큰 그림 속에서 택함을 받은 것입니다. 오늘날 많은 이들이 자기 교회만 생각하는데, 이는 베드로 사도의 사고방식과는 큰 차이가 있습니다. 오늘날 한국 교회는 자기 교회만 생각하는 경향이 강합니다. 더 솔직히 말하면, 교회에 '다니기만' 할 뿐 공동체에 속하지 않은 교인이 대부분이어서 자기 교회에도 별 애정이 없는 사람들이 많습니다. 자기 교회에도 애정이 없는데 다른 교회를 걱정하고 기도하는 경우는 희귀합니다. 참으로 안타까운 현실입니다. 성도 개인은 공동체 없이 교회를 다니고, 각 교회는 다른 교회들과의 연대 없이 자기 교회에만 마음을 쏟고 있습니다.

열매 가득
하나님나라

이 문제는 매우 심각한 현상입니다. 하나님은 옛 이스라엘을 대신하는 새 이스라엘로, 하나님의 새로운 공동체인 교회를 세우셨습니다. 베드로전서 2장에서 우리는 이 영광스러운 신분에 대해 살펴보았습니다. 각 교회는 홀로 존재하지 않으며 "함께 택하심을 받은" 다른 교회들과 연대하여 하나님나라 안에 함께 존재합니다. 각 교회에 속한 그리스도인도 홀로 존재하는 것이 아니라 "함께 택하심을 받은" 그리스도인들과 그리스도 안에서 연합하여 존재합니다. 이런 연대의 영성이 사라져 버린 한국 교회는 자기 교회를 사유화하고 목회자를 사유화하며, 목회자 역시 교회를 사유화합니다. 하나님의 "함께 택하심"은 약해지고, 목회자는 각자 자기가 택한 목회지에서 사역하며, 성도들은 자기들이 택한 목회자에게 자기들을 위해 사역하라고 합니다. 이런 사유화는 각 교회가 형제자매 교회들에 대해 책임감을 가지는 데 실패하게 만들고, 결국에는 교회 세습으로까지 이어집니다.

이 짧은 마지막 인사말은 초대교회가 우리와 달리 신학교도, 기독교 기관도, 다양한 서적과 미디어 자료도 없었지만 활력이 넘치고 세상에 영향을 미칠 수 있었던 이유를 보여 줍니다. 그들은 예수님의 가르침을 받은 사도들을 따라 하나님의 거대한 계획 속에서, 하나님나라 안에서 각 교회와 그 교회에 속한 성도들을 바라보았던 것입니다. 이런 시각과 영성이 오늘날 한국의 목회자와 성도 지도자들에게 절실히 필요합니다. 이런 시각과 영성이 있을 때 비로소 "사랑의 입맞춤으로 서로 문안"할 수 있습니다. 베드로는 바빌론에 있는 그녀, 곧 그 교회가 소아시아에 흩어진 임시체류자들에게 문안한다고 말합니다. 이는 단순한 인사가 아니라 사랑과 관심의 표현입니다. "사랑의 입맞춤으로 서로 문안하십시오"라는 말씀은 서로를 돌보고 안부를 챙기며 서로를 위해 기도하고 필요한 도움을 주겠다는 뜻을 담고 있습니다. 하나님나라 운동을 하는 사람들은 자기 교회를 넘어 더 넓은 시야로 다른 교회들과 연대하며 서로를 돌보고 챙깁니다.

나들목교회가 개척 18년 만에 다섯 교회로 분립하면서 네트워크를 형성한 이유가 바로 여기에 있습니다. 대형 교회가 꼭 나쁜 것은 아니지만, 우리는 대형 교회 대신에 적절한 규모의 교회들이 서로 형제 교회로 연대하여 새로운 생태계를 만들고, 건강한 교회들을 지속적으로 세워 나가는 것이 하나님의 뜻이라고 믿었습니다. 각 지역에 흩어진 교회들이 서로 협력하며 '서로 책임지는 관계'를 맺고, 개교회주의에 빠지지 않도록 연대하는 것이 하나님나라를 세상 속에 드러내려는 이들에게는 매우 중요합니다. 임시체류자로 살아간다는 정체성이 분명해질수록 이러한 연대와 영성은 더욱 깊어질 수밖에 없습니다.

우리는 홀로 싸우지 않는다!

베드로전서의 마지막 부분은 우리가 믿고 따르는 삶에 관해 매우 중요한 권고를 담고 있습니다. 우리 삶이 영적 전투가 벌어지는 전장이라는 사실을 인지하지 못하면, 우리는 싸워 보지도 못하고 패배할 것입니다. 아니, 우리 삶이 왜 이토록 힘없이 세상에 끌려다니는지 그 이유조차 모를 수 있습니다. 우리의 대적은 현대 사회와 문화 속에 교묘하게 녹아들어 우리의 두려움과 욕망을 자극하고 결국에는 우리를 넘어뜨리려고 합니다. 이런 영적 현실을 알아차리는 것이 제일 먼저 할 일입니다. 베드로 사도는 사랑하는 이들에게 꽤 길게 영적 권고를 남기면서 마지막에 영적 전투를 언급합니다. 누구보다 사태의 심각성을 잘 알고 있었기 때문입니다. 놀랍게도 주님이 가르치신 기도의 마무리도 같습니다. "시험에 들지 않게 하시고, 악에서 구하여 주십시오." 이 역시 영적 전투에 관한 기도입니다. 하나님의 진리를 이해하고 세속 사회에서 그 진리대로 살아가려고 할 때, 영적 전투인 줄 모른다면 아무리 이해가 깊고 노력이 끈질겨도 열매를 맺지 못할 것입니다.

베드로 사도는 영적 전투의 핵심을 꿰뚫고 있었습니다. 정신을 차리고 경계하며 믿음에 굳게 서는 일이 얼마나 중요한지 알았기에, 이를 강력히 권면합니다. 그러면서 영적 전투는 우리 대적을 찾아내서 싸우는 것이 아니라 오히려 은혜의 하나님, 우리를 부르신 하나님을 철저히 의지하는 것이라고 알려 줍니다. 그렇습니다. 우리가 대적에 맞서 싸우는 것이 아닙니다. 하나님을 의지하고 그분께 충성할 때, 우리는 저절로 승리를 누리게 됩니다. 왜 그럴까요? "권능이 영원히" 있는 하나님이 이미 영적 전쟁에서 승리하셨고, 영광 가운데 다시 오실 때 그 승리를 완성하실 것이기 때문입니다. 그리스도께서 십자가에서 이루신 일로 우리는 대적의 온갖 유혹과 위협에도 자유롭습니다. 그분이 완성하실 하나님나라에 대한 소망이 우리를 흔들리지 않게 굳건히 세웁니다.

베드로 사도는 마지막 인사에서 편지의 전체 내용대로 사는 것, 특히 마지막에 언급한 영적 전투는 공동체로 연대하는 가운데 이루어지는 것임을 간접적으로 보여 줍니다. 베드로 사도는 우리의 영적 전투가 결코 홀로 하는 싸움이 아님을 꿰뚫어 보고 있었습니다. 서로 문안하는 것은 단순히 안부를 묻는 것을 넘어 그리스도인들의 연합과 각 공동체의 연대를 뜻합니다.

사랑하는 형제자매 여러분, 저 역시 여러분에게 간절히 요청합니다. 우리 모두 함께 싸우고 견디며 연대합시다. 성도들이 함께 싸우고 견디는 공동체가 되도록 각 공동체의 목회자와 영적 어른들이 수고해 주십시오. 여러분의 수고는 절대 헛되지 않을 것입니다. 그리고 한 걸음 더 나아갑시다. 자기 교회만 들여다보는 좁은 시야에서 벗어나, 어떤 방식으로든 형제 교회들과 손을 맞잡고 연대해서, 한국 교회를 늘 마음에 품고 함께 싸우는 자들이 됩시다. 할 수 있다면, 전 세계에 흩어진 교회들의 동향을 살피며 함께 걸어가면 더욱 좋겠습니다. 우리의 시야가 거기까지 미치지 못한다 해도, 적어도 동시대를 살아가는 우리 한국 땅에서 함께 택하심과 부르심을 받은 교회들을 향한 사랑과 기도의 끈만은 절대 놓치지 맙시다. 이렇게 자신에게 맡겨진 사람들을 섬기고, 형제자매 교회들과 든든히 연대하며, 하나님나라의 시각을 놓치지 않는 여러분에게 하나님께서 영광의 면류관, 시들지 않는 면류관, 영원히 사라지지 않는 면류관을 씌워 주실 것입니다.

저도 베드로 사도를 본받아 여기까지 이 책을 함께 읽은 여러분을 불러 보고 싶습니다. "사랑하는 형제자매 여러분!" 베드로전서를 열여섯 장에 걸쳐 함께 공부해 오면서, 우리는 세상 건축가가 아닌 하나님이 세우시는 집에 속하도록 택하심을 받았고 거듭난 자들임을 확인했습니다. 그래서 우리는 세상 사람들이 알 수 없는 산 소망을 품고 말할 수 없는 기쁨으로 살아갑니다. 특히 하나님이 지으시는 집에서 우리는 모두 제사장이 되어 하나님의 아름다운 덕을 세상에 전합니다. 그렇습니다. 우리의 신앙고백은 우리가 임시체류자요 임시거류자로 살아가고 있는 세상 한복판에서 이루어집니다. 세상 제도 속에서, 직장에서, 가정에서, 그리고 세상 한복판에서 하나님나라를 밝히 드러내려고 선을 행합니다. 이미 시작된 하나님나라를 드러내며 살아가는 우리는 어려움을 겪더라도 선을 행합니다. 때로는 고난을 피할 수 없어도 즐거이 이 길을 가는 이유는 우리보다 앞서 걸으신, 우리의 목자요 감독이신 예수님이 계시기 때문입니다. 이런 놀라운 삶을 함께하면서 '장엄한 행렬'을 이루며 걸어가는 사람들

16부
연합군

이 있다는 것이 얼마나 놀라운지요! 함께 싸우며 함께 기뻐하는 이들이 있다는 것은 정말 큰 감격입니다. 그저 작은 인생에 불과한 우리가 자기 인생, 자기 가족을 넘어, 자기 교회를 넘어, 한국 교회와 세계 교회까지 품을 수 있다니, 이 얼마나 신비한 일인지요! 우리가 임시체류자와 임시거류자로서 온전히 임할 영광의 날을 기다리고 있기 때문입니다. 마지막으로 다시 한번, "사랑하는 형제자매 여러분", 이 놀라운 삶의 여정을 함께 손잡고 걸어갈 수 있는 여러분이 있어서 말할 수 없는 위로가 됩니다. 여러분 모두를 주님의 이름으로 축복합니다.

열매 가득
하나님나라

에필로그 다른 세계의 열매를 맺으며

제가 주로 연구한 분야는 바울 서신이지만, 1990년 유학 시
절에 처음으로 베드로전서를 헬라어 원문으로 강독했습니다. 그
날이 5월 18일이었는데, 이 귀한 책을 공부할 수 있다는 감사한
마음에 그 날짜를 기록해 두었습니다. 그때까지 한국어와 영어
로는 성경을 많이 읽었지만, 헬라어로 한 권 전체를 온전히 강독
한 책은 베드로전서가 처음이었습니다. 이 책을 공부하면서 저
는 깊이 감동했습니다. '이것이야말로 진정한 그리스도인의 삶
이구나'라는 깨달음이 왔습니다. 이 서신은 세상 한가운데서 그
리스도인으로 살아가는 길을 알려 주는 신앙의 안내서와 같았
습니다. 베드로가 자신이 사랑하는 이들에게 남긴 편지라서 마

치 마지막 유언처럼 다가왔습니다. 이 서신을 연구하면서 세상을 바라보는 눈이 더 명확해졌고, 하나님이 하시는 일이 더욱 뚜렷이 보였으며, 제 삶의 방향도 더 분명해졌습니다. 그래서 한국에 돌아가면 가장 먼저 베드로전서를 가르쳐야겠다고 마음먹었고, 실제로 그렇게 했습니다. 베드로전서는 제 삶에 이처럼 큰 영향을 주었습니다.

베드로전서를 공부하지 않았다면, 하나님이 하신 일과 하실 일을 이해하고, 우리가 겪는 고난의 이유와 그것을 이겨 내는 방법, 그리고 그 후에 올 영광이 무엇인지 깨닫는 데 훨씬 더 오랜 시간이 걸렸을 것입니다. 누구나 고난을 피하고 편안하게 살기를 원합니다. 저도 그렇습니다. 하지만 이 책을 통해 고난은 영광스러운 일이며 반드시 거쳐야 하는 과정임을 깨달았습니다. 이런 놀라운 지식을 어디서 얻을 수 있을까요? 오직 은혜의 말씀인 하나님 말씀을 통해서만 얻을 수 있습니다. 총 열여섯 장에 걸쳐 여러분과 베드로전서를 함께 공부했지만, 아직도 더 깊이 나누고 싶은 이야기가 많이 남아 있습니다. 1990년 첫 강독 이후 이 책을 여러 차례 공부했고, 그동안 연구한 내용을 모두 정리하면 100쪽이 넘을 것입니다. 베드로전서를 공부하고 강의하면서 가장 큰 은혜를 받은 사람은 다름 아닌 저입니다. 수십 또는 수백 시간을 이 책과 씨름하며 묵상했기 때문입니다. 이 책을 여기까지 읽으신 분들도 그저 읽기만 한다면 아무런 변화가 없을 것입니다. 중요한 부분에 표시도 하고 자세히 살펴보면서, 그

열매 가득
하나님나라

내용을 깊이 묵상하고 기도하면서 자신의 것으로 만들어야 합니다.

이 진리는 혼자만 간직할 것이 아니라 공동체와 함께 나누어야 합니다. 베드로 사도 역시 자신이 깨달은 바를 혼자 간직하지 않고 글로 남겨 공동체에 전했습니다. 성도들이 모여서 주일에 들은 말씀이나 각자 묵상한 내용을 나누는 일은 매우 중요합니다. 말씀을 공동체에서 나눌 때 하나님은 우리를 더욱 회복하시고 지지해 주시며 강하게 하시고 든든히 세우십니다. 임시체류자인 우리가 이 길을 홀로 걷는다는 것은 상상만 해도 숨이 막히는 일입니다. 그래서 하나님은 우리를 공동체로 부르셨고, 베드로도 이렇게 "택하심을 입은 이들"에게 편지를 씁니다. 그가 "간략히 써서 권"한다고 했지만, 당시에는 주로 양피지에 글을 써야 해서 비용도 많이 들었고, 그래서 긴 글을 쓰기가 쉽지 않았습니다. 베드로 사도는 자신이 배우고 깨닫고 살아 낸 "하나님의 진실한 은혜"를 함께 지어져 가는 신령한 집에 속한 이들과 나누고 있습니다. 우리도 반드시 이렇게 함께 나누어야 합니다.

사랑하는 형제자매 여러분, 정신을 바짝 차리고 진리가 여러분의 삶을 다스리도록 말씀 속으로 깊이 들어가십시오. 베드로가 "이것은 하나님이 주신 은혜임이 확실하다"라고 말한 이 편지에 마음을 기울이십시오. 여러 번 읽고 깊이 묵상하십시오. 이 책을 길잡이 삼아 베드로전서에 담긴 하나님의 은혜를 탐구하십시오. 베드로전서뿐 아니라 성경 전체가 우리에게 은혜를 주

에필로그
다른 세계의 열매를 맺으며

시는 하나님의 말씀입니다. 승리하는 그리스도인은 성경의 진리를 깊이 파고드는 사람들입니다. 말씀을 그저 듣지만 말고, 읽고 묵상하여 자기 것으로 만드십시오.

그리스도인으로 산다는 것, 진정한 교회가 된다는 것이 무엇인지가 혼란한 세상에서 살고 있습니다. 임시체류자와 임시거류자의 정체성은 사라졌고, 그들의 공동체도 찾기가 쉽지 않습니다. 세상에 속해 세상과 벗하는 그리스도인과 교회가 정상처럼 보입니다. 베드로전서는 지난 2천 년 동안, 자기 정체성을 잃을 뻔했던 그리스도인과 교회의 해독제였고, 그들이 확립된 정체성을 갖도록 북돋는 자양분이었습니다. 이 책을 읽는 독자 모두가 그리스도 안에서 주어진 정체성을 확립하고, 확립된 정체성에 기반해 장엄한 행렬을 이루며 함께 걸어가는 공동체를 세워가기를 기도합니다. 진짜 그리스도인, 진짜 교회가 절박합니다!

열매 가득
하나님나라

성경 베드로전서 KHKV

❷ 11 사랑하는 이들이여, 나는 임시거류자요 임시체류자 같은 여러분에게 권하니, 여러분의 영혼을 거슬러 싸우는 어떠한 육체적 욕망이든지 멀리하고 **12** 여러분의 행실을 *세상* 사람들 중에서 선하게 하십시오. 그리하면 이를 통해 그들이 여러분을 악행을 하는 자라고 비방하다가 여러분의 선한 일을 보고서 *하나님의* 방문의 날에 하나님께 영광을 돌리게 될 것입니다. **13** 여러분은 인간이 만든 모든 것에 주님을 위해 순복하되, 최고 권위인 황제나, **14** 악을 행하는 사람에게 벌을 주고 선을 행하는 사람에게는 상을 주려고 그에 의해 파견된 총독들에게 하십시오. **15** 왜냐하면 선을 행함으로 어리석은 사람들의 무지를 잠재우는 것이 하나님의 뜻이기 때문입니다. **16** 자유인으로 그 자유를 악을 가리기 위해서가 아니라 하나님의 노예로서 사용하십시오. **17** 모든 사람을 존중하며, 형제자매들을 사랑하며, 하나님을 두려워하며, 황제를 존중하십시오. **18** 하인 여러분, 모든 두려워함으로 주인들, 즉 선하고 신사적인 자들뿐 아니라 가혹한 자들에게도 순복하십시오. **19** 누군가 부당하게 고난을 당하더라도 하나님을 향한 양심으로 슬픔을 참으면, 그것이 은혜입니다. **20** 죄를

짓고 매를 맞으면서 참으면, 그것에 무슨 칭찬이 있겠습니까? 그러나 선을 행하고 고난을 받으면서 참는다면, 그것은 하나님 앞에서 은혜입니다. **21** 이를 위하여 여러분은 부르심을 받았습니다. 왜냐하면 그리스도 역시 여러분을 위해 고난을 당하시고, 여러분에게 본을 남기셔서, 여러분이 그의 발자취를 따르게 하셨습니다. **22** 그는 죄를 짓지 않으셨고 그의 입에서는 거짓도 찾아볼 수 없었습니다. **23** 그는 모욕을 당하셨으나 모욕으로 갚지 않으시고, 고난을 받으셨으나 위협하지 않으시고, 정의롭게 심판하시는 분에게 지속적으로 의탁하셨습니다. **24** 그는 나무 위에서 우리의 죄를 자신의 몸으로 친히 감당하셔서 우리가 죄에 대해서는 죽고, 의에 대해서는 살게 하셨습니다. 그의 상처로 여러분이 나음을 얻었습니다. **25** 여러분은 길을 잃어버리는 양과 같았었는데, 그러나 이제는 여러분의 영혼의 목자이며 감독에게 돌아왔습니다.

❸ **1** 아내들이여, 이와 같이 자기 남편에게 순복하십시오. 그리하면 어떤 이들은 그 말을 믿지 않는 자일지라도, 말 없는 아내의 행실로 말미암아 *구원*을 얻게 될 것이니, **2** 그들이 여러분의 경외함으로 말미암는 순결한 행실을 보기 때문입니다. **3** 여러분의 단장은 외적인 것으로, 즉 머리 꾸밈과 금 치장이나 아름다운 옷으로 하지 말고 **4** 대신 마음에 숨어 있는 사람을 온유하며 고요한 심령의 썩지 않는 것으로 하십시오. 이것이 하나님 앞에서 값진 것입니다. **5** 이와 같이 전에 하나님께 소망을 두었던

— 414

부록

거룩한 여자들도 스스로를 단장하고, 자신의 남편에게 순복하였습니다. **6** 사라가 아브라함을 주인이라고 부르며 순복하였던 것과 같이 여러분도 선을 행하고 어떤 위협도 두려워하지 않으니, 그녀의 딸이 된 것입니다. **7** 남편들이여, 이와 같이 더 연약한 그릇인 아내와 지식을 따라 함께 살며, 생명의 은혜를 공동 상속할 사람으로 보배롭게 여기십시오. 이는 여러분의 기도가 막히지 않기 위해서입니다. **8** 마지막으로 여러분 모두 조화를 추구하고, 동정적이며, 사랑을 베풀고, 따뜻한 마음을 품고, 겸손하십시오. **9** 악을 악으로, 욕을 욕으로 갚지 말고 반대로 복을 빌어 주십시오. 이를 위해 여러분들은 부르심을 받았고 복을 상속할 것이기 때문입니다. **10** 생명을 사랑하고 좋은 날들을 보기 원하는 자는 악으로부터 혀를 금하고, 입술을 금하여 거짓을 말하지 마십시오. **11** 악으로부터 떠나고 선을 행하십시오. 평화를 추구하고 그것을 따르십시오. **12** 왜냐하면 주님의 눈은 의인 위에 있고 그의 귀는 그의 간구에 기울이시지만, 주님의 얼굴은 악을 행하는 자들 위에 있기 때문입니다. **13** 그러니 여러분이 열심으로 선을 행하면 누가 여러분을 해치겠습니까? **14** 그러나 만약 정의를 위해 고난을 받는다면, 여러분은 복이 있습니다. 그들의 두렵게 하는 것을 두려워하지 말고, 흔들리지 말며, **15** 다만 여러분의 마음에 그리스도를 주로 거룩하게 하고, 여러분 안에 있는 소망의 이유를 여러분에게 묻는 모든 자들에게 언제나 답변할 것을 준비하되, **16** 온유함과 두려운 마음으로 하고, 선한 양

성경

심을 가지십시오. 그리하면 그리스도 안에서 행하는 여러분의 선한 행실을 욕하는 사람들은 자신들이 비방한 그 일로 부끄러움을 당하게 될 것입니다. **17** 선을 행하다가, 그것이 하나님의 뜻이라면, 고난을 받는 것이 악을 행하는 것보다 낫기 때문입니다. **18** 왜냐하면 그리스도 역시 죄 때문에 단번에 고난당하셔서 의인으로서 불의한 자를 대신하셨으니 이는 육체로는 죽임을 당했으나 영으로는 살리심을 받아 여러분을 하나님께 인도하시려는 것입니다. **19** 그 가운데 그는 옥에 있는 영들에게도 가셔서 선포하셨는데, **20** 그들은 전에 노아 시절에 방주가 준비되는 동안 하나님이 오래 참고 기다리실 때에 순종하지 않았던 자들로, 그중 소수가, 즉 여덟 명만이 물을 통해 구원을 얻었습니다. **21** 이는 지금 여러분을 구원하는 모형으로 곧 세례이니, 육체적인 더러움의 제거가 아니라, 하나님을 향한 선한 양심의 간구인데 이는 예수 그리스도의 부활로 말미암습니다. **22** 그는 하늘로 가셔서 하나님의 오른쪽에 계시니, 천사들과 권세들과 능력들이 그에게 순복하고 있습니다.

❹ 1 그러므로 그리스도께서 육체로 고난을 당하셨으니, 여러분도 같은 뜻으로 무장하십시오. 육체로 고난을 당한 사람이 죄*와 관계를 끊었기* 때문입니다. **2** 이는 육체의 남은 시간을 더 이상 인간의 욕망대로가 아니라, 하나님의 뜻대로 살게 하기 위함입니다. **3** 왜냐하면 여러분이 방탕과 정욕과 술 취함과 환락과 난잡한 잔치와 역겨운 우상숭배를 따라가며 *세상 사람들의 뜻*

— 416

을 행한 것은 지나간 시간으로 충분하기 때문입니다. **4** 이와 관련하여 그들은 여러분이 동일한 방탕한 격류에 함께 내달리지 않는 것에 놀라며, 비방합니다. **5** 그들은 산 자와 죽은 자를 심판하실 준비가 되신 분에게 답변을 해야 할 것입니다. **6** 이를 위해 죽은 자들에게도 복음이 전해졌으니, 그들이 사람들을 따라 육체로는 심판을 받으나, 하나님을 따라 영으로는 살게 하려 함입니다. **7** 만물의 마지막이 가까이 왔습니다. 그러므로 기도를 위해 정신을 차리고 깨어 있으십시오. **8** 무엇보다도 서로를 뜨겁게 사랑하십시오. 사랑은 허다한 죄를 덮어 주기 때문입니다. **9** 불평 없이 서로를 환대하며, **10** 각자가 은사를 받은 대로 서로를 위해 그것으로 섬기되 하나님의 여러 가지 은혜를 맡은 선한 청지기로서 하십시오. **11** 만일 누가 말하려면 하나님의 말씀을 하는 자로서 하고, 만일 누가 섬기려면 하나님이 주시는 힘으로 하는 자로서 하십시오. 이는 모든 일에서 하나님께서 예수 그리스도로 말미암아 영광을 받으시게 하려는 것입니다. 그에게 영광과 권능이 영원 무궁히 있습니다. 아멘. **12** 사랑하는 자들이여, 여러분을 시험하려고 다가오는 여러분 가운데 있는 불같은 시련에, 이상한 일이 여러분에게 일어난 듯이 놀라지 마십시오. **13** 그러나 여러분은 그리스도의 고난에 동참하는 것만큼 기뻐하십시오. 이는 그의 영광이 나타날 때 여러분들 또한 크게 즐거워하며 기뻐하게 하려는 것입니다. **14** 만약 여러분이 그리스도의 이름으로 모욕을 당하면 복 있는 자입니다. 영광의 영, 곧 하

성경

나님의 영이 여러분 위에 머물러 계시기 때문입니다. **15** 여러분 가운데 아무도 살인자나 도둑이나 악행이나 남의 일에 간섭하는 자로 고난을 당하지 마십시오. **16** 그러나 만일 그리스도인으로서라면 부끄러워하지 말고 도리어 그 이름으로 하나님께 영광을 돌리십시오. **17** 하나님의 집으로부터 심판을 시작할 때가 되었기 때문입니다. 만일 우리에게 먼저 시작되면, 하나님의 복음에 순종하지 않은 자들의 마지막은 어떠하겠습니까? **18** 그리고 만약 의인도 겨우 구원을 얻으면, 경건하지 않은 자와 죄인들은 어디에 서겠습니까? **19** 그러므로 하나님의 뜻을 따라 고난을 받는 자들은 선한 일을 행하며 자신들의 영혼을 신실하신 창조주께 맡기십시오.

❺ 1 그러므로 나는 여러분 가운데 장로들에게, 동료 장로이자 그리스도의 고난의 증인이며 앞으로 나타날 영광에 참여할 자로서 권합니다. **2** 여러분 가운데 있는 하나님의 양 무리를 먹이며 감독하되 억지로가 아니라 하나님을 따라 자진해서 하며, 더러운 이익이 아니라 진실하게 하며, **3** 맡겨진 자들을 지배하려 하지 말고 양 무리의 본이 되십시오. **4** 그러면 여러분은 목자장이 나타나실 때, 시들지 않는 영광의 면류관을 얻을 것입니다. **5** 이와 같이 젊은이들이여, 여러분도 장로들에게 순복하십시오. 모두가 서로를 향하여 겸손을 입으십시오. 하나님은 교만한 자들을 대적하시지만 겸손한 자들에게는 은혜를 주시기 때문입니다. **6** 그러므로 여러분은 하나님의 능력의 손 아래에서 겸손하

— 418

부록

십시오. 때가 되면 여러분을 높이실 것입니다. **7** 여러분의 모든 염려를 그에게 맡겨 버리시오. 그가 여러분을 돌보시기 때문입니다. **8** 정신을 차리십시오. 경계하십시오. 여러분의 대적 마귀가 으르렁거리는 사자처럼 삼킬 자를 찾으며 돌아다닙니다. **9** 믿음에 굳게 서서 그를 대적하십시오. 여러분도 아는 대로 세상에 있는 여러분의 형제자매들도 다 같은 고난을 겪고 있습니다. **10** 그러나 모든 은혜의 하나님, 곧 그리스도 안에서 여러분을 자신의 영원한 영광으로 부르신 분께서 잠깐 고난을 당한 여러분을 친히 회복하시고, 지지해 주시고, 강하게 하시고, 터를 굳게 하실 것입니다. **11** 그에게 권능이 영원히 있기를. 아멘. **12** 내가 신실한 형제로 여기는 형제 실루아노를 통해, 간략히 써서 권하고 이것이 하나님의 진실한 은혜임을 증거하니, 이에 여러분은 굳게 서십시오. **13** 여러분과 함께 택하심을 받은 바빌론에 있는 교회와 나의 아들 마가가 여러분에게 문안합니다. **14** 여러분도 사랑의 입맞춤으로 서로 문안하십시오. 그리스도 안에서 여러분 모두에게 평화가 있기를.

찬양 하나님나라를 소망하는 노래

하나님나라 복음의 노래

천강수

스마트폰으로 QR코드를 스캔하시면
나들목 찬양 "하나님나라 복음의 노래"를 들으실 수 있습니다.

묵상 열 번의 만남: 함께 읽고 삶으로 나누기

책이 전하는 바를 숙지하고 자신과 공동체에 어떤 의미가 있는지를 성찰하고 나눌 수 있도록 장별로 질문을 준비했습니다. 당연히 정답은 없습니다. 각자 생각하는 답이 있을 뿐입니다. 다만, 함께 모여서 나눌 때는 다음처럼 준비하면 좋습니다.

1. 책을 먼저 꼼꼼히 읽고, 전반적인 흐름을 잘 이해하려고 애써 주세요.

2. 질문을 읽고 바로 답을 달기보다는, 질문을 통해 성령께서 지금 자신에게 무엇을 묻고 계시는지 잠잠히 들어 보세요. 이를 위해 하나님 앞에 머무는 시간을 가지세요.

3. 함께 모여 나눌 때 모든 질문을 다 다루지 않아도 괜찮습니다. 각자 미리 답을 적어 보면서 깨달은 내용을 주로 나누면 좋습니다.

4. 스스로 준비가 부족하다고 생각되면 잘 준비한 다른 사람의 이야기를 경청하는 데 시간을 더 할애해도 좋습니다. 준비가 부족하거나 아예 하지 못했을 때는 질문과 상관없는 이야기로 빠질 위험이 크기 때문입니다.

5. 모임을 마무리하면서는 모두 함께 성령님 앞에서 다시 침묵합니다. 우리 나눔을 통해 각자에게, 그리고 우리 공동체에 하나님이 주신 말씀을 되새깁니다. 그리고 나서 함께 기도합니다.

묵상

◇ 만남 7. 제도와 권력 앞에서 ◇

1. 베드로전서 2장 11-17절을 KHKV과 다른 번역본을 비교하며 읽어 봅시다.

2. 지금 당신의 "영혼을 거슬러 싸우는 육체적 욕망"은 무엇인가요? 그 욕망을 자극하는 외부 여건이나 환경은 무엇인가요?

3. 베드로 사도는 "여러분의 행실을 세상 사람들 중에서 선하게 하십시오"라고 했습니다. 우리가 일상에서 실천할 수 있는 선한 일은 무엇일까요? 혹시 선을 행하는 것을 삶의 목적으로 생각해 본 적 있나요?

4. 그리스도인이 자유인으로서 순복해야 하는 이유는 무엇일까요? "주님을 위해 순복한다"라는 말씀이 세상살이하는 중에 왜 중요할까요?

5. 우리의 순복이 경계가 분명한 순복, 제한적인 순복임을 분명히 보여야 하는 때가 있습니다. 우리가 순복을 거둬들여야 하는 때는 언제인가요?

6. 2장 17절의 원리를 시민사회 속에서 어떻게 적용할 수 있을까요? 최근 쟁점인 사회 문제를 하나 떠올려 봅시다. 그 문제에 이 원리를 어떻게 적용하면 좋을까요?

7. 그리스도인과 교회 공동체가 세상의 제도와 권력 앞에서 어떤 자세를 취해야 할까요? 그리고 어떤 역할을 해야 할까요? 이를 위한 기도 제목을 나누고 함께 기도합시다.

"영광스러운 나그네들 7. 세상 속의 나그네 1 – 제도와 권력"

김형국 목사의 베드로전서 연구 시리즈, 일곱 번째 설교 영상입니다.
더 깊은 묵상과 나눔을 위해 7장과 함께 보시면 좋습니다.
스마트폰으로 QR코드를 스캔하면 설교 영상을 보실 수 있습니다.

묵상

◇ 만남 8. 일터에서 ◇

1. 베드로전서 2장 18-25절을 KHKV과 다른 번역본을 비교
   하며 읽어 봅시다.

2. 당신이 일터에서 주로 하는 고민은 무엇인가요? 그 고민이
   얼마나 가치 있는지를 분별하려면 어떤 시각이 필요할까요?

3. 베드로 사도의 가르침 중에서 오늘날 직장생활에도 유용한
   두 가지 원리를 살펴보았습니다. 당신에게 특히 와닿은 권
   면은 무엇이었나요? 어떤 이유에서 그랬나요? 그 원리를
   익히고 배우려면 어떤 노력을 기울여야 할까요?

4. 그리스도인답게 직장생활을 하고 싶은 이들에게 베드로 사
   도는 두 가지 복을 근거로 충분히 가능하다고 말합니다. 하
   나님의 택하심을 입고 임시체류자로 살아가는 이들이 누릴
   수 있는 두 가지 복은 무엇인가요? 그중에 당신이 더욱 배
   우고 누려야 할 것은 무엇인가요? 왜 그런가요?

5. 우리는 세상의 건축가들이 짓고 있는 세상에서 일하고 있
   습니다. 그 속에서 하나님의 택하심을 입은 자로서, 임시체
   류자로서 서로를 어떻게 도울 수 있을까요?

6. 직장생활 중에 겪는 어려움을 구체적으로 나누고 서로를
   위해 기도합시다.

"영광스러운 나그네들 8. 세상 속의 나그네 2 – 직장생활"

김형국 목사의 베드로전서 연구 시리즈, 여덟 번째 설교 영상입니다.
더 깊은 묵상과 나눔을 위해 8장과 함께 보시면 좋습니다.
스마트폰으로 QR코드를 스캔하면 설교 영상을 보실 수 있습니다.

묵상

◇ 만남 9. 가정에서, 아내들 ◇

1. 베드로전서 3장 1-7절을 KHKV과 다른 번역본을 비교하며 읽어 봅시다.

2. 당신이 사회에서 경험한 성차별은 무엇인가요? 혹시 교회에서 경험한 성차별도 있나요? 지금 당신이 속한 공동체에서는 그런 차별을 어떻게 해결하고 있나요?

3. 베드로 사도가 아내들에게 당부한 말씀 중에 우리 가정에 꼭 필요한 내용이 있었나요? 어떤 점이 힘이 되었고, 왜 그랬나요?

4. 당시 사회상에 비추어 베드로 사도의 가르침은 매우 급진적이고 낯설었습니다. 여성을 바라보는 이 같은 관점은 기독교가 전해진 곳이라면 어디서나 퍼져 나갔습니다. 오늘날 우리는 어떤가요? 성경의 가르침보다는 전통과 관습에 얽매인 여성관에 더 물들어 있지는 않나요? 어떤 부분이 더 나아져야 하는지를 나눠 봅시다.

5. 가정에서, 교회에서, 더 나아가 사회에서 성경의 급진적 가르침대로 살아가려면 여러 어려움이 따를 수밖에 없습니다.

이를 위해 당신이 넘어야 하는 가장 큰 산은 무엇인가요?

6. 여성들과 아내들을 위해 기도할 것이 있는지 귀 기울여 들어 봅시다. 그리고 그들을 위해 특별히 기도합시다.

"영광스러운 나그네들 9. 세상 속의 나그네 3−가정, 여성과 남성"

김형국 목사의 베드로전서 연구 시리즈, 아홉 번째 설교 영상입니다.
더 깊은 묵상과 나눔을 위해 9장, 10장과 함께 보시면 좋습니다.
스마트폰으로 QR코드를 스캔하면 설교 영상을 보실 수 있습니다.

묵상

◇ 만남 10. 가정에서, 남편들 ◇

1. 베드로전서 3장 1-7절을 KHKV과 다른 번역본을 비교하며 읽어 봅시다.

2. 베드로 사도가 남편들에게 당부한 말씀 중에 마음에 찔리는 내용이 있었나요? 어떤 점이 도전이 되었고, 왜 그랬나요?

3. 오늘날 남성으로 사는 것에 어떤 어려움이 있나요? 자기 경험을 나눠 봅시다.

4. 최근 젊은 세대는 과거와 달리 결혼을 부담스러워하고 심지어 꺼리는 경향까지 보입니다. 이 같은 흐름 속에서 교회가 할 수 있는 일은 무엇일까요? 교회가 진정으로 기여할 수 있는 부분은 무엇일까요?

5. 양성평등을 위해서는 여성은 물론이고, 남성도 자기 자리를 찾아야 합니다. 성경이 말하는 아내와 남편의 모습에서 우리 공동체가, 우리 사회가 배워야 할 점이 있다면, 무엇일까요?

6. 성경이 가르치는 원리와 현재 사회의 흐름에 비추어 자신이 생각하는 여성성과 남성성이 무엇인지 이야기 나눠 봅시다(다른 사람의 생각을 경청하되 토론이 되지는 않았으면 합니다).

7. 건강한 남편, 건강한 남성으로 살기 위해 어떤 응원과 기도가 필요한지 들어 봅시다. 그리고 그들을 위해 특별히 기도합시다.

"영광스러운 나그네들 9. 세상 속의 나그네 3−가정, 여성과 남성"

김형국 목사의 베드로전서 연구 시리즈, 아홉 번째 설교 영상입니다.
더 깊은 묵상과 나눔을 위해 9장, 10장과 함께 보시면 좋습니다.
스마트폰으로 QR코드를 스캔하면 설교 영상을 보실 수 있습니다.

묵상

◇ 만남 11. 일상에서 ◇

1. 베드로전서 3장 8-12절을 KHKV과 다른 번역본을 비교하
며 읽어 봅시다.

2. 우리 사회에 가득한 편 가르기, 거리 두기, 부조화, 무관심,
냉대, 정죄, 잔인함이 자신에게 어떤 영향을 미치고 있는지
이야기 나눠 봅시다.

3. 베드로 사도는 일상에서 다섯 가지 가치를 꼭 지키며 살라
고 당부합니다. 그중에 당신이 특히 염두에 두고 살아가면
좋을 가치가 있다면 무엇인가요? 왜 그런가요?

4. 이어서 베드로 사도는 새롭게 살아가는 세 가지 방식을 제
시합니다. 세 가지 중에서 훈련해서라도 꼭 습관처럼 만들
고 싶은 생활방식이 있었나요? 어떤 점이 그렇게 매력적으
로 다가왔나요?

5. 그리스도인들이 다른 가치를 추구하고, 다른 방식으로 살
아갈 수 있는 두 가지 이유는 무엇인가요? 그 이유가 당신
에게도 힘이 되고 소망이 되나요?

— 430

부록

6. "한국 교회 이미지 조사" 결과를 보고 어떤 생각이 들었나요? 일상에서 주님을 따르고 주님을 드러내는 삶에 관해 이야기 나눠 봅시다.

7. 깨진 세상에서 하나님나라 가치를 추구하며 살아가려면 어려움에 부닥치기 마련입니다. 어떤 기도가 필요한지 이야기 나누고 서로를 위해 기도합시다.

"영광스러운 나그네들 10. 세상 속의 나그네 4-사회생활"

김형국 목사의 베드로전서 연구 시리즈, 열 번째 설교 영상입니다.
더 깊은 묵상과 나눔을 위해 11장과 함께 보시면 좋습니다.
스마트폰으로 QR코드를 스캔하면 설교 영상을 보실 수 있습니다.

묵상

◇ 만남 12. 좁은 길 ◇

1. 베드로전서 3장 13-22절을 KHKV과 다른 번역본을 비교하며 읽어 봅시다.

2. 성경의 저자들은 약속이나 한 듯이 '선을 행하는 것'이 중요하다고 강조합니다. 바울 사도는 하나님이 우리를 구원하신 목적이 이 때문이라고 분명히 밝힙니다. 당신은 '내 인생의 목적은 선한 일을 하는 것'이라고 생각해 본 적 있나요?

3. 베드로 사도는 나쁜 소식도 같이 전합니다. 선한 일을 하려고 하면 어려움이 생기기 마련이고, 어떤 때는 큰 고난이 찾아온다고 말합니다. 그러면서 위기를 기회로 바꾸는 지혜를 일러 줍니다. 나쁜 소식을 좋은 소식으로 만들기 위해 당신에게 필요한 지혜는 무엇인가요?

4. 선한 일 중에 선한 일은 복음을 전하는 일입니다. 베드로 사도는 "여러분 안에 있는 소망의 이유를 언제나 답변할" 수 있게 준비하라고 합니다. 당신에게 복음을 전할 기회가 찾아온다면 어떤 이야기로 응답하시겠습니까?

5. 베드로 사도는 선을 행하다가 고난을 겪은 예시로 예수 그리스도를 소개합니다. 그리스도께서 직접 보여 주신 본보기에서 당신은 어떤 도전을 받았습니까? 깨달은 바가 있다면 무엇인가요?

6. 요즘 당신이 관심을 두고 돌보는 비신자 친구가 있다면 누구인지 이야기 나눠 봅시다. 그의 구원과 새로운 삶을 위해 함께 기도합시다.

"영광스러운 나그네들 10. 세상 속의 나그네 4—사회생활"

김형국 목사의 베드로전서 연구 시리즈, 열 번째 설교 영상입니다.
더 깊은 묵상과 나눔을 위해 12장과 함께 보시면 좋습니다.
스마트폰으로 QR코드를 스캔하면 설교 영상을 보실 수 있습니다.

묵상

◇ 만남 13. 시장 제자도 ◇

1. 베드로전서 4장 1-11절을 KHKV과 다른 번역본을 비교하며 읽어 봅시다.

2. 한쪽이 골방 영성이고, 다른 쪽이 시장 영성인 시소를 생각해 봅시다. 당신의 영성은 어느 쪽으로 기울어 있나요? 무엇 때문에 그렇게 되었을까요?

3. 시장 영성을 지닌 그리스도인이 되려면 기본 준비가 필요합니다. 베드로 사도는 네 가지를 먼저 숙지해야 한다고 했는데요. 그중에서 당신이 꼭 이해하고 알고 있어야 할 내용은 무엇이었나요?

4. 하지만 이해와 생각만으로는 세상과 싸워 이길 수 없습니다. 네 가지 이해를 바탕으로 하되, 훈련으로 다져진 영성이 필요합니다. 베드로 사도는 네 가지 영역에서 훈련이 필요하다고 강조합니다. 당신이 더 성장하고 훈련해야 할 영역은 어디인가요? 구체적으로 어떻게 훈련할 수 있을까요?

5. 당신과 당신이 속한 공동체가 세상 한복판에서 하나님을 드러내고 그분께 영광을 돌리려면 어떤 일을 해야 할까요?

부록

6. 세상에서 하나님의 택하심을 입은 자요 임시체류자로 살아
   가려면 기도와 지지가 필요합니다. 어떤 기도가 필요한지
   이야기 나누고 서로를 위해 기도합시다.

"영광스러운 나그네들 11. 세상 속의 나그네 5-시장 제자도"

김형국 목사의 베드로전서 연구 시리즈, 열한 번째 설교 영상입니다.
더 깊은 묵상과 나눔을 위해 13장과 함께 보시면 좋습니다.
스마트폰으로 QR코드를 스캔하면 설교 영상을 보실 수 있습니다.

묵상

◇ 만남 14. 고난, 고난, 고난, 영광 ◇

1. 베드로전서 4장 12-19절을 KHKV과 다른 번역본을 비교하며 읽어 봅시다.

2. 예수님 말씀대로 살려고 애쓰다가 어려움을 겪는 경우를 본 적 있다면 이야기해 봅시다. 2천 년 전 고난과 현대의 고난은 무엇이 다를까요?

3. 베드로 사도는 불같은 고난을 기쁘게 맞을 수 있다면서, 세 가지 비결을 소개합니다. 당신이 고난을 맞닥뜨렸을 때 가장 큰 힘이 되는 것은 그중에 무엇인가요?

4. 하나님의 택하심을 입은 자이자 임시체류자들이 고난을 대하는 자세는 남다릅니다. 베드로 사도가 권면한 세 가지 자세는 무엇이었나요?

5. 예수를 따르다가 고난을 겪고 있는 사람을 위해 교회 공동체는 무엇을 할 수 있을까요? 당신이 속한 공동체가 지금 하고 있는 일을 나눠도 좋습니다.

6. 현재 겪고 있는 어려움이 있다면 같이 기도합시다. 지금은 아니라도 앞으로 닥칠 어려움이나 고난이 있다면 이를 위해 기도합시다. 서로의 어려움을 나누며 서로를 위해 기도합시다.

"영광스러운 나그네들 12. 나그네들의 공동체, 고난 중에 기뻐하는"

김형국 목사의 베드로전서 연구 시리즈, 열두 번째 설교 영상입니다.
더 깊은 묵상과 나눔을 위해 14장과 함께 보시면 좋습니다.
스마트폰으로 QR코드를 스캔하면 설교 영상을 보실 수 있습니다.

묵상

◇ 만남 15. 어른의 신앙 ◇

1. 베드로전서 5장 1-7절을 KHKV과 다른 번역본을 비교하며 읽어 봅시다.

2. 쉽지만은 않은 세상살이입니다. 그 한복판에서 본을 보이고 양을 위해 기꺼이 자원을 투입하고 대가를 치르는 목자가 당신에게는 있나요?

3. 만약 당신이 목자라면, 목자의 삶과 사역을 나누며 그 길을 함께 걷는 동료 목자가 있나요?

4. 진실한 목자는 사역의 시작과 동기와 방법에서 그렇지 않은 목자와 정반대 모습을 보입니다. 그래서 결국에는 시들지 않는 영광의 면류관을 받습니다. 당신이 목자라면, 혹은 미래의 목자라면, 어떤 부분을 더 보완하고 훈련하면 좋을까요?

5. 순복과 겸손은 쉽지 않습니다. 그래서 베드로 사도도 미래의 목자들에게 이 점을 강조합니다. 당신에게 순복은 어떤 의미로 다가오나요? 당신이 겸손을 입어야 하는 부분은 어디인가요?

6. 불확실성이 넘쳐나고 따라서 염려와 걱정이 많은 시대입니다. 이런 때에 하나님만 신뢰한다는 것은 무슨 의미일까요? 불안이 내면을 자극할 때, 당신은 주님을 의지할 순간이 찾아왔다는 신호로 받아들이고 있나요?

7. 자신이 속한 공동체에서 영적 어른으로 드려야 할 기도가 있나요? 아니면 영적 어른으로 자라서 미래의 목자로 서는 데 필요한 기도가 있나요? 각자의 자리에서 필요한 기도를 나누고 함께 기도합시다.

"영광스러운 나그네들 13. 나그네들의 공동체, 돌보며 섬기는"

김형국 목사의 베드로전서 연구 시리즈, 열세 번째 설교 영상입니다.
더 깊은 묵상과 나눔을 위해 15장과 함께 보시면 좋습니다.
스마트폰으로 QR코드를 스캔하면 설교 영상을 보실 수 있습니다.

묵상

◇ 만남 16. 연합군 ◇

1. 베드로전서 5장 8-14절을 KHKV과 다른 번역본을 비교하며 읽어 봅시다.

2. 그리스도인이라는 정체성을 희미하게 만드는 요소들이 현대 문화에는 즐비합니다. 심지어 그 문화에 물든 우리 속에까지 그런 요소들이 들어와 있습니다. 하나님의 택하심을 입은 백성이자 임시체류자인 우리 정체성을 알게 모르게 뒤흔들고 갉아먹는 요소들은 무엇인가요? 평소에 그것들을 인식하며 지내고 있나요?

3. 정신을 차리고 깨어 있으려면 무엇을 해야 할까요? 베드로 사도는 "사자처럼 삼킬 자를 찾으며 돌아다니는" 대적 마귀에 대적하는 방법으로 무엇을 권하나요?

4. 베드로 사도는 실루아노를 형제로, 마가를 아들로 소개합니다. 우리의 관계가 이들처럼 깊어져서, 함께 싸우며 견디는 공동체로 나아가려면 무엇을 해야 할까요?

5. 우리 공동체만이 아니라 주변 교회들과도 이 같은 관계를 맺고 서로 연대하여, 대적 원수에 맞서서 하나님나라를 더

선명하게 드러냅시다. 이를 위해 우리가 할 수 있는 일은 무엇일까요?

6. 영적 전투를 제대로 치르려면 현재 무엇이 필요한지를 나누고 서로를 위해 기도합시다.

7. 자신이 속한 공동체가 각자도생하지 않고 주변 공동체와 연대하려면 어떤 기도를 드려야 할까요? 특히 한국 교회가 서로를 돌아보고 함께하려면 어떤 기도가 필요한지를 이야기 나누고, 함께 기도합시다.

"영광스러운 나그네들 14. 나그네들의 공동체, 싸우며 견디는"

김형국 목사의 베드로전서 연구 시리즈, 열네 번째 설교 영상입니다.
더 깊은 묵상과 나눔을 위해 16장과 함께 보시면 좋습니다.
스마트폰으로 QR코드를 스캔하면 설교 영상을 보실 수 있습니다.

묵상

지금 이곳에서 남다르게 사는 임시체류자들

열매 가득, 하나님나라

김형국 지음

2025년 11월 11일 초판 발행

펴낸이 김도완   **펴낸곳** 비아토르
등록번호 제2021-000048호   **주소** 서울시 종로구 삼일대로 428, 500-26호
(2017년 2월 1일)   (우편번호 03140)
전화 02-929-1732   **팩스** 02-928-4229
전자우편 viator@homoviator.co.kr

편집 박동욱   **디자인** 즐거운생활
제작 제이오   **인쇄** (주)민언프린텍   **제본** 다온바인텍

ISBN 979-11-94216-29-2 (03230)   **저작권자** ⓒ 김형국, 2025